数字时代的创新创业教育

Innovation and Entrepreneurship Education in the Digital Age

黄扬杰 等著

中国社会科学出版社

图书在版编目(CIP)数据

数字时代的创新创业教育 / 黄扬杰等著 . —北京：中国社会科学出版社，2022.11

ISBN 978-7-5227-0617-7

Ⅰ.①数… Ⅱ.①黄… Ⅲ.①高等学校—创业—教育研究 Ⅳ.①G647.38

中国版本图书馆 CIP 数据核字(2022)第 134695 号

出 版 人	赵剑英
责任编辑	赵　丽
责任校对	闫　萃
责任印制	王　超

出　版	中国社会科学出版社
社　址	北京鼓楼西大街甲 158 号
邮　编	100720
网　址	http://www.csspw.cn
发 行 部	010-84083685
门 市 部	010-84029450
经　销	新华书店及其他书店
印　刷	北京明恒达印务有限公司
装　订	廊坊市广阳区广增装订厂
版　次	2022 年 11 月第 1 版
印　次	2022 年 11 月第 1 次印刷
开　本	710×1000　1/16
印　张	28.25
字　数	448 千字
定　价	148.00 元

凡购买中国社会科学出版社图书，如有质量问题请与本社营销中心联系调换
电话：010-84083683
版权所有　侵权必究

《数字时代的创新创业教育》

课题组成员

组　　长： 黄扬杰

副组长： 张艳姿　龙泽海

成　　员： 王　静　张梦婷　刘兰英　安兰易洁
　　　　　　杜金宸　黄蕾蕾　李　平　李可欣
　　　　　　郭　扬　李宁宁　卜雅静　李思慧
　　　　　　向惜缘　陈艾华　黄兆信　赵国靖
　　　　　　蔡　旭　蒋玉佳　李国彪　杨紫菡
　　　　　　王志强　卓泽林　罗志敏　陈盈盈
　　　　　　沙益敏　刘子文　张泽园

总　　序

受邀为黄兆信教授团队的"高校创新创业教育研究"丛书作序，我十分高兴。这套丛书的出版对推进中国高校创新创业教育理论探索和实践尝试都具有关键价值。黄教授是创新创业教育领域的长江学者特聘教授，专攻创新创业教育的实践探索和理论研究，率先提出岗位创业教育新理念，曾为此荣获教育部人文社会科学优秀成果奖一等奖，并负责牵头起草制定了中国高校创新创业教育质量评价标准。回应全球发展的百年未有之大变局和新冠肺炎疫情对人类社会发展的系统性、复杂性影响，黄教授团队再出佳作，在此表示祝贺。

2002年，我在一篇文章中针对高校毕业生就业难问题，提出高等学校要加强对大学生进行创业教育。我当时就认为，应该在学校里便向学生进行创业教育。所谓创业教育，就是教育学生不是消极地等待单位招聘就业，而是在没有就业机会的情况下勇于自己创业。后来，随着国际和国内整体形势的变化以及教育社会化程度的加深，我又提出学校不仅要对学生进行职业生涯教育，指导学生设计职业生涯，同时还要加强创业教育。在这里面，有一个关键点就是，学校应与社会各界联手，为学生创业创造一个良好的氛围。这样做的目的就是，为学生创造条件和环境，帮助他们创业。

2019年，我在《创新创业教育：国际视角》一书中讨论了全球创新创业教育的发展，从国际比较视角分析了创新创业教育为回应和引领社会发展所做的贡献及可改善的空间。我当时就提出，教育的深化改革需要尽早开始培养学生的创新思维和创业能力，高校是创新创业的基地。创新创业教育的升级转型中，我们不仅要提高对创新创业的认识，以提高人才培养的质量为核心，以创新人才培养机制为重点；还要把理论研究和实际应用结合起来，推动创新和创业相结合。我们在关注创新创业实践发展的同时，还应当重视基础理论研究。

2020年，中国仅高校毕业生总数已近900万，学生就业变成了时下民生的热点和急需解决的重点问题。与此同时，中国特色社会主义的建设及"脱贫攻坚"工作的开展，也激发我们对教育功能的思考。毫无疑问，疫情将对大学生就业创业产生持续性的影响，我们需要一段时间来适应新的发展形势。创新创业教育注重人才培养质量，关注社会问题的多样性、复杂性和变化性，直接回应了当前中国高等教育内涵式发展中对质量和效率的追求。然而我们也应该注意到，长期以来中国教育领域存在的唯分数、唯升学等观念障碍和行为弊病，导致创新创业教育的先进理念和模式虽然早就被黄教授等学者提出来并得到广泛认同，但在学校"培养具有创新创业意识和能力的人才"中却成效不彰。令我们感到振奋的是，2020年10月中共中央、国务院发布了《深化新时代教育评价改革总体方案》。这一方案的出台不仅是贯彻落实习近平总书记关于教育的重要论述和全国教育大会精神、深化教育综合改革以及释放教育系统深层活力的重大举措，也对新时代做好学校的创新创业教育具有十分重要的指导、牵引和规范作用。

我之所以这样讲，是因为这一总体方案对各级各类学校、教育教学工作，对学生、教师的评价都提出了不同要求。比如坚持把立德树人成效作为根本评价标准，不得向学校下达升学指标，要坚决改变以往简单以考分排名评价教师、以考试成绩评价学生、以升学率评价学校的导向和做法。这样做，显然有利于创新创业教育真正融入国民教育体系，融入各级各类学校的人才培养体系，融入课程体系和教师平时的教学工作实践。在大力推进教育改革的今天，创新创业教育一定会在中国的学校教育中结出硕果，对此，我是满怀信心的。

黄兆信教授所开展的创新创业教育研究始终站在时代最前沿，不断探索解决社会发展问题的办法。这套丛书在岗位创业教育理念的基础上进一步深化，形成了系统性的成果，主题还扩展至创新创业教育的社会性与教育性，并尝试以质量评价引导高校创新创业教育的内涵式发展。这一系列研究既放眼全球发展新形势和创新创业教育国际实践,又立足于中国社会的实际和特色,立论基础扎实,调查全面,分析深入。他们所做的工作,不仅有利于创新创业教育研究的进一步深化,而且有利于中国学校创新创业活动的开展。

2020 年 11 月 30 日

目　　录

第一章　数字时代创新创业新趋势 …………………………………（1）
　第一节　数字时代的创新创业教育知识图谱分析 ………………（1）
　第二节　全球创业监测报告评述 …………………………………（22）
　第三节　中国创新创业教育满意度分析 …………………………（35）

第二章　创新创业教育和四新 ……………………………………（54）
　第一节　新工科创新创业教育 ……………………………………（54）
　第二节　新农科创新创业教育 ……………………………………（73）
　第三节　新医科创新创业教育 ……………………………………（96）
　第四节　新文科创新创业教育 ……………………………………（111）

第三章　创新创业教育和区域发展 ………………………………（128）
　第一节　长三角高校创新创业教育问题与对策研究 ……………（128）
　第二节　粤港澳高校创新创业教育问题与对策研究 ……………（150）
　第三节　西部高校创新创业教育问题与对策研究 ………………（164）

第四章　数字时代的高校创新创业教育组织重构 ………………（184）
　第一节　数字时代一流大学的创新创业教育组织建设 …………（186）
　第二节　数字时代中国高校创新创业学院建设分析 ……………（213）
　第三节　中国特色"双高计划"高职院校创新创业教育的
　　　　　启示 ………………………………………………………（229）

第五章　数字时代的女性创业 ……………………………………（255）
　第一节　中国女性创业的崛起 ……………………………………（255）

第二节　全球女性创业现状分析 …………………………………（265）
   第三节　高校女性创新创业教育的新趋势 ………………………（286）

第六章　数字时代的社会创业 ……………………………………（306）
   第一节　全球社会创业研究现状 …………………………………（306）
   第二节　数字时代大学生社会创业能力影响因素研究 …………（320）
   第三节　高校社会创业教育的新趋势 ……………………………（344）

第七章　未来的创业和创新创业教育 ……………………………（348）
   第一节　2030 年的创业 ……………………………………………（348）
   第二节　数字时代大学生的就业创业能力 ………………………（370）
   第三节　数字时代创新创业教育教师的能力重构与提升 ………（385）
   第四节　未来的创新创业教育 ……………………………………（398）

参考文献 ……………………………………………………………（401）

第一章　数字时代创新创业新趋势

第一节　数字时代的创新创业教育知识图谱分析

在国家统一领导下，中国高校用 20 余年（1997 年至今）的时间追赶国外高校 70 多年（1947 年至今）的创新创业教育历程并取得了巨大的成功。在深化改革阶段，尽管创新创业教育的研究成果呈爆发式增长，但本土理论创建不足。① 总的来说，较少有学者对国内外最新创新创业教育文献进行知识图谱分析，从而从整体把握其研究知识基础和研究热点。

一　知识图谱软件介绍

CiteSpace 是美国 Drexel 大学陈超美教授开发编写的，是近几年来在美国的信息分析中最具特色及影响力的可视化信息软件，是一种 Java 应用程序，可以帮助学者分析知识领域中的研究现状及新趋势，主要包括分析某一领域研究前沿、知识基础和关键的知识点等。其中某个领域的研究前沿是由科学家积极引用的文献所体现的，由几十篇最近发表的文章组成，而知识基础是研究前沿的时间映射，由研究前沿的引文形成。因此从文献计量学角度看，两者的区别在于，研究前沿由引文构成，知识基础由被引文献构成，并由共引聚类来表示，共引聚类中的文章越多，知识基础越强大。②

---

① 王志强、杨庆梅：《我国创业教育研究的知识图谱——2000—2016 年教育学 CSSCI 期刊的文献计量学分析》，《教育研究》2017 年第 6 期。
② 陈超美、陈悦、侯剑华等：《CiteSpace Ⅱ：科学文献中新趋势与新动态的识别与可视化》，《情报学报》2009 年第 3 期。

二 国外创新创业教育知识图谱分析

（一）数据来源与处理步骤

对国外创新创业教育研究知识图谱分析的数据来源于温州医科大学图书馆 ISI 网站的 Web of Science 核心数据库，主题选"entrepreneur * education"，最终共获得 2011—2020 年的 577 篇文献。这些文献中去除自引的被引频次总计为 4491 次，去除自引的施引文献总计 4104 次，每项平均引用次数 8.16 次。

分析所采用的工具是 CiteSpace 软件（5.8.R2 版本）。处理步骤如下：

首先，数据的整理。由于 CiteSpace 软件要求输入的文献格式主要为 ISI 中文献的文本格式。因此将 577 篇文献保存为 txt 文本格式，并以"download"开头命名，放在"input"文件夹中。随后使用"data"菜单进行除重处理，最后除去会议摘要、评论、信及材料等，共得到 513 篇文献。

表 1-1　　　　　　　　国外创新创业教育文献分布情况

年份	2011	2012	2013	2014	2015	2016	2017	2018	2019	2020
篇数	24	39	32	36	33	37	49	65	83	115

其次，时区分割。首先是时区的分割（Time slicing），本书所选取的时间跨度为 1 年，共 10 个分割区。而术语的来源（Term Source）则全选标题、摘要、关键词等信息。

再次，阈值的设定。CiteSpace 软件共有四种阈值设定方法，可以根据不同的研究需要进行选取，有的选择每年被引次数最多的前 N 项（Top N per slice），也有的选择在引文数量、共被引频次和共被引系数三个指标上，并且在前、中、后分别设定阈值等。

最后，运行软件。根据各种研究需要，选择节点类型（Node Types）以及修剪方式（Pruning），点 GO 并可视化。

（二）国外创新创业教育研究热点的分析

1. 关键词共现频次分析

对某一领域的研究热点进行分析时，有学者采用关键词共现分析，因为关键词是课题内容、学术观点的缩影和凝练。两个或更多关键词在同一篇文献中同时出现称为关键词共现。通过两两统计一组关键词在同一篇文献中出现的次数,在一定程度上能揭示某一领域学术研究的现状与趋势。因此,本书将节点类型选为关键词,而阈值选择每年被引次数最多的前50项,共得到261个节点,769条连线(见图1-1)。根据图中的节点,可以看出,"教育"(education)是图中最大的节点,频次为98次,其次是"创新(innovation)"和"影响(impact)",频次均为44次,再依次是"创业(entrepreneurship)"(38次)、"绩效(performance)"(32次)和"学生(student)"(30次)等。

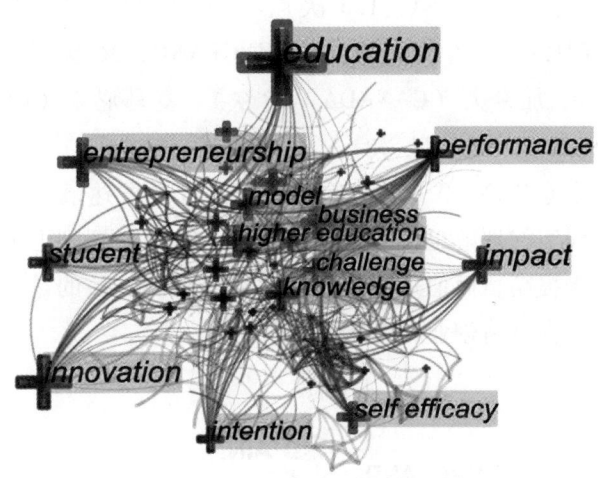

图1-1 2011—2020年国外"创新创业教育"研究关键词共现图谱

Chen等指出Burst detection有突变、突发、剧增等几种翻译。① 基本意思是一个变量的值在短期内有很大变化。CiteSpace将这种突变信息视为一种可用来度量更深层变化的手段。CiteSpace中Burst detection用于两类变量:施引文献所用的单词或短语的频次和被引文献所得到的引文频次。进一步研究发现,在关键词引用突变(Burst)数值排名第一的是"技术"

---

① Chen, C., Hu, Z., Liu, S., & Tseng, H., "Emerging Trends in Regenerative Medicine: A Scientometric Analysis in Cite Space", *Expert Opinion on Biological Therapy*, 2012, 12 (5): 593 - 608.

(technology),突变值为3.04,其次是"系统"(system),突变值为2.43。一定程度上说明了在关键词领域,近10年国外创新创业教育研究比较关注技术创业、创新创业教育生态系统等方面的研究。①

2. 国外创新创业教育研究热点的知识基础

(1) 基本情况扫描

探析某一领域的知识基础一般用文献共被引分析(Cited Reference)。但为更好探析其知识基础,我们有必要先扫描其基本情况,即把节点类型选择国家、期刊共被引(Cited Journal)、作者共被引。阈值选择每年被引次数最多的前50项,结果发现,国家方面被引频次(见图1-2)前8名按高到低依次是美国(USA,133次)、西班牙(SPAIN,51次)、中国(PEOPLES R CHINA,43次)、英国(ENGLAND,36次)、德国(GERMANY,27次)、加拿大(CANADA,25次)、罗马尼亚(ROMANIA,24次)和意大利(ITALY,24次)。Burst指标排名前二的分别是德国(3.16)和伊朗(IRAN,3.02)。创新创业教育最发达最成熟的美国排第一无疑与我们现实的理解也较吻合,中国学者在国外期刊上的研究成果较以往有了进一步提高,而值得创新创业教育研究者关注的是德国以及中东国家伊朗近年来在创新创业教育研究上的进展。

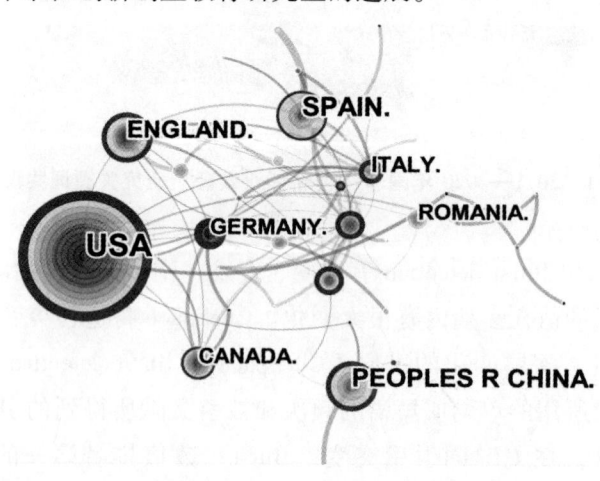

图1-2 节点类型为"国家"的知识图谱(2011—2020)

---

① 为了知识图谱的主要内容能清晰显示,本书的图谱截取最核心的文字内容,时间、节点、连线等更具体的信息不再显示,按课题需要用文字展开描述,下同。

而期刊方面，频次排名前五位的是"创业学杂志（*J BUS VENTURING*）"（160 次）、"创业理论和实践（*ENTREP THEORY PRACT*）"（141 次）、"学院管理评论（*ACAD MANAGE REV*）"（107 次）、"小企业管理杂志（*J SMALL BUS MANAGE*）"（96 次）、"小企业经济（*SMALL BUS ECON*）（96 次）"。这些都是研究"创新创业教育"领域必看的外文期刊。而按 Burst 指标排名前三的是"哈佛商业评论"（*HARVARD BUS REV*，6.50）、"工程教育杂志"（*J ENG EDUC*，6.05）和 *LANCET*（6.02）。从 Burst 指标排名可以看以"创业"为主题类的期刊，近几年创新创业教育领域较重视商业和工程教育等领域。

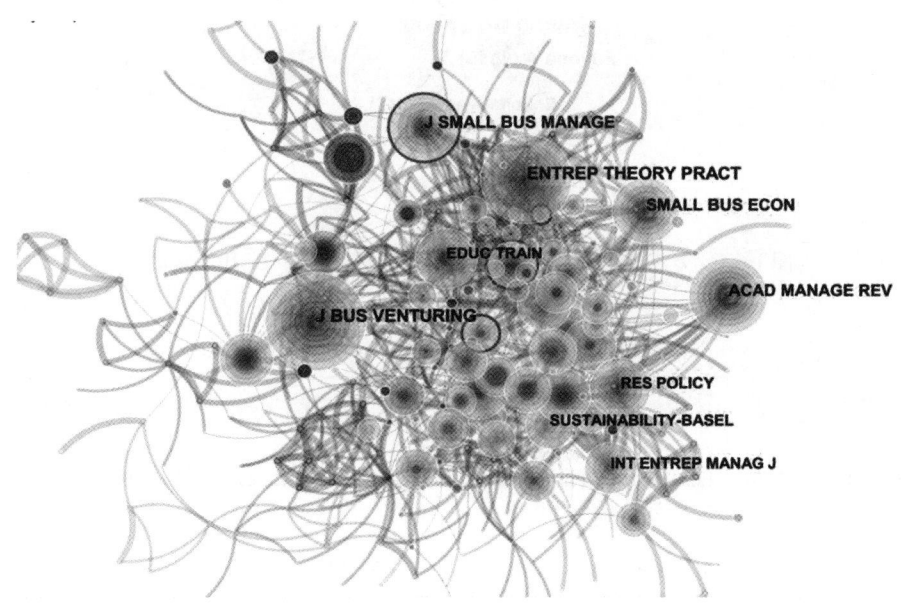

图 1-3　节点类型为"被引期刊"的知识图谱（2011—2020）

（2）文献共被引分析

如上所述，知识基础由研究前沿的引文构成，是其时间映射。CiteSpace 采用谱聚类的方法对共被引网络进行聚类，并按特定的抽词排序法则从引文的标题、摘要、关键词等中抽取术语，来作为共被引聚类的标识，并通过 Modularity Q 指标和 Mean Silhouette 指标对聚类结果和抽词结果进行计量，而这两指标越接近 1，结果越好。① 据此，为探析"创新创业教育"的知识基础，节点类型选文献共被引，阈值选每年被引次数最多的前 50 项，修剪方式（Pruning）选 Pathfinder 方式，并对结果进行聚类和自动抽词标识，结果如图 1-4、表 1-2、图 1-5 所示。

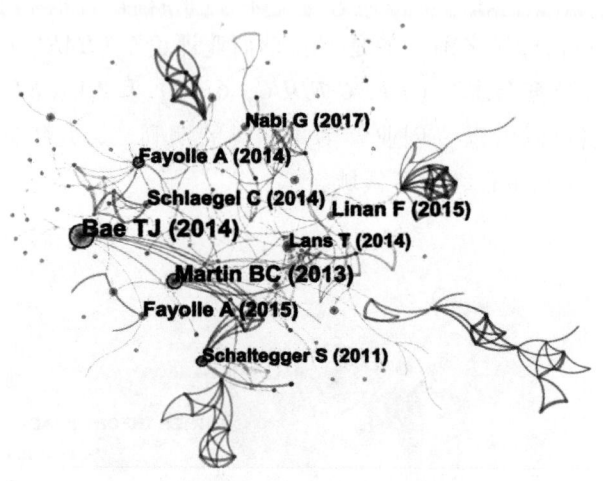

图 1-4　节点类型为"共被引文献"的知识图谱（2011—2020）

表 1-2　　　　　节点类型为"共被引文献"频次排名前六的文献

作者	年份	文献标题	期刊	频次
Bae T. J.	2014	The Relationship between Entrepreneurship Education and Entrepreneurial Intentions: A Meta-Analytic Review	ENTREP THEORY PRACT	23
Martin B. C.	2013	Examining the formation of human capital in entrepreneurship: A meta-analysis of entrepreneurship education outcomes	J BUS VENTURING	17
Fayolle A.	2015	The Impact of Entrepreneurship Education on Entrepreneurial Attitudes and Intention: Hysteresis and Persistence	J SMALL BUS MANAGE	13

---

① Chen C., Ibekwe-Sanjuan F., Hou J., "The Structure and Synamics of Cocitation Clusters: A Multiple-perspective Cocitation Analysis", *Journal of the American Society for Information Science & Technology*, 2014, 61 (7): 1386-1409.

续表

作者	年份	文献标题	期刊	频次
Linan F.	2015	A systematic literature review on entrepreneurial intentions: citation, thematic analyses, and research agenda	INT ENTREP MANAG J	13
Schlaegel C.	2014	Determinants of Entrepreneurial Intent: A Meta-Analytic Test and Integration of Competing Models	ENTREP THEORY PRACT	12
Fayolle A.	2014	The future of research on entrepreneurial intentions	J BUS RES	12

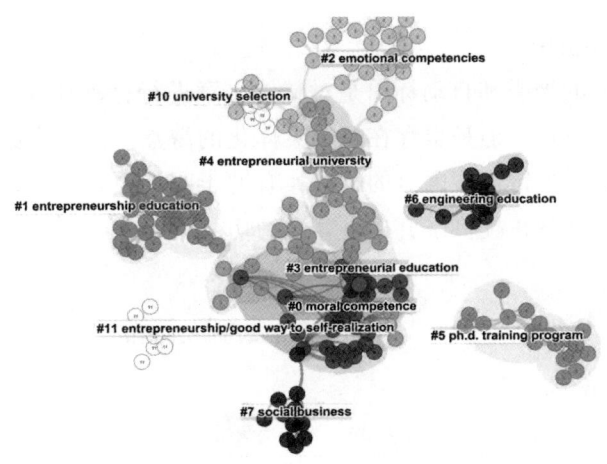

图 1-5 "创新创业教育"文献共被引聚类知识图谱（2011—2020）

结果显示，节点类型为"共被引文献"频次排名前六的文献依次是 *The Relationship between Entrepreneurship Education and Entrepreneurial Intentions: A Meta-Analytic Review*（《创业教育与创业意愿的关系：一项元分析综述》，Bae TJ，2014）、*Examining the formation of human capital in entrepreneurship: A meta-analysis of entrepreneurship education outcomes*（《研究创业中人力资本的形成：创业教育结果的荟萃分析》，Martin BC，2013）、*The Impact of Entrepreneurship Education on Entrepreneurial Attitudes and Intention: Hysteresis and Persistence*（《创业教育对创业态度和创业意愿的影响：滞后和坚持》，Fayolle A，2015）、*A systematic literature review on entrepreneurial intentions*: *citation*, *thematic analyses*, *and research agenda*(《关于创业意愿的系统文献综述：引文、主题分析和研究议程》，Linan F，2015）、*Determinants of Entrepreneurial Intent*: *A Meta-Analytic Test and Integration of Competing Models*（《创业意愿的决定因素：竞争模型的元分析检验与整合》，Schlaegel C，2014）以及*The future of research on entrepreneurial intentions*（《创业意愿研究的未来》，Fayolle A，2014）。可见，研究领域主要聚焦在创业意愿和创新创业教育结果的研究。同时，通过上述聚类图，我们可以看出创新创业教育的知识基础除最基本的创新创业教育外，还有道德能力、情绪能力、创业型大学、ph. d. 训练项目、工程教育和社会创业等聚类。

3. 作者共被引分析

CiteSpace 的聚类和自动标引是对整体文章进行自动抽取，能客观、全面地映射研究热点，但是也存在过于具体化的缺点。因此有必要对作者共被引进行分析和关键文献内容的解读，有助于我们更全面准确地把握其研究现状，为后续分析提供了直接、客观的切入点。

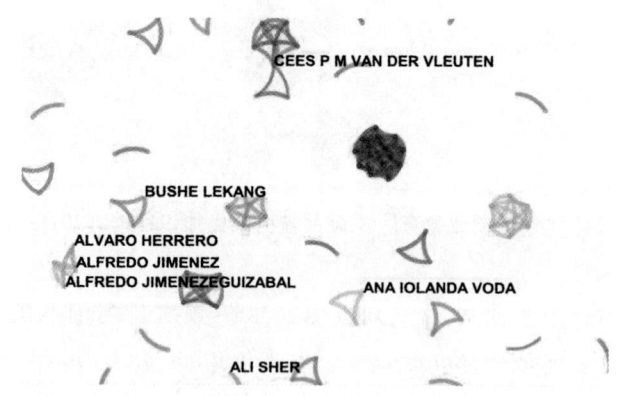

图 1-6　"创新创业教育"作者共被引知识图谱（2011—2020）

表 1-3　"创新创业教育"作者共被引（2011—2020）频次排名前六

序号	作者	年份	频次
1	ALI SHER	2017	3
2	ALVARO HERRERO	2019	3

续表

序号	作者	年份	频次
3	BUSHE LEKANG	2016	3
4	ALFREDO JIMENEZ	2019	3
5	ALFREDO JIMENEZEGUIZABAL	2019	3
6	ANA IOLANDA VODA	2019	3

综上，可以看出近十年"创新创业教育"作者共被引频次并不高，且被引的都是近几年文献。CiteSpace 基于时间段的共被引聚类分析，重点会关注演进过程中出现的关键节点，节点中介中心度（Centrality）体现出这一点的"媒介"能力，它可以发现在整个网络中起战略作用的点，一般是大于或等于 0.1 的节点，中心度越高，意味着它控制的信息流越多。[①] 而此处共被引作者中介中心度均为 0，可见这些作者及文献目前在网络中尚未形成广泛的影响力。

(三) 国外创新创业教育研究文献综述

通过上面运用 CiteSpaceV 软件对 2011—2020 年的"创新创业教育"领域的文献进行了研究热点和知识基础的知识图谱分析，有助于我们快速便捷地把握其研究现状，同时对该领域关键点、经典文献作了简要说明，为后续分析提供了直接、客观的切入点。因此本部分在知识图谱的基础上就创新创业教育的发展历程、内涵两方面分别展开文献综述。

早在 1915 年，美国政治经济学家陶西格就在其名著《经济学原则》一书中指出：创业者的作用不仅是创新，还包括创造财富。迄今为止，创新创业教育已经普及小学、中学以及大学的整个教育体系。针对创新创业教育的研究也蓬勃开展，其中大量的研究属于 2000 年之后的成果。

1. 国外创新创业教育的发展历程

创新创业教育是高校自然演化的一个步骤，除传统的教学和科研任务外，还特别强调经济发展。[②] 美国是较早在高校开展创新创业教育也是开

[①] 黄扬杰、侯平、李燕：《国外学术创业研究现状的知识图谱分析》，《高教探索》2013 年第 6 期。

[②] Rothaermel F. T., Agung S. D., Jiang L., "University Entrepreneurship: A Taxonomy of the Literature", *Industrial & Corporate Change*, 2006, 16 (4).

展较好的国家，已经基本形成了完善的创新创业教育体系，覆盖小学、中学和大学，具有较大规模的创新创业教师、创新创业基地，以及相对完善的创新创业课程设置和评价机制。1947年，美国哈佛大学商学院迈尔斯·梅斯教授开设的"新企业管理"（Management of New Enterprise）是最早的创新创业教育课程。1953年，彼得·德鲁克在纽约大学提出并开设创新创业课程，其后麻省理工学院等高校也相继开设，创新创业教育在高校的根基初步扎稳。1967年，美国巴布森学院推出了研究生创新创业教育课程，采取探究式教学方法，特点是为受教育者"设定创业遗传代码"，对造就"最具革命性的创业一代"则十分有利，多次获评《美国新闻和世界报道》第一。1983年，美国得克萨斯大学奥斯汀分校举办了首届大学生创业计划竞赛（商业计划竞赛），如今美国每年有大量的商业计划竞争，竞争的根本目的是激发学生将自己的想法与新企业运行联系起来。1996年，斯坦福大学成立了创业中心，雅虎、网景由此而诞生。随着创新创业教育发展，又形成了以巴布森学院、麻省理工学院为代表的创新创业教育模式。经过70余年的发展，美国的创新创业教育经历了萌芽、发展阶段，现已步入成熟阶段。

除美国之外，其他国家高校也积极探索了创新创业教育。

1981年，英国政府提出了"高等创业教育"计划（entreprise in higher edncation initiative，EHE），开启了政府引导下的大学生创新创业教育，迄今为止，其王室创立的"青年创业计划"是最重要、影响最大的创业项目。2001年，英国政府启动了"高等教育创新基金"，主要是用于支持高校师生的创业活动。2004年，英国贸工部下属机构"小企业服务"拨款15万英镑设立"创业远见"，鼓励14—30岁青年创业，提升创业文化。更有英国首相"创新计划"拨出巨款资助英国高校开展创新创业教育领域的国际交流与合作。各地区发展局、半政府性质组织、企业和传媒等也积极参与创新创业教育，为创业提供项目、经费和研究等方面的支持。

1998年，慕尼黑工业大学（Technical University of Munich，TUM）启动创业型大学的转型，次年，德国提出"要使高校成为创业者的熔炉"的口号。而凭借其创业型大学的理念，慕尼黑工业大学入选德国高等教育史上的第一批"精英大学"，并定位为"TUM创业型大学"，是欧洲标杆性的创业型大学。

还有很多国外高校探索了创新创业教育，并取得了较好的成就，如印度于 1996 年提出"自我就业教育"，此处不再赘述。总结国外高校的创新创业教育，其发展历程大约经历了三个阶段：

（1）萌芽阶段（1947—1970 年）：从 1947 年哈佛大学首次由迈尔斯·梅斯（Myles Mace）在商学院开设创新创业教育课程，到 1953 年纽约大学开设由彼得·德鲁克主讲的创新创业教育讲座，再到 1968 年巴布森学院第一次引入创新创业教育学士学位是这阶段的关键性标志事件。

（2）发展阶段（1970—2000 年）：这个阶段创新创业教育逐渐从美国当年的商学院、工学院等扩展到各大学与学院。提供与创业有关的课程的学院或大学的数量也从 20 世纪 70 年代的少数发展到 2005 年的 1600 多所。[1] 与此同时，一些重要的创业学术期刊也相继出现。如《小企业管理期刊》（《The Journal of small business management》）、《创业理论与实践》（《Entrepreneurship theory and Practice》）等。

（3）逐渐成熟阶段（2000 年至今）：这阶段主要有三个标志：一是创新创业教育师资或课程项目高速增长：如美国管理学会大力推进创业学博士项目，考夫曼基金会（Kauffman Foundation）举办的"创新创业教育者终身学习计划"来加强高校创新创业教育师资队伍建设等。二是社会关注度日益增加：各种报纸新闻报道，各种创业相关排行榜相继出现，如美国大学校友创业排行榜、USNews 美国大学创业学专业排名等，以及各种学术团体发布的创业监测报告，如 GEM 等；三是创业相关研究百家争鸣。

2. 关于创新创业教育内涵的研究

彼得·德鲁克（1985）认为创业能力与基因毫无关系，既非魔力又不神秘，人们可以通过学习获得创业能力。[2] 加里·戈尔曼（Gorman）等在《创业教育、企业教育及小企业管理教育的研究视角：十年文献综述》中

---

[1] Galvão A., Ferreira J. J., Marques C., "Entrepreneurship Education and Training as Facilitators of Regional Development: A Systematic Literature Review", *Journal of Small Business & Enterprise Development*, 2017 (2): 17 – 35.

[2] Drucker, P. F., "Innovation and Entrepreneurship: Practice and Principles", *Heinemann*, London, 1985.

对美国创新创业教育的研究进行了深入全面的梳理。他通过研究1985—1994年的创新创业教育文献后并进行分类整理,认为创新创业教育就是一个开办新企业和增强创业者综合能力的过程,提出创新创业教育是培养创新精神的重要途径,要通过加强创新意识、创新思维、创新能力和创新人格的培养,帮助学生构建系统知识结构和提升创业能力,为学生创业提供坚实的基础,为产业和经济发展提供重要推动力。[1] Bechard等提出,创新创业教育是一种渗透于生活的思维方式和行为模式,而并非只是纯粹的以营利为唯一目的的教育活动,它以一种新的教学模式教育对创业和企业发展有兴趣的人。[2] Jones等认为创新创业教育能够提高学生认知创业机会能力,通过培养学生的创业意识、创业思维、创业技能等创业综合素质,使其具备创业所需的观察力、知识和技能。[3] 埃兹科维茨等则认为创新创业教育与培训需要特定的绩效评估手段,对于很多中小企业来讲,创新创业课程、创业教学方法、创业师资和学习者的心智结构都产生了共同的作用。[4] Siegel等认为创新创业教育有其特殊性,但呈现出与其他学科融合的趋势,需要构建开放、共享的教育平台。[5] Hussler等通过对比意大利、德国和中国的学术创业,指出创业活动因国家背景而有所差异,并没有最佳的形式,因此应更关注其是否有助于经济发展。[6]

综上所述,创新创业教育强调创业不仅是创办企业,创新创业教育也

---

[1] Gorman G., Hanlon D., King W., "Some Research Perspectives on Entrepreneurship Education, Enterprise Education and Education for Small Business Management: A Ten-year Literature Review", *International Small Business Journal*, 1997, 15 (3): 56 – 77.

[2] Bechard, J. P., & Toulouse, J. M., "Validation of A Didactic Model For the Analysis of Training Objectives in Entrepreneurship", *Journal of Business Venturing*, 1998, 13 (4): 317 – 332.

[3] Jones, C., & English, J., "A Contemporary Approach to Entrepreneurship Education", *Education + Training*, 2004, 46 (8/9): 416 – 423.

[4] Etzkowitz, H., de Mello, J. M. C., & Almeida, M., "Towards 'Meta-innovation' in Brazil: The Evolution of The Incubator and the Emergence of ATriple Helix", *Research Policy*, 2005, 34 (4): 411 – 424.

[5] Siegel, D. S., Veugelers, R., & Wright, M., "Technology Transfer Offices and Commercialization of University Intellectual Property: Performance and Policy Implications", *Oxford Review of Economic Policy*, 2007, 23 (4): 640 – 660.

[6] Hussler, C., Picard, F., & Tang, M. F., "Taking the Ivory from the Tower to Coat the Economic World: Regional Strategies to Make Science Useful", *Technovation*, 2010, 30 (9 – 10): 508 – 518.

不只是教人如何创办企业,而是应结合专业教育融入人才培养全过程,面向全体学生培养其创新精神、创新思维、创新意识、创新人格以及创业技能的一种教育。

三 国内创新创业教育知识图谱分析

(一) 数据来源与处理步骤

对国内创新创业教育研究知识图谱分析的数据来源于温州医科大学图书馆网站的 CNKI 数据库,时间截至 2020 年 12 月 31 日,主题选"创新创业教育",来源类别选择"CSSCI",最终共获得 2011—2020 年的 1068 篇文献。

分析所采用的工具是 CiteSpace 软件 (5.8.R2 版本)。处理步骤如下:

首先,数据的整理。先将 1068 篇文献以"Refworks"格式导出,并以"download"开头命名,放在"input"文件夹中。而后通过 CiteSpace 软件自带的功能进行格式转化,保存在"output"文件夹中。

其次,时区分割。首先是时区的分割 (Time slicing),本书所选取的时间跨度为 1 年,共 10 个分割区。而术语的来源 (Term Source) 则全选标题、摘要、关键词等信息。

再次,阈值的设定。CiteSpace 软件共有四种阈值设定方法,可以根据不同的研究需要进行选取,有的选择每年被引次数最多的前 N 项 (Top N per slice),也有的选择在引文数量、共被引频次和共被引系数三个指标上,并且在前、中、后分别设定阈值等。

最后,运行软件。根据各种研究需要,选择节点类型 (Node Types) 以及修剪方式 (Pruning),点 GO 并可视化。

(二) 国内创新创业教育研究热点的分析

1. 关键词共现频次分析

关键词是课题内容、学术观点的缩影和凝练。两个或更多关键词在同一篇文献中同时出现称为关键词共现。通过两两统计一组关键词在同一篇文献中出现的次数,在一定程度上能揭示某一领域学术研究的现状与趋势。本书将节点类型选为关键词,阈值选择每年被引次数最多的前 50 项,共得到 1010 个节点,1748 条连线 (见图 1-7)。根据图中的节点,可以看出,"创新创业"是图中最大的节点,频次为 184 次,其次是"创业教育",频次为 123 次,再依次是"高校"(73 次)、"大学生"(66 次)、"人才培养"(66 次)、"高等教育"(27 次)、"创新"(26 次)、"专业教育"(26 次)、"创新教育"(25 次)和"高职院校"(25 次)等。从这些高频词关键词中可以看出,国内创新创业教育研究领域更多关注创新创业和创业教育,同时还可以看出创新创业教育研究较多集中在高校,这与国外创新创业教育研究覆盖各个年龄段的学生有较大区别。而近年来,创新创业教育更进一步的发展要求其融入专业教育,因此专创融合也成为该领域的一大热点。

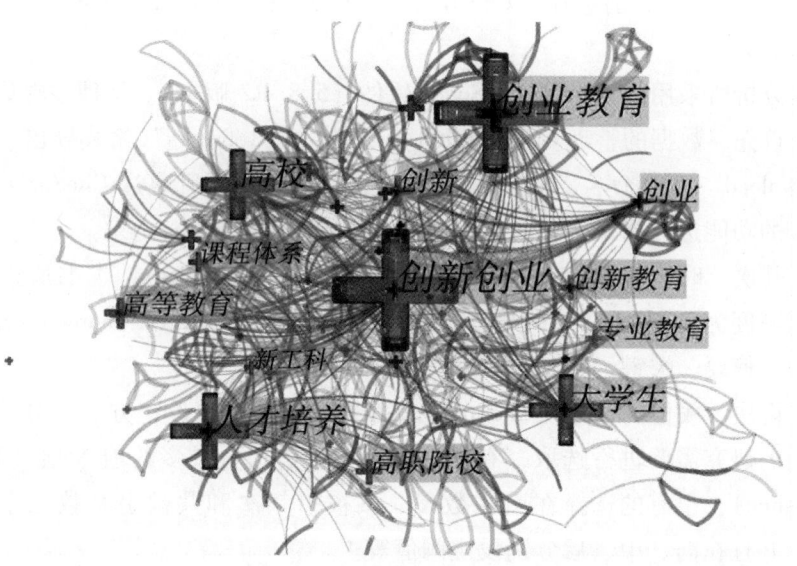

图 1-7 2011—2020 年国内"创新创业教育"研究关键词共现图谱

进一步研究发现,在关键词引用突变(Burst)数值排名第一的是"创业教育",突变值为 11.72,其次是"创业",突变值为 4.59,再依次是"创新"(3.71)、"创客教育"(2.60)及"对策"(2.43)。一定程度上说明了在关键词领域,近十年国内创新创业教育研究比较关注创业教育、创业创新、创客教育等方面的研究及创新创业教育领域的应用研究,这与国内政策导向和高校实践需要是分不开的。

再对关键词进行自动聚类分析(见图 1-8),可以看到,除基本的"创新创业""创业教育""创新""人才培养"等聚类外,还有"高校"

"地方高校""工程教育""新工科""创业成功""机制"等聚类,由此可以看出,作为服务区域经济发展重要力量的地方高校以及创新创业更具优势的工程教育,近十年也较为关注创新创业教育。而"大众创业、万众创新"的大背景及国内就业导向的高校创新创业教育较为关注创业成功。

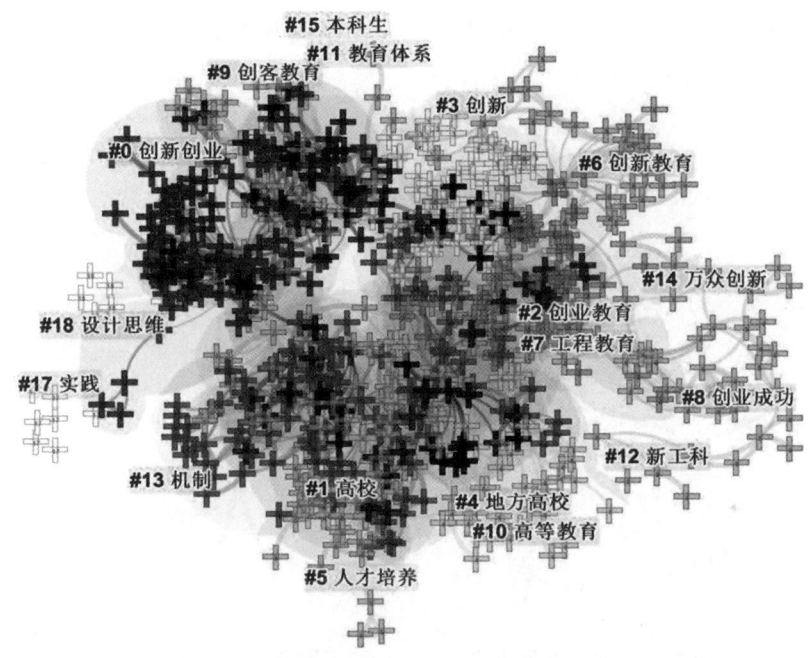

图1-8　2011—2020年国内"创新创业教育"研究关键词自动聚类

2. 国内创新创业教育研究热点的知识基础

作者频次(见图1-9)前7名按高到低依次是王占仁(22次)、卓泽林(8次)、黄兆信(7次)、王洪才(7次)、吴爱华(7次)、王志强(6次)和谢和平(6次)。Burst指标排名第一的是王占仁(3.35)。王占仁、黄兆信等学者是国内创新创业教育研究领域的集大成者,[①] 他们的研究推动了创新创业教育实践与理论研究的不断深入。特别是王占仁教授,其所在的东北师范大学成为创新创业教育研究领域的主要阵地

---

① 沈成君、杜锐:《基于文献计量的创新创业教育研究热点与趋势可视化分析》,《中国大学教学》2020年第1期。

和核心力量，节点类型为"机构"的知识图谱（见图 1-10）显示，东北师范大学思想政治教育研究中心的频次（17 次）和东北师范大学的频次（5 次）分别排名第一和第四，即东北师范大学频次最高。"机构"频次与北京联合大学（7 次）并列第二的是教育部高等教育司，而前述作者频次并列排名第三的吴爱华曾任教育部高等教育理工科教育处处长，现任高校学生司副司长，由此可见，近十年高等教育领域较为重视创新创业教育。

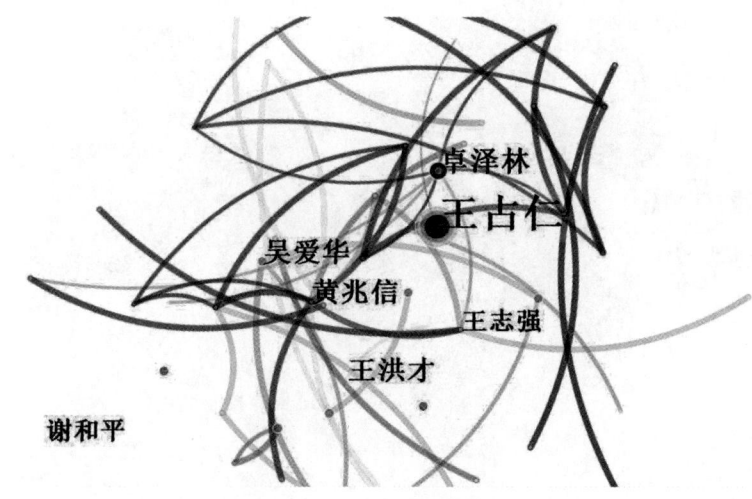

图 1-9　节点类型为"作者"的知识图谱（2011—2020）

王占仁教授近十年被引频次最高的论文是 2015 年发表在《教育研究》期刊上的《"广谱式"创新创业教育的体系架构与理论价值》，首次提出了"广谱式创新创业教育"的教育理念和模式，是目前创新创业教育发展的主要方向。广谱式创新创业教育是相对于只在商学院内部进行的"专业式"创新创业教育而言的，指在高等教育阶段开展的，面向全体学生、融入人才培养全过程，不片面地强调教授学生创办企业，而是结合专业教育，培养学生的创新创业精神、创新创业思维、创新创业能力和创新创业行为。广谱式创新创业教育需要分层次、分阶段和分群体开展，包括四个层面的体系架构：首先是"通识型"创新创业启蒙教育，通过课堂教学（如创业基础课）和参与体验（如大学生创新创业竞赛）培养学生的创新

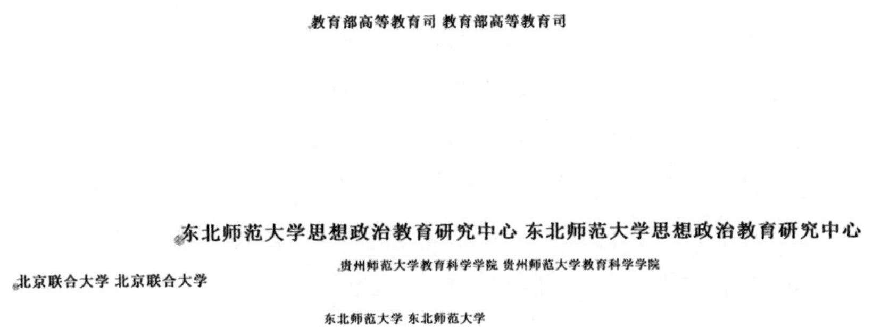

教育部高等教育司 教育部高等教育司

东北师范大学思想政治教育研究中心 东北师范大学思想政治教育研究中心

贵州师范大学教育科学学院 贵州师范大学教育科学学院

北京联合大学 北京联合大学

东北师范大学 东北师范大学

图 1-10 节点类型为"机构"的知识图谱（2011—2020）

精神和创新意识；其次是结合专业的"嵌入型"教育，将创新创业教育理念和思想嵌入各学科专业，开发多样化的学科创新创业课程，这可增强创新创业教育的"合法性"，推动专业教育的发展，又可促进创新创业教育的"全覆盖"和"个性化"；再次是"专业型"创业管理教育，这是面向明确有创业想法及创业行动的学生进行的，通过"创业先锋班"培养学生创业实战的技能和创办企业的能力；最后是"职业型"创新创业"继续教育"，为创业初期的毕业生提供教育、咨询和服务，这是目前高校创新创业教育最缺的，对毕业生缺少"继续教育与援助"。不过，"职业型"创新创业"继续教育"需要政策、科研成果转化及社会服务等体系的合力，才能为毕业生提供有效援助。

（三）国内创新创业教育研究文献综述

与国外创新创业教育研究相比，国内学者的研究相对较为滞后。美国学者对于创业及创新创业教育的相关研究早在 20 世纪就已经开始，20 世纪五六十年代之后逐渐进入研究的成熟期，而创新创业教育的实践更是时刻与美国经济社会的变迁以及高等教育的发展保持着一致。反观中国，第一篇创新创业教育的论文则是胡晓风等人于 1989 年 8 月发表在四川师范大学学报（社会科学版）的论文《创业教育简论》。最早研究创业型大学的论文则是张岑 2002 年 7 月在《江苏高教》发表的"关于欧洲创业型大学特点的论述"。不过，中国创新创业教育研究虽然起步较晚，但是研究领域和研究成果呈现了高速增长的态势。以 CNKI 数据库为例,时间选择 1989 年 1 月 1 日至 2020 年 12 月 31 日,以"创新创业教育"为主题的期刊论文总计达到了 28337 篇,其中硕博士学位论文 1167 篇,会议论文 788 篇,各类报纸 1487 篇。从主题为"创新创业教育"文献年度发表量(见图 1-11)可以看出 2015 年是文献的高速增长拐点,这跟当年国务院《国务院办公厅关于深化高等学校创新创业教育改革的实施意见》文件发布有很大的关系,该文件从国家层面对创新创业教育作出系统设计、全面部署,引起了学术界对创新创业教育的广泛研究。

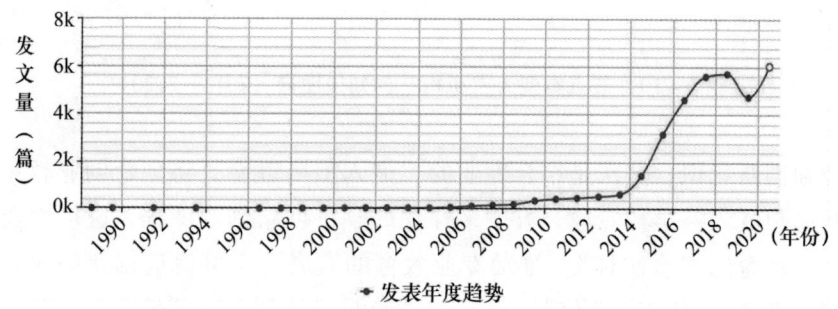

图 1-11 主题为"创新创业教育"文献年度发表量

1. 关于创新创业教育模式的研究

胡桃和沈莉研究了创新创业教育非常有代表性的巴布森学院的"创新创业课程"教育模式和斯坦福大学的"产学研一体化"教育模式,总结了国内创新创业教育三种经典模式:一是以中国人民大学为代表的第一课堂和第二课堂相结合的教育模式,二是以北京航空航天大学和浙江大学为代表的提倡创新创业知识和技能培养与实践的教育模式,三是以上海交通大学、清华大学为代表的更加系统科学地培养学生创新创业精神和能力及提供创业服务的教育模式,并借鉴国外先进经验提出完善中国创新创业教育的建议。① 余昶、王志军考察了素朴的创新创业教育、商学院创新创业教育模式、广谱式创新创业教育模式和创业型大学模式,提出了明确高校创新创业教育定位、确立知识资本化核心地位、处理好知识资本化和非功利

---

① 胡桃、沈莉:《国外创新创业教育模式对我国高校的启示》,《中国大学教学》2013 年第 2 期。

性的关系以及鼓励创新创业的草根精神。① 邓平安研究了欧盟高校的创业培训模式,分析了该模式所具有的全国高校统一教学模式、创新创业意识培养纳入终身学习及强调创新创业意识等三个特点,并对中国高校创业发展提出建设性意见。② 陈霞玲介绍了以加州大学伯克利分校工学院为例的发明性创新创业教育,以加州大学伯克利分校商学院和斯坦福大学设计学院为例的改进性创新创业教育,以及以金门大学和巴布森学院为例的商业模式创新创业教育,提出了针对不同创业模式设计课程体系和组织形式、在创新创业教育中注重创意培养、在专业教育中注重创新培养和注重创业实践等四点建议。③

以上研究表明,创新创业教育模式多样,有仅针对商学院或管理学院学生等的聚焦型,面向全校所有学生的广谱型,创业培训模式,以及以技术转化为目标的创业型大学模式等。各高校应明确自身发展目标和定位,分类发展创新创业教育。

2. 关于创新创业教育组织的研究

朱闻亚认为,高校创新创业教育组织是以批量培养创新创业人才为目标,配备能引领学院发展的管理人员和具备创业能力的教师,挑选具有创业创新素养的学生进行专业教育和创新创业教育的实体组织。④ 符周利认为,高校创新创业教育组织是高校探索优化组织结构,构建校内有关部门共同参与、校外实践系统协同,能为实施创新创业教育提供组织机构保障的组织。⑤ 屈振辉认为,高校创新创业教育组织是由具有教学研究、孵化实训、交流选优、筹资推介、文化营造等功能的相互依存的内设组织构成的整体系统,有利于创新创业的内部生态营造及外部生态应对的具有整合适应功能的组织。⑥ 卓泽林等认为高校创新创业教育组织是指为培养更多具备创业基本素养的人才,整合利用各方教育资源而组建起来的具有专门

---

① 余昶、王志军:《高校创新创业教育模式研究》,《学术论坛》2013年第12期。
② 邓平安:《欧盟高校创业教育模式对我国创新创业人才培养的启示》,《黑龙江高教研究》2018年第5期。
③ 陈霞玲:《高校创新创业教育模式与实践研究——以美国四所高校为例》,《国家教育行政学院学报》2019年第7期。
④ 朱闻亚:《高校创业学院教学质量监控体系的构建》,《高等工程教育研究》2016年第4期。
⑤ 符周利:《高校创业教育学院化现象分析与治理对策》,《思想理论教育》2017年第2期。
⑥ 屈振辉:《我国高校创新创业学院的功能与结构论析》,《继续教育研究》2018年第6期。

性和规范性的组织。① 综上所述，高校创新创业教育组织是具备独立的组织机构和专门的工作人员，以其独特的运行方式，整合校内外资源，通过组织管理、课程建设、创业实践服务、科学研究等方面推动创新创业教育发展和培养创新创业型人才的平台。

徐小洲、梅伟惠在《高校创业教育体系建设战略研究》一书中对高校创新创业教育组织模式进行了详细的阐述。② 国外高校创新创业教育组织分为商学院/管理学院模式（包括聚焦型和磁石型）、创业学院模式、团队学园模式、跨学科项目模式和模拟公司模式。其中聚焦型是最初始的创新创业教育模式，即聚焦商学院或管理学院的学生开展创新创业教育，其毕业生进行创业的比例非常高，而其他类型包括磁石型商学院/管理学院模式均为面向全校学生开展创新创业教育。国内高校创新创业教育组织分为创业学院模式、创业园模式、创业班模式、创业实训基地模式、研究咨询中心模式和项目团队模式。与国外相比，国内高校创新创业教育组织面向的对象更广，更强调创业实践，高校与区域政府、企业合作紧密，凸显地方特色，但也存在创业学科发展较弱、全真实训平台风险较高等特点。基于前面的分析，作者提出了创新创业教育组织的构建策略：首先是走特色发展之路，基于特定的创新创业教育理念与目标，提供不同的产品——素质教育或技能培训。其次是形成三元合作复合体，即联系政府和企业，整合社会多方资源，同时发挥学生主动性，提高创新创业教育质量。再次是搭建全真与模拟二元平台，通过建立创业孵化园、创业园等全真实践平台，及依靠网络搭建模拟实践平台。最后是联动地域文化特色，设置人才培养方向，实现高校创新创业教育的"本土化"。

高校创新创业教育组织又可分为"实体型"和"虚拟型"。"实体型"通常把创新创业教育放在国家和学校发展战略的高度，并将之作为高等教育改革的立足点和突破口，一般有确定的工作方向和目标，其职能定位主要为计划、组织、管理、控制，过程管理相对严密。而"虚拟型"则相较缺乏问题意识、问题导向和针对性，职能定位为宣传、协调、服务、激

---

① 卓泽林、罗萍：《我国高校创业教育组织运作困境及其对策——基于美国12所创业中心的经验与启示》，《教育发展研究》2018年第19期。

② 徐小洲、梅伟惠：《高校创业教育体系建设战略研究》，浙江教育出版社2015年版，第86页。

励,过程管理较为松散。① 在实际效果方面,"实体型"能更好地为创新创业教育的长足发展服务。本书在后续的章节中会详细介绍美国创新教育集大成者——麻省理工学院和斯坦福大学的创新创业教育组织模式,以及国内不同生命周期阶段的高校创新创业教育组织模式,并结合实证方式提出当前高校创新创业教育组织的现状、问题及建设策略。

3. 关于创新创业教育评价的研究

国内的创新创业教育研究和实践起步相对较晚,但近年来相关研究成果呈快速增长态势。这些文献大多是从创新创业教育的必要性、实现路径、发展模式、国际与区域比较、实践方法等维度进行探讨,对于创新创业教育评价体系的研究则十分匮乏,② 截至 2020 年 12 月 31 日,以"创新创业教育评价"的知网检索结果显示仅有 682 篇,其中 CSSCI 来源 45 篇。

郭必裕将主体性、实践性、技术先进性、创新性、团队整体性五项原则作为大学生创业评价体系的构建原则;③ 李景旺提出了高校创新创业教育绩效评价的基本原则与基本思路。④ 也有研究者从不同角度构建了评价指标体系,如李国平等围绕教师的专利创新能力建立了创新创业教育评价指标体系;⑤ 刘帆、陆跃祥认为创新创业教育体系由创新创业教育组织支持、学科课程、课程教学、质量控制及延展活动五个维度构成;⑥ 黄志纯、刘必千认为应该从组织领导、师资队伍、学生素质、环境建设、社会声誉五个方面来构建创新创业教育评价体系;⑦ 陶丹等从课程体系、课程教学、非课程教育等三个环节设计了创新创业教育质量评价指标体系;⑧ 李明章通过调查问卷分析发现,创业意愿和创业胜任力可以有效衡量大学生创新

---

① 钟志华、周斌、蔡三发、许涛:《高校创新创业教育组织机构类型与内涵发展》,《中国高等教育》2018 年第 22 期。
② 陶丹、陈德慧:《中国高校创业教育质量评价指标体系研究》,《科技管理研究》2010 年第 5 期。
③ 郭必裕:《对构建大学生创业评价体系的思考》,《黑龙江高教研究》2003 年第 4 期。
④ 李景旺:《探讨高校创业教育课程体系的构建》,《教育与职业》2006 年第 18 期。
⑤ 陈浩凯、徐平磊:《创业教育质量评价指标体系研究》,《大学:研究与评价》2007 年第 5 期。
⑥ 刘帆、陆跃祥:《中美两国高校创业教育发展比较研究——基于统一标准》,《中国青年研究》2008 年第 5 期。
⑦ 黄志纯、刘必千:《关于构建高职生创新创业教育评价体系的思考》,《教育与职业》2007 年第 30 期。
⑧ 陶丹、陈德慧:《中国高校创业教育质量评价指标体系研究》,《科技管理研究》2010 年第 5 期。

创业教育效果;① 梅伟惠对应规划工具、监测工具和影响力评估工具三类不同目标，提出了宏观政策与发展现状评价、过程评价以及影响力评价等三种高校创新创业教育评价类型。②

在大数据实证研究方面，仅有黄兆信和黄扬杰调查了1231所高校201034名接受过创新创业教育的学生以及596所高校12596名与创新创业教育相关的教师。该研究对中国高校创新创业教育质量发展的现状进行了分析，对高校创新创业教育实施过程和最终结果进行了评价，并提出了完善高校创新创业教育评价体系的对策：一是以人才培养的质量和效果为根本标准，建立高校创新创业教育质量发展现状、实施过程及结果的全链条式评价体系，加强质量全面监管；二是将创新创业教育贯穿高校人才培养全过程，搭建过程与结果融合的评价指标核心框架；三是对创新创业教育评价进行分类，高校结合自身类型和目标导向，系统科学的设计评价目标、评价对象、评价主体、评价指标、评价标准、评价方法等。③

尽管创新创业教育评价方面的研究已有一些成果，但仍然存在诸多问题：创新创业教育评价与监测的研究和实践还很薄弱，尚没有形成科学合理的指标体系和具有代表性的研究和实践成果；创新创业教育评价体系的研究和实践存在着研究者专业性不足、研究样本覆盖范围较小、研究结论缺乏说服力；创新创业教育评价体系的研究和实践缺乏理论深度，对创新创业教育评价体系的内涵、理论模型、指标体系、评价方法等关键性问题关注不足。创新创业教育评价的相关研究仍有不小的进步空间。

第二节　全球创业监测报告评述

一　全球创业观察（GEM）介绍

企业家精神被广泛地定义为"个体或团队尝试新公司（新业务）创

---

① 李明章：《高校创业教育与大学生创业意向及创业胜任力的关系研究》，《创新与创业教育》2013年第3期。
② 梅伟惠：《高校创业教育评价的类型与影响因素》，《教育发展研究》2011年第3期。
③ 黄兆信、黄扬杰：《创新创业教育质量评价探新——来自全国1231所高等学校的实证研究》，《教育研究》2019年第7期。

建、自主创业或扩大现有业务",① 是经济发展的重要组成部分。然而,这种经济发展的性质和过程在不同的经济体之间可能有很大的不同。尽管鼓励和发展企业家精神是大多数国家决策者和政治家的一项重要政策目标,但人们对企业家精神的原因和后果还了解得远远不够。企业形式多种多样,如何衡量和监控创业精神便成了一项迫切需要解决的挑战,因为创业活动对实现联合国"消除世界各地所有形式的贫穷""促进包容性和可持续的经济增长、就业和人人体面工作""减少国家内部和国家之间的不平等"等多项可持续发展目标至关重要。

全球创业观察(Global Entrepreneurship Monitor,GEM)是一个大型的国际合作研究组织,其联盟由各经济体团队组成,使用同样精确的研究方法、样本设计和调查工具来收集具有全国(或地区)代表性的创业数据,系统地、连续地衡量创业及与创业相关的特征。因此,GEM 可通过在同一时间内对不同经济体进行直接比较,以及通过追溯同一经济体内企业家精神的演变,来监测企业家精神的比率和性质。自 1999 年成立以来,GEM 累计调查了来自全球 114 个经济体逾 300 万人次的成年人,成为世界上最大和最广泛的关于创业活动的研究,其数据对各国政府以及世界银行、欧盟委员会、世界经济论坛和联合国等国际机构的政策制定和评估产生了重要作用,且 GEM 数据衍生了近 700 份同行评议的科学出版物,② 使得人们对不同环境中的企业家精神的性质和作用有了新的理解。

(一) GEM 方法论

每个参加调查的经济体承诺在某一年内进行成人人口调查和国家专家调查。

1. 成人人口调查(Adult Population Survey,APS)。对全国(或地区)至少 2000 名具有代表性的劳动人口使用相同标准的 GEM 问卷进行匿名调查,并由 GEM 技术团队对结果进行交叉检查和质量认证。成人人口调查关注的是人,评估人们对创业精神的态度和看法,以及自己在创办、拥有或管理企业的参与程度。它可以获取"非正式"经济的信息,即那些既不受国家管制也不受国家保护的各种经济活动、企业和工作,而这些可能是

---

① Reynolds, P. D., Hay, M., & Camp, S. M., *Global Entrepreneurship Monitor*: *Executive Report*, Kaufman Centre for Entrepreneurial Leadership, 1999.

② Global Entrepreneurship Monitor (http://www.gemconsortium.org/research-papers).

国民经济的重要组成部分。①

2. **国家专家调查（National Expert Survey，NES）**。不同经济体的经济、社会和政治环境可能鼓励和支持创业活动，也可能是限制或阻碍创业活动，因此每个经济体以《全球经济评价》为补充，调查至少36名精挑细选、具有特定的国家（或地区）专门技术和知识的专家，以此提供对全国（或地区）创业环境的看法。

GEM 成人人口调查和国家专家调查通过确定那些影响创业活动的因素，提供了重要的概念框架（见图1-12），为政策制定者、从业者和其他利益相关者扩大创业活动率提供指示。严谨的 GEM 方法论方法精确地衡量了创业活动的水平，并且提供了相关数据供决策者监测和评估。

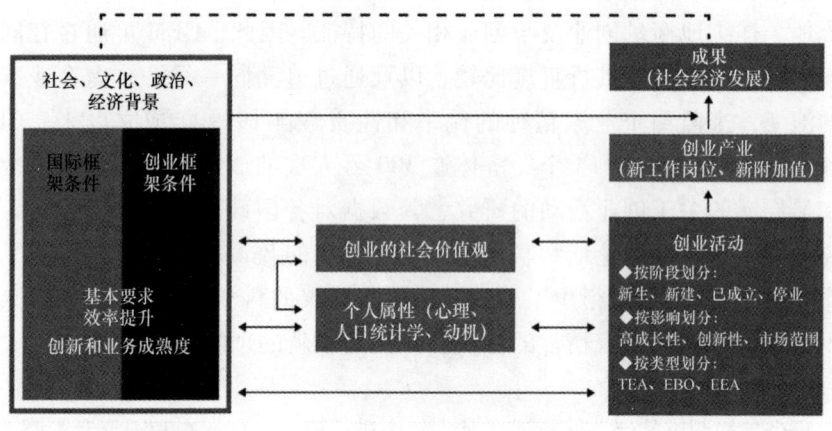

图 1-12　GEM 概念框架

（二）GEM 测量指标

GEM 测量指标包括从新业务的概念、启动、运行、成熟及退出等企业全生命周期阶段（见图1-13）。退出业务后，个人可能开启新企业创建或以其他方式参与创业活动。停止经营是创业的一个重要阶段，为其他潜在或实际的企业家提供了相关学习知识。GEM 研究的一个重要指标是整个早期创业活动（TEA）的水平，或积极从事创业或经营新业务的成年劳动

---

① 国际劳工组织最近（2019年10月）的一份报告估计，在抽样的99个国家中，非正规部门占总就业人数的60%。当非正规企业不纳税或不遵守劳动法时，社会就会蒙受损失。

人口的比例。具体来说,早期创业活动是那些积极地开始一个新的业务(3 个月及以上新生企业主,但尚未产生包括创始人工资的支出),加上那些已经运行一个新业务(3—42 个月新企业主,已经产生包括创始人工资的支出),减去任何重复计算的业务(支付工资超过 42 个月)。

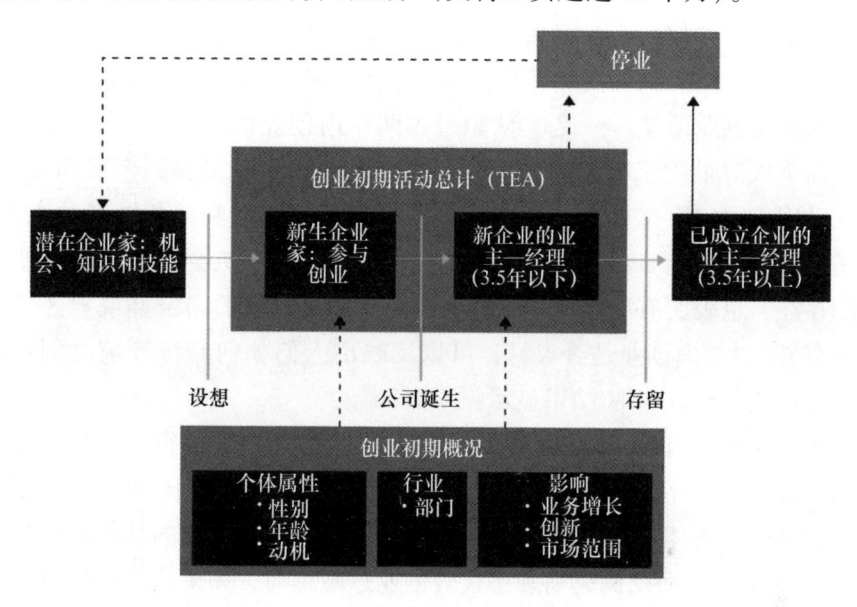

图 1-13 创业阶段和 GEM 创业指标

（三）GEM 调查对象

GEM 报告使用"经济体"而不是"国家"一词,因为个别经济体并非独立的国家。根据世界经济论坛的定义,2019 年参与 GEM 调查的 50 个经济体分为 4 个区域和 3 个收入水平。① 中东和非洲地区包括 11 个经济体,亚太地区 8 个经济体,涵盖低收入、中等收入和高收入三个水平。拉丁美洲和加勒比地区有 8 个经济体,中等收入和高收入水平各占一半。欧洲和北美共 23 个经济体,只有 3 个被列为中等收入经济体,其余被列为高收入经济体。

---

① Schwab, K. (ed.), *The Global Competitiveness Report* 2019, Geneva: World Economic Forum, 2019. 世界经济论坛把低收入和中低收入经济体列为低收入经济体,中等收入经济体列为中等收入经济体。全球最大的创业经济体是高收入经济体。

二 企业家精神的社会和文化基础

(一) 态度的重要性

创办新企业的决定是个人的态度、看法和意图的产物。不论社会、文化和政治背景如何，企业家想要获得成功必须依赖广泛的利益相关者，包括投资者、员工、供应商和客户，以及家人和朋友的支持。我们通过三个指标来观察创业活动。一是"认识过去两年内创业的人"。认识创业者可以提高个人对企业家精神的认识，了解创业者意味着接触到榜样和导师，将激励因素固定下来作为成功的驱动力，并保持了与利益相关者的联系。二是"我的领域有良好的创业机会"。看到好的创业机会可能表明创新潜力的存在，也表明有能力识别这样的机会。三是"我的国家（或地区）创业很容易"。考虑创业是否容易，可以反映出人们如何看待环境对创业活动的促进或制约。GEM 结果显示：

在全球范围内，认识过去两年内创业的人的比例差别很大，最低为日本，不到 20%，希腊和南非约为 30%，这三个经济体的比例均低于所在地区的其他经济体。在中国，这一比例超过了 65%，最高的沙特阿拉伯则超过了 80%。然而比例越高并不代表创业意愿越高，如果负面信号主导了积极信号，那么认识一个最近刚开始创业的人也可能会对他的创业意愿产生负面影响。认为自己看到了良好创业机会的成年人比例在日本是最低的，略高于十分之一，其次是俄罗斯和白俄罗斯。而几乎 90% 的波兰成年人看到了创业的好机会，其次是印度、瑞典、中国和三个中东国家（沙特阿拉伯、卡塔尔和埃及）。认为在当地创业容易的成年人比例也因经济状况而存在很大差异。最低的是以色列、日本和斯洛伐克，三者比例均不超过四分之一。而欧洲许多地方被视为最容易创业，如超过四分之三的成年人认为在波兰、挪威、荷兰、英国和瑞典创业比较容易。

企业家精神的社会和文化基础与收入水平之间似乎没有什么联系。好的创业机会是被发现的，低收入的巴基斯坦和高收入的卡塔尔成年人认为有好的创业机会的比例较高，高收入的日本和低收入的马达加斯加则比例较低。同样，高收入的挪威、荷兰和英国的成年人认为创业很容易，而高收入的日本、韩国、波多黎各、智利和以色列的成年人并不认为创业很容易。一些高收入经济体的政策和条件可能会培育企业家精神，而有些经济体即便拥有高度发达的基本商业环境也不怎么会培育企业家精神。另一方面，一些低收入经济体的商业活动可能很少受到限制，而有些经济体可能面临着经营环境不确定、缺少价值链伙伴或产品市场疲弱等挑战。

然而，人们对机会的看法和对创业容易程度的感知之间存在某种联系。日本和斯洛伐克的成年人的这两项比例均较低，而波兰和印度的成年人两项比例均较高。这些指标可以测量人们是否认识到机会，是否有能力采取行动，还揭示了人们在多大程度上认为环境充满了机遇及促成创业的条件。但一些经济体显示出截然不同的结果。以英国为例，不到一半（44%）的成年人认为有良好的创业机会，而几乎两倍（82%）的人认为创业很容易，这表明创业环境良好，但机会相对较少。相比之下，中国有超过七成的成年人认为有良好的机会，但认为创业容易的人不到这一比例的一半。说明中国成年人可能有很多机会，但仍有很多障碍需要克服。

（二）自我认知与企业家精神

决定开始创业及企业的成功和寿命，可能取决于个人是否看到以及多大程度上看到他们是潜在企业家。GEM 成人人口调查了个人是否拥有创业的知识、技能和经验，以及他们是否能看到好的创业机会，但因担心失败而不敢创业。在 50 个经济体中，有 38 个经济体超过 50% 的人认为自己拥有创业所需的技能、知识和经验，有 42 个经济体不到 50% 的人在看到好机会时会因为害怕失败而却步。认为自己看到了好的机会，但害怕失败而不愿创业的成年人比例在韩国是最低的（7%），其次是瑞士、荷兰和意大利。然而，印度、埃及、约旦、巴基斯坦、以色列、葡萄牙和克罗地亚成年人认为有良好创业机会的，有一半以上因为害怕失败而不敢创业。如智利有四分之三的成年人认为自己拥有创业所需的知识、技能和经验，近六成的人表示即便看到了好的机会也会因害怕失败而却步，即对失败的恐惧可能会成为启动创业的制约因素。

（三）创业天赋

是否创业以及创业成功的因素也可能是个人的观点或性格：他们是机会主义的、积极主动的还是创造性的，以及是否有长期的职业规划并采取行动。因此 2019 年调查包括：①即使你在该领域非常精通，你也很少能看到商机；②即使你发现了一个有利可图的机会，你也很少付诸行动；③其他人认为你很有创新精神；④你所做的每一个决定都是你长期职业规划的一部分。

企业家们是否看到了身边的机遇，以及对失败的恐惧是否会阻止他们追求这些机遇，这些问题或多或少反映了人们的看法。一个人识别机会以及采取行动的倾向，反映了企业家精神倾向程度和企业家潜力。在意大利和荷兰，不到三成的成年人承认他们很少看到商业机会（包括"比较同意""非常同意"），而在约旦、埃及、马达加斯加、摩洛哥和印度，这一比例接近七成。同意即使在发现机会时也很少行动的成年人比例在爱尔兰和意大利最低，在危地马拉、埃及和挪威最高（超过70%）。总体而言（50个经济体中有35个经济体），很少利用创业机会的比例高于很少看到这种机会的比例，尽管两者之间存在一些正相关关系。

人们通常会创办同质化、无区别的业务，难以应对艰难的竞争环境，且无法给客户提供令人信服的购买理由。而创新型人才为独特的、可持续的企业奠定了基础，他们推动甚至改变营商环境和改善民生。同样，长远的眼光也暗示着一种对生活的战略态度，能够在职业生涯中建立重要的价值。同意别人认为自己具有高度创新能力的受访者比例，从日本、爱尔兰和意大利的不到四分之一，到哥伦比亚、印度、亚美尼亚、危地马拉和巴拿马的超过七成。同意按照某些长期职业规划行事的比例，爱尔兰和意大利不到25%，而危地马拉、巴西、马达加斯加和埃及超过了80%。这两者之间也存在着高度的相关性，按照规划行事的比例通常高于具有创新精神的比例。尽管在意大利和爱尔兰，很少有人看不到机会，当他们看到机会时，也很少有人不行动，却不认为自己是高度创新的。不同经济体的态度和看法，包括自我看法，显然有很大不同，其中一些差异可能对企业活动的水平和持久性产生重大影响。

三　全球创业活动现状

（一）2019年创业活动水平

经济差异很大程度上取决于人们对创业活动的参与程度。创业活动也存在差异，有的经济体有大量的个体经营和创业活动，有的有比较成熟的中型企业，有的有活跃的企业内部创业。不同形式的创业活动都为国家可持续发展做出贡献。因此测量指标包括：①每一个经济体开始积极参与或运行新企业的成年人比例（总体早期创业活动率）；②拥有和管理成熟企业的成年人比例；③作为现有组织角色的一部分，参与创业的成年人比例。

参与 2019 年 GEM 调查的 50 个经济体的总体早期创业活动率基本情况如下：意大利和巴基斯坦的总体早期创业活动率最低（不足 4%），波兰、白俄罗斯和日本各只有 5%。拉丁美洲和加勒比地区总体早期创业水平最高，排前六位的经济体均来自该地区，其中以智利和厄瓜多尔为首（超过 35%）。在中国，总体早期创业活动率不足 10%。鼓励个人创业是重要而普遍的政策，将初创公司转变为长期可持续发展的企业也同样重要。总体早期创业活动比率与建立企业所有权（EBO）比率之比较低则可能表明在创业基础方面存在潜在困难，反之则可能表明有兴趣开办企业但转化为成熟企业较为困难。大多数经济体的总体早期创业活动率高于建立企业所有权比率，但在转换方面存在明显的时间滞后。其中，有 9 个经济体的总体早期是建立企业所有权比率的三倍以上，12 个经济体的总体早期创业活动比率低于相应建立企业所有权比率。

（二）收入水平和创业活动

在较富裕的经济体中，个人更有可能获得成功创业所需的必要资源。而在收入较低的经济体中，在没有其他收入来源的情况下，个人创业的动机可能更大。此外，发展中经济体的竞争不那么激烈，对新产品及新服务的需求随着人口的增长而增长。这复杂关系的结果是：高收入经济体的总体早期创业活动率往往较低，而低收入经济体的总体早期创业活动率可能从非常低到非常高。这在 GEM 数据中得到了支持，在低收入和中等收入经济体中，总体早期创业活动率变化很大（低收入经济体从巴基斯坦的 4% 到马达加斯加的 19%，中等收入经济体从白俄罗斯的 6% 到厄瓜多尔的 36%），这可能取决于经济体内部进行创业的难易程度。高收入经济体的总体早期创业水平较稳定，但智利是个明显的例外，总体早期创业活动率非常高。此外，GEM 报告使用世界经济论坛数据验证了国民收入水平对创业活动的关系，总体早期创业活动率随着人均 GDP 的增长而降低。

（三）内部创业和赞助创业

虽然创业通常被认为是一种单独活动，但实际上很多是与他人一起进行的，甚至是为他人进行的。内部创业就是有企业家精神的员工识别、开发和追求新业务活动，并将其作为自身工作的一部分。在 50 个经济体中，有 16 个经济体的员工内部创业率不到 1%，15 个经济体（主要来自欧洲）

的员工创业率高于5%。

2019年GEM成人人口调查还提出了一个新问题:"作为你主要工作的一部分,你目前是否独自或与他人合伙经营一家公司?"结果显示,赞助早期创业活动的比例方面,巴西略低于6%,阿曼超过98%(在阿曼,任何新业务都需要当地合作伙伴)。在50个经济体中,有13个经济体创办或运营新企业的人有一半以上是由雇主资助的。而独立创业活动比例最高的经济体都在拉丁美洲和加勒比地区(厄瓜多尔为29%,智利和危地马拉为23%,巴西为22%),最低的是阿曼、埃及和日本(均为2%或更低)。

四 创业的影响因素:动机、人口学特征与创业环境

(一)动机与抱负:为什么创业?

人们的创业动机是多种多样的,包括努力做出改变,追求更高的收入和财富,渴望独立和自主,延续家庭传统,或者仅仅是因为缺少其他的工作选择。自成立以来,GEM就把机会动机和需求动机作为创业活动的动机因素,但人们意识到此两者并不能完全反映当代创业动机,因此2019年的调查对动机选项进行了修订,包括:①改变世界;②创造巨额财富或非常高的收入;③延续家庭传统;④为了谋生,因为工作机会稀少。并且使用李克特五点量表进行测量,包括非常同意、有些同意、既不赞成也不反对、有些不同意和非常不同意。

认同"改变世界"(包括"有些同意""非常同意")这一动机的早期创业人士比例差异很大,有些经济体不到10%,而南非、印度、危地马拉和巴拿马超过70%。这是目标驱动型企业出现的切实证据。"创造巨额财富或非常高的收入"仍然是一个非常普遍的动机,在伊朗、卡塔尔、巴基斯坦、印度和意大利,超过80%的创业者认同这一观点,但在挪威和波兰,不到20%的人认同这一观点。这一动机在15个经济体从事早期创业活动的比例最高。"延续家庭传统"动机也体现出了较大差异,在韩国和英国,同意这一动机的企业家比例不到10%,而在波兰和印度约为80%。最后一个动机"为了谋生,因为工作机会稀少",在波兰,认同这一说法的人不到20%。而在其他经济体是一个常见的选择,在35个经济体中有超过一半的创业者同意这一说法,在拉丁美洲和加勒比地区尤其普遍,有8个经济体超过2/3的人认同这一观点。说明不同的经济体有其独特的创

业动机。

创业动机还存在性别差异。男性创业的动机可能更多的是出于经济利益，或"创造巨额财富或非常高的收入"，女性对"改变世界"等非财务问题更感兴趣。但是提出这些问题是否反映了一种固有的性别偏见？2019年 GEM 调查数据表明，男性创业者认同创业动机的比例高于女性，说明创业动机对男性比女性更重要。表 1-4 显示，有五分之三的经济体的创业男性比创业女性更认同"积累巨大财富或高收入"和"延续家族传统"的动机，几乎四分之三的经济体的女性更认可"改变世界"和"因为工作机会稀少而谋生"这两个动机。其中，36 个经济体的女性认同"改变世界"动机的比例超过了男性，仅有 14 个经济体的男性比例超过了女性。因此，在大多数经济体中，女性比男性更加认同她们创业是为了改变世界。基于此，女性企业家似乎比男性企业家更有目标导向。

表 1-4　　　　有些/强烈赞同不同动机的性别差异

动机	50 个经济实体	
	男性 > 女性	男性 < 女性
改变世界	14	36
创造巨额财富或高收入	30	20
延续家庭传统	31	19
因工作稀缺而谋生	14	36

（二）人口不是命运：性别、年龄和创业活动

越来越多的国家鼓励女性创业，如加拿大出台措施鼓励女性企业家，德国提出女性创业倡议，北马其顿通过了《2019—2023 年女性企业家战略和行动计划》，马达加斯加则制定了一项新的基于性别的政策来支持女性企业家。

在 2019 年参与调查的 50 个经济体中，男性早期创业活动率在智利（41%）和厄瓜多尔（39%）最高，意大利（4%）、巴基斯坦和波兰（均为 6%）最低。女性早期创业活动率最高的经济体为厄瓜多尔（34%）和智利（32%），最高的地区为拉丁美洲和加勒比。在 50 个经济体中，女性总体早期创业活动率超过 10% 的有 21 个经济体。

大多数经济体的男性创业活动率超过女性。2019年，沙特阿拉伯、卡塔尔和马达加斯加的女性创业活动率超过了男性。GEM采用相对性别差距（女性总体早期创业活动率除以男性总体早期创业活动率）来测量女性创业活跃程度，考虑到男性和女性成年人口的数量大致相同，这可以解释为每个男性对应的女性创业初期创业者数量。结果显示，在马达加斯加、沙特阿拉伯和卡塔尔（非洲和中东）、墨西哥和巴西（拉丁美洲）、西班牙和美国（北美和欧洲）这7个经济体中，女性与男性的早期创业活动比率达到0.9或以上，意味着女性的创业活跃程度至少是男性的十分之九。女性的高参与率提高了整体创业水平。而在埃及、挪威、日本、北马其顿和巴基斯坦5个经济体中，每个女性创业者对应两个以上的男性创业者，女性的低参与度拖累了整体水平。

许多参与GEM的经济体都在鼓励年轻人创业，那么年轻人是否比老年人更愿意创业？年轻人获得资源（包括资本、知识和经验）的机会可能更少，但承担的责任可能也更少，而且他们不太可能在职业生涯早期放弃高薪。正因如此，年轻人可能更愿意冒险。他们可能更了解最新的技术、趋势和想法，有更多的精力和热情投入新的冒险，即便不成功，他们也有很长的职业生涯来创造收入。而老年人可能有更多可用资源，包括拥有可发展的关系网，更好地定位或发现和评估新的商业机会。他们的社会阅历积累了信用、人脉以及知识和经验。这些也可能给他们特别是已经拥有声望或高薪职位的人带来负面影响：规避风险而不愿冒险创业。

2019年GEM对50个经济体的研究表明，早期创业活动率会随着年龄的增长而增长，然后下降（50个经济体中有38个有这种情况）。总的来说，非常年轻的成年人开始创业的可能性比较小。然而也有例外，年龄固然重要，但其他因素或许更重要，如创业资金的可用性、社会和文化因素、替代工作机会或缺乏这些工作机会、人力资本水平和获得社会保障的机会等。

（三）创业环境：政府如何促进创业？

任何开始和经营新企业的决定都是在特定的背景下做出的，包括可能促进或阻碍新企业的广泛的国家和地方的条件。例如，一个城市可以通过提供高质量的大、中、小学教育及创业培训来鼓励创业活动，也可以通过高昂的商业登记费或沉重的赋税和官僚主义来阻碍创业活动。每个国家的情况各不相同，虽然创业活动可以在困难环境中持续，但未必能够在最有利的条件下蓬勃发展。创业环境的质量与创业活动的频率和性质之间可能存在正相关关系。

1. GEM 框架条件

GEM 通过定义一些特定的企业家精神来评估创业环境框架条件，如表1-5 所示，把这些条件结合在一起，明确了本地创业环境。对于想要创业的人来说，在一些方面将会是有利的，在另一些方面是有限制的。没有一个人能完全了解国家的国民经济情况。GEM 国家专家调查（NES）根据知识和经验确定了每个经济体至少 36 名国家专家。不超过四分之一的专家参加了前一年的相同调查（以减少偏见和确保客观性），回答了关于他们如何评价这些框架条件的充分性或其他方面的常见问题。通过向所有专家提出同样的问题，可以比较不同经济体的情况。鉴于这些都是观点和看法，在比较一个特定经济体中有效的自我评估时必须谨慎。例如，国家专家对一个经济体的物质基础设施是否充足的集体观点可能会根据该经济体的发展水平而有所不同。对于 GEM 中的每一个经济体，36 个（或更多）国家专家对每个框架条件的完善程度进行打分，然后求所有专家评分的平均值。

表 1-5　　GEM 的创业背景：国家（或地区）创业框架条件

1	获得创业融资。从非正式投资、银行贷款到政府拨款和风险投资，初创企业是否有足够的资金？
2	a）政府政策：支持和相关性。政府政策是否鼓励和支持创业？ b）政府政策：税收和官僚主义。初创企业负担得起营业税和其他费用吗？规章制度是否容易管理，还是对新业务构成了不适当的负担？
3	政府创业项目。各级政府是否向新企业家提供高质量的支持方案？
5	研发转移。包括大学和研究中心在内的研究成果能在多大程度上转化为商业投资？
6	商业和专业基础设施。在产权框架下，获得律师和会计师等负担得起的专业服务是否为新企业提供了支持？
7	a）容易进入：市场动态。是否存在自由、开放和增长的市场，没有大型企业控制准入或价格？ b）放宽准入：市场负担和法规。规章制度是促进而不是限制进入吗？
8	物理基础设施。企业家在多大程度上拥有足够和可获得的物理基础设施，如道路、互联网接入和速度、物理空间的成本和可用性等？
9	社会和文化规范。国家文化是扼杀还是鼓励企业家精神，包括提供榜样和导师，以及社会对冒险行为的支持？

结果表明，物质基础设施被普遍认为是支持创业的，其次是市场动态、文化规范和获得专业服务的机会。那些最需要关注或发展的框架条件有：学校创业教育水平；研发转移；政府政策（税收和官僚主义）。

2. 国家创业背景指数（NECI）

这是一项综合指数，用一个数字表示国家创业框架条件集合的加权平均状态。2018年，这个综合指数是根据对每个框架的评级以及他们对每个条件的相对重视程度得出的。然而，GEM于2019年实施了一种改进的方法。图1-14给出了完成2019年研究的其中53个经济体的整体国家创业背景指数排名。

在排名前10的经济体中，有4个来自欧洲和北美，3个来自亚太地区，3个来自中东和非洲。其中7个国家属于高收入经济体，1个来自中等收入经济体（中国），2个来自低收入经济体（印度和印度尼西亚）。在最后10名中，4名来自中东和非洲，3名来自拉丁美洲，2名来自欧洲和北美，1名来自亚太地区。4个来自中等收入区域，3个分别来自高收入和低收入区域。

很明显，框架条件的效力只部分取决于财富水平，有些可能是政府和援助机构努力发展的重点。当将国家创业背景指数（NECI）的排名与之前列出的每个经济体的早期创业活动水平进行比较时，也会出现类似的情况。在NECI排名的十大经济体中，有5个经济体的早期创业活动率低于10%，而在NECI排名的10个最低经济体中，有6个经济体的早期创业活动率高于10%。这些数字可能反映了整体创业环境。在条件好的地方，就会有企业家的竞争，也会有更好的工作选择。

NECI评分或排名、收入群体和创业活动之间的复杂关系，可能是未来商业研究的沃域。低收入可能是高水平创业活动的原因和结果，因此这种活动可能是低增长导向的自营职业，通常是非正式的，只涉及买卖而很少有附加价值。这可称为自给自足的创业，其动机无非缺乏其他收入机会。在这种情况下，对企业不利的环境将使非正式创业活动难以过渡到商业登记和发展（即正规部门）、纳税和雇用他人。因此，创业活动对经济的贡献可能很小，收入保持在较低水平。而在一个高收入、高度支持创业活动的环境中，创业者可能会更容易发现实现增长的机会和过渡到建立企业。

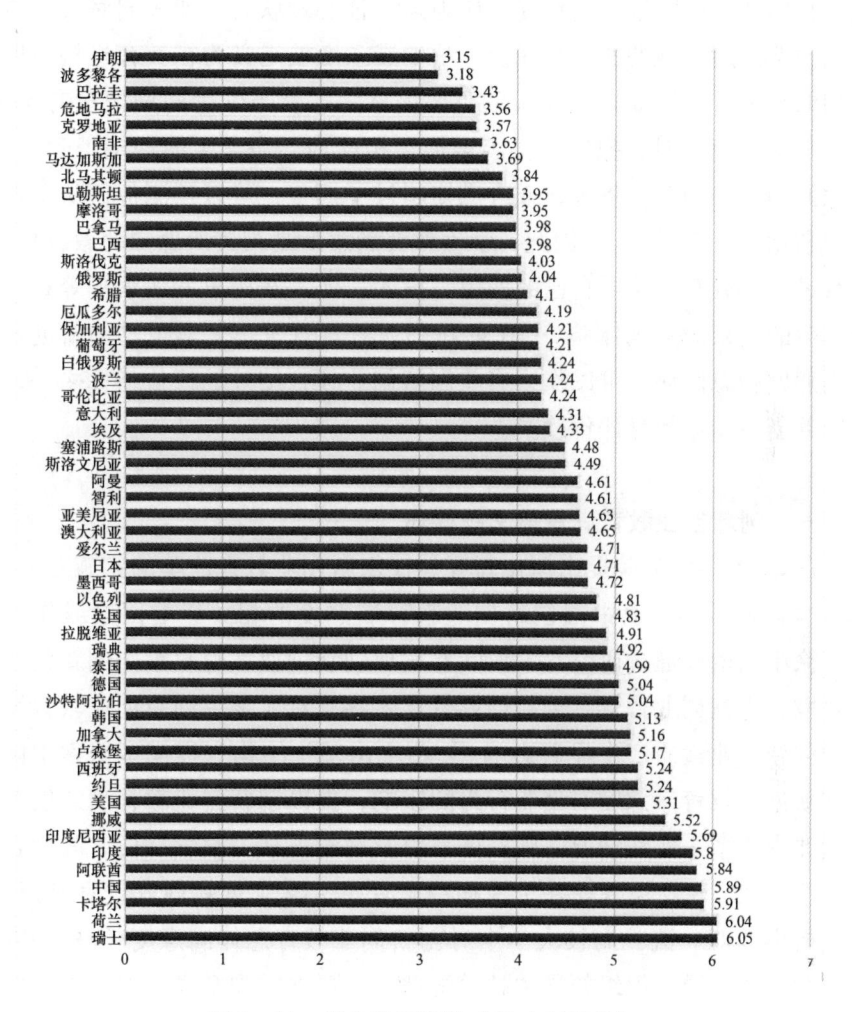

图1-14 创业背景指数（53个经济体）

第三节 中国创新创业教育满意度分析

办好人民满意的教育，是落实立德树人根本任务，深化中国高等教育改革创新的鲜明导向。2020年，中共中央、国务院印发了《深化新时代教育评价改革总体方案》，提出了系统推进教育评价改革，针对不同主体和不同学段、不同类型教育的特点分类设计、稳步推进，增强改革的系统性、整体性、协同性。满意度被认为是一种心理状态,即人们对某一事物达到预期或超过预期的主观评价。学生满意度被定义为在教育机构中期望达到的水平,是构成教育质量的重要因素之一。当学生的期望没有实现,即感知低于期望时,抱怨和不满增加。相反地,当学生的期望得到满足,即他们的感知和期望重叠,或者感知超过了期望,可以预测他们从学校获得的满意度也会增加。① 因此,学生教育满意度是指其所感知的教育机会、教育过程、教育结果同自己的期望、投入、他人及历史发展水平等相比较而产生的复杂的主观体验。② 在创新创业教育背景下,学生对创新创业教育满意度的总体评价可以作为当前创新创业教育绩效的评价指标之一,用以完善创新创业教育评价改革。

一 创新创业教育满意度文献综述

自 2015 年国务院提出深化高等学校创新创业教育改革的实施意见后,国内学者们开始探索中国创新创业教育满意度的相关影响因素或作用机制。徐小洲教授通过研究 641 份问卷发现创新创业教育政策、创新创业教育环境、家庭创业背景、创新创业教育内容等对大学生创新创业教育满意度和创新创业素质产生显著影响。③ 葛宝山基于结构方程模型探索中国高校创新创业教育满意度对创业行为的影响,提出创新创业教育满意度变量包括课程体系、实践情况、师资体系以及教学方式、教学部门、教学目标这 6 个维度。④ 戎晓霞等基于模糊综合评价大学生创新创业教育满意度,研究指出"双一流"高校大学生对创新创业教育总体满意度较高,其中,学生对实践指导、组织领导和教学管理三个要素的满意度相对较高,对课程体系与师资建设的满意度相对较低。⑤ 黄扬杰等研究指出学生对创业政

---

① Akinci, Z., Yurcu, G., & Kasalak, M., "The Mediating Role of Perception in the Relationship between Expectation and Satisfaction in Terms of Sustainability in Tourism Education", *Sustainability*, 2018, 10 (7).
② 吉文昌:《教育满意度测评方法与原则》,《教育研究》2015 年第 2 期。
③ 徐小洲等:《两岸三地高校创业教育比较研究》,《中国高教研究》2018 年第 9 期。
④ 葛宝山、宁德鹏:《我国高校创业教育满意度对创业行为的影响研究——一个以创业激情为中介的大样本实证考察》,《华东师范大学学报》(教育科学版) 2017 年第 3 期。
⑤ 戎晓霞、万骁乐、孟庆春:《基于模糊综合评价的大学生创业教育满意度研究》,《黑龙江高教研究》2019 年第 4 期。

策的满意度最高，对创业学习的满意度最低，特别是创业理论和实践学习与学生专业学习结合度评价较低。① 卓泽林从创新创业课程质量、竞赛体验、实践建设、政策扶持以及教师指导5个方面的满意度评价切入，研究粤港澳大湾区高校学生的满意度，结果显示学生对高校创新创业教育满意度评价总体得分处于中上水平。② 此外，众多学者已经开始研究创新创业教育满意度的差异分析。黄兆信等调查了全国"双一流"建设高校学生关于创新创业课程质量的满意度，指出不同学生群体对创新创业课程的满意度存在差异。③ 有学者基于浙江省10所本科院校大学生创新创业教育调查的数据，构建了课程与师资、实践平台、政策和组织四个评价指标体系，研究发现，学生个人背景对创新创业教育满意度存在差异性影响。④

国外研究发现，各种因素都会潜在地影响学生对大学提供的不同教育服务的满意度。例如教师队伍、教学方法及课程管理是学生满意度及忠诚度的关键因素，甚至学习环境和教室设施都可以影响学生对教育质量的满意度。⑤ 创新创业教育满意度与自我实现、创新、榜样、独立性等内在因素之间存在显著的相关关系，同时，创新创业教育满意度与创新创业教育的可持续意愿存在显著相关。⑥ 此外，韩国的众多学者研究指出创新创业教育满意度对创业意愿有明显的积极影响。⑦ 国内学者研究发现，创新创

---

① Huang, Y., Liu, L., & An, L., "Are the Teachers and Students Satisfied: Sustainable Development Mode of Entrepreneurship Education in Chinese Universities?" *Front Psychol*, 2020, 11: 1738.

② 卓泽林：《粤港澳大湾区高校学生创新创业教育质量满意度提升研究》，《华东师范大学学报》（教育科学版）2020年第12期。

③ 黄兆信、杜金宸：《"双一流"建设高校学生对创新创业课程质量满意度研究》，《华东师范大学学报》（教育科学版）2020年第12期。

④ 郭洪芹、罗德明：《创业教育满意度及其提升策略研究——基于浙江省10所地方本科高校的实证分析》，《高等工程教育研究》2020年第5期。

⑤ Butt, B. Z., & Rehman, K. u., "A Study Examining the Students Satisfaction in Higher Education", *Procedia-Social and Behavioral Sciences*, 2010, 2 (2): 5446–5450.

⑥ Jin, W., "The Study on the Career Reasons Affecting on the Desire of Entrepreneurship Education: Focus on Science and Engineering College Student", *Asia-Pacific Journal of Business Venturing and Entrepreneurship*, 2015, 10 (1): 119–128.

⑦ 이석준, 박우영, 이병관., "The Influence of Entrepreneurial Mentoring on the Entrepreneurial Educational Satisfaction and Entrepreneurial Intentions in Physical Education University Students", *Journal of Tourism and Leisure Research*, 2019, 31 (12); 오희화, 조인석., "The Effects of Entrepreneurship and Education Satisfaction of Entrepreneurial Education Participants on Entrepreneurial Intention: Family Support Adjustment Effect", *Korean International Accounting Review*, 2019, 87.

业教育具有显著的就业质量效应。① 毕业生对高校创新创业教育评价越好，就业满意度的自我评价越高。② 由此可见，研究创业教育满意度具有现实意义。

在中国知网上，截至 2020 年 12 月 31 日，主题搜索"创业教育满意度"，已有 66 篇中文期刊，从发表年度来看成递增趋势，其中 2020 年发表了 19 篇。可见高校师生创新创业教育满意度已成为热门的研究主题。纵观现有的文献，中国对创新创业教育满意度研究仍具有一定的局限性。研究范围较小，如某一省份、某个区域；研究高校类型单一，如高职大专院校、双一流高校，或研究专业类型单一，如经管类、工程类；研究视角狭小，只研究创新创业课程、创新创业竞赛、创新创业教育政策满意度；已有的全国样本涉及的高校范围不够广、问卷收集数量少，且运用实证方法对创新创业教育满意度的研究少。本书旨在面向全国各个省份、各种学校类型、各类学科专业，全视角分析创新创业教育的总体满意度。

因此，针对总体满意度调查，课题组设计了"您对贵校创新创业教育质量总体满意度"的李克特五点量表题项。那么高校学生对创新创业教育总体满意度如何？不同省份、区域学生的满意度有何差异？不同年级、不同学科门类、不同学校类型是否会影响学生对创新创业教育的满意度？性别、民族以及父母是否具有创业经历等人口特征是否会对创新创业教育满意度有影响？这些问题紧迫且极具现实意义，值得深入调查研究。同时也对高校创新创业教育质量监测、绩效评价有一定启示意义。

二 全国大学生创新创业教育满意度调查的研究设计

（一）样本数据基本情况

课题组于 2018 年 9 月至 2019 年 1 月，通过问卷星（通过 IP 限制，问卷限一台设备，如手机、电脑等只作答一次）和访谈形式面向全国 31 个省（自治区、直辖市）涵盖"双一流"建设高校、普通本科院校、民办高校、独立学院以及高职院校等合计 1231 所高校的学生展开创新创业教育

---

① 林健、田远：《创业教育的就业质量效应实证研究：基于创业竞赛的视角》，《国家教育行政学院学报》2019 年第 10 期。

② 徐秀红、黄登良、肖红新：《"双创"教育视域下大学生就业满意度探析》，《教育与职业》2020 年第 17 期。

评价调研。调查共回收问卷 187914 份，剔除因答卷时长过短、填写无效校名等原因造成的无效问卷 17150 份后，获得有效问卷 170764 份，占比 90.87%。调查对象包括本科在校生、专科在校生和近五年毕业的本、专科毕业生，但不包括 2018 级本、专科新生。这些学生必须接受过创新创业教育，包括以下五种类型：

（1）参加过创新创业课（选修或必修）的学生；

（2）参加过创新创业类辅修专业、创新创业类双专业之类的创业班级学生；

（3）参加过各级各类创新创业竞赛的学生；

（4）参加过创业园创业实践的学生，或其他自主创业的学生；

（5）参与过各类创新创业教育研究（做课题、写论文）的学生，参与老师的课题做创新实验研究、发明专利、发表学术论文、研究开发项目、实践项目运作运营等的学生；只要有创新创业教育相关经历的在校本、专科学生（2018 级新生除外）都属于调查对象。

调查结果显示，调研学生中在校本科生占比 61.67%，为调研的主体对象；其次是在校专科生，占到 31.91%；本专科毕业生仅占 6.42%。学生的学科分布涵盖 13 个学科门类，其中以工学（20.6%）、管理学（16.26%）、医学（14.45%）、经济学（12.46%）这 4 个学科为主体，占到 63.77%。调查还显示，山东占比最高，达到 8.20%，涉及 101 所高校（见表 1-6）。浙江、江苏两省紧随其后，占比 7% 以上。山东、浙江、江苏三省合计 23.63%，占到近 1/4 的调研量。福建、河南、广东、四川、山西等地区所涉及高校也超过 60 所。而海南、青海、西藏、新疆、宁夏等地区涉及学校较少。

表 1-6　　　　　　　　调研学生的区域分布

调研学校数排名	地区	学校数	学校数占比（%）	调研学校数排名	地区	学校数	学校数占比（%）
1	山东	101	8.20	5	河南	68	5.52
2	浙江	97	7.88	6	广东	66	5.36
3	江苏	93	7.55	7	四川	66	5.36
4	福建	71	5.77	8	山西	65	5.28

续表

调研学校数排名	地区	学校数	学校数占比（%）	调研学校数排名	地区	学校数	学校数占比（%）
9	湖北	56	4.55	21	广西	22	1.79
10	陕西	52	4.22	22	上海	22	1.79
11	河北	50	4.06	23	吉林	18	1.46
12	江西	47	3.82	24	甘肃	14	1.14
13	辽宁	45	3.66	25	贵州	13	1.06
14	安徽	43	3.49	26	内蒙古	10	0.81
15	北京	42	3.41	27	海南	8	0.65
16	天津	33	2.68	28	青海	6	0.49
17	黑龙江	32	2.60	29	西藏	4	0.32
18	云南	29	2.36	30	新疆	4	0.32
19	湖南	29	2.36	31	宁夏	1	0.08
20	重庆	24	1.95				
合计			1231	占比			100.00%

调查问卷的主要包括两个部分，第一部分为研究对象的基本情况，如性别、年级、学科门类以及就读高校的基本情况等；第二部分主要采用李克特五点量表计分法对所在学校创新创业教育的现状、过程和结果进行评价。其中1分表示非常不同意；2分表示比较不同意；3分表示一般；4分表示比较同意；5分表示非常同意。

习近平总书记指出实施创新驱动发展战略是加快转变经济发展方式、提高中国综合国力和国际竞争力的必然要求和战略举措。京津冀协同发展、长三角区域一体化、西部大开发等亦是由习近平总书记当前亲自部署和推动的国家战略。因此研究各区域大学生创新创业教育满意度对提升创新创业能力具有重要现实意义。长江三角洲地区共收集问卷29519份。京津冀地区是中国的"首都经济圈"，共收集问卷9740份。珠江三角洲，共收集问卷5083份。此外，东部地区包括10个省市区的数据，涉及调查问卷共计69031份，西部地区包括9个省市区的数据，涉及调查问卷共计24891份。样本数据基本情况见表1-7。

表1-7　　　　　　　　样本数据基本情况

项目	题项	频数	百分比%
性别	男	63030	36.9
	女	107734	63.1
民族	汉族	159361	93.3
	少数民族	11403	6.7
在校本科生	二年级	55398	32.4
	三年级	31979	18.7
	四年级	16623	9.7
	五年级	1309	0.8
在校专科生	二年级	37140	21.7
	三年级	17345	10.2
专业类别	文科类	30017	17.6
	经管类	49043	28.7
	理工类	51790	30.3
	其他类	39914	23.4
亲属创业经历	有	39888	23.4
	无	130876	76.6
户籍所在地	城镇	58186	34.1
	农村	112578	65.9
学校类型	"双一流"高校	12269	7.2
	普通本科院校	82609	48.4
	独立学院	11275	6.6
	高职大专院校	49753	29.1
	民办院校	14858	8.7

（二）问卷的信效度分析

通过利用SPSS21.0对各指标进行内部一致性信度检验，量表的信度系数值（Cronbach Alpha值）为0.964，即量表信度非常好。在此基础上，对量表进行效度分析，结果显示KMO值为0.972，大于0.8。卡方统计值显著性为0.000，明显小于0.01。自由度为253，Bartlett球体检验的近似卡方值为3898723.464，即量表数据效度较好。

三 全国大学生创新创业教育满意度差异分析

（一）不同地域学生创新创业教育总体满意度差异分析

1. 不同省份学生创新创业教育总体满意度差异分析

根据全国170764份学生样本数据的统计发现，总体满意度得分值为3.67，满意率（"比较满意"和"非常满意"的总和）为54.6%。通过对31个省份学生创新创业教育的总体满意度分析，发现在0.01显著性水平之下，不同省份学生对学校创新创业教育总体满意度呈现出显著差异（$F=76.915$，$P<0.001$）。有14个省市创新创业教育总体满意度高于全国平均水平，如北京、河北、内蒙古、辽宁、上海、江苏、浙江、安徽、山东、四川、湖南等，其中，内蒙古的学生对创新创业教育总体满意度评价最高，得分为4.05。而另外17个省份创新创业教育满意度则低于全国平均水平，如广西、海南、西藏、甘肃、宁夏、新疆等，其中，宁夏的学生对创新创业教育总体满意度评价最低，得分仅为3.2（详见图1-15）。然而此次调查收集到的青海省高校学生样本量很小，仅为5份，可能并不能代表青海学生的整体情况。

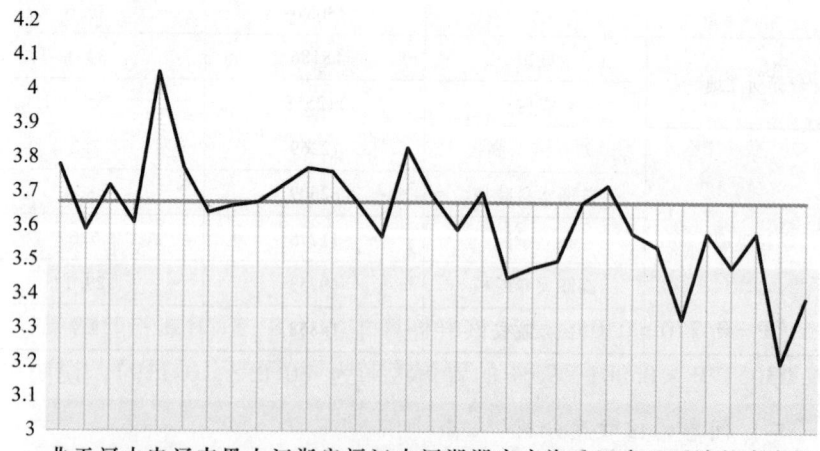

图1-15 不同省份学生创新创业教育总体满意度分析

2. 不同区域学生创新创业教育总体满意度差异分析

对三大城市群进行差异分析,即长三角、京津冀、珠三角地区学生对创新创业教育总体满意度分析,研究发现 F 值为 231.357,$P<0.001$、进一步通过多重比较分析可知,三大城市群之间均存在显著差异,其中长三角地区创新创业教育总体满意度最高($M=3.75$,$SD=0.879$),其次是京津冀地区创新创业教育总体满意度($M=3.67$,$SD=0.940$),最后是珠三角地区创新创业教育总体满意度($M=3.47$,$SD=0.837$)。对比全国学生样本创新创业教育总体满意度可知,长三角地区创新创业教育总体满意度远高于全国平均水平,珠三角地区创新创业教育总体满意度稍低于全国平均水平(见图 1-16)。

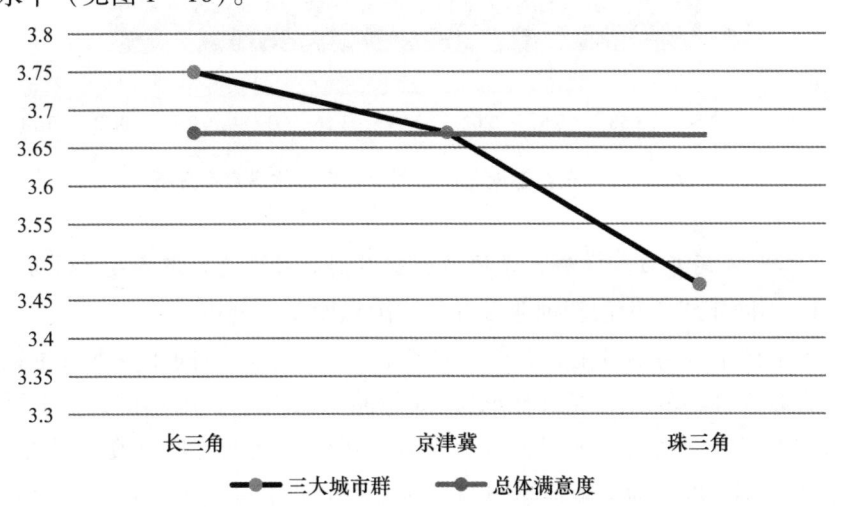

图 1-16 三大城市群创新创业教育总体满意度分析

对东西部地区进行差异分析,方差同质性检验的 Levene 的 F 值为 1.216,$P=0.270>0.05$,表示该群体样本方差齐,其中 t 检验结果显示:$t=16.0305$,$P<0.001$,95% 的置信区间为 (0.093,0.119),说明东西部地区学生对创新创业教育总体满意度存在差异,东部地区总体满意度($M=3.72$,$SD=0.899$)高于西部地区总体满意度($M=3.62$,$SD=0.888$)。对比全国学生样本创新创业教育总体满意度可知,东部地区创新创业教育总体满意度高于全国平均水平,而西部地区创业教育总体满意度低于全国平均水平(见图 1-17)。这可能与东部经济发展水平高有关,

良好的经济基础能够促进创新创业教育的投入，学生对创新创业教育的满意度也会相对较高。

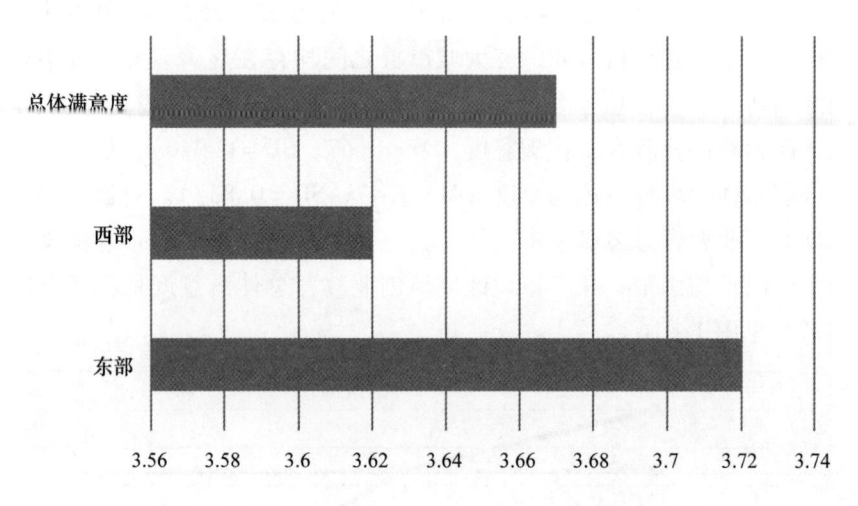

图 1-17 东西部地区创新创业教育总体满意度分析

（二）不同年级、学科、学校学生创新创业教育总体满意度差异分析

1. 不同年级学生创新创业教育总体满意度差异分析

本书样本分为本科生、专科生和毕业生三类。对不同年级本科生数据进行方差齐性检验，并经过杜尼特 T3 检验方法的事后比较得到，本科三年级与四年级之间没有明显差异，其余年级学生两两之间存在显著差异。根据图 1-18 可较为清晰地感知到，仅二年级的本科生创新创业教育满意度高于总体水平，三、四年级的满意度均值相近且低于总体满意度均值，五年级的满意度均值最低且显著低于总体水平。分析其原因，可能是随着本科学生逐渐接近就业求职状态，会发现当前创新创业教育不能满足其需求，尤其是五年制专业学生，没有受到良好的创新创业教育。因为国内本科为四年制居多，五年制较少，那么，同为临近毕业的学生，何以五年制学生的满意度显著偏低？进一步研究发现，五年制专业学生样本总量为 1309 份，其中医学学生占比 47.6%，总体满意度均值为 3.43，其他专业学生占比 52.4%，总体满意度均值为 3.54。国外创新创业教育早就自商学院向外扩散 STEM 项目、医学院项目及人文艺术项目等。然而国内高等医学院校创新创业教育理念缺失、体系不完善、外部环境不成熟以及相关

研究缺乏,这导致创新创业教育发展举步维艰,① 学生的创新创业教育满意度也自然偏低。

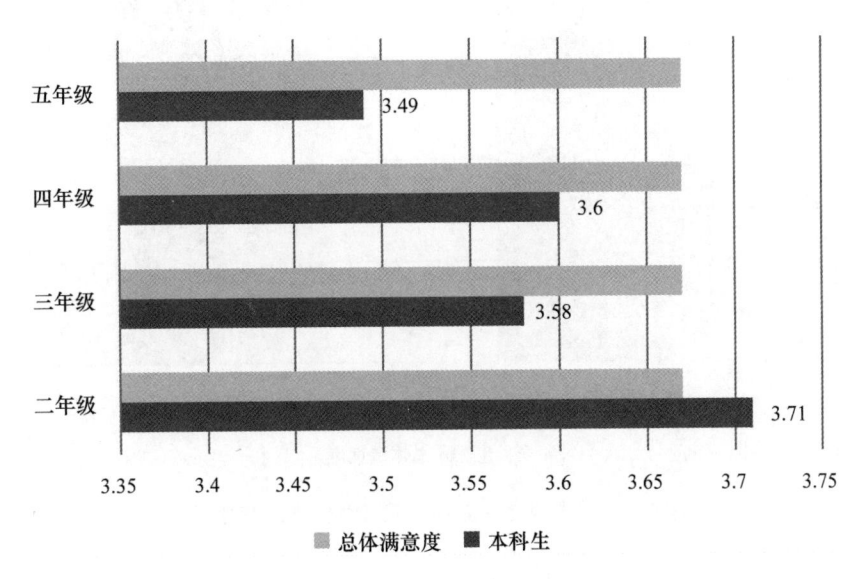

图 1-18　本科生创新创业教育总体满意度分析

同理,对不同年级专科生数据进行方差齐性检验,结果得到 $p<0.05$,即方差不齐,随后进行韦尔奇和布朗·福赛斯平均值相等性稳健检验,得到 $p>0.05$,说明不同年级的专科生对学校创新创业教育的总体满意度没有明显差异(见图 1-19)。与普通本科教育不同的是,高职院校学生通常会在三年级进入实习阶段,与社会、产业界紧密联系,这本身即为创新创业教育之实践教育,因此相较于本科生随着年级增长而满意度下降,专科生并无显著变化。因为专科生毕业后选择创业的比例(16.1%)是高于本科生(9.2%)的,因此对创新创业教育的需求理应更高才是。

同样,对不同毕业年份的毕业生数据进行方差齐性检验,经过杜尼特 T3 检验方法的事后比较得到,毕业 1 年以内、2—3 年、4—5 年的毕业生之间没有显著差异,而毕业 6 年以上与 1 年以内、2—3 年的毕业生之间有

---

① 黄瑞雪、王紫微、任国峰:《高等医学院校创新创业教育的困境与破解途径探索》,《创新与创业教育》2017 年第 3 期。

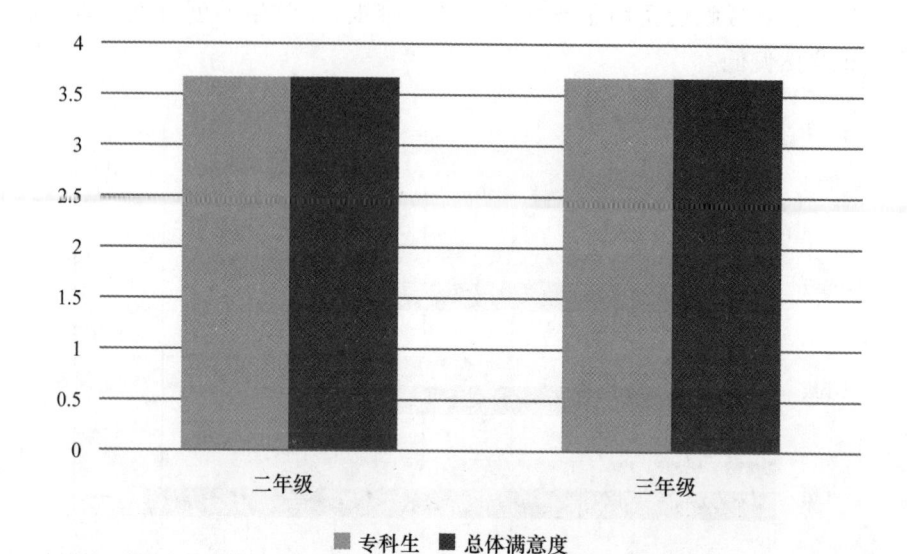

图 1-19 专科生创新创业教育总体满意度分析

显著差异,与毕业4—5年的毕业生之间没有显著差异。根据图1-20可较为清晰地知道,毕业生的创新创业教育满意度均高于总体水平,但毕业6年以上毕业生的满意度出现断崖式下降。一方面,可能说明过去几年的创新创业教育建设有明显的进展,但结合图1-18、图1-19来看,当前的创新创业教育已经不能完全满足新形势的需求,满意度有所下降。而另一方面,这可能跟创新创业教育的时滞效应有关,随着毕业年限增长,毕业生创业意愿、创业选择也会有所增长,对创新创业教育的需求变高,而过去的知识之于现在是陈旧的、不适用的,从而导致毕业生的满意度降低。

2. 不同学科学生创新创业教育总体满意度差异分析

对13种不同学科的学生数据进行方差齐性检验,结果得到 $p<0.05$,即方差不齐,随后进行韦尔奇和布朗·福赛斯平均值相等性稳健检验,得到 $p<0.05$,说明不同学科学生对学校创新创业教育的总体满意度具有明显差异。如图1-21所示,经济学、法学、工学、农学和艺术学的学生创新创业教育满意度均值高于总体水平,哲学、教育学、文学、历史学、理学、医学和军事学的学生创新创业教育满意度均值低于总体水平,管理学学生创新创业教育满意度均值与总体水平持平。其中农学专业对创新创业

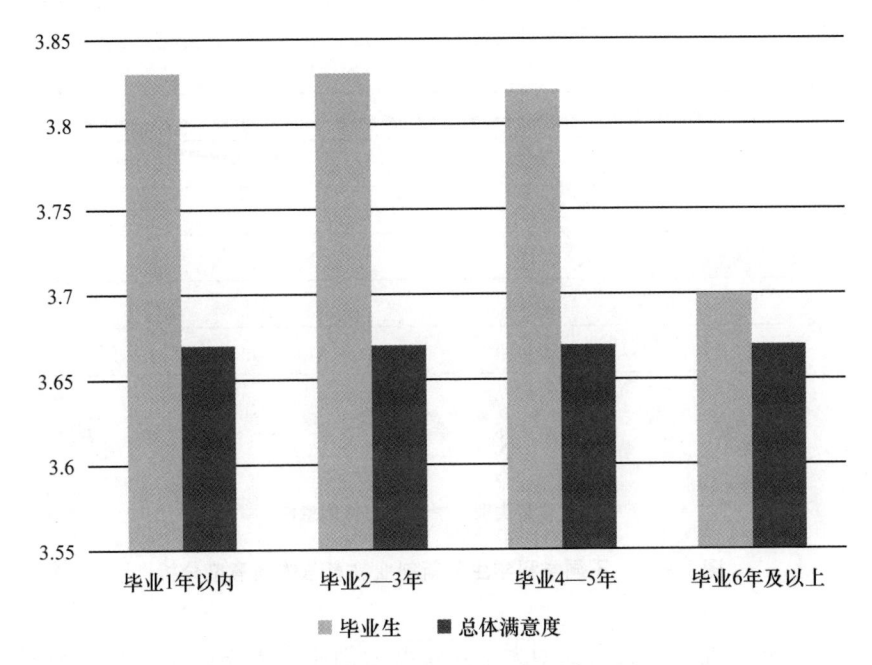

图 1-20 毕业生创新创业教育总体满意度分析

教育总体满意度评价最高,历史学专业学生对创新创业教育总体满意度评价最低。综合看来,学生创新创业教育满意度受到专业影响较大。

3. 不同类型学校学生创新创业教育总体满意度差异分析

对不同类型学校的学生数据进行方差齐性检验,结果得到 $F=2.364$,$p=0.051>0.05$,即表示该群体样本方差齐,其中 ANOVA 检验结果显示:$F=37.495$,$P<0.001$,说明不同类型学校学生的创新创业教育总体满意度存在显著差异。根据 SNK 事后检验结果,在显著性 0.05 的水平下,普通本科院校、独立学院、民办高校三种学校为一类,"双一流"高校为一类,高职大专院校为一类,三类学校之间存在显著差异,对比全国学生样本创新创业教育总体满意度可知,"双一流"高校、高职大专院校创新创业教育总体满意度高于全国平均水平,而普通本科院校、独立学院、民办高校创新创业教育总体满意度低于全国平均水平。如前面所述,高职大专院校基于职业教育的类型属性,产教融合、工学结合以及职业导向等为创新创业教育提供了坚实的基础。而"双一流"高校拥有更多的资源,正如

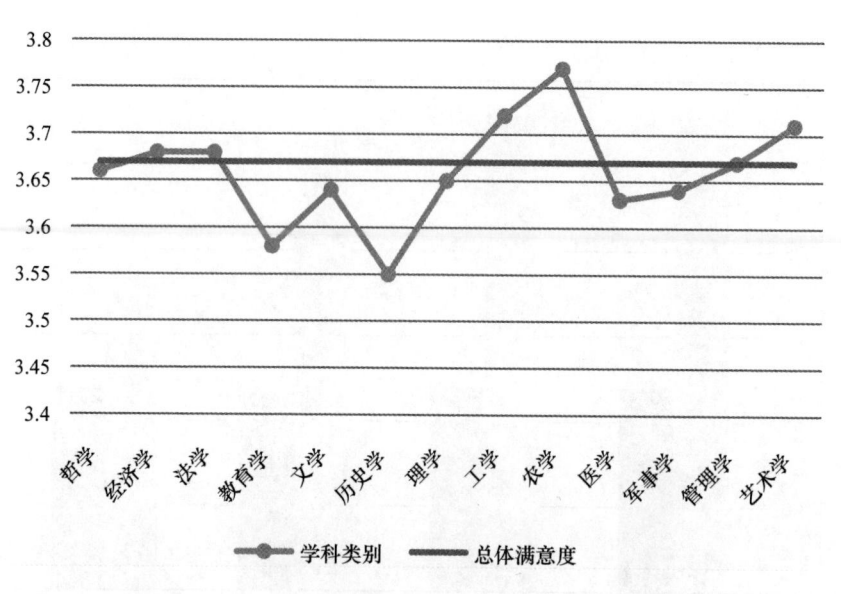

图 1-21 不同学科学生创新创业教育总体满意度分析

亨利·埃兹科维茨认为研究型大学是转型为创业型大学的主要高校类型一样，强大的科研能力更有利于技术转移、成果转化，实现政、产、学、研紧密联系，故而为学生提供更加丰富的创新创业教育资源。

(三) 不同性别、民族、家庭学生创新创业教育总体满意度差异分析

1. 不同性别学生创新创业教育总体满意度差异分析

对不同性别学生数据进行独立样本 T 检验，莱文方差等同性检验得到 $F=842.245$，$p<0.05$，检验结果显示：$t=3.673$，$P<0.001$，95%的置信区间为 (0.008, 0.026)，说明不同性别学生创新创业教育总体满意度存在差异，男性创新创业教育满意度 ($M=3.68$，$SD=0.960$) 高于女性创新创业教育满意度 ($M=3.66$，$SD=0.872$)。对比全国学生样本创新创业教育总体满意度可知，男性创新创业教育总体满意度高于全国平均水平，而女性创新创业教育总体满意度低于全国平均水平。

2. 不同民族学生创新创业教育总体满意度差异分析

对不同民族学生数据进行独立样本 T 检验，莱文方差等同性检验得到 $F=5.213$，$p=0.022<0.05$，检验结果显示：$t=9.955$，$P<0.001$，95%的置信区间为 (0.071, 0.106)，说明不同民族学生创新创业教育总体满意度存在显著差异，汉族学生创新创业教育满意度 ($M=3.67$，$SD=$

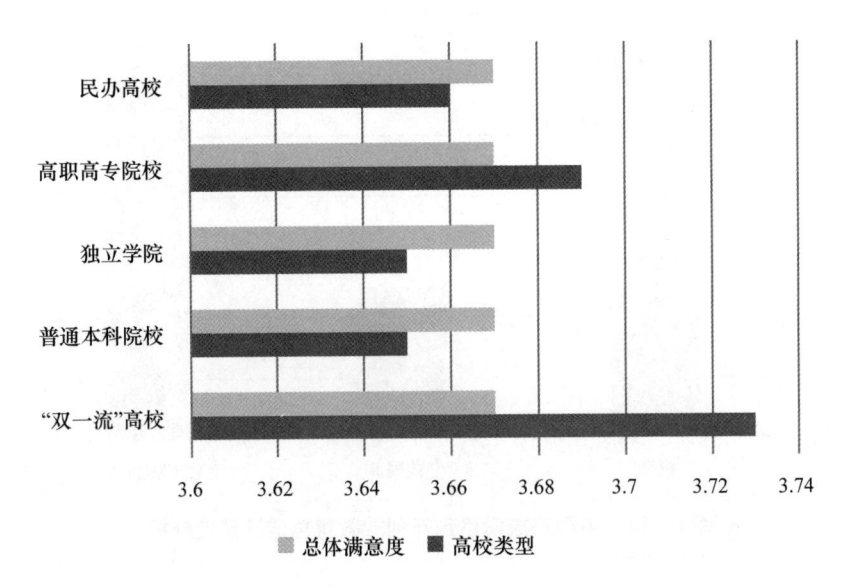

图 1-22　不同高校类型学生创新创业教育总体满意度分析

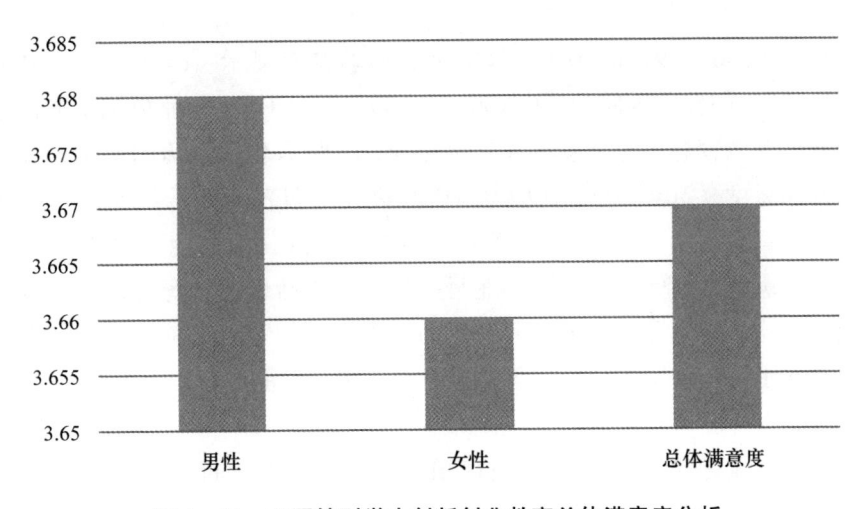

图 1-23　不同性别学生创新创业教育总体满意度分析

0.904）高于少数民族学生创新创业教育满意度（$M = 3.59$，$SD = 0.922$）。对比全国学生样本创新创业教育总体满意度可知，汉族创新创业教育总体满意度持平于全国平均水平，而少数民族创新创业教育总体满意度低于全国平均水平。

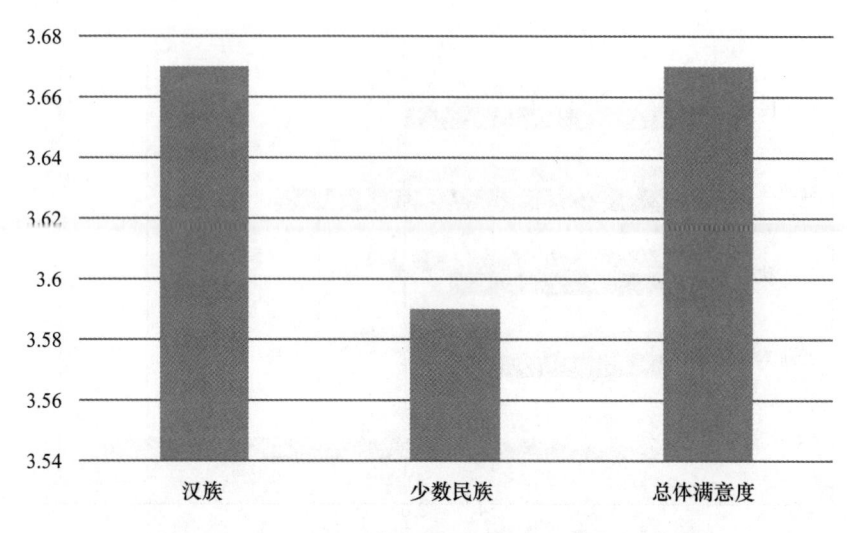

图 1-24 不同民族学生创新创业教育总体满意度分析

3. 不同家庭创业情况学生创新创业教育总体满意度差异分析

对不同家庭创业情况学生数据进行独立样本 T 检验，莱文方差等同性检验得到 $F=6.999$，$p=0.008<0.05$，检验结果显示：$t=26.765$，$P<0.001$，95% 的置信区间为（0.130，0.150），说明家庭创业情况不同的学生创新创业教育总体满意度存在显著差异，父母有创业经历的学生创新创业教育满意度（$M=3.78$，$SD=0.919$）高于父母没有创业经历的学生创新创业教育满意度（$M=3.64$，$SD=0.899$）。对比全国学生样本创新创业教育总体满意度可知，父母有创业经历的学生创新创业教育总体满意度高于全国平均水平，而父母无创业经历的学生创新创业教育总体满意度低于全国平均水平，说明当前创新创业教育可能缺少经验教育。

四 全国高校创新创业教育满意度分析的结论与对策

（一）全国创新创业教育满意度分析的主要结论

第一，在大学生创新创业教育满意度的地域差异上：首先是每个省份的差异显著，内蒙古创新创业教育满意度高于全国总体水平约 10 个百分点；其次是长三角区域创新创业教育满意度高于全国总体水平约 8 个百分点；最后是东部创新创业教育满意度高于西部总体水平约 3 个百分点；第二，在学校与专业差异上：首先是"双一流"学校创新创业教育满意度高

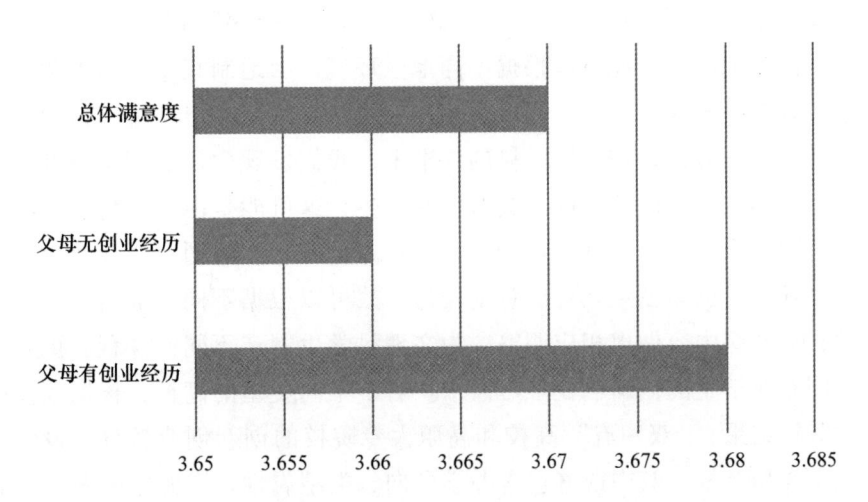

图 1-25　不同家庭创业情况学生创新创业教育总体满意度分析

于全国总体水平约 2 个百分点，高职大专院校创新创业教育满意度高于全国总体水平约 0.5 个百分点；其次是不同专业创新创业教育满意度差异显著，农学专业创新创业教育满意度高于全国总体水平约 3 个百分点；第三，在人口特征差异上：首先是男性创新创业教育满意度高于女性 0.5 个百分点；其次是汉族创新创业教育满意度高于少数民族学生约 2 个百分点；最后是父母有创业经历学生的创新创业教育满意度高于父母无创业经历学生约 0.5 个百分点。

（二）促进全国高等学校创新创业教育发展的建议

1. 因材施教，因地制宜发展创新创业教育

中国幅员辽阔，要在全国范围内推行创新创业教育，需要建立起完善的创新创业教育体系。创新创业教育体系建设涉及创新创业课程体系建设、创新创业教育教师人才队伍建设、创新创业竞赛扶持建设、创新创业实践平台建设以及创业政策支持等。由于不同个体间存在差异，且同一套教学方法不一定适用于所有学生，因此在实施创新创业教育的过程中，有必要针对不同情况采取不同的教育策略。[1] 例如，在本书的样本中，东西部学生总体满意度存在显著差异，我们推测由于东部属于经济发达地区，

---

[1] 梁秋英、孙刚成：《孔子因材施教的理论基础及启示》，《教育研究》2009 年第 11 期。

创新创业氛围浓厚，政策支持内容也较为丰富，其创新创业教育满意度显著高于西部地区，因此可以根据不同地区环境，因地制宜发展多元化的创新创业教育，在课程中结合当地文化，引导学生适应本土环境，以便更好地创业；另一方面，在不同学科的样本中，我们发现大多数理工科专业学生的创新创业教育满意度高于文科专业学生，这可能是由于文科专业不像理工科偏实操，提升了其创业难度，同时并没有相应的创新创业教育内容支持，导致其创新创业教育满意度较低，故可以根据不同专业特点，因材施教，对授课内容做出相应调整，为文理科学生制定不同的课程，更好贴合不同专业学生的创新创业学习需求。对于不同类型的高校，根据我们的数据分析结果，"双一流"高校和高职大专院校的创新创业教育建设领先于其余类型高校，其中或许包含办学导向、类型属性、资源禀赋及人才素质水平等原因，我们应当在保持"双一流"高校和高职大专院校良好势头的前提下，继续加强其余类型高校的创新创业教育建设，以推进整体创新创业教育水平的上升。

2. 关注少数群体，建设包容性创新创业教育

少数群体往往是被忽视的，当今时代提倡包容性发展，关注少数群体的利益。在本书样本中，男性学生的创新创业教育满意度要高于女性学生，且女性总体满意度低于全国总体水平。由于长期以来对女性的刻板印象的存在，社会普遍认为男性才是创业的主要角色，而当女性地位日益提高，我们逐渐开始重视女性权益，关注女性问题时，女性的创新创业教育也应当纳入我们重视的范围。在我们的调查数据中，少数民族学生的创新创业教育满意度显著低于全国总体水平，这意味着少数民族学生在接受创新创业教育过程中需要更多的帮助，然而当前创新创业教育并未满足其需求，针对少数民族学生创新创业教育的研究较为匮乏。少数民族也是中华民族不可缺少的一部分，未来学者应多加关注该群体的创业发展。此外，不同的家庭创业情况也导致了不同的满意度水平，父母有创业经历的学生的满意度高于父母无创业经历的学生，说明周边创业情况能够显著影响学生创业意愿。[1] 特别是父母，作为学生较为容易模仿的创业榜样，他们的

---

[1] 蒋承、李宜泽、黄震：《大学生创业意愿影响因素研究——基于对北京大学学生的调查》，《高教探索》2018年第1期。

创业经历能够为子女提供经验，这从一定程度上填补了高校创新创业教育的不足，也意味着当下的高校创新创业教育应当着重增强课程中的实践操作以及经验传授，加强专业创业教师队伍建设。因此，政府政策应加大针对女性、少数民族、父母无创业经历学生的创业帮扶力度，提倡包容性的创新创业教育，减少社会对少数群体的偏见，支持其创业发展。

3. 持续监测满意度，办学生满意的创新创业教育

学生满意的创新创业教育才是真正有效的创新创业教育。而有效的创新创业教育需要持续监测学生的创新创业教育需求，并帮助学生为应对VUCA（易变性、不确定性、复杂性和模糊性）的时代做好准备。由于当前中国创新创业教育体系建设还处于发展阶段，且比较缺乏成熟的满意度测量量表，因此需要持续不断地进行后续研究，完善量表设计，监测学生及教师的满意度变化，以完善创新创业教育体系的建设和发展。后续研究者可借鉴张男星教授等的高等教育满意度调查[1]、周文辉教授等的研究生满意度调查[2]，对教师和学生的创新创业教育满意度进行深入研究，结合师生两种角度来改进当前创新创业教育。新一轮产业革命的数字化、网络化和智能化，催生就业创业的新业态和新模式。而创新创业教育不仅要结合时代前沿，也要结合专业需求，做好专创融合，对不同专业采取不同的创新创业教育方式，这是一项重要的工程。[3] 此外，国家应重视创业生态系统的建设，为创业可持续发展提供良好环境，为创新创业教育发展提供保障，形成浓郁创新创业氛围以及鲜明创业导向。[4]

---

[1] 张男星、黄海军、孙继红、王春春：《大学师生双重视角下的本科教育多维评价——基于全国高等教育满意度调查的实证分析》，《中国高教研究》2019 年第 7 期。

[2] 周文辉、黄欢、牛晶晶、刘俊起：《2020 年我国研究生满意度调查》，《学位与研究生教育》2020 年第 8 期。

[3] 陈强：《"专创融合"人才培养模式构建及推进策略——以新商科专业群为视角》，《中国高校科技》2019 年第 11 期。

[4] Fetters, M. L., Greene, P. G., Paul, T., et al., "The Development of University-based Entrepreneurship Ecosystems: Global Practices", *Cheltenham*, 2010.

第二章　创新创业教育和四新

第一节　新工科创新创业教育

随着高等教育的发展，中国工程教育取得了长足进步，在规模、结构、人才培养和发展环境等方面均得到大大发展，形成了世界上规模最大的工程教育，为中国走向世界高端产业链和实现工业4.0变革提供了有力支撑。然而，工程教育供给与社会需求仍然存在较大的错位，高端供给和有效供给依然不足，亟须高等学校深化改革，培养跨学科的、具有交叉知识背景的复合型工程科技人才，服务国家战略需求和产业发展需求。而建设"新工科"就是对这一现实需求的回应。2019年，教育部等有关部门发布了"六优一顶"规划2.0，倡导新工程、新医学、新农业、新人文等学科发展，推动全国高校开展"质量革命"。"新工科"是什么，该如何建设？郑庆华认为尚不能给出清晰的概念，但"新工科"具有创新性、前瞻性、多样性、交叉性、发展性和引领性等基本特征，其人才培养的关键要素是创新创业的思维和能力，[①] 即创新创业教育是"新工科"建设的突破口。

近年来，中国通过制定和实施创新驱动发展战略，要求高校革新传统工科教育理念、目标、内容和模式，迎接经济新常态的挑战，培养具有创新创业精神、态度、技能和知识的新工科人才。然而，中国创新创

[①] 郑庆华：《以创新创业教育为引领　创建"新工科"教育模式》，《中国大学教学》2017年第12期。

业教育发展还不成熟，创新创业项目和课程并没有有效地融入工科教育教学，教学理念和实践也并未鼓励学生把创业作为人生和职业选择之一。对此，学生对创新创业教育的评价如何，有何需要改进？基于2018年9月至2019年1月对全国680所高校35179名工科学生的大型调查，进行了深入研究。

一 工科生样本数据基本情况

该调查于2018年9月至2019年1月通过在线问卷和访谈进行，问卷由研究领域的专家和具有创业经验的个人或组织进行审核和修改，以确保量表的准确性。本书对收集到的全国31个省（自治区、直辖市）680所高校35179份工科学生的问卷进行分析，调查对象是本科在校生、专科在校生（不包括大一新生）和近五年毕业的本、专科毕业生。问卷的内容包括学生的基本情况、对创业的认知态度、学校创新创业教育的实施过程和结果，以及学生对学校创新创业教育满意度的评价。调查问卷共计31题，题目类型有单选题、多选题、5分制量表评分题以及多选排序题。

调查涵盖了全国31个省（自治区、直辖市），山东样本最多，占比15.98%，排名第二、第三的分别是山西（10.33%）和浙江（10.24%），高等教育发展相对薄弱的新疆、西藏、海南、青海和宁夏占比均低于0.1%，可见样本区域分布较为均衡（见表2-1）。

按学校类型分，普通本科院校学生最多，占比50.86%，其次依次为高职大专院校（25.76%）、"双一流"高校（11.62%）、独立学院（7.25%）和民办高校（4.51%）（见表2-2）。按性别划分，男、女学生占比分别为67.35%和32.65%，一定程度上反映了工科教育性别比例的差异。根据调查对象的就读状态来看，本科在读占66.22%，即受调查对象主要为本科生，这些学生又以二年级为主（占比55.19%），三年级（29.08%）次之，四年级（14.96%）再次之，而五年级最少（见表2-3）。此外，专科在读占26.36%，毕业生占7.42%。

表 2-1　　　　　　　　　工科生就读区域描述统计

教育背景相关变量	维度	频数	占比（%）
就读地所在省份	北京	334	0.95
	天津	865	2.46
	河北	911	2.59
	山西	3635	10.33
	内蒙古	121	0.34
	辽宁	2000	5.69
	吉林	475	1.35
	黑龙江	1496	4.25
	上海	131	0.37
	江苏	2636	7.49
	浙江	3602	10.24
	安徽	415	1.18
	福建	403	1.15
	江西	2055	5.84
	山东	5619	15.98
	河南	1484	4.22
	湖北	1067	3.03
	湖南	260	0.74
	广东	1055	3.00
	广西	462	1.31
	海南	12	0.03
	重庆	691	1.96
	四川	2707	7.69
	贵州	379	1.08
	云南	326	0.93
	西藏	6	0.02
	山西	1323	3.76
	甘肃	677	1.92
	青海	5	0.02
	宁夏	4	0.01
	新疆	23	0.07

表 2-2　　样本基本信息

教育背景相关变量	维度	频数	占比（%）
性别	男性	23693	67.35
	女性	11486	32.65
民族	汉族	33272	94.58
	少数民族	1907	5.42
就读状态	本科在读	23296	66.22
	专科在读	9273	26.36
	已毕业	2610	7.42
拟毕业去向	就业	16017	45.53
	升学	13897	39.50
	自主创业	4609	13.10
	其他	656	1.87
直系亲属创业经历	有	7482	21.27
	没有	27697	78.73
高考前户口类型	城镇户口	11638	33.08
	农村户口	23541	66.92
学校类型	"双一流"高校	4088	11.62
	普通本科院校	17893	50.86
	独立学院	2549	7.25
	高职大专院校	9062	25.76
	民办院校	1587	4.51
在校期间成绩排名	前25%	13846	39.36
	中上25%	12722	36.16
	中下25%	6398	18.19
	后25%	2213	6.29

表2-3　　　　　　　　　　　工科生年级分布

教育背景相关变量	维度	频数	占比（%）
本科生年级分布	二年级	12856	55.19
	二年级	6775	29.08
	四年级	3486	14.96
	五年级	179	0.77

二　工科生创新创业教育描述统计

（一）工科生创新创业教育修学现状

培养具备创新创业精神、态度、技能和知识的新工科人才离不开高等学校创新创业教育，也就要求工科生修学创新创业教育的相关课程。调查结果显示，修学过《创业基础》的工科生占比60.39%，未修学过人数占比39.61%（见表2-4），再进一步看在读本科生的情况，未修学的学生占比高达40.88%，而作为必修课修学过的学生占比仅为32.56%。教育部曾于2012年出台《普通本科学校创业教育教学基本要求（试行）》，要求本科院校面向全体学生开设创新创业教育必修课，然而从调查数据来看，本科高校在这方面的落实仍有待提升。而从创新创业课程修课数来看，占比最多的是1—2门（63.97%），3门及以上最少（8.66%）。可在一定程度上表明，高校基本开设创新创业课程，但课程总量有待提高，亦有可能是学生修读创新创业课程的意愿还不够高而导致修读创新创业课总量不高。

表2-4　　　　创新创业教育修学状况及教育评价描述统计

创新创业教育相关变量	维度	频数	占比（%）
创新创业课程修课数	0门	9630	27.37
	1—2门	22503	63.97
	3门及以上	3046	8.66

续表

创新创业教育相关变量	维度	频数	占比（%）
《创业基础》修课状况	没有修过	13935	39.61
	修过，是必修课	11705	33.27
	修过，是选修课	9539	27.12
创新创业能力提升最具帮助的学习板块	创新创业课程	5742	16.32
	创新创业教师	6507	18.50
	创业实践	18172	51.66
	创新创业竞赛	3097	8.80
	其他	1661	4.72
创新创业能力提升最具帮助的师资类型	辅导员等学生工作的教师	7473	21.24
	本专业教师	5304	15.08
	创新创业课程教师	9904	28.15
	企业家等校外创业教师	5836	16.59
	创业成功的学长	5889	16.74
	其他	773	2.20

调查询问了创新创业课程的有效授课方式，结果显示，模拟实践（27.17%）被认为重要的总频次最高，其次依次是案例教学（24.90%）、课堂教授（19.74%）、小组讨论（17.48%）、专题讲座（6.46%）和网络课程（3.53%）（见表2-5）。然而，课堂讲授目前仍是最常用的授课方式。此外，现今创新创业教育的授课方式越来越多元化，但学生对于日益兴起的在线教育似乎并不看好，这或许与网络课程质量总体不够高有关。而在创新创业课程的有效考核方式方面，对应地，创业模拟实战（27.91%）是排在第一位的，其次依次是创业项目展示（24.92%）、创业计划书撰写（19.15%）、创新创业竞赛获奖（11.50%）、理论考试（9.91%）和创办公司（5.90%）。可以看出，考核方式越是多元化，传统的理论考试考核方法越是不被看好。即在可供选择的情况下，学生更倾向于个性化的、应用式的考核方式，然而因为创新创业竞赛获奖和创办公司的可能性较少，所以这两者的有效性受到制约。

表 2-5 创新创业课程描述统计

创业教育相关变量	维度	序数权重的频数			合计频数	占比（%）
		最重要	次重要	第三重要		
创新创业课程有效的授课方式	课堂讲授	13389	2172	2707	18268	19.74
	案例教学	8288	10975	3771	23034	24.90
	小组讨论	2671	6820	6684	16175	17.48
	模拟实践	9067	7501	8566	25134	27.17
	网络课程	530	1108	1633	3271	3.53
	专题讲座	776	1520	3686	5982	6.46
	其他	458	61	149	668	0.72
创新创业课程有效的考核方式	理论考试	7199	720	1147	9066	9.91
	创业计划书撰写	8320	5522	3678	17520	19.15
	创业项目展示	6614	9867	6320	22801	24.92
	创业模拟实战	9899	8863	6783	25545	27.91
	创业竞赛获奖	1521	3744	5259	10524	11.50
	创办公司	1144	1218	3041	5403	5.90
	其他	482	49	121	652	0.71

另外，从表 2-4 中可以看出，工科生认为最能提升创新创业能力的学习板块是创业实践（51.66%），其次依次是创新创业教师（18.50%）、创新创业课程（16.32%）及创新创业竞赛（8.80%）。创新创业教育需要连接真实的环境，而创业实践正是连接学生与外界的关键。很多学生认为，与其讲太多理论知识，不如带出去干一次，这样能了解得更多。尽管创新创业教师排名第二，但教师指导亦是十分重要的，创新创业课程教师（28.15%）是学生眼中最能帮助自己提升创新创业能力的类型，相对于其他教师，创新创业教育专任教师更具创新创业的知识和理论。辅导员等学生工作的教师（21.24%）排名第二，说明这些与学生紧密联系的教师对学生也有很大的影响。而专业教师（15.08%）排名在创业成功的学长（16.74%）、企业家等校外创业教师（16.59%）之后，说明专业教师没有较好地发挥作用，同时也说明创新创业教育与专业教育的融合有待深入。

（二）创新创业实践现状

从调查结果来看，大部分工科生有过创新创业实践经历，并且与教师的合作十分紧密（见表2-6）。对于工科生而言，"师生共同研发"（包括"学生运营"和"共同运营"）相对较为普遍，合计占比约44.21%，此外"教师研发，学生运营"占比为12.76%，此三者合计占比超过一半（56.97%），说明工科在创新方面比较有优势。在学生创业中，"教师指导"和"教师注资"两种合作方式合计占比31.33%，说明教师参与学生创业仍显不足，在问及"师生共同创业的主要障碍"时，有24.89%的工科生选择了"没有教师参与"，为占比最高。此外，课程太多导致精力不足、科研产出困难、无法获得教师创业项目的信息、学校没有相应的政策导向也是师生共创的障碍，学校缺乏建立相应的机制鼓励师生共创，而学生本身囿于学习压力，也难以将创业作为大学生涯的重要活动。

表2-6　　　　　　　　师生共创现状描述统计

创新创业教育相关变量	维度	频数	占比（%）
创业团队师生合作方式	教师指导，学生创业	7370	14.48
	教师注资，学生创业	8575	16.85
	教师研发，学生运营	6495	12.76
	师生共同研发，学生运营	11658	22.90
	师生共同研发，共同运营	10848	21.31
	创业团队中没有师生合作	2259	4.44
	其他	3697	7.26
师生共同创业主要障碍	没有教师参与	16119	24.89
	科研产出困难	11576	17.88
	无法获得教师创业项目的信息	9977	15.41
	学校没有相应的政策导向	9289	14.35
	课程太多，精力不足	12448	19.22
	利益分配不均	3069	4.74
	其他	2273	3.51

对于工科生而言,哪种创新创业实践活动最为有用呢?从调查结果来看,校内创业园实践是最有用的,其次依次是创新创业竞赛获奖、企业管理岗位实习、校外创办公司和创业模拟训练营(见表2-7)。再看第一重要选项,创新创业竞赛获奖是排在第一位的,可见当前办得热火朝天的创新创业竞赛受到了工科生的认可,也侧面看出创新创业竞赛的覆盖面较广,而获奖意味着拥有了更多的创业资源。那么,何种途径能够帮助学生的创业项目落地?结果同样显示,大学生创业园实践是排在第一位的,是最有帮助的,其次依次是各类创新创业竞赛、教师或学生科研项目、创新创业课堂教学和资本对接会。而创新创业课堂教学是第一重要选项冠军,大学生创业园实践紧随其后,两者相差无几,说明工科生创业既需要理论知识作为基础,也需要实践经验作为支撑,即理论教育和实践教育同等重要,都是当前学生最为迫切需要的。

表2-7 创新创业实践评价的描述统计

创新创业教育相关变量	维度	序数权重的频数			合计频数	占比(%)
		最重要	次重要	第三重要		
创业项目落地的助力途径	创新创业课堂教学	10919	1734	2794	15447	16.92
	各类创新创业竞赛	8400	8604	4166	21170	23.19
	大学生创业园实践	10889	10976	6268	28133	30.82
	教师或学生科研项目	2833	6702	8197	17732	19.42
	资本对接会	1617	1952	4457	8026	8.79
	其他	521	92	174	787	0.86
有用的创新创业实践活动	创新创业竞赛获奖	12072	1789	1797	15658	19.91
	校内创业园实践	8608	8400	2412	19420	24.70
	校外创办公司	2741	4899	4391	12031	15.30
	企业管理岗位实习	3145	5468	5382	13395	17.04
	创业模拟训练营	2453	3216	5862	11531	14.67
	没有	6160	166	264	6590	8.38

续表

创新创业教育相关变量	维度	序数权重的频数			合计频数	占比（%）
		最重要	次重要	第三重要		
校内现行的创业扶持政策包含	无息贷款	14648	2755	2522	19925	22.89
	创业奖学金	11515	11965	2754	26234	30.14
	推免研究生	2543	5465	5607	13615	15.64
	入驻创业园	3800	6500	8023	18323	21.05
	学分互认	1431	1825	3988	7244	8.32
	其他	1242	149	296	1687	1.94

然而，高校亟须加强创业政策扶持。调查显示，工科生认为学校提供的创业扶持政策主要有创业奖学金（30.14%）、无息贷款（22.89%）、入驻创业园（21.05%）、推免研究生（15.64%）和学分互认（8.32%）（见表2-7），体现了学校创业扶持政策主要集中在资金支持和场地支持。但创业资金仍是工科生面临的最重要的障碍，这一点可从第一重要选项的结果推出，无息贷款和创业奖学金是最为重要的，也是高校在制定创业政策时着重要思考的。此外，学分互认总频数偏低，说明该政策的制定和落实可能存在问题，如前所述，课程过多而导致精力不足是师生共创的第二障碍，说明学生需要时间支持，而学分互认能够有效解决时间冲突。因为推免研究生政策不适用于专科生，而样本中在读专科生占比近23%，因此对总体样本而言，推免研究生政策的重要性可能存在误差。

三 工科生创新创业教育满意度分析

1. 个人创业资本满意度

个人创业资本分为四个维度，分别是自身拥有足够的创业知识、技能和经历，同学或朋友近一年有过创业经验，家庭具有可支持的创业社会资源，以及省市创业机会总体良好。如果将"非常同意""比较同意"合并为对个人创业资本满意，将"比较不同意""非常不同意"合并为对个人创业资本不满意，则工科生对个人创业资本评价总体较好，对各项具体指标感到满意的比例由高到低依次为家庭具有广泛的创业社会资源（48.36%）、同学或朋友近一年有过创业经验（42.95%）、自身拥有足够的创业知识、技能和经历（35.9%）、省市创业机会总体良好（30.9%）（见表2-8）。反过来看工科生最不满意的个人创业资本是"省市创业机会总体良好"，占比为29.08%。说明工科生在具备了较好的社会资源和人力资本后，所能感知到的创业机会却较少。这可能会影响工科生的创业意愿。转型期的中国特别需要基于创新的创业，即需要更多工科生投身创新创业，而工科生也有较好的创业意愿，调查显示，打算毕业后自主创业的比例为13.10%，高于全学科平均比例（12%），若不能为工科生营造良好的创业氛围、创业环境，则可能将工科生的创新创业想法扼杀在萌芽阶段。

表2-8　　　　　　　　工科生个人创业资本满意度　　　　　　　（单位：%）

	自身拥有足够的创业知识、技能和经历	同学或朋友近一年有过创业经验	家庭具有广泛的创业社会资源	省市创业机会总体良好	合计
（1）非常同意	11.87	19.51	24.32	7.97	63.67
（2）比较同意	24.03	23.44	24.04	14.24	85.75
（3）一般	45.99	35.94	38.91	48.71	169.55
（4）比较不同意	11.94	13.53	7.51	20.49	53.47
（5）非常不同意	6.17	7.58	5.22	8.59	27.56
（1）+（2）	35.90	42.95	48.36	22.21	149.42
（4）+（5）	18.11	21.11	12.73	29.08	81.03

2. 创新创业课程满意度

创新创业课程主要包含两个方面，其一是课程本身，量表调查了创新创业教育课程的类型、创新创业课程与专业知识结合度、创新创业课程与时代前沿结合度；其二是授课教师，量表调查了教师的授课方式、教师的创业经历以及教师创业教育教学经验。从调查结果来看，工科生对创新创业课程评价较低，相关指标"比较满意"和"非常满意"的合计占比仅为10.60%—16.11%（见表2-9），而"比较不满意"和"非常不满意"的合计占比高达40.00%—49.96%，这与下一节研究的农科生创新创业课程评价正好相反。农科生个人创业资本较为薄弱，毕业后选择自主创业的比例较低,因此对创新创业教育的要求也较低。而工科生拥有更多的个人创业资本以及更为强烈的创业意愿,现有的创新创业教育不能满足他们的需求。因此,发展和完善普通高校创新创业教育,要重点建立科学系统的课程体系。创新创业教育是建立在多学科交叉融合上的,课程设计应把创新创业思想和精神融入专业课程,并且不断更新教材,将时代前沿知识与技术传授给学生。此外,高校应致力于打造多元化高素质的创新创业师资队伍,培养双师型教师,即既具备创新创业相关理论知识,又具备丰富的创业经历和社会实践经验。

表 2-9　　　　　　　　工科生创新创业课程满意度　　　　　　（单位:%）

	创新创业教育课程类型多样	创新创业课程与专业知识结合紧密	创新创业课程与时代前沿趋势结合紧密	教师授课方式多样	教师具有创业经历	教师具有丰富的创新创业教育教学经验	总计
(1) 非常同意	4.07	4.77	3.32	3.37	3.74	3.27	22.54
(2) 比较同意	8.33	11.33	7.27	7.44	9.14	7.34	50.85
(3) 一般	43.38	43.9	40.97	41.11	42.78	39.43	251.57
(4) 比较不同意	27.43	24.62	30.85	30.07	27.16	30.51	170.64
(5) 非常不同意	16.79	15.38	17.59	18.01	17.18	19.45	104.40
(1) + (2)	12.40	16.10	10.59	10.81	12.88	10.61	73.39
(4) + (5)	44.22	40.00	48.44	48.08	44.34	49.96	275.04

3. 创新创业竞赛满意度

中国高校创新创业教育以 1997 年清华大学举办的创业计划大赛为起点的,自此之后,创新创业竞赛一直受到政府和高校高度重视,现已发展出"挑战杯""互联网+"等享誉国内外的大型赛事。创新创业竞赛虽然不能等同于创新创业教育,但积极发挥其载体功能无疑能够促进高校创新创业教育生态系统的构建,并且对学生的创业能力、创业信心、社会网络关系拓展等方面,都具有积极意义。创新创业竞赛为大学生提供了锻炼自我、展示自我的平台,是大学生创新创业的摇篮。创新创业竞赛实际办得怎么样?本书对此进行了调查和分析,结果显示,学生对创新创业竞赛的满意度比对创新创业课程的满意度还低（见表2-10）。在关于创新创业竞赛的8项评价指标中，学生感到相对较为满意的是"参加的创新创业竞赛项目较容易落地""创新创业竞赛项目与专业结合度较高"，但此两者比例分别仅为12.11%和11.73%，更多的学生表达了不满意。创新创业竞赛的种类也不多样，学生可供选择的竞赛也无非国家重点发展的几项竞赛。再从效果来看，表达了满意的学生的比例均不超过10%，最高为"创新创业竞赛提升了创新创业能力"，占比7.64%，最低为"创新创业竞赛提升了团队合作能力"，占比仅为4.96%，对此表达不满意的学生比例则分别高达54.74%和63.37%。说明创新创业竞赛并未发挥真正的效果，对提升学生创新创业能力、创业自信心、团队合作能力、拓展人际关系网络的作用欠缺，对实际创业帮助较小。在大力推进创新创业竞赛的背景下，高校重比赛环节、轻赛前培训和赛后转化，出现为了竞赛而竞赛、过度包装等现象，而学生个人方面，在学校要求下违背自身意愿参加创新创业竞赛，不用心、敷衍、为了完成任务而使创新创业竞赛难以产生预期效果。

表2-10　　　　　工科生创新创业竞赛满意度　　　　　（单位:%）

	创新创业竞赛种类多样	参加的创新创业竞赛项目较容易落地	创新创业竞赛项目与专业结合度较高	创新创业竞赛提升了创新创业能力	创新创业竞赛提升了创业自信心	创新创业竞赛拓展了人际关系网络	创新创业竞赛提升了团队合作能力	创新创业竞赛对于真实创业有较大帮助	总计
(1) 非常同意	2.90	3.44	3.41	2.45	2.37	2.06	1.77	2.15	20.55
(2) 比较同意	6.56	8.67	8.32	5.19	4.75	4.12	3.19	4.37	45.17
(3) 一般	38.87	45.47	43.41	37.62	37.33	34.94	31.67	36.05	305.36
(4) 比较不同意	32.54	26.82	28.28	34.97	35.23	36.58	38.66	35.62	268.70
(5) 非常不同意	19.13	15.60	16.58	19.77	20.32	22.30	24.71	21.81	160.22
(1) + (2)	9.46	12.11	11.73	7.64	7.12	6.18	4.96	6.52	65.72
(4) + (5)	51.67	42.42	44.86	54.74	55.55	58.88	63.37	57.43	428.92

4. 创新创业实践满意度

在对创新创业能力提升最具帮助的学习板块题项调查中，51.66%的工科生选择了创业实践，18.50%选择了创新创业教师，16.32%选择了创新创业课程，8.80%选择了创新创业竞赛。这充分说明了实践在创新创业教育中的重要性。创新创业实践满意度调查共有6项指标，分别是创业实践有校内外指导教师、创业实践有专项创业基金支持、学校提供一体化的创业实践服务、创业实践有独立的大学生创业园、创业实践有专门的校外实践基地、创业实践项目与专业学习结合度高。从调查结果来看，工科生对创新创业实践的满意度也偏低，除对"创业实践有专门的校外实践基地"感到满意（"非常满意"和"比较满意"）比例达到10.27%外，其余5项指标均低于10%，分别为"创业实践项目与专业学习结合度高"（9.61%）、"学校提供一体化的创业实践服务"（9.06%）、"创业实践有专项创业基金支持"（9.01%）、"创业实践有独立的大学生创业园"（8.88%），最低为"创业实践有校内外指导教师"，明确表示不满意的占比56.16%（见表2-11）。这说明高校创新创业实践在师资、资金、基础设施（校外实践基地、创业园等）、创业服务及项目开发等投入较少，不足以满足工科生的需求。高校有必要进行创新创业实践教育的改革，加强师资、资金和基础设施投入，根据专业特点设置创新创业时间项目，并为学生提供多元化的创新创业服务，促进工科生开展基于专业本身的创新创业。

表2-11　　　　　　工科生创新创业实践满意度　　　　　　（单位:%）

	创业实践有校内外指导教师	创业实践有专项创业基金支持	学校提供一体化的创业实践服务	创业实践有独立的大学生创业园	创业实践有专门的校外实践基地	创业实践项目与专业学习结合度高	合计
（1）非常同意	2.37	2.98	2.74	2.89	3.17	2.99	17.14
（2）比较同意	4.78	6.03	6.32	5.99	7.10	6.62	36.84
（3）一般	36.69	38.40	41.04	36.85	40.18	41.07	234.23
（4）比较不同意	35.06	32.44	31.23	32.22	30.21	30.62	191.78
（5）非常不同意	21.10	20.15	18.67	22.05	19.34	18.70	120.01
（1）+（2）	7.15	9.01	9.06	8.88	10.27	9.61	53.98
（4）+（5）	56.16	52.59	49.9	54.27	49.55	49.32	311.79

5. 创新创业教育总体满意度

从前面创新创业课程、创新创业竞赛和创新创业实践满意度分析，即可看出工科生对创新创业教育总体满意度不会偏高。数据分析结果印证了这一点。对学校创新创业教育总体满意度感到非常满意的学生比例仅为1.81%，感到比较满意的占比3.96%，两者相加仅为5.77%，即5.77%的工科生对此感到满意。而感到比较不满意和非常不满意的占比分别为35.01%和22.23%，不满意的学生数量是满意的近10倍。这就迫切要求高校深化工科专业创新创业教育改革，针对学科特点、学生特点展开进一步的调研，提供适合工科生、满足工科生需求的创新创业教育。

表2-12　　　　　　　创新创业教育总体满意度　　　　　　（单位:%）

	（1）非常同意	（2）比较同意	（3）一般	（4）比较不同意	（5）非常不同意	（1）+（2）	（4）+（5）
对学校创新创业教育质量总体满意	1.81	3.96	36.99	35.01	22.23	5.77	57.24

四　工科生创新创业教育满意度影响因素分析

创新创业教育旨在培养每个学生的创业精神，服务学生的学术和职业发展，从而促进经济和社会发展。创新创业教育在国外高校得到了广泛的应用，如美国MIT航空结构学Edward Crawley教授于2004年提出了CDIO工程教育模式——构思（Conceive）、设计（Design）、实现（Implement）和运作（Operation），围绕专业能力、创新创业能力和社会意识开展工科人才培养。[①] 中国大多数高校采用单一的创新创业教育模式，高校强调工科生的基础知识和技术能力的培养，忽视综合素质的完善。满意度是衡量教育质量的重要工具，创新创业教育满意度是评价创新创业教育质量的有效工具。Huang et al.（2020）设计了创新创业教育质量满意度李克特五分制量表，研究结果发现学生对创新创业教育的总体满意度受到创新创业课程、创新创业竞赛、创新创业实践等的影响，这些因素相互补充。创新创

---

① 胡博：《"新工科"下高校创新创业人才培养质量提升机制》，《山西大学学报》（哲学社会科学版）2020年第4期。

业课程能够提高学生的创新创业能力和创业意愿,[1] 创新创业实践为学生提供真实的环境来获得技能、知识和心态,从而增强创业绩效,[2] 两者都能正向影响创新创业教育绩效。[3] 创新创业竞赛能够影响学生的创业学习过程,帮助学生感知创业的具体步骤和复杂程度,进而提高学生的创业意愿。[4] 而从上文我们可知工科生对创新创业教育的三个过程维度——创新创业课程、创新创业竞赛和创新创业实践的满意度,以及对创新创业教育的总体满意度并不高。

那么,创新创业课程、创新创业竞赛和创新创业实践,哪个对总体满意度的影响更大呢?首先对数据进行整理并相关分析,结果显示,各变量间是显著相关的,且创新创业教育的三个维度与创新创业教育满意度是高度相关的,其中,创新创业课程与创新创业教育满意度的相关系数最小,为 0.703($p<0.001$),创新创业实践最高,为 0.787($p<0.001$)(见表2-13)。

表2-13　　　　　　　　　　相关分析

	创新创业课程	创新创业竞赛	创新创业实践	创新创业教育满意度
创新创业课程	1			
创新创业竞赛	0.843***	1		
创新创业实践	0.811***	0.886***	1	
创新创业教育满意度	0.703***	0.765***	0.787***	1

注:***$p<0.001$。

进一步进行多元回归分析,通过逐步加入变量进行层级回归分析,以

---

[1] Wang, S.-M., Yueh, H.-P., & Wen, P.-C., "How the New Type of Entrepreneurship Education Complements the Traditional One in Developing Entrepreneurial Competencies and Intention", *Frontiers in Psychology*, 2019, 10: 2048-2048.

[2] Neck, H. M. and Corbett, A. C., "The Scholarship of Teaching and Learning Entrepreneurship", *Entrepreneurship Education and Pedagogy*, 2018, 1(1): 8-41.

[3] Huang, Y., et al., "How to Improve Entrepreneurship Education in 'Double High-Level Plan' Higher Vocational Colleges in China", *Front Psychol*, 2021, 12.

[4] 胡瑞、王伊凡、张军伟:《创业教育组织方式对大学生创业意向的作用机理———个有中介的调节效应》,《教育发展研究》2018年第11期。

此检验创新创业教育的三个过程维度对创新创业教育满意度的影响,以及创新创业竞赛的中介效应,分析结果见表 2-14。主要采用 Muller[①] 提出的检验方法,分三个步骤进行:(1) 检验自变量对因变量的影响是否显著;(2) 检验中介变量对因变量的影响是否显著;(3) 将中介变量加入自变量对因变量的影响模型时,自变量对因变量的回归系数的变化,是显著减少还是消失?

表 2-14   创新创业教育满意度的多元回归模型

自变量＼因变量	模型一 创新创业教育满意度	模型二 创新创业竞赛	模型三 创新创业教育满意度	模型四 创新创业实践	模型五 创新创业实践	模型六 创新创业教育满意度
创新创业课程	0.703***	0.843***	0.202***	0.811***	0.220***	0.095***
创新创业竞赛			0.595***		0.701***	0.256***
创新创业实践						0.483***
R^2 变化量	0.494	0.711	0.102	0.658	0.142	0.047
R^2	0.703	0.711	0.772	0.658	0.800	0.802

注:***$p<0.001$。

首先看创新创业课程、创新创业竞赛与创新创业教育满意度的关系。模型一是创新创业课程对创新创业教育满意度的回归分析模型,回归系数为 0.703 ($p<0.001$),说明创新创业课程对创新创业教育满意度的影响显著,并且是正向的。模型二是创新创业竞赛对创新创业教育满意度的回归分析模型,回归系数为 0.843 ($p<0.001$),说明创新创业竞赛对创新创业教育满意度的影响显著,并且是正向的。在加入创新创业竞赛变量后(见模型三),则创新创业课程回归系数降低到 0.202 ($p<0.001$),说明创新创业竞赛的作用为部分中介,即创新创业竞赛起到了中介作用。

再看创新创业实践、创新创业竞赛与创新创业教育满意度的关系。模

---

① Muller, D., Judd, C. D., Yzerbyt, V. Y., "When Moderation Is Mediated and Mediation Is Moderated", *Journal of Personality and Social Psychology*, 2005, 89 (6): 852-863.

型四是创新创业实践对创新创业教育满意度的回归分析模型，回归系数为 0.811（p<0.001），说明创新创业实践对创新创业教育满意度的影响显著，并且也是正向的。模型五纳入了创新创业竞赛这个中介变量，其结果为创新创业实践回归系数降低到 0.220（p<0.001），说明创新创业竞赛的作用为部分中介，即创新创业竞赛起到了中介作用。

模型五纳入了创新创业课程、创新创业竞赛、创新创业实践三个变量，结果显示，回归模型是显著的，R^2 为 0.802，三个变量的回归系数分别为 0.095、0.256、0.483（p<0.001），说明在这个模型中，创新创业实践对创新创业教育满意度的影响最大，创新创业竞赛次之，创新创业课程最小。

综上，创新创业课程、创新创业竞赛和创新创业实践对创新创业教育满意度有显著的正向影响，并且创新创业竞赛在创新创业课程和创新创业实践对创新创业教育满意度的影响中起到了中介作用。而当三者并存时，创新创业实践对创新创业教育满意度的影响是最大的，创新创业竞赛次之，创新创业课程是最小的，即创新创业实践是影响工科生创新创业教育满意度的最重要的因素。这就对高校提出了要求，在完善课程体系的同时，以创新创业竞赛为载体深入推进创新创业教育，同时要加大创新创业实践投入，以实践育人。

五　新工科创新创业教育对策与建议

（一）打造学生满意的创新创业教育金课

尽管前述分析得出的结果是，创新创业课程在整体环境中对学生创新创业教育满意度的影响是最小的。但作为最基本的教育方式，创新创业课程是实现创新创业教育全覆盖的重要途径。因此，必须重视创新创业课程建设。首先，推进课程内容改革。高校在创新创业课程实施过程中，应当根据学校文化底蕴和优势开展具有自身特色的创新创业教育课程。对于不同专业类别的学生，应实施专业课程与创新创业课程相融合，让"想创业"的学生"懂创业"也"能创业"。其次，推进教学方法改革。鼓励采用实用、互动的教学方式，如全真模拟、案例教学、小组讨论等，实现从被动启发转为主动启发的过程。同时要加强优质的线上课程建设，充分利用学生的碎片化学习时间，打造线上线下知识点"网格化"学习模式。最后，推进师资队伍建设。重视创新创业教育教师和专任教师的"双创"精神培养，通过教育教学能力提升工作坊、创新创业教育师资专项培训、企业家等相关群体的专题报告与讲座等多样化形式提升教师理论基础和学科素养，通过鼓励创业和提供企业挂职的平台与机会等方式提升教师的创新创业实践经历。还要完善激励保障机制，鼓励创新创业教育教师和专业教师参与。之于创新创业教育专任教师，需要更多政策提高他们的荣誉感和获得感。之于专业教师，在教学中融入创新创业理论、工具与方法等内容会增加教师工作量或不适应而引起他们内心抵触，需要政策来改变这一窘境。

（二）构筑全方位的创新创业实践体系

创新创业实践始终是影响学生创新创业教育满意度最重要的因素，对创新创业教育质量起到了关键作用。前文研究表明，工科生的创业意愿相对较高，更需要优质的创新创业教育，特别是实践教育。因此，应结合工科生的特点，构筑全方位的能够满足学生创业需求的创新创业实践体系。

首先，构筑多元化的创业文化平台。一是在创新创业教育课程建设的基础上，进一步通过开展创新创业宣讲、创新创业沙龙、创新创业论坛、创新创业大赛等通识教育活动模块，在高校精心培育创客精神与创新创业文化，让学生创新创业蔚然成风。二是推动创新创业协会、创业俱乐部等创新创业社团发展，鼓励自主举办创业学子论坛，开展创业诊断、创业咨询、创业交流、创业创意大赛、创业工作坊、模拟实训等形式多样、类型丰富的社团活动，传播创业精神，引领创业先锋，助推大学生自主创业。三是完善创业服务体系和帮扶体系。搭建全媒体的学生创业信息服务体系，为学生提供创业项目、国家政策、市场动向等信息，建立在校生和毕业生的创新创业教育档案，做好创业项目对接、知识产权交易等服务，并且搭建持续帮扶、全程指导、一站式服务的创业帮扶体系，帮助学生在短时间内获得自我提升。

其次，搭建实践导向的创业实务平台。一是精细化完善大学生创业园。建好大学生创业园，优化运行机制，提高利用效率和孵化成功率；建立园区入驻与学生创业训练体系之间的关联，强调学生创业能力发展一体化；建立园区动态评估机制，精细化、滚动管理创业园区，建立竞争性的入园退园优胜劣汰机制，通过整治和增扩，提升创业园区项目孵化容量。

二是落实学生创业项目孵化机制。多方筹集资金做大创业基金，支持学生创业项目落地；鼓励有条件的学生创业团队创办企业，如予以经费资助；鼓励学生项目团队入驻校外联盟园区平台；为创业学生实施二对一的创业辅导，即一名校内导师、一名校外导师共同指导一个创业团队。三是整合社会化创业资源支持工科生创业。建立校校、校企、校地、校所相互合作的创业人才培养协同育人新机制。通过定期举办创业项目等活动，加强与创业园、产业园、科技园的联系，实现学生创业与企业对接、园区对接、人员对接、项目对接、资金对接；引入风险投资机构，构建大学生创新创业投融资机制，推动社会组织、公益团体、企事业单位和个人设立大学生创业风险基金，支持优秀大学生创业项目。

最后是鼓励师生共创。鼓励专业教师带领学生做助手共同研发各类课题，在科研成果转化中培养学生的专业创业能力；完善学校科技成果处置和收益分配机制；支持教师以对外转让、合作转化、作价入股、自主创业等形式将科技成果产业化，并带领学生创新创业；在确保学生团队主体的前提下，支持教师以技术、项目、资金、经验、资源等多种形式与学生共同创业。

（三）发挥创新创业竞赛实质作用

研究表明创新创业竞赛对提升创业能力、提升创业自信心、拓展人际关系网络、提升团队合作能力和帮助真实创业的重要作用，然而创新创业竞赛的普及带来了不少问题，导致创新创业竞赛的作用没有得到较好发挥。对于此，首先，学校要转变创新创业教育的思想，避免以考核绩效为导向的创新创业竞赛筛选标准，而是真正以学生为中心，从竞赛对学生培养的效能出发，实现竞赛项目的科学筛选与丰富。其次，重视创新创业竞赛的过程，做好赛前培训，加强对学生的指导，促进创业团队的建设和培养，使之真正能够培养学生的创业能力和创业自信心。最后，学校要积极制定相关政策，从软件和硬件两个方面对创新创业竞赛项目进行引导，帮助创新创业竞赛项目落地。

第二节　新农科创新创业教育

20 世纪 90 年代以来，社会主义高等教育体系面临着许多社会、经济和技术需求的改革。① 在当今信息时代，大学被认为是技术变革和创新的主要参与者和触发器，也是区域经济、社会发展和知识生产的重要工具。② 例如，大学创新创业教育可以提高一个国家的经济竞争力，创造新的企业。③ 2018年9月，国务院发布《关于促进创新创业高质量发展的意见》，打造大众创业创新升级版，中国从就业教育向创新创业教育进行战略转型。④ 在政府的倡议下，高校不仅纷纷开设创新创业课程，而且越来越重视创业实践和理论研究。2019年，教育部等有关部门发布了"六优一顶"规划2.0，倡导新工程、新医学、新农业、新人文等学科发展，推动全国高校开展"质量革命"。其中，农业对一个国家意义深远，关乎每一个人的基本生存需求；关乎粮食安全、资源安全、生态安全、国家安全。农业发展得好，能够体现一个国家的综合国力。而新农科是中国高等农林教育适应社会经济发展需要所作出的重大改革举措，是新时代中国高等教育内涵发展和卓越人才计划的重要内容。随着新一轮农业科技革命浪潮的掀起，中国农业大学校长孙其信强调，"新农科"是一项长期的、浩大的改革工程，需要全国各界共同探索、协同创新。当前世界，农科生教育面临着诸多时代机遇与行业机遇，而农科生创新创业教育也亟待革新，全国农科院校开始思考、着手布局、加快推进"新农科"建设取得突破，旨在推动高等农科教育迈向新阶段。

　　创业是一项关键能力，创新创业教育旨在增强年轻人的相关技能，为他们提供横向技能（Transversal Skills），以积极保障公民权利的实现，提高就业能力。⑤ 拥有创新创业教育的大学被视为天然的孵化器，能够为学

---

① Cruz-Amaran, D., Guerrero, M., & Delia Hernandez-Ruiz, A., "Changing Times at Cuban Universities: Looking into the Transition towards a Social, Entrepreneurial and Innovative Organization", *Sustainability*, 2020, 12 (6).

② Genc, S. Y., Sesen, H., Alexandre Castanho, R., et al. "Transforming Turkish Universities to Entrepreneurial Universities for Sustainability: From Strategy to Practice", *Sustainability*, 2020, 12 (4).

③ Wu, H.-T., & Chen, M.-Y., "Course Design for College Entrepreneurship Education-From Personal Trait Analysis to Operation in Practice", *Frontiers in Psychology*, 2019, 10: 1016–1016.

④ Yu, C. W., "Understanding the Ecosystems of Chinese and American Entrepreneurship Education", *Journal of Entrepreneurship Education*, 2018, 21 (2). Retrieved from https://www.scopus.com/inward/record.uri?eid=2-s2.0-85046538133&partnerID=40&md5=a2884a3da307d79face6d5f695c56271.

⑤ 原田纪久子、徐玲玲、温蓓蕾：《如何促进青少年参与社会创业？——基于日本创业发展中心的创业教育实践案例》，《世界教育信息》2020年第4期。

生、教师、校友、企业家提供一个适当的环境发展创业和创新举措。① 例如，英国高校的创新创业教育重视内涵式发展，以培养学生的创新思维、意识、能力和态度为主要目标，强调知识的应用在于创造经济价值、社会和文化价值等。② 英国高校在开展创新创业教育教学的过程中形成了创新创业教育的"标配"，即几乎所有高校都在学位学习和就业指导服务方面提供创新创业教育。此外，创业培训与体验、竞赛和奖励、孵化服务、合作伙伴关系和合作项目也成为双创的重要模式。日本为学生提供了从小学、初中、高中至大学的课外创新创业实践教育，使之贯穿学生成长的每一阶段，对未来的创业活动产生更大的影响。相比于发达国家的研究和实践，中国创新创业教育缺少系统、成熟的理论研究和实践模式。当前，创业能力、创业障碍和创业意愿是衡量创新创业教育有效性使用最广泛的三个指标，这些指标可能更适用于商学院和管理学院。有学者研究亦表明商学院在创新创业教育中继续占据主导地位，有必要加强商学院以外学科的创新创业教育评估实践的进一步研究。③ 为调查中国高校创新创业教育现状，课题组对中国高校的创新创业教育进行了评估和监测，选取35所高校1223份学生问卷样本进行了实证分析，以此揭示农科类学生创新创业教育的现状和高校创新创业教育未来发展方向。

一 农科生样本数据基本情况

该调查于2018年9月至2019年1月通过在线问卷和访谈进行，问卷由研究领域的专家和具有创业经验的个人或组织进行审核和修改，以确保量表的准确性。本书对收集到的中国20个省（自治区、直辖市）35所高校1223份农科学生的问卷进行分析，调查对象是本科在校生、专科在校生（不包括大一新生）和近五年毕业的本、专科毕业生。问卷的内容包括学生的基本情况、对创业的认知态度、学校创新创业教育的

---

① Cruz-Amaran, D., M. Guerrero, and A. Delia Hernandez-Ruiz, "Changing Times at Cuban Universities: Looking into the Transition towards a Social, Entrepreneurial and Innovative Organization", *Sustainability*, 2020, 12 (6).

② 施永川：《全球化背景下英国高校创新创业教育的发展现状及未来走向——访英国创新创业教育者学会国际研究员张静女士》，《世界教育信息》2020年第4期。

③ Matlay, H., Pittaway, L., & Edwards, C., "Assessment: Examining Practice in Entrepreneurship Education", *Social ence Electronic Publishing*, 2012, 54 (8/9): 778 - 800.

实施过程和结果,以及学生对学校创新创业教育满意度的评价。调查问卷共计31题,题目类型有单选题、多选题、5分制量表评分题以及多选排序题。

问卷有效样本包括中国东、中、西部地区20个省(自治区、直辖市)35所高校,其中,东部地区有北京、辽宁、河北、山东、浙江、江苏、广东7个省市的17所高校;中部地区有吉林、河南、湖北、山西、江西、黑龙江、广西7个省份的8所高校;西部地区有新疆、陕西、四川、贵州、云南、重庆6个省市的10所高校,地区间分布均衡。35所高校中,农林类高校有10所,占比28.6%,一定程度上反映了农科类高校农科生创新创业教育状况。按学校类型分,"双一流"高校占比14.9%,普通本科院校占比44.6%,高职大专院校占比40.5%,其中普通本科院校农科生样本量最大。按性别划分,男、女学生占比分别为44.4%和55.6%;根据调查对象的就读状态分为本科在读(不包括大一新生)占51.7%,以二年级(33.2%)和三年级为主(10.7%);专科在读(不包括大一新生)占37.6%;毕业生占10.7%。

二 农科生创新创业教育描述统计

(一)创新创业教育修学现状

总体而言,新农科急需高等农科人才,而农业科技、科普人才和农业科研杰出人才培养的聚集地源于高校,农科生创新创业理论知识的储备离不开高校相关创新创业教育修学课程。在样本量中如表2-15所示,农科生修学过《创业基础》的人数占比59.5%,未修学过人数占比40.5%,而在创新创业课程修课数来看,占比最多的是1—2门,3门及以上最少。可在一定程度上表明,高校基本开设创新创业课程,但课程总量有待提高,亦有可能是学生修读创新创业课程的积极性还不够高。

(二)创新创业课程评价情况

创新创业课程评价主要采用评分制,选择1—3项,并按重要性排序。选择"1"表示重要性排第一,为最重要;选择"2"表示重要性排第二,为次重要;选择"3"表示重要性排第三,为第三重要。创新创业课程有效的授课方式主要分为六种,分别是课堂讲授、案例教学、小组讨论、模拟实践、网络课程和专题讲座。其中重要性权重频率中认为课堂讲授最重要,案例教学次重要,模拟实践第三重要。整体评价创新创业课程有效的授课方式,模拟实践占比最大,其次依次是案例教学、课堂讲授、小组讨论和专题讲座,网络课程占比最小(见表 2-16)。以上从侧面说明农科生认为有效的创新创业课程授课方式更应该注重理论与实践相结合,并且传统的课堂讲授已不再占据主导地位,不过依然拥有举足轻重的地位。此外,创新创业教育是一门注重实操性的课程,日益兴起的线上教育可能并不能满足学生需要,高校宜根据课程的性质展开线上线下相结合的混合式教学。而在创业实践活动中,农科生认为有效的方式依次为校内创业园实践、校内竞赛、企业管理岗位实习、创业模拟训练营和校外创办公司,从中可以看出以校外创办公司的创业实践方式具有难操作性与复杂性,而并不是农科生创业实践活动的首要选择。

创新创业课程有效考核方式主要分为六种,分别是理论考试、创业计划书撰写、企业项目展示、创业模拟实战、创新创业竞赛获奖和创办公司。其中创业模拟实战在权重频数占比最高,其次分别是创业项目展示和创业计划书撰写,说明学生更青睐于个性化的而非传统的考核方法。在创业项目中,农科生认为创业项目落地的助力途径依次为大学生创业园实践、创新创业竞赛、教师或学生科研项目、创新创业课堂教学和资本对接会,从中可以看出双创教育背景下,大学生创业园和创新创业竞赛已成为助力大学生创业项目落地的有效途径。

表 2-15　　　　　　农科生创新创业教育修学现状

创新创业教育相关变量	题项	频数	占比(%)
《创业基础》修课状况	没有修过	495	40.5
	修过,是必修课	458	37.4
	修过,是选修课	270	22.1
创新创业课程修课数	0 门	371	30.3
	1—2 门	747	61.1
	3 门及以上	105	8.6

表 2-16　　　　　　　　创新创业课程相关变量评价

创新创业课程相关变量	题项	序数权重的频数			合计频数	占比（%）
		最重要	次重要	第三重要		
创新创业课程有效的授课方式	课堂讲授	425	83	101	609	18.7
	案例教学	238	352	151	741	22.7
	小组讨论	109	244	226	579	17.8
	模拟实践	360	263	284	907	27.8
	网络课程	22	41	68	131	4.0
	专题讲座	52	74	139	265	8.1
	其他	17	2	10	29	0.9
创新创业课程有效的考核方式	理论考试	232	40	46	318	9.7
	创业计划书撰写	311	175	130	616	18.9
	创业项目展示	218	363	200	781	23.9
	创业模拟实战	361	311	249	921	28.2
	创新创业竞赛获奖	40	140	219	399	12.2
	创办公司	46	40	125	211	6.5
	其他	15	1	3	19	0.6

三　农科生创新创业教育满意度影响因素分析

本书选取了 24 个创新创业教育相关题项进行了内部一致性检验，结果显示 Cronbach's α 系数为 0.966，说明题项信度非常好。进一步进行效度检验，KMO 值为 0.972，bartlett 球形检验的近似卡方分布为 28540.273，自由度为 276，显著性概率值 $P = 0.0 < 0.5$，达到显著性水平，拒绝相关矩阵不是单元矩阵的假设，表明这 24 个术语有共同因素存在，适合做因素分析。采取最大方差法进行探索性因子分析，旋转正交后保留系数大于 0.6 的因子载荷，并按系数从大到小排列，提取了创新创业教育满意度的三个因子，分别命名为"创新创业实践""创新创业课程"和"个人创业资本"，其中"创新创业实践"和"创新创业课程"包含"创新创业竞赛"（见表 2-17）。

表 2-17　　　　　　　　创新创业教育影响因素探索性因子分析

旋转元件矩阵 a

	元件		
	1	2	3
创新创业竞赛对于真实创业有较大帮助	0.816		
创业实践有校内外指导教师	0.798		
创业实践有独立的大学生创业园	0.796		
创业实践有专项创业基金支持	0.792		
创新创业竞赛提升了团队合作能力	0.780		
创业实践有专门的校外实践基地	0.765		
学校提供一体化的创业实践服务	0.759		
创新创业竞赛拓展了人际关系网络	0.755		
创业实践项目与专业学习结合度高	0.741		
创新创业竞赛提升了创业能力	0.728		
创新创业竞赛提升了创业自信心	0.726		
教师具有丰富的创新创业教育教学经验		0.769	
教师具有创业经历		0.758	
创新创业教育课程类型多样		0.751	
教师授课方式多样		0.747	
创新创业课程内容与自己所学专业知识结合紧密		0.708	
创新创业课程内容与时代前沿趋势结合紧密		0.694	
创新创业竞赛种类多样		0.631	
参加的创新创业竞赛项目较容易落地		0.620	
创新创业竞赛项目与专业结合度较高		0.604	
家庭具有广泛的创业社会资源			0.784
同学或朋友近一年有过创业经验			0.741
自身拥有足够的创业知识、技能和经历			0.725
省市创业机会总体良好			0.661

（一）创新创业教育满意度分析

创新创业教育评价主要采取五分制量表，分为非常同意、比较同意、一般、比较不同意和非常不同意。量表一定程度上反映了农科生对学校创新创业教育满意度状况，满意度是农科生对创新创业教育满意程度的主观评价，是衡量创新创业教育质量的重要指标。

1. 个人创业资本满意度分析

个人创业资本分为四个维度，分别是自身拥有足够的创业知识、技能和经历，同学或朋友近一年有过创业经验，家庭具有广泛的创业社会资源，省市创业机会总体良好。如果将"非常同意""比较同意"合并为对个人创业资本满意，将"比较不同意""非常不同意"合并为对个人创业资本不满意，则农科生生对个人创业资本总体满意度低，对各项具体指标感到满意的比例由高到低依次为省市创业机会总体良好（30.9%），同学或朋友近一年有过创业经验（23.0%），自身拥有足够的创业知识、技能和经历（18.5%），家庭具有广泛的创业社会资源（14.5%）。反过来看农科生最不满意的个人创业资本是"家庭具有广泛的创业社会资源"，占比为47.0%（见表2-18）。直系亲属是否具有创业经历的调查显示，只有20.8%的直系亲属有过创业经历，说明家庭能够提供的支持较少。总体而言，农科生个人创业资本认为省市创业机会总体良好，而自身缺乏家庭创业社会资源的支持，且自身拥有的知识、技能和经历不足。学者研究表明，创新创业教育和家庭支持能够提高创业意愿，其中家庭支持的影响更大。而在校期间是否有过创业实践的结果显示，农科生有创业实践的比例只有2.8%，这一定程度上导致了农科生认为自己的创业知识、技能和经历不足。

表2-18　　　　　　农科生个人创业资本满意度　　　　　（单位:%）

	自身拥有足够的创业知识、技能和经历	同学或朋友近一年有过创业经验	家庭具有广泛的创业社会资源	省市创业机会总体良好	合计
（1）非常同意	7.0	9.5	5.7	10.1	32.3
（2）比较同意	11.5	13.5	8.8	20.8	54.6
（3）一般	47.9	40.0	38.5	45.5	171.9
（4）比较不同意	22.1	23.3	24.1	15.5	85
（5）非常不同意	11.5	22.5	22.9	8.1	65
（1）+（2）	18.5	23.0	14.5	30.9	86.9
（4）+（5）	33.6	45.8	47.0	23.6	150.0

2. 创新创业课程满意度分析

创新创业课程满意程度主要包含两个方面,其一是课程本身,量表调查了创新创业教育课程的类型、创新创业课程与专业知识结合度、创新创业课程与时代前沿结合度;其二是授课教师,量表调查了教师的授课方式、教师的创业经历以及教师创业教育教学经验(见表 2－19)。总体而言,农科生认为创新创业课程满意度较好,至少 50% 的学生表示比较满意和非常满意,低于 13% 的学生表达了非常不满意和比较不满意,但这一数据也说明农科生创新创业教育亟须课程体系革新以及加强师资队伍建设。黄兆信、黄扬杰在创新创业质量评价探新中指出中国高等学校创新创业教育质量存在普及落实师资是短板以及创新创业课程类型不够丰富,与专业融合不够紧密等问题。[①]因此,发展和完善普通高校创新创业教育,重点要建立科学系统的课程体系。创新创业教育是建立在多学科交叉融合上的,在课程设计中最重要的是把创新创业思想和精神融入专业课程传授给学生。此外,高校应致力于打造多元化高素质的创新创业师资队伍,教师既需要具备创新创业相关的学识,更需要拥有丰富的社会实践经验。

表 2－19　　　　　　农科生创新创业课程满意度　　　　　　(单位:%)

	创新创业教育课程类型多样	创新创业课程与专业知识结合紧密	创新创业课程与时代前沿趋势结合紧密	教师授课方式多样	教师具有创业经历	教师具有丰富的创新创业教育教学经验	总计
(1) 非常同意	24.9	24.2	26.4	26.9	25.9	29.8	158.1
(2) 比较同意	28.4	28.1	30.5	30.8	28.9	29.9	176.6
(3) 一般	36.6	34.9	33.6	33.4	35.6	32.7	206.8
(4) 比较不同意	6.1	8.6	6.5	5.6	6.7	4.7	38.2
(5) 非常不同意	4.1	4.3	3.0	3.2	2.9	2.9	20.4
(1) + (2)	53.3	52.3	56.9	57.7	54.8	59.7	334.7
(4) + (5)	10.2	12.9	9.5	8.8	9.6	7.6	58.6

---

① 黄兆信、黄扬杰:《创新创业教育质量评价探新——来自全国 1231 所高等学校的实证研究》,《教育研究》2019 年第 7 期。

3. 创新创业实践满意度分析

在创新创业能力提升最具帮助的学习板块题项调查中，53.1%的农科生选择了创业实践，22.0%选择了创新创业教师，12.2%选择了创新创业课程。这充分说明了实践在创新创业教育中的重要性。对于创新创业实践满意度的调查分为六个维度，分别是创业实践有校内外指导教师、创业实践有专项创业基金支持、学校提供一体化的创业实践服务、创业实践有独立的大学生创业园、创业实践有专门的校外实践基地、创业实践项目与专业学习结合度高。总体而言，农科生对创新创业实践总体满意度较好，其中63.0%的农科生对创业实践有校内外指导教师最为满意；60.7%对创业实践有独立的大学生创业园感到满意；58.9%对创业实践有专门的校外实践基地感到满意（见表2-20）。对创新创业实践最不满意的是创业实践有专项创业基金支持，这一比例为8.8%，其次是创业实践与专业学习结合度（8.4%）。这些数据显示，农科生对创新创业实践总体较为满意，但高校也有必要进行创新创业实践教育的改革，如进一步加强创业基金的投入和落实，以及提升创业实践与专业学习的结合度。

表2-20　　　　　　　　农科生创新创业实践满意度　　　　　　（单位:%）

	创业实践有校内外指导教师	创业实践有专项创业基金支持	学校提供一体化的创业实践服务	创业实践有独立的大学生创业园	创业实践有专门的校外实践基地	创业实践项目与专业学习结合度高	合计
(1) 非常同意	30.8	27.4	26.9	29.6	28.2	27.7	170.6
(2) 比较同意	32.2	31.2	30.3	31.1	30.7	29.7	185.2
(3) 一般	30.2	32.5	34.8	31.8	33.4	34.3	197.0
(4) 比较不同意	4.8	5.6	5.2	5.2	5.3	6.1	32.2
(5) 非常不同意	2.0	3.2	2.8	2.3	2.4	2.3	15.0
(1) + (2)	63.0	58.6	57.2	60.7	58.9	57.4	355.8
(4) + (5)	6.8	8.8	8.0	7.5	7.7	8.4	47.2

4. 创新创业教育质量总体满意度

农科生创新创业教育质量总体满意度呈现以下特点：第一，男女生对于学校创新创业教育质量总体满意度无显著差异。第二,不同类型学校的学生对创新创业教育质量总体满意度存在差异,高职大专院校农科生选择"非常同意"选项的比例最高(36.7%)。第三,从学校地区分布来看,东部地区学生(35.5%)对学校创新创业教育质量总体满意度选择"非常同意"选项较中部地区(25.3%)和西部地区(16.2%)高。第四,从年级来看,本科三年级与专科三年级选择"非常同意"选项比各自二年级学生高,这可能与接受创新创业教育课程增多导致对创新创业教育认知改变有关。第五,学习成绩前25%的学生总体满意度高于学习成绩后25%的学生(见表2-21)。

表2-21　　　　　农科生创新创业教育总体满意度

		对学校创新创业教育质量总体满意(%)				
		非常不同意	比较不同意	一般	比较同意	非常同意
性别	男	3.3	5.2	31.3	28.9	31.3
	女	0.9	2.2	31.5	35.7	29.7
学校类型	"双一流"高校	1.6	3.8	35.2	35.2	24.2
	普通本科院校	1.8	4.4	30.1	36.9	26.8
	高职大专院校	2.2	2.4	31.5	27.2	36.7
学校地区	东部地区	1.8	2.3	30.7	29.6	35.5
	中部地区	2.5	4.1	33.8	34.3	25.3
	西部地区	1.5	8.5	28.5	45.4	16.2
年级	本科二年级	1.4	4.0	31.3	36.2	27.1
	本科三年级	2.2	3.0	33.0	28.0	33.7
	专科二年级	1.8	3.6	33.1	28.1	33.4
	专科三年级	3.2	1.6	32.8	28.0	34.4
学习成绩	前25%	2.3	3.0	28.4	32.8	33.5
	中上25%	1.1	3.2	32.5	31.4	31.8
	中下25%	2.3	5.0	34.7	36.0	22.1
	后25%	4.5	4.5	34.3	29.9	26.9

5. 创新创业教育效果评价

创新创业教育结果评价分为四个维度：创新创业教育是否有助于丰富创业知识、提升创业技能、培养创新精神、激发创业意愿（见表2-22）。调查结果显示，农科生选择"比较同意"和"非常同意"的比例大致相当，两者相加，四个维度的比例为65.4%—67.7%，选择"非常不同意"和"比较不同意"的为5.2%—5.6%，说明创新创业教育基本得到了学生的认可，对提高学生的创业知识、创业技能、创新精神和创业意愿是有帮助的。

表2-22　　　　　　农科生创新创业教育效果评价　　　　　　（单位:%）

	丰富创业知识	提升创业技能	培养创新精神	激发创业意愿	合计
（1）非常同意	32.6	33.3	33.1	34.3	133.3
（2）比较同意	32.8	34.4	33.4	33.4	134
（3）一般	29.4	27.1	27.9	26.8	111.2
（4）比较不同意	3.8	3.1	3.8	3.4	14.1
（5）非常不同意	1.5	2.1	1.8	2.1	7.5
（1）+（2）	65.4	67.7	66.5	67.7	267.3
（4）+（5）	5.3	5.2	5.6	5.5	21.6

（二）中介模型检验

在世界各地的大学里，创业作为一项缓解失业的计划得到承认、鼓励和实施。企业家精神被视为社会和经济繁荣的关键。[①] 例如，一个社会企业可以通过一个典型的创业过程来创造社会价值，为社会问题提供解决方案。[②] 美国高校建立了独特的创新创业教育理念，旨在培养每个学生的创业精神，服务学生的学术和职业发展，从而促进经济和社会发展水平的提升，为社会使命创造社会活力。大学创新创业教育得到了广泛的应用，许

---

① Dai, S., Li, Y., & Zhang, W., "Personality Traits of Entrepreneurial Top Management Team Members and New Venture Performance", *Social Behavior and Personality*: *An International Journal*, 2019, 47 (7): 1-15.

② Chen, X., Chen, Y., & Guo, S., "Relationship between Organizational Legitimacy and Customer Citizenship Behavior: A Social Network Perspective", *Social Behavior and Personality*: *An International Journal*, 2019, 47 (1): 1-12.

多农业综合项目已经将创新和创业的概念纳入了它们的课程。但是研究也指出，美国拥有农业企业项目的40多所大学中，只有少数提供了农业的项目或课程。农业专业的学生依赖于有限的资源，迫切需要了解农业行业的新机会和新趋势。[1] 在中国，大多数高校采用创新创业教育模式是单一的，与理、职、工、商、艺等其他学科相分离。有学者认为，大学生创新创业实践教育存在一些不足，如创新创业实践教育的生态要素耦合不够、实践教育分工与教育体系分离、课堂实践教学脱节等。[2] 有学者研究指出，精心设计的课程，例如体验性课程和创业活动，可以提高学生对创新创业教育满意度，增强学生参与社会企业的意愿，[3] 继而提高社会创业的效益。当前创新创业教育课程亦越来越注重体验式学习，比如通过角色扮演、计算机模拟和创业游戏的形式可以产生高质量的学习体验，因为它们促进的知识"超出了现代创新创业教育中分析技能的发展，并促进了信心和动力"。[4] 基于学者的研究基础，本书提出以下研究假设：

研究假设一（H1）：创新创业课程对于学生创新创业教育满意度具有正向影响。

满意度是衡量教育质量的重要工具，师生对创新创业教育的满意度也是评价创新创业教育质量的有效工具。从1995年到2004年，创新创业课程以传统的商业模块为主，随着创新创业教育的发展逐渐成为理论与实践模块的结合，课程数量和种类显著增加。虽然大学生对创新创业教育的需求与创业技能、知识和态度的实际效果并不相符，然而，无论是从相对还是绝对的角度来看，大多数大学生和创业者似乎对创新创业教育的结果感

---

[1] Higgins, L. M., Schroeter, C., & Wright, C., "Lighting the Flame of Entrepreneurship among Agribusiness Students", *International Food and Agribusiness Management Review*, 2018, 21 (1): 121 – 132.

[2] Yinjun, M. I., Zehao, X. U., & Jiawen, L., "Innovation and Entrepreneurship Practice Education Assimilating with Hole-process Multi-dimension in University Exploration and Reform", *Research and Exploration in Laboratory*, 2018.

[3] Yu, T.-L. and J.-H. Wang, "Factors Affecting Social Entrepreneurship Intentions among Agricultural University Students in Taiwan", *International Food and Agribusiness Management Review*, 2019, 22 (1): 107 – 118.

[4] Zhu, Y., Rooney, D., & Phillips, N., "Practice-based Wisdom Theory for Integrating Institutional Logics: A New Model for Social Entrepreneurship Learning and Education", *Academy of Management Learning and Education*, 2016, 15 (3): 607 – 625.

到满意。① 有学者设计了创新创业教育质量总体满意度、创业竞赛满意度、创业实践满意度、创业政策满意度等李克特五分制量表。研究结果表明,学生对创新创业教育的总体满意度主要来自创新创业课程学习、创新创业竞赛、创新创业实践和"创业政策红利"的影响,这些因素相互补充。② 研究表明,马来西亚乌塔拉大学开设的创新创业课程对于提高学生的创业技能非常有效,比如商业规划、风险思维、自我效能感与课程有效性之间存在很强的关系。因此,公立大学的创新创业教育和培训可以促进创业技能提升和创业活动开展。③ 创新创业课程对学生的创业能力和创业意愿有积极的影响,帮助学生学习创业能力,增强学生成为未来创业者的意愿。④ 学生可以通过创新创业教育和创业活动提高创业技能。例如,参加创新创业课程、研讨会和实习等活动,不仅能培养学生的知识、态度、价值观、情感和有效自主创业的技能,还能教会他们避免潜在的问题。⑤ 又例如,日本的创新创业教育课程旨在帮助学生理解课程,充实他们的基本的学术和实践技能,通过多学科交叉组合学习培养广泛意义上的企业家。⑥

研究假设二(H2):创新创业课程对于学生创新创业实践具有正向影响。

有学者通过采用随机抽样方法选取样本,从同一所大学选出两组实验组,分别是创新创业课程参与者与非创新创业课程参与者,控制组来自另一所大学,旨在评估创新创业课程对提高农科学生创新创业能力的效果。

---

① Matlay, H., & Solomon, G., "The Impact of Entrepreneurship Education on Entrepreneurial Outcomes", *Journal of Small Business and Enterprise Development*, 2008, 15(2): 382 – 396.

② Huang, Y., Liu, L., & An, L., "Are the Teachers and Students Satisfied: Sustainable Development Mode of Entrepreneurship Education in Chinese Universities?" *Front Psychol*, 2020, 11: 1738.

③ Din, B. H., A. R., "Anuar and M. Usman, The Effectiveness of the Entrepreneurship Education Program in Upgrading Entrepreneurial Skills among Public University Students", *Procedia-Social and Behavioral Sciences*, 2016, 224: 117 – 123.

④ Wang, S.-M., Yueh, H.-P., & Wen, P.-C., "How the New Type of Entrepreneurship Education Complements the Traditional One in Developing Entrepreneurial Competencies and Intention", *Frontiers in Psychology*, 2019, 10: 2048 – 2048.

⑤ Wu, W.-H., Kao, H.-Y., Wu, S.-H., et al., "Development and Evaluation of Affective Domain Using Student's Feedback in Entrepreneurial Massive Open Online Courses". *Frontiers in Psychology*, 2019, 10: 1109 – 1109.

⑥ Nakao, K., & Nishide, Y., "The Development of Social Entrepreneurship Education in Japan", *Entrepreneurship Education*, 2020, 3(1): 95 – 117.

研究发现，参加过创新创业课程的农业学生与未参加创新创业课程的农业学生的创新创业能力存在显著差异。因此建议大学为所有学生开设创新创业课程，以作为变革的发动机。① 有研究人员在 1997 年至 2006 年的十年间，对 64 名毕业生进行了半结构化的深度电话访谈，记录、测量和分析了他们从毕业到创业的过程。研究结果显示，创新创业教育对研究样本中的 64 名毕业生与职业抱负相关的创业成果产生了积极的影响。这本身可以解释为一种成功的创业结果，部分原因是他们在大学三年级接受了创新创业教育。②

创新创业教育课程可以整合行业资源缩小理论与实践之间的差距，与行业共同设计课程，如企业、大学、研究机构合作动员创业专家和大学学者从行业内部和外部共同开发创新创业课程，能够有效地帮助培训产业真正得到所需的人才。Higgins 等人强调了大学通过联系企业合作伙伴等创业活动来积累学生经验的重要性。③ 此外，学生可以与创业导师互动，通过应用课程和创业实习获得实践知识。研究表明，创新创业教育需要更多的"For""Through"和"Embedded"形式的实践教育，因为这些形式的评估实践往往更具有反思性，对其他利益相关者特别是同行、企业家及其他专业人士更有吸引力，而且在本质上更切实可见。④ 一些学者提出了创新创业教育的课程开发方案。作为理论和教学基础，SPW 课程旨在为社会创业学习和教育提供更新、更有效的实践，从而发展学生的知识和技能，解决社区中的社会问题。SPW 的课程矩阵和课程原则并不否定理论和研究知识的价值，而是以实践智慧为基础，注重将其与实践相结合，形成一个全面、丰富的社会实践项目和终极目标。⑤

---

① Pouratashi, S. M. H. A., "Entrepreneurial Competencies of Agricultural Students: The Influence of Entrepreneurship Courses", *African Journal of Business Management*, 2011, 5 (6): 2159 - 2163

② Matlay, H., & Solomon, G., "The Impact of Entrepreneurship Education on Entrepreneurial Outcomes", *Journal of Small Business and Enterprise Development*, 2008, 15 (2): 382 - 396.

③ Higgins, L. M., Schroeter, C., & Wright, C., "Lighting the Flame of Entrepreneurship among Agribusiness Students", *International Food and Agribusiness Management Review*, 2018, 21 (1): 121 - 132.

④ Matlay, H., Pittaway, L., & Edwards, C., "Assessment: Examining Practice in Entrepreneurship Education", *Social ence Electronic Publishing*, 2012, 54 (8/9): 778 - 800.

⑤ Zhu, Y., Rooney, D., & Phillips, N., "Practice-based Wisdom Theory for Integrating Institutional Logics: A New Model for Social Entrepreneurship Learning and Education", *Academy of Management Learning and Education*, 2016, 15 (3): 607 - 625.

研究假设三（H3）：创新创业实践对学生创新创业教育满意度具有正向影响。

创新创业实践作为创新创业教育的重要组成部分，是高校创新创业教育课堂教学的有效延伸和丰富。① 有学者指出，为了提高学生对创新创业教育的满意度，学校重视并支持学生开展创业活动，增加学生的学习体验者，让学生接触到成功的商业计划或与成功的实践者进行积极互动。这种教学元素提供应对策略，有助于保持动机和兴趣，导致产生更高的成功期望，并增加创业的自我效能感。② 有学者对药学专业学生进行了研究，发现必须通过设计和采用适当的课程，包括药物课程，来鼓励学生创业活动。学生们非常认同创业的概念，对如何发展技能以克服自己的弱点十分感兴趣，如此将有利于促进自营职业，并有助于提高创业能力和克服与职业有关的障碍。③ 随着学生接触越来越多的创新创业课程，学生的整体创新创业能力得到了提高。同时，创新创业教育可以降低创业障碍，从而促进创业意愿。④ 有学者指出，创新创业教育的效果可以从参与者创业能力的提高、创业障碍的减少和创业意愿的改变三个方面来观察。有学者对大学生创业者的支持需求进行了研究，按重要性由高到低分为核心支持需求（6种）、二级支持需求（6种）和边缘支持需求（8种），共有20种支持需求。核心支持需求包括资金支持、心理咨询、创业指导、创业复制与失败归因、创业政策等。⑤

因此，我们提出了一个假设模型（参见图2-1）。

在整体满意度调查的基础上，本书重点研究了李克特五点量表中创新

---

① Wang, X., "Research on the Path of College Students' Innovation and Entrepreneurship Education", *Open Journal of Social Sciences*, 2020, 08 (03): 298-305.

② Boldureanu, G., Ionescu, A. M., Bercu, A.-M., et al., "Entrepreneurship Education through Successful Entrepreneurial Models in Higher Education Institutions", *Sustainability*, 2020, 12 (3).

③ Albarraq, A. A., Makeen, H. A., & Banji, D., "Preconception of Pharmacy Students for the Inclusion of Entrepreneurship Curriculum in the PharmD Program", *Indian Journal of Pharmaceutical Education and Research*, 2020, 54 (1): 22-30.

④ Haibin, L., Sadan, K.-K., & Abdullah, K., "Measuring the Effectiveness of Entrepreneurship Education", 2020: 4705-4714. Retrieved from https: //hdl.handle.net/10125/64321

⑤ Wang, P., & Huang, Y., "Give Me What I Want: Identifying the Support Needs of College Student Entrepreneurs", *Frontiers in Psychology*, 2020, 11.

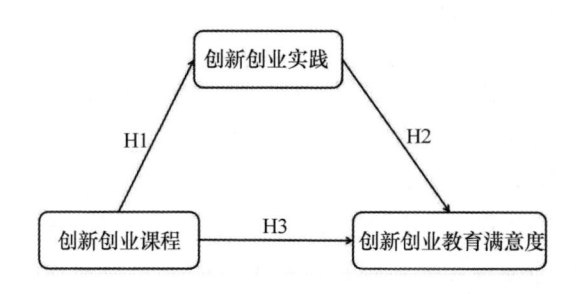

图 2-1　创新创业实践的中介作用理论模型

创业课程、创新创业实践和创新创业教育满意度的内容，共有 15 个维度。本书的创新创业课程维度主要包含课程本身和教师教学两方面，由创新创业教育课程类型多样、创新创业课程内容与自己所学专业知识结合紧密、创新创业课程内容与时代前沿趋势结合紧密、教师授课方式多样、教师具有创业经历、教师具有丰富的创新创业教育教学经验等六道题目构成，题目均为五点计分。最后检验得 Cronbach's α 系数为 0.939。创新创业实践维度包括了创业实践有校内外指导教师、创业实践有专项创业基金支持、学校提供一体化的创业实践服务、创业实践有独立的大学生创业园和创业实践有专门的校外实践基地五道题目，题目采用五点计分。最后检验得 Cronbach's α 系数为 0.939。创新创业教育满意度主要考查学生对学校创新创业教育质量总体满意，包括创业知识、创新精神、创业技能、创业意愿四个方面，学生的满意度均采用李克特五点量表进行记录，其中"1"表示非常不同意；"2"表示比较不同意；"3"表示一般；"4"表示比较同意；"5"表示非常同意。最后检验得 Cronbach's α 系数为 0.956。

首先将所有数据去中心化，以创新创业课程、创新创业实践为中介变量，创新创业教育满意度为因变量，采用 Hayes 的 PROCESS 程序为创新创业实践这一中介效应进行检验，并采用 bootstrap（bootstrap = 5000）方法为中介效应的显著性进行检验。

结果表明，创新创业课程对于创新创业教育满意度具有显著的正向影响 [$\beta = 0.60$，95% C.I. = （0.5765，0.6380），SE = 0.0157，t = 38.7504，$p < 0.001$]。创新创业课程对于创新创业实践具有显著的正向影响 [$\beta = 0.66$，95% C.I. = （0.6275，06838），SE = 0.0144，t =

45.6628, p < 0.001]。创新创业实践对创新创业教育满意度也具有显著的正向影响 [β = 0.5833, 95% C.I. = (0.5315, 0.6351), SE = 0.0294, t = 22.0866, p < 0.001],同时,创新创业课程对创新创业满意度的影响也显著 [β = 0.2248, 95% C.I. = (0.1820, 0.2676), SE = 0.0218, t = 10.3107, p < 0.001]。根据温忠麟中介效应检验程序,其中 bootstrap 置信区间为 (0.3171, 0.4427),区间不含 0,因此中介效应显著。创新创业实践在创新创业课程和创新创业教育满意度之间起部分中介效应,中介效应占总效应的 62.98%。(具体模型如图 2-2)

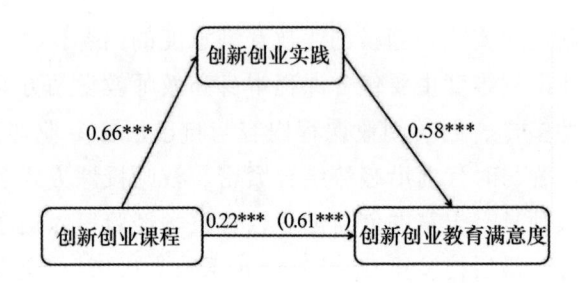

图 2-2 创新创业实践的中介效应检验路径系数

注:系数是标准化的线性回归系数。***p < 0.001。

四 新农科创新创业教育问题及对策

(一) 农科生基层就业少,观念改之

农业人才是支撑乡村振兴战略的关键,而作为农业人才储备的农业院校大学生"离农""弃农"现象却越发严重。在所有样本中,高考前户口为农村占比 65.3%,城市占比 34.7%,可见农科生大部分出生于农村,选择农业或许本质上对这一行业存在同理心。Wood 指出,同理心是支持社会企业和推动社会创新的关键驱动力。当个人被激励去承担责任并表现出良好的行为时,同理心塑造了社会企业家的角色。① 大学生往往具有较高的同理心、较强的社会责任感和较高的自我效能感,这些都是影响农业社会企业发展的特征。而在农科生拟毕业去向调查中有意自主创业的只占 17.0%,43.5% 的农科生选择了升学以及 37.9% 的农科生选择就业。教育

---

① Wood, S., "Prone to Progress: Using Personality to Identify Supporters of Innovative Social Entrepreneurship", *Journal of Public Policy & Marketing*, 2012, 31 (1): 129–141.

经济研究所 2019 年全国高校毕业生就业状况调查研究表明,高校毕业生家庭所在地为农村的占比最高,为 30.0%,而就业所在地仍在农村的只占据 1.6%,为 2019 级高校毕业生就业所在地分布最低,超过一半以上的毕业生就业选择了省会城市或者直辖市。清华大学的研究成果《县域创业报告》也体现了这一趋势,从户籍上看,69.6% 的创业者为农村户口,近 60% 的创业者仅拥有高中和初中学历,仅 15.7% 县域创业者拥有大学本科以上学历。这也反映出,大部分接受过高等教育的年轻人依旧选择留在城市,县域对人才的吸引力仍有很大的提升空间。此外,在大学生创业者中,返乡创业者的比例更低,流动次数也较低,平均流动 2.7 次,低于其他群体的 3.3 次。农科生作为掌握农业技术的实用型人才,是推动乡村振兴的重要"引擎",但现如今,农科生基层就业的数量难以满足乡村振兴的需求。

  Alain Fayolle 等指出创新创业教育的最重要结果并不是促使学生创办企业,而是从观念上改变学生的态度和价值观,使他们具备更强烈的创业意愿和创业精神。① 因此,农科生要加强思政教育,增强农科生身份认同感。农科类高校新生入学第一课应该是"学农、爱农、惠农"的专业思想教育,应邀知名专家、学者、校友和企业家做报告,植入农学基因并且孕育农学文化。② 不仅提高了思想政治理论课的教育实效,而且在人生观教育、创业精神培养、心理素质教育、商业伦理道德教育等方面丰富和更新了大学生品德教育的内容。中国高等教育学会会长杜玉波指出通过推动创新创业教育,使广大学生树立和践行社会主义核心价值观,努力成长为具有国际视野、家国情怀和全面发展的时代新人。在具体内容上,要基于价值观的塑造,教育引导青年学生深入了解企业家精神,培养他们敢闯会创、敢冒风险、坚韧不拔的意志品质,增强团队合作意识、法治和契约精神。在教育形式上,要引导学生在观察问题、提出设想、实操验证、接受反馈的实践过程中,激发更多正向价值判断,增强服务社会、服务国家的

---

  ① Fayolle, A., Gailly, B., & Lassas-Clerc, N., "Assessing the Impact of Entrepreneurship Education Programmes: A New Methodology", *Journal of European Industrial Training*, 2006, 30 (9): 701 – 720.

  ② 易振:《农业高校农科类学院创新创业教育的实践与思考》,《教育教学论坛》2018 年第 17 期。

意识和情感。通过全方位、多渠道改变学生、家长乃至全社会对农科类的刻板印象，培育农科生的社会责任感，使之以创新创业实践助力精准脱贫扶贫和乡村振兴，将高校的智力、技术和项目资源辐射到广大农村地区，有力推动当地经济社会建设。

（二）地区间发展不均衡，人才引之

根据第三次全国农业普查主要数据公报，农业生产经营、规模农业经营户、农业经营单位主要集中于西部地区和中东部地区，东北地区较少。此外，人才队伍老化问题严重且受教育程度以初中和小学为主。中国农业科技人员在全国人口中的比例仅为万分之一左右，与发达国家差距非常大，农科人才的短缺一定程度上造成地区间发展不平衡。[①] 当前，农业农村现代化，实现脱贫攻坚、乡村振兴、生态文明和美丽中国建设关键在于科技与人才。新农科建设需要培养一批懂农业、爱农村、爱农民的"三农"新型复合型、创新应用型和实用技能型卓越农林人才。

青岛农业大学党委书记李宝笃提到，农科专业有一个不可回避的现实是社会需求量没有那么大，各个学校承担的使命和任务不同，东西南北存在区域差异，他认为，各个大学要发挥自己的优势，灵活设置专业，把产业需求、市场需求作为办学的重要依据。高校要完善农科毕业生就业配套制度，就业政策要加强农业行业吸引力度，从而实现市场对农科生就业流向的合理配置。政府要做好创新创业教育的顶层设计，建立农科生创新创业教育生态系统。政府、高校、产业、社会只有建立跨高校、跨行业、跨区域的创新创业教育公共服务体系和支持平台，在信息、人才、资金、政策等资源方面建立协作配套机制，才能激发创新创业教育多方主体的协调联动性。例如斯坦福的创业生态系统通过政府和社会将校内创新创业课程、创新创业活动和组织资源与校外产业资源、资金资本与校友支持有效衔接，从而整个创新创业教育生态系统有机运行。[②]

（三）创新创业教育与专业教育结合度不高，学科融之

在对农科生创新创业实践满意度分析中，创新创业实践项目与专业学

[①] 聂小军、高英、史雪：《新农科人才创新创业教育改革探索》，《创新创业理论研究与实践》2019年第4期。

[②] 姚小玲、张雅婷：《美国斯坦福大学创新创业教育生态系统探究》，《山西大学学报》（哲学社会科学版）2018年第5期。

习结合度满意度较低，仅次于创新创业实践有专项创业基金支持。第四次工业革命和联合国《2030年可持续发展议程》都呼吁发展跨学科和交叉行业的环境。因此，要鼓励发展多学科、跨学科、交叉学科或行业的相关实践。教育部高等教育司司长吴岩表示，今后的高等农林教育要走融合发展之路、多元发展之路、协同发展之路。融合发展不能把专业仅仅窄化为农林院校的传统专业，要农工结合、农理结合、农医结合、农文结合。东北农业大学及河北农业大学则以创新创业教育为抓手，探索新农科学科专业建设和创新创业教育培养新模式。东北林业大学正在推进生物学、计算机科学、化学等学科与林业工程、林学专业的学科交叉。同时，还将充分发挥实验林场的优势与功能，深化与全国农林院校合作，共建实习基地，共享林场优质的自然资源和教育资源。有学者指出要深化教育教学改革，根据人才培养定位和创新创业教育目标要求，创新机制，改革教法，优化管理，调整专业课程设置，挖掘和充实各类专业课程的创新创业教育资源，让广大学生在创新创业实践过程中巩固专业知识，在接受专业教育过程中提高创新创业能力。实际上创新创业教育只有与专业教育结合起来，才能实现对学生创新思维、实践能力的培养；也只有与创新创业教育相结合，专业教育才能在本质上实现教学模式的转变，使学生真正将专业所学应用到将来的职业发展之中。创新创业教育要求专业教育必须走向应用化、精细化。

此外，跨学科专业亦是对创新创业教育的重要补充方式。跨学科专业由于涉及两个及以上学科或领域的交叉与融合，在生成机制、组织机制、资源共享机制等方面与传统学科型专业截然不同。因此，建立健全跨学科专业发展机制，确保学科交叉融合落到实处。加快现代农学学科建设，形成"农学"全产业网，集基础研究、技术研究转化推广、规模生产、加工、物流销售、服务于一体。例如，浙江大学设立新农科专业：智慧农业，集成育种技术、农艺技术、计算机网络技术、物联网技术等，实现农业可视化远程诊断与控制等智能管理体系。此外，随着人工智能和物联网等新技术在农业领域应用与发展，从作物的选种、耕种、监控，到土壤管理、病虫害防治、收割等环节将全部披上"科技武装"。这需要有关部门从基础设施、技术供给、产业需求等多方入手，全面促进人工智能与农业领域的深度融合。曹成茂建议，相关部门要完善科技创新体制机制建设，构建以大专院校为主的知识创新体系,以研究院所和企业为主的技术创新体系,以农机科技服务部门、中介机构和农机大户为主的成果转化与科技服务体系,以质检部门和企业为主的产品质量与技术标准体系,进一步激活人才资源,实现技术融合与创新。

(四)理论与实践脱轨,经验鉴之

美国巴布森学院杰弗里·蒂蒙斯(Jeffry A. Timmons)提出,创新创业教育不同于社会上以解决生存问题为目的的就业培训,也不同于其他的专业学科教育,其能力的提升主要源自商业实战。有学者研究结果强调了大学通过行业伙伴关系建立学生体验的重要性,培养学生的创业经验的重要性,此外,学生可以通过应用课程和创业实习获得实践知识。[1]

加快建设大学生创新创业孵化基地,为农科生创业提供"试验田",充分发挥平台建设的示范带动作用。政府、学校以及经济界要密切合作,发展企业孵化器,支持创业项目基地的建设。企业孵化器在空间、设备、智力支持和融资方面能为创业项目发起人提供个性化指导,从商业计划、融资及各阶段提供服务。例如,"广谱式"双创实训模式,大田实践训练计划,进行多方协同施教打造课程体系,实时进行专业技能、双创技能评价提高教学效率,专业课导师、校外导师和思想导师合理分工统一领导,为培养创新创业型农业新型人才提供了范式。[2] 作为创新创业教育改革示范第一批高校扬州大学,其农科院"大田实践训练计划"要求在校生通过参与季度作物种植、管理、收割、销售生产实践全过程完成自己的"大田计划"课程,从而真正将创新创业教育与农科生人才的培养践行到实处。斯坦福大学创新创业教育生态系统建立了无机环境即创新创业精神和文化、生产者即课程体系和师资力量、消费者即支持性机构组织和企业的生态系统,从而保证创新创业教育生态系统的可持续发展。[3] 有学者指出涉农院校应加快建立"土肥水种保管工"齐全的学科体系,让学生在校期间

---

[1] Higgins, L. M., C. Schroeter, C. Wright, "Lighting the Flame of Entrepreneurship among Agribusiness Students", *International Food and Agribusiness Management Review*, 2018, 21 (1): 121 – 132.

[2] 王一凡、沙爱红、周立云、刘涛、郭行健、宋少杰:《农科生"广谱式"创新创业教育实训模式探索——大田实践训练计划》,《科教文汇(下旬刊)》2019年第6期。

[3] 李琳璐:《斯坦福大学的创新创业教育:系统审视与经验启示》,《高教探索》2020年第3期。

练好"内功",并结合电商、营销等课程培养全科型农业人才。这些都是重视专业知识与实践操作结合的实践经验。"一带一路"大学创新创业教育校长论坛、联合国教科文组织创业教育国际会议等活动,搭建经验互鉴、资源共享、协同共进的平台,为世界高等教育改革发展提供中国方案、贡献中国经验。我们将以更加开放的姿态和行动,邀请和吸引更多国家和地区的大学生参加创新创业交流活动,推动创新创业教育的中国探索与国际经验交织交融,持续深化创新创业教育国际合作。

五 小结

本书通过问卷调查,为高校创新创业教育质量及其对学生满意度的影响提供了详细的证据,为其他创新创业教育研究者提供了一个新的视角。本书的结构方程模型表明,创新创业实践在创新创业课程与创新创业教育满意度之间起到了中介作用。这意味着高校可以从学生的创新创业课程和创新创业实践机会的角度更好地促进创新创业教育发展,从而促进学生创业知识和技能的形成。早期的研究表明,传统的创新创业教育侧重于传授个人知识,而现在则侧重于行动和在实践中学习。[①] 随着学生在创业过程中的进步,他们确实从以知识为基础的、以知识为导向的课程转向了更多的应用课程。创新创业教育要求教师具有广泛的理论知识和丰富的社会和工作经验。在中国,大多数大学将创新创业课程作为管理课程的延伸。创新创业课程由管理学教授和职业指导顾问讲授。他们缺乏高级的创业学术培训或创业实践经验,没有形成独特的创新创业教育模式,因此需要改革。而实践是最好的老师,创新创业教育实践平台是推动创新创业教育实施、提高创新创业教育质量的关键。[②] 对于农业学生来说,创业和创新在解决农业企业面临的问题中发挥着关键作用,包括节水、可持续包装和环境保护。除粮食生产外,多功能农业的一个基本特征是需要创业来解决农业企业,特别是与农业食品相关的社会企业如何应对农村发展,从而促进农村社会经济活力的问题。

---

① Rasmussen, E. A., & Sorheim, R., "Action-based Entrepreneurship Education", *Technovation*, 2006, 26 (2): 185 – 194.

② Wang, X., "Research on Enhancing the Effectiveness of Entrepreneurship Education with Entrepreneurship Practice as a Carrier", *Creative Education*, 2020, 11 (03): 275 – 284.

创新创业教育对社会经济的发展和学生个体的成长具有重要意义。对于农科学生来说，创新创业教育能够满足农村振兴和农业农村现代化的需要。创新创业教育对农科学生的创业心理有积极的影响。有学者指出，创新创业教育可以提高自我效能感，即创业者在创业过程中能够合理控制消极情绪，将压力转化为动力。在知识经济日益丰富的新时代，创新创业教育无疑会成为学生个体发展的客观需要，亦会成为实现人生价值的重要铺垫。

此研究的局限性在于没有考虑到环境因素。在进一步探讨创新创业课程中个人创业资本与创新创业教育满意度之间的关系时，应考虑这些因素。未来的研究人员应该使用扩大的样本，在不同研究领域的学生中比较不同的创业教学方法，而不仅仅是农业学生。课程设计要考虑学生的个人情况，研究不同专业学生创新创业课程的特色设计。

第三节　新医科创新创业教育

2020年6月，全国高教处长会暨高等学校教学指导委员会召开工作会议，教育部高教司司长吴岩在会议中指出，"要走一条新路，加快推进新医科建设、深化新工科建设、积极推进新文科建设、持续推进新农科建设"。国家高度重视"四新"建设，教育部也将其列入工作要点，"四新"建设意味着四类学科教育将拥有"新路子、新模式、新的组织形式，内容上更新换代，机制上实现再造"。

面对此次全球性的新冠肺炎疫情，中国始终坚持"停课不停学"的教育观念，积极组织各地高校开展在线教学，实现了新冠肺炎疫情期间的教育创新。而医学是现代社会不可忽视的一门专业，经过此次严峻的疫情更是得以体现。医学的精密性和复杂性也意味着医学教育注定是教育攻坚战的一场硬仗。2020年，中国医学教育专业认证制度获得世界医学教育联合会（WFME）临床医学专业认证工作委员会的认定通过。这意味着中国医学教育发展的一个新的突破，是中国医学教育走向国际水准的里程碑。为了应对新时代的新挑战，医学教育作为实现教育强国与健康中国有机融合的关键，势必要打破以往的陈旧教学方法，从理念、技术、培养、专业等多个角度做出改变，以新医科建设为统领走向医学教育的创新发展道路。

近年来，中国接纳并学习西方医学"以健康为中心"的医疗理念，将健康的目标由"治疗"转变为"预防""康复""全面健康",这是人类基于时代潮流与科技发展所做出的必然选择,也是学术界将要深入研究的方向。医者仁心,医学教育作为对医疗卫生系统输送人才的源头,也应当在理念上相应地转变为"以健康为中心",培养以人为本、尊重生命的"有温度"的医学创新人才,而不是埋头钻研学术专业问题,忽视学生的身心发展。随着生命健康问题不断引起社会各界的重视,国家也正努力加大医学人才培养的力度,要求促进科教融合及产教融合。本科教育是伴随学生成年之际的重要引导,不能仅教授专业知识,也不能像中学课程一样仅因为不是考点就舍弃掉诸如生命教育这样的对于人生至关重要的部分。许多学者都强调,当前医科教育应当重视人文教育,重视学科交叉与创新,有学者甚至已然开始展望人工智能与医学教育的融合之路。[1]本书也非常同意这些观点,创新是大势所趋,医学教育必须与时俱进才能培养出与时代接轨的卓越人才。

因此,本书十分重视医学人才的创新创业教育,为响应教育部"加快推进新医科建设"的要求,并将对新医科创新创业教育进行深入的研究。本书对全国322所涉医院校创新创业教育现状进行了调查统计,研究并分析了目前医科院校创新创业教育存在的问题,并提出相应的对策建议,以更好促进新医科的建设与发展。

一 医学教育与创新创业教育述评

创业是可持续发展的重要手段,帮助解决就业问题,促进经济发展。教育是教师将知识经验传授给学生,使学生能主动地将课本知识转化为实践能力、价值取向的过程。创新创业教育有助于发展创业[2],促进学生的创业行为[3]。创新创业教育致力于培养创业人才,但这并不意味着让学生都去创立企业。创新创业教育是通过一系列的创新创业教育经验,培养学

---

[1] 范舜、谈在祥:《人工智能背景下"新医科"建设的挑战与变革》,《中国高校科技》2019年第7期。

[2] Bagiatis, C., Saiti, A., Chletsos, M., "Entrepreneurship, Economic Crisis, and the Role of Higher Education: Evidence from Greece", *Industry and Higher Education*, 2019, 34 (3): 177–189.

[3] Ginanjar, A., "Entrepreneurship Education and Entrepreneurial Intention on Entrepreneurship Behavior: A Case Study, the 1st Global Conference on Business", *Management and Entreupreunership*, 2016.

生的分析能力和直觉，有助于学生在创业中取得成功①。并不是所有人天生就会创业，学校的创新创业教育就是给不具备创业能力的学生提供一种引导，使他们能够形成自身的创业技能方法，未来进入社会后能够运用这些技能来创造自己的职业生涯。

由于人工智能时代已经来临，全球创新的潮流势不可当，中国新医科建设也定然离不开创新，医学创新创业教育就是医学教育的崭新方向。对将创新创业教育与医学教育相融合是否可行，基于医学教育与创新创业教育的共同点，本书提出以下几点理由以供参考。

首先，医学是关乎民生健康的专业，根据《"健康中国2030"规划纲要》中"大健康"的理念，医学人才的培养不仅只是医生临床执业能力的培养，还要包括综合素质培养，应以岗位胜任力为标准，培养复合型专业人才。②而当前时代所要求培养的复合型医学人才与培养创业型人才有异曲同工之处，优秀的医学人才需要专业素养以及思想道德等全方位的教育，而成功的创业者往往也需要具备专业技能与其他各类综合技能及心理素质，才能处理好创业过程中出现的包括人际沟通、领导组织、危机管理等的障碍和问题。其次，医学教育长期以来都离不开实践和科研，实现医疗、教学、科研协同发展是培养新医科人才的重要课题。③而创业是实践性很强的活动，实践性的学习能促进学生在实际工作中对知识技能的运用④。对于创业人才来说，实践是非常重要的学习机会，创业实践经验往往是理论课堂上体验不到的，这类经验知识可称为"隐性知识"，⑤它能够帮助创业者灵活应对创业中的实际问题。创新创业教育离不开实践，没有实践体验的创新创业教育是纸上谈兵。最后，由于当前医学教育与创新创业教育

---

① Raposo, M., do Paco, A., "Entrepreneurship Education: Relationship between Education and Entrepreneurial Activity", *Psicothema*. 2011, 23 (3): 453 – 457.

② 王洪才、王务均、陈迎红、郑飞中、王健、刘丽梅：《"双万计划"专题笔谈》，《重庆高教研究》2020年第4期。

③ 王桂云、祁艳霞、高强：《基于医教研融合培养人才的探索与实践》，《中国高校科技》2019年第11期。

④ Wee, K. N. L., "A Problem-based Learning Approach in Entrepreneurship Education: Promoting Authentic Entrepreneurial Learning", *International Journal of Technology Management*, 2004, 28 (7 – 8): 685 – 701.

⑤ Hellmann, T., Thiele, V., "Fostering Entrepreneurship: Promoting Founding or Funding?", *Management Science*, 2019, 65 (6): 2502 – 2521.

的大方向都是"创新",医学教育改革的关键任务就是激发学生创新潜能,而创业本身所体现的创新性就极强,同时,医学创新创业教育方面的研究也还存在很大部分的空白,因此医学教育是非常适合往创新创业方向研究发展的。

医学创新创业教育对于医学人才培养的意义。欧美国家将通识教育作为培养优秀学生必不可少的一门课,培养出来的学生不是埋头苦读的书呆子,而是全方位发展的卓越人才。知识过于割裂存在着严重的弊端,这意味着在我们的医学教育中不能只是教授呆板的课本知识,也不是专注于科学实验与研究,而是关注人、关注学生各个方面的发展。医学创新创业教育将从创业角度出发,培养出仁心仁术的医学人才,他们不仅拥有高超的医术,满足医疗卫生系统的需求,同时还掌握着创业技能,能够在竞争激烈的现代社会找到自己的立足之道,最重要的是他们德才兼备,能为社会做出自己的贡献。

二 医学生创新创业教育研究设计

(一) 研究对象

为了解中国医科创新创业教育现状,分析存在的问题,本书运用问卷调查法,对中国涉医院校的医学生进行了广泛的问卷调查。本次调查样本的选取在学校类别、年级、性别等方面都符合随机抽样的要求,回收问卷结构较为合理。样本覆盖中国322所涉医院校,调查对象包括24677名本专科医学生(不包括一年级)以及近5年内毕业的医学毕业生,学生的基本情况如表2-23所示。其中本科生占比56.3%,专科生占比38.7%,毕业生占比5.0%。

表2-23　　　　　　医学院校学生基本情况

题项	选项	频数	百分比(%)
性别	男	6338	25.7
	女	18339	74.3
学校类别	"双一流"高校	717	2.9
	普通本科院校	13470	54.6
	独立学院	937	3.8
	高职大专院校	8407	34.1
	民办高校	1146	4.6

续表

题项	选项	频数	百分比（%）
年级	本科二年级	7835	31.8
	本科三年级	3607	14.6
	本科四年级	1827	7.4
	本科五年级	624	2.5
	专科二年级	7296	29.6
	专科三年级	2249	9.1
	已毕业	1239	5.0
民族	汉族	23387	94.8
	少数民族	1290	5.2
独生子女	是	7433	30.1
	否	17244	69.9
合计		24677	100

（二）信效度检验

对创新创业教育过程维度的21个题项进行效度检验，结果显示（见表2-24），KMO值为0.969（大于0.8），近似卡方为669374.231，自由度为210，p<0.001，达到显著性标准，拒绝变量不相关的零假设，说明可进一步进行因子分析。

表2-24　　　　　　　　效度检验

KMO取样适切性量数		0.969
巴特利特球形度检验	近似卡方	669374.231
	自由度	210
	显著性	0.000

因此对问卷进行探索性因子分析，通过最大方差法旋转，提取出四个因子，累计方差贡献率达到84.549%（高于60%），方差贡献率较高，说明问卷结构效度良好。提取出的四个因子分别命名为创业政策（因子1）、创新创业课程（因子2）、创新创业竞赛（因子3）和创新创业实践（因子4）。

分别对创新创业教育整体量表（21个题项）及提取出的四个因子进行信度检验，问卷的可靠性统计如表2-25所示。四个因子的克朗巴哈α系数分别为0.964、0.943、0.963和0.953，整体的克朗巴哈α系数为0.977，均大于0.8，说明问卷信度较高。

表2-25　　　　　　　　　　　可靠性统计

信度	因子1	因子2	因子3	因子4	满意度模块总体
Cronbach's α	0.964	0.943	0.963	0.953	0.977
题项数	6	6	5	4	21

三　医学生创新创业教育现状分析

（一）医学生创新创业教育普及率有待提高

根据问卷调查所得到的信息，中国医学院校的创新创业教育基本情况如表2-26所示。73.9%的医学生认为学校开设了创新创业教育课程，41.6%认为学校设立了大学生创业园科技园，说明中国部分医学院校已经开始重视创新创业教育；学生不知道是否开设创新创业课程比例占15.1%，不知道学校是否设立大学生创业园科技园的比例占29.0%，说明医学院校学生对创新创业教育的了解程度不高；学生上过3门以上创新创业课程的仅有7.5%，从未上过创新创业课程的比例高达31.3%，说明医学院校的创新创业课程普及化程度不高；学生上过《创业基础》课程的比例为57.3%，其中作为选修课的比例占32.5%，必修课占24.8%，从未上过该课程的占42.7%，说明创业基础课多以选修课形式开展，进而说明医学院校对创新创业教育的重视程度不够高。

表2-26　　　　医学院校学生创新创业教育基本情况

题项	选项	频率	百分比
您所读学校是否开设创新创业课程	是	18235	73.9
	否	2715	11.0
	不知道	3727	15.1

续表

题项	选项	频率	百分比
您是否上过《创业基础》课程	否	10536	42.7
	是，必修	6115	24.8
	是，选修	8026	32.5
您上过几门创新创业课程	0门	7725	31.3
	1—2门	15095	61.2
	3门及以上	1857	7.5
您所读学校是否设立大学生创业园科技园	是	10256	41.6
	否	7261	29.4
	不知道	7160	29.0

进一步调查发现，学生对创新创业课程相关项满意度均值从高到低分别为"教师授课方式多样"（3.48分）、"教师具有丰富的创新创业教育教学经验"（3.48分）、"创新创业课程内容与时代前沿趋势结合紧密"（3.44分）、"创新创业教育课程类型多样"（3.33分）、"教师具有创业经历"（3.33分）、"创新创业课程内容与自己所学专业知识结合紧密"（3.25分）（见表2-27）。说明学生对现有创新创业教师的授课方式和教学经验是比较满意的，但对"教师具有创业经历"满意度较低，可能是由于具有创业经历的教师偏少，教师队伍不够强大，而创业是一门非常依赖经验的学问，学生对创业经验的渴求较高，不能满足学生的需求就会导致对这方面满意度偏低。另外，学生对创新创业课程内容的时代性较为满意，但对课程类型多样的满意度偏低，这是由于中国创新创业课程还未形成一套完整的体系，也就更加没有开发出多样的创新创业课程供学生选择，不能满足学生的个性化需求。学生对"创新创业课程内容与所学专业知识结合紧密"的满意度最低，说明对于医学生来说，创业还是较为困难的，因为医学的专业性过高，一旦创业，将会更加需要技术的支撑。

表 2-27　　　　　　　　创业课程满意度描述统计

	最小值	最大值	均值	标准差
创新创业教育课程类型多样	1	5	3.33	1.000
教师授课方式多样	1	5	3.48	0.969
教师具有创业经历	1	5	3.33	0.991
教师具有丰富的创新创业教育教学经验	1	5	3.48	0.991
创新创业课程内容与自己所学专业知识结合紧密	1	5	3.25	1.036
创新创业课程内容与时代前沿趋势结合紧密	1	5	3.44	0.972

（二）创业政策支持力度有待提高

问卷满意度量表以 1—5 分衡量学生对于题项的看法，1 表示完全不同意/非常不满意，5 表示完全同意/非常满意，调查结果如表 2-28 所示。学生对于"创业政策有助于提升个人创业意愿"（3.69 分）、"创业政策对开展创业有切实的帮助"（3.69 分）两项均持比较同意的态度，说明学生认为政策对于创业有较大的促进作用。学生对于不同主体提供的政策扶持的满意度评价从高到低分别为"国家减免大学生自主创业企业税"（3.62 分）、"地方政府简化大学生企业注册申请流程"（3.59 分）、"学校提供创业的启动基金无息贷款"（3.57 分）、"社会提供指导创业的免费培训"（3.55 分），说明学生对创业政策扶持比较满意，但还有相当部分提升空间，其中学校与社会对学生的支持须重点关注，因为学校和社会是能与学生产生较为直接的接触的，这两方面的满意度相对较低说明学校和社会的扶持力度还存在很多不足。由于学生一般没有固定收入，这意味着资金支持对于学生是个不可忽视的保障，相较于宏观层面的政策完善来说，如无息贷款这类直接的资金政策对于学生来说更有实际意义。

表 2-28　　　　　　　　创业政策满意度描述统计

题项	最小值	最大值	均值	标准差
国家减免大学生自主创业企业税	1	5	3.62	0.922
地方政府简化大学生企业注册申请流程	1	5	3.59	0.922
学校提供创业的启动基金无息贷款	1	5	3.57	0.944

续表

题项	最小值	最大值	均值	标准差
社会提供指导创业的免费培训	1	5	3.55	0.956
创业政策有助于提升个人创业意愿	1	5	3.69	0.896
创业政策对开展创业有切实的帮助	1	5	3.69	0.894

（三）创新创业实践投入力度有待提升

在"您认为对您创新创业能力提升帮助最大的是"调查中，53.6%的学生选择了创新创业实践，其次是创新创业教师（19.3%）、创新创业课程（15.0%）、创新创业竞赛（6.0%）和其他因素（6.0%）。从中我们可以看出，创新创业实践占比明显高于其他因素，说明学生比较认可创新创业实践对于创新创业能力提升的帮助。另外，创新创业教师和创新创业课程两项总计也达到34.3%，但仍低于创新创业实践占比，说明学生视角下，创新创业教育的课堂教育方面重要性低于实践。因此，创新创业实践是创新创业教育的重中之重。

再看医学生对创新创业实践的需求。调查询问了学生关于在校期间参与过的各项创新创业实践活动的看法，有32.7%学生认为创新创业竞赛是最有帮助的，24.5%认为校内创业园实践是最有帮助的，"校外创办公司""企业管理岗位实习"和"创业模拟训练营"的占比均低于10%。选择创新创业竞赛与校内创业园实践的人数占比较高，可能是因为校园环境的特殊性决定了学生能够参与的实践活动都是比较贴近学生身份、有较大可行性的活动，而类似校外实习、训练营等方式对于学生，尤其是学业繁忙的医学生来说，实现难度较高，不切实际。另外还有22.0%的学生没有参与过创新创业实践活动，说明有很多学生可能并没有适宜的实践机会或者没有主动参与实践。可以推测这是因为医学生为了掌握扎实的专业知识必须花费大量精力学习，长期下来形成一种较封闭的活动范围和性格。

问卷还进一步调查了创新创业实践和创新创业竞赛相关项的满意度。

创新创业实践相关项中，学生满意度均值从高到低分别为"创业实践有独立的大学生创业园"（3.45分）、"学校提供一体化的创业实践服务"（3.44分）、"创业实践项目与专业学习结合度高"（3.43分）、"创业实践有专门的校外实践基地"（3.39分）（见表2-29）。从中可以看到，学生对于学校提供的大学生创业园支持和创业实践项目与专业学习结合度的满意度比较高,对于学校提供专门的校外实践基地的满意度偏低一点,这个结果一方面是因为医学的学科特性决定了医学生与外部市场较难有效接轨,也就难以成立校外实践基地;另一方面是因为学生在未正式从事工作之前对于学校的依赖度较高,若学校能提供适当的实践支持会更适合促进学生创业。

创新创业竞赛相关项中,学生满意度均值从高到低分别为"创新创业竞赛提升了团队合作能力"(3.72 分)、"创新创业竞赛拓展了人际关系网络"(3.63 分)、"创新创业竞赛对于真实创业有较大帮助"(3.63 分)、"创新创业竞赛提升了创业自信心"(3.56 分)、"创新创业竞赛提升了创业能力"(3.54 分)。从中我们可以看到,学生对创新创业竞赛的满意度整体上都高于创新创业实践,这说明学校的创新创业实践还有很多提升空间,尤其是在学生们普遍认同创新创业实践的重要性的前提下。而创新创业竞赛相关项中,学生对"创新创业竞赛提升了团队合作能力""创新创业竞赛拓展了人际关系网络""创新创业竞赛对于真实创业有较大帮助"三项满意度较高,说明学生们比较能从创新创业竞赛中收获创业经验和人际交往能力的提升,"创新创业竞赛提升了创业自信心"满意度比前面几项稍低,说明创新创业竞赛对创业自信心的提升效果还有待改进;"创新创业竞赛提升了创业能力"满意度最低,说明创新创业竞赛给予学生更多的是人际沟通方面的益处,学生从创新创业竞赛中收获的是过程而非结果,在指导学生进行创新创业竞赛时应更侧重过程教育。

表 2-29　　创新创业竞赛、创新创业实践满意度描述统计

	最小值	最大值	均值	标准差
创新创业竞赛提升了创业能力	1	5	3.54	0.938
创新创业竞赛提升了创业自信心	1	5	3.56	0.935
创新创业竞赛拓展了人际关系网络	1	5	3.63	0.928
创新创业竞赛提升了团队合作能力	1	5	3.72	0.911
创新创业竞赛对于真实创业有较大帮助	1	5	3.63	0.921
学校提供一体化的创业实践服务	1	5	3.44	0.962

	最小值	最大值	均值	标准差
创业实践有独立的大学生创业园	1	5	3.45	1.009
创业实践有专门的校外实践基地	1	5	3.39	1.001
创业实践项目与专业学习结合度高	1	5	3.43	0.976

四 医学生创新创业教育满意度影响因素分析

为了分析创新创业教育各个过程维度会对创新创业教育质量总体满意度产生怎样的影响，利用前文使用主成分分析法所提取的四项因子，进行了多元线性回归分析。

根据 SPSS 软件分析得出的结果，本次多元线性回归模型的拟合度是 $R^2 = 0.722$，说明4个自变量"创业政策""创新创业课程""创新创业竞赛""创新创业实践"总共可以解释因变量变化情况的72.2%，远高于50%，即模型拟合良好。意味着医学生对学校的创新创业教育质量总体满意度有72.2%是受到这四个因素影响。表2-30罗列了本次数据运算的结果，F = 16002.359，P = 0.000 < 0.05，说明回归模型显著，即模型组成的四个自变量至少有一个可以显著影响因变量"学生创新创业教育质量总体满意度"。

表2-30 ANOVA 分析

模型		平方和	自由度	均方	F	显著性
1	回归	15048.831	4	3762.208	16002.359	0.000[b]
	残差	5800.469	24672	0.235		
	总计	20849.301	24676			

进一步分析的结果如表2-31所示，每一个变量对因变量"学生创业教育质量总体满意度"都存在显著的正向影响，因子1（创业政策）回归系数为0.547，P = 0.000 < 0.05；因子2（创新创业课程）回归系数为0.315，P = 0.000 < 0.05；因子3（创新创业竞赛）回归系数为0.358，P = 0.000 < 0.05；因子4（创新创业实践）回归系数为0.289，P = 0.000 < 0.05。各变

量之间不存在多重共线性，VIF<5，意味着本次运算结果准确可靠。

表2-31 系数分析

模型		未标准化系数		标准化系数	t	显著性	共线性统计	
		B	标准误	Beta			容差	VIF
1	（常量）	3.630	0.003		1176.089	0.000		
	因子1	0.547	0.003	0.595	177.129	0.000	1.000	1.000
	因子2	0.315	0.003	0.343	102.065	0.000	1.000	1.000
	因子3	0.358	0.003	0.389	115.925	0.000	1.000	1.000
	因子4	0.289	0.003	0.315	93.695	0.000	1.000	1.000

基于以上分析，可以得出结论：四个因子对学生创新创业教育质量总体满意度都存在显著的正向影响，影响程度从高到低分别为创业政策、创新创业竞赛、创新创业课程、创新创业实践，并得出回归方程：学生创新创业教育质量总体满意度 = 3.630 + 0.547 × 创业政策 + 0.315 × 创新创业课程 + 0.358 × 创新创业竞赛 + 0.289 × 创新创业实践。学生对创业政策的满意度最能影响学生对学校创新创业教育质量的总体满意度，一方面这是因为学生创业比较依赖学校及政府政策，另一方面，并不是所有创业的学生都会去参与创新创业课程学习和创新创业竞赛，尤其对于医学生来说，在学业繁忙的情况下创业本身是一项挑战，有限的精力使他们受到国家政策的影响比其他因素更加显著。而创新创业实践因子是影响程度最低的，前文也分析过，医学生由于学科限制，无法充分进行校外创新创业实践，影响程度也就较其他几项因子偏低，但也是存在显著正向影响的，因此创新创业实践方面的完善和提升也完全不能忽视。

值得注意的是，此处影响程度最高的是创业政策因子，最低为创新创业实践因子，这个结果与前文的"学生认为创业实践对创业能力提升最有帮助"的分析似乎有出入。然而，此处得出的影响程度排序所显示的是学生对四项因素的满意度与最终学生创新创业教育质量总体满意度之间的联系，而问卷中"您认为对您创业能力提升帮助最大的是"访题侧重于学生的主观感受，且并未给出"创业政策"选项，两次分析的主体不同，因此并无矛盾。

五 新医科创新创业教育建设的对策与建议

经过前文的研究分析，我们能够初步整理出医学生创新创业教育的现状和问题：首先是创新创业课程普及率低，学生学习碎片化；其次是尽管学生对创业政策满意度较高，但学校与社会的创业政策支持力度仍然不足；再次是学生有通过创新创业竞赛与创新创业实践提升创新创业能力的需求，然而医学生创新创业实践教育不够充分；最后是创业政策、创新创业课程、创新创业实践和创新创业竞赛是创新创业教育总体满意度的影响因素，且创业政策影响最大。

（一）建立创新创业生态系统，培养创新创业氛围

现阶段，中国高校的创新创业课程大多还是以选修课的形式出现，这意味着只有对创业感兴趣的学生会主动选择这门课程，随之就会导致普及率不高的情况。在5G时代这样的全球创新大环境下，大力推进创新创业教育是势不可当的，创新创业教育就是解决"学生对于创新创业不感兴趣"这一问题的最佳方法。但如果学生不能主动选择创新创业课程，如何接受创新创业教育，又谈何改变呢？

首先，受限于师资薄弱、不完善的课程体系等原因，目前想要大范围将创新创业课程设定为必修课是比较困难的，那么就需要从改变学生的观念入手。许多学生受到上一辈陈旧思想的影响，更趋向于保守的未来职业生涯规划，因此创造鼓励创新、鼓励创业的氛围非常重要。其次，创业一直以来给人以高风险、起步困难的印象，导致人们对创业失败存在恐惧心理，而且实际生活中大部分人都希望获得安稳的工作与收入，如果能建立起绿色、完善、可持续的创新创业生态系统，为创业者提供完备的保障，解决他们的后顾之忧，自然会提高人们的创业意愿。最后，对于医学生来说，由于他们的学科特性，身心封闭程度可能会更容易偏高，因此要让学生对创新创业产生兴趣，需要改变观念，消除恐惧，建立完善的创新创业生态系统。

（二）完善医学院校创新创业课程体系，构建实践型师资队伍

课程是学校教育手段的主要载体，创业虽然是偏实践型的学科，但理论课程也是必不可少的。那么，当学生开始接受创新创业教育之后，学校

需要提供什么样的课程？众所周知，一门学科必然有着一整套完善的理论体系。创业作为一门新兴学科，要建立起比较完善的课程体系需要不断地完善和补充，不能像普通的兴趣课一样仅提供单薄的几门创业基础理论课程。目前国内高校碎片化的创新创业课程明显不足以为学生提供完整的创新创业教育，且中国创新创业教育专业师资力量还较为薄弱。① 课程选择少、课程内容死板，学生就无法运用到实际创业中；教师实践经验少就难以服众，学生就无法真切体会所学的创业知识。另外，在我们的调查中，医学生对于创新创业课程与所学专业的结合紧密的满意度偏低。这意味着创新创业教育不仅仅是教授学生建立任意某类企业，而是要让学生能将所学专业结合到创业中，让专业与创业深度融合，② 使学生的专业更加有存在的意义。培养学生成为有创业能力的人才，这个问题在课程设计的过程中是需要特别重视的。由于医学创新成果转化需要一定时间，我们可以借鉴美国密歇根大学医学院的课程设置，将课程的形式就定为以项目为单位的创新成果转化，在学习理论的同时结合本专业参与了实践，并且课程最终还能够产出部分创业成果，既能帮助学生真实地进行创业实践，获得宝贵的实战经验，又能够学有所用、学有所成，而不只是学习空泛的创业理论基础。因此，新医科的创新创业教育要求中国高校优化创新创业课程设置，完善创新创业课程体系，构建实践型师资队伍。

（三）多维共振，为医学生创业实践提供资金与平台

自中国提出"大众创业、万众创新"的倡议以来，逐渐在形成一种创新的社会氛围，但这种氛围并未真切地浸入所有百姓的周围，不免存在某些地方浮于表面的情况。创新创业不应仅仅是一句口号，要将创新创业落到实处需要国家政策的扶持、地方政府的有效执行、学校创新创业教育的大力配合等，各方面缺一不可。医科学生的创新创业实践阻碍重重，一是学业繁重，二是学科特性决定的校外创业困难，还有其他种种心理与生理、内部与外部因素干扰。而创新创业实践恰恰又是学生们认为最能够提升创新创业能力的途径，要解决两者之间的矛盾，需要一些外部的支持，也就是不能缺少创业政策的作用。目前医学生对创业政策的满意度还是较

---

① 洪柳：《我国高校创新创业教育短板分析及应对策略》，《继续教育研究》2018 年第 4 期。
② 黄兆信、王志强：《论高校创业教育与专业教育的融合》，《教育研究》2013 年第 12 期。

高的，说明国家确实能够给予医学生创业一定的扶持，但从我们的研究可以看出，学校和社会层面的政策还需要进行加强与调整。由于医学生很难有校外创新创业实践的条件，学校方面应多为学生搭建与校外企业合作的桥梁，让学生有机会在这些平台的见习过程中获取创业经验，建立起合理的"产学研用"链条；学校可让创业教师到学生的见习平台挂职锻炼，一方面提升教师自身的教学经验，另一方面能及时对学生见习过程中产生的疑问进行解答或共同探索。社会外界应鼓励学生在外接受创业培训，以便向社会输送高质量的创业人才，拉动经济发展。除了学校和社会方面，国家层面的政策力度也不能满足于现状。一个国家想要良好发展必然要走可持续的道路，创业作为解决失业问题、贫困问题的重要经济手段，它并不是没有源头、只会输出的"永动机"，如果没有完善的政策扶持，创业很容易停滞在起步阶段。大学生是创业的新生力量，既然要大量培养优秀的创新创业人才，就要重视对大学生的政策帮助，从而促进提升学生的创业意愿。近年来经济飞速发展，对于即将踏入社会的大学生来说，既没有存款也没有人脉，在创业时会遭遇很多瓶颈，国家政策对大学生提供的无息贷款、初创企业税收优惠等资金政策是最有实效的；另外，辅以学校和社会提供的创业奖学金、实践平台等，为学生提供了一条初步成形的创业路径，可以很好地指引学生进行接下去的创业之路。对于医学生来说，他们的专业特性决定了他们更需要强大的资金与政策支持，学校应积极与政府合作、与企业合作，甚至与本校优秀校友合作，拓展医学创业的融资渠道，发挥高校本身的影响力，吸引各界资金支持，最好能够建立起完善的高校创业投资机制，使其合理合法化。

六 新医科建设——打破壁垒，突出融合

医学院校不仅是诞生希望的场所，更是创新创业的重要载体。身处第四次工业革命的浪潮中，全球无时无刻不在发生翻天覆地的改变，新医科的建设也不得不跟上科技发展的脚步，走创新发展的道路。新医科建设要求打破壁垒，突出融合。一是理念融合，将西方先进的医疗理念融进医学教育，转变"治疗为主"的理念，让学生充分接受"生命健康全周期：预防、治疗、康养"的"大健康"思想，要让学生明白当今社会有着怎样的医疗需求，从而更好地服务患者。二是技术融合，灵活运用人工智能、大

数据等当前最新科技于教学中，不囿于从前的传统手段，思想上要与时俱进，接受技术飞速换代的事实，并无惧将其运用到实践中去。三是培养融合，推进复合型高层次医学人才培养改革试点，强化学生培养，探索创新型人才的培养方法，争取寻找到一条高效培养人才的道路。四是专业融合，倡导医工、医理、医文学科交叉深度融合，增设新的医学专业，让学生有更多选择，也能从中探索到更多创新的方向，促进医学创新。综上所述，加快新医科建设，势必要打破壁垒，突出融合，为健康中国提供新的出路，而医科创新创业教育至关重要。

第四节 新文科创新创业教育

2015 年，国务院办公厅出台了《关于深化高等学校创新创业教育改革的实施意见》，意见指出深化高等学校创新创业教育改革，是国家实施创新驱动发展战略、促进经济提质增效升级的迫切需要，是推进高等教育综合改革、促进高校毕业生更高质量创业就业的重要举措。国家主席习近平明确提出，要把创新创业教育贯穿人才培养全过程，以创造之教育培养创造之人才，以创造之人才造就创新之国家。中国将创新驱动发展作为解决发展问题的优先战略，将创新创业人才培养作为推动国家发展、民族振兴的重要支撑。

2019 年是新文科建设启动年。新时代新形势需要高等文科教育创新发展。从世界发展来看，世界的新变革呼唤新文科建设。习近平主席在 2018 年 11 月亚太经合组织工商领导人峰会上强调，"新科技革命和产业变革的时代浪潮奔腾而至，如果我们不应变、不求变，将错失发展机遇，甚至错过整个时代"。从教育改革发展来看，教育方针呼唤新文科建设。全国教育大会提出，要培养德智体美劳全面发展的社会主义建设者和接班人。文科教育关系到一个人的人格修养、审美情操、社会责任感等，关系到社会主义接班人的人生观、世界观、价值观的养成，是照亮理工农医发展的一盏"灯塔"。而人文社科类人才承担着中国社会主义文化繁荣的重要责任，人文社科类创新创业教育是中国人文社科类专业教育的重要补充。

一 新文科与创新创业教育

"新文科"的提出,旨在通过引进新技术,促进学科融合,推动文科的改革创新,从而使文科紧跟时代社会发展的步伐和需要,焕发出勃勃生机。推行博雅教育、通识教育,发挥不同学科对人才培养的互补促进作用,致力于培养人的广博视野、复杂思维、独立人格和创新精神,真正实现"人"的教育,这才是"新文科"教育的应有之义。① 同理,樊丽明等指出中国建设"新文科"的核心要义是,顺应新科技革命和产业变革的大趋势,着眼实现传统文化的创造性转化创新性发展的新任务,立足中国特色社会主义进入新时代的新节点,基于坚持推动构建人类命运共同体的新主张,促进文科发展的融合化、时代性、中国化、国际化,服务人的现代化目标。②

创业活动在促进经济发展和科技进步、创造就业岗位和改善社会就业结构等方面发挥的重要作用,得到了社会各界广泛认同。中国高校创新创业教育始于 20 世纪 90 年代末。随着新时代中国创业活动的蓬勃发展,经济社会的发展对创新创业产生了更加迫切的需求,③ 对培养创新创业人才的创新创业教育的实施提出了更高的要求。然而,文科类专业的创新创业教育存在诸多问题。有学者指出以教育学为首的文科类专业教师在创新创业的潮流中则处于相对尴尬的位置,一方面,文科类专业的成果难以进行创业转化,学生创业意愿较低;另一方面,创新创业教育研究尚未成熟,目前创新创业教育重实效、轻研究的倾向也导致了文科类专业在创新创业领域的话语权较低。④

二 文科生创新创业教育研究设计

(一)调查问卷的编制

本书采用温州医科大学黄兆信教授及其研究团队编写的《创新创业教育

---

① [法]狄尔泰:《人文科学导论》,赵稀方译,华夏出版社 2004 年版。
② 樊丽明等:《新文科建设的内涵与发展路径(笔谈)》,《中国高教研究》2019 年第 10 期。
③ Weiming, L., L. Chunyan and D. Xiaohua, "Ten Years of Entrepreneurship Education at Chinese Universities: Evolution, Problems, and System Building", *Chinese Education and Society*, 2016, 49 (3): 198 – 216.
④ 卓泽林、任钰欣、李梦花、俞林伟:《创新创业教育绩效评价体系建构——基于全国 596 所高校的实证研究》,《中国电化教育》2020 年第 8 期。

质量评价问卷（学生卷）》作为研究工具，第一阶段：在对近20年的双创教育文献研究的基础上，初步拟制问卷的题项及访谈提纲，并邀请双创教育领域的20余位专家学者对问卷的题项内容及效度等进行评议修改，形成试测的《学生卷》调查问卷和访谈卷；第二阶段：课题组针对全国98所高校进行试测，根据反馈结果进行了修改，形成《学生卷》的正式版问卷；正式问卷分为三大部分内容，第一部分内容包括学生的基本信息，例如：性别、年级、专业、所读高校类型、高校所在地以及创业经历等基本情况；第二部分内容是关于学生对本校创新创业教育的评价，包括创新创业课程、创新创业教师、创新创业竞赛、创新创业实践以及创业政策等方面内容，采用李克特五点计分方式，从完全不同意到完全同意分别评定为1—5分；第三部分内容主要调查高校创新创业教育开展现状以及学生对创新创业教育的认知等。第三阶段：课题组正式开展调研及数据回收。

（二）调查对象的选取

为了更好地了解文科生创新创业教育现状，根据教育部2012年修订印发《普通高等学校本科专业目录（2012年）》相关规定，所学专业分为12个大学科门类，包括哲学、经济学、法学、教育学、文学、历史学、理学、工学、农学、医学、管理学、艺术学，而文科生可选择的专业主要集中在哲学、经济学、法学、教育学、文学、历史学、管理学、艺术学。本书采用课题组回收的问卷，按学科门类筛选出文科专业的学生，共计90387份调查问卷。按所学专业的学科门类划分，有8种学科门类。其中占比最高的是管理学，高达30.7%，其次依次是经济学（23.5%）、教育学（15.3%）、艺术学（12.5%）、文学（12.3%）、法学（3.5%）、历史学（1.1%），最后是哲学，占比1.0%（见图2-3）。本次问卷调查样本的选取在社会学信息及教育背景的具体数据如表2-32所示。本次研究的主要对象来自全国30个省份，其中来自山东省的样本数量最多，占比11.1%，其次是山西省，占比10.8%，浙江省样本数量位居第三，为10.5%。性别上，由于女生选择文科专业的数量比男生多，所以女生占比74.3%，远高于男生（25.7%）。学生就读状态集中于本科，占比61.9%，其中在本科生年级分布调查中，二年级占比最多，接近二分之一；其次依次是三年级、四年级和五年级。由于一年级大多为刚入学的新生，尚未或极少接触创新创业教育相关课程，所以不纳入研究对象。学校类型方面，普通本科院校最多，占比 44.9%；其次是高职大专院校，占比 28.0%。创新创业实践方面，在校期间五分之四的学生没有创业实践经历，有过创业实践经历仅有 19.2%。而在直系亲属创业经历调查中，没有创业经历的占 74.6%，有创业经历的占 25.4%。在拟毕业去向中选择自主创业仅占 13.0%，大部分学生选择就业（52.3%）和升学（33.0%）。

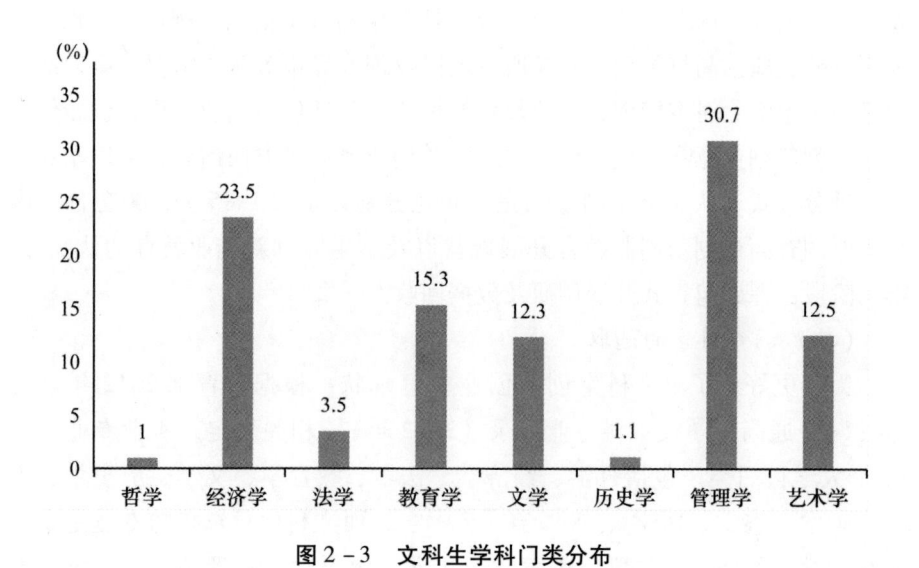

图 2-3 文科生学科门类分布

表 2-32　文科生社会学信息及教育背景描述统计结果

教育背景相关变量	维度	频数	占比（%）
性别	男性	23224	25.7
	女性	67163	74.3
就读状态	本科在读	23296	61.9
	专科在读	9273	31.7
	已毕业	2610	6.4
拟毕业去向	就业	47233	52.3
	升学	29842	33.0
	自主创业	11731	13.0
	其他	1581	1.7

续表

教育背景相关变量	维度	频数	占比（%）
在校期间有无过创业实践	有	17396	19.2
	无	72991	80.8
直系亲属创业经历	有	22926	25.4
	没有	67461	74.6
高考前户口类型	城镇户口	31705	35.1
	农村户口	58682	64.9
学校类型	"双一流"高校	5896	6.5
	普通本科院校	40539	44.9
	独立学院	7198	8.0
	高职大专院校	25296	28.0
	民办高校	11458	12.7
在校期间成绩排名	前25%	32049	35.5
	中上25%	36287	40.1
	中下25%	17145	19.0
	后25%	4906	5.4

（三）问卷的信效度分析

对收集的数据进行信效度分析，主要利用SPSS分析软件。问卷效度检验则主要通过探索性因子分析检验。首先对该量表进行效度分析，结果显示KMO值为0.976，大于0.8，可进一步做因子分析。卡方统计值显著性为0.000，明显小于0.05。Bartlett球体检验的近似卡方值为2390756.469，自由度为153，卡方统计值显著性为0.000，明显小于0.01达到显著水平。即量表数据效度较好，已达到进行因子分析的效度标准。其次进行主成分分析，通过最大方差法选取了26个项目，对初始问卷数据进行因子分析，剔除掉对因子分析影响较差的4个项目，分别是"创新创业竞赛种类多样""参加的创新创业竞赛项目较容易落地""创新创业竞赛项目与专业融合度较高"以及"创业实践有校内外指导教师"，最终确定文科生创新创业教育评价构成要素的22个项目，根据旋转后的成分矩阵可以看到共抽取了四个主要因子，通过查阅文献对旋转后各上位因子进行命名，命名为创新创业课程、创新创业竞赛、创新创业实践和创业政策四个维度（见表2-33）。最后进行量表内部一致性信度系数为0.976。其中，创新创业课程、创新创业竞赛、创新创业实践、创业政策四个维度的内部一致性信度系数分别为0.939、0.953、0.942、0.955。由此可知，该量表信度非常好。

表2-33　创新创业教育质量评价问卷探索性因子分析结果（N=90387）

		元件			
		1	2	3	4
创新创业课程	教师具有创业经历	0.789			
	教师具有丰富的创新创业教育教学经验	0.786			
	教师授课方式多样	0.782			
	创新创业教育课程类型多样	0.761			
	创新创业课程内容与自己所学专业知识结合紧密	0.697			
	创新创业课程内容与时代前沿趋势结合紧密	0.659			
创业政策	地方政府简化大学生企业注册申请流程		0.790		
	国家减免大学生自主创业企业税		0.787		
	学校提供创业的启动基金（无息贷款）		0.770		
	社会提供指导创业的免费培训		0.755		
	创业政策有助于提升个人创业意愿		0.719		
	创业政策对开展创业有切实的帮助		0.709		
创新创业竞赛	创新创业竞赛拓展了人际关系网络			0.767	
	创新创业竞赛提升了团队合作能力			0.758	
	创新创业竞赛提升了创业自信心			0.740	
	创新创业竞赛提升了创业能力			0.713	
	创新创业竞赛对于真实创业有较大帮助			0.703	
创新创业实践	创业实践有专门的校外实践基地				0.727
	创业实践有独立的大学生创业园				0.695
	学校提供一体化的创业实践服务				0.659
	创业实践项目与专业学习结合度高				0.648
	创业实践有专项创业基金支持				0.562

（四）变量划分

本书中将因子分析得到的四个因子作为自变量，分别是创新创业课程维度、创新创业竞赛维度、创新创业实践维度、创业政策维度。并进一步探究这几大要素对创新创业教育绩效的影响。其中创新创业课程有六个指标，分别是教师具有创业经历、教师具有丰富的创新创业教育教学经验、教师授课方式多样、创新创业教育课程类型多样、创新创业课程内容与自己所学专业知识结合紧密、创新创业课程内容与时代前沿趋势结合紧密；创新创业竞赛有五个指标，分别是创新创业竞赛拓展了人际关系网络、创新创业竞赛提升了团队合作能力、创新创业竞赛提升了创业自信心、创新创业竞赛提升了创业能力、创新创业竞赛对于真实创业有较大帮助；创业政策有六个指标，分别是地方政府简化大学生企业注册申请流程、国家减免大学生自主创业企业税、学校提供创业的启动基金（无息贷款）、社会提供指导创业的免费培训、创业政策有助于提升个人创业意愿、创业政策对开展创业有切实的帮助；创业实践有专门的校外实践基地、创业实践有独立的大学生创业园、学校提供一体化的创业实践服务、创业实践项目与专业学习结合度高、创业实践有专项创业基金支持五个指标。

在因子分析得到的四个因子作为自变量的基础上，本书测查了文科生对各自学校创新创业教育的绩效的总体评价，以此作为因变量，选取了五个题项，分别是创新创业教育有助于丰富创业知识、创新创业教育有助于培养创新精神、创新创业教育有助于提升创业技能、创新创业教育有助于激发创业意愿、对学校创新创业教育质量总体满意。

三 文科生创新创业教育现状分析

（一）文科生创新创业教育现状总体分析

通过描述性分析发现，文科生创新创业教育评价总体得分处于中上水平（总体平均得分为3.60），其中创业政策评价和创新创业竞赛评价平均得分较高（分别为3.67和3.66），创新创业课程评价平均得分最低（均值为3.42）。

表 2-34　　　　　　　文科生创新创业教育评价描述性分析

	N	极小值	极大值	均值	标准差
创新创业课程评价	90387	1.00	5.00	3.42	0.84
创新创业竞赛评价	90387	1.00	5.00	3.66	0.83
创新创业实践评价	90387	1.00	5.00	3.52	0.85
创业政策评价	90387	1.00	5.00	3.67	0.82
总体	90387	1.00	5.00	3.60	0.83

创业政策作为创新创业教育四个评价维度中平均得分最高的维度，说明文科生对创业政策环境的配备相对较满意。创业政策扶持具有多样性以及多渠道的特征，在校内现行的创业扶持政策调查中，选项最高的是无息贷款，其次是创业奖学金和入驻创业园，最后是推免研究生和学分互认（见表 2-35）。

表 2-35　　　　　　学校扶持大学生创业的政策措施综合分析

选项	一选人数	二选人数	三选人数	综合得分	排序
无息贷款	35870	7586	7542	2.56	1
创业奖学金	31931	30947	6993	2.36	2
推免研究生	5586	12754	13895	1.74	5
入驻创业园	10072	17977	21481	1.77	4
学分互认	3289	4768	10513	1.61	6
其他	3639	539	1094	2.48	3

而创新创业课程在四个评价维度中平均得分最低，说明对文科生创新创业教育的课程设置以及师资建设这两个方面均有不足。在所就读学校是否开设创新创业课程调查中，77.5% 的学生认为学校开设了创新创业课程，14.3% 的学生不清楚所在学校是否开设了创新创业课程，而仍有 8.2% 的学生所在学校未开设创新创业课程。在创新创业课程修课数调查中，修读 1—2 门创新创业课程的学生占比最多，为 64.3%；其次是 0 门占 26.9%；3 门及以上的占比最少，为 8.8%。其中在《创业基础》修课

状况调查中，38.3%的学生表示没有修过该门课程，36.4%的学生表示修过该门课且是必修课，但仍有25.3%的学生作为选修课修学。进一步对文科生创新创业教育课程体系进行调查后发现，课堂讲授仍占有重要比重，案例教学和模拟实践也被认为是目前高校开展创新创业课程较为有效的授课方式（见表2-36）。同理，在创新创业课程考核办法调查中，理论考试同样占有重要比重，创业计划书撰写和创业模拟实战也被认为是目前高校创新创业教育较为常用的授课考核方式，而创办公司成为创新创业课程最不有效的考核方式（见表2-37）。与此形成明显对比的是，学生在"创新创业能力提升最具帮助的学习板块"的选择中，超过50%的学生认为创业实践更有助于创新创业能力的形成与提高，而仅有16.8%和14.3%的学生选择创新创业教师和创新创业课程。按目前文科生创新创业教育的情况而言，学生对创新创业实践的需求远远超过了高校所提供的创新创业实践课程的机会。

表2-36　　　　　创新创业课程授课方式综合分析

选项	一选人数	二选人数	三选人数	综合得分	排序
课堂讲授	32011	5515	7289	2.55	1
案例教学	22647	28917	10304	2.20	3
小组讨论	6358	17347	17681	1.73	5
模拟实践	25005	19927	22341	2.04	4
网络课程	1375	3041	4470	1.65	6
专题讲座	1834	3924	9411	1.50	7
其他	1156	188	467	2.38	2

表2-37　　　　　创新创业课程考核方式综合分析

选项	一选人数	二选人数	三选人数	综合得分	排序
理论考试	16812	1894	3113	2.63	1
创业计划书撰写	22132	14052	10315	2.25	3
创业项目展示	16797	26266	16527	2.00	5
创业模拟实战	26915	23235	18215	2.13	4

续表

选项	一选人数	二选人数	三选人数	综合得分	排序
创业竞赛获奖	3712	9436	13681	1.63	6
创办公司	2713	3320	7937	1.63	6
其他	1306	166	409	2.48	2

(二) 不同专业文科生创新创业教育质量总体满意度评价不同

为调查文科生不同专业对学校创新创业教育总体满意度的差异，分析采用李克特五点计分的"对学校创新创业教育质量总体满意"这一题项，其中，"5"代表非常同意；"4"代表比较同意；"3"代表一般；"2"代表比较不同意；"1"代表非常不同意。将文科生不同学科门类与对学校创新创业教育质量总体满意做交叉表分析，将得分为4和5相加视为对学校创新创业教育质量总体满意，分别计算不同学科门类的文科生创新创业质量总体满意率。其中文科生学科门类分别是"1"为哲学；"2"为经济学；"3"为法学；"4"为教育学；"5"为文学；"6"为历史学；"7"为管理学；"8"为艺术学，如图2-4所示。研究发现，不同学科门类的文科生对学校创新创业教育质量总体满意度不同，满意度最高的三个学科门类是管理学，占31.2%；经济学占23.9%；教育学占14.2%，而后是艺术学（12.9%）和文学（12.2%），满意度最低的三个学科门类是法学，占3.7%；哲学，占1%；历史学，占0.9%。

文科生在创新创业教育学习过程中，相比理科生和工科生而言，较少抑或较难将创新创业教育项目落地。而理科生和工科生作为创新创业教育项目成功转化的主要群体，在创新创业方面本身就具有专业上的优势。在师生共同创业的主要障碍的多项选择题分析中，49.1%的文科生表示没有参加教师的创业团队；34.1%的文科生觉得课程太多，精力不足；29.9%的学生认为科研产出困难；无法获得教师创业项目的信息占27.6%和无法获得教师创业项目的信息占26.6%；少部分文科生（9.4%）认为利益分配不均。在创新创业教育开展的过程中，文科生应结合自身特色、学校优势、政府政策与企业需求，针对不同专业的学生设计相对应的创新创业课程，建立起分层分类的创新创业教育体系，让不同需求的学生在不同创新创业课程中得到满足。此外，高校多提供一些创业实践机会，组建跨学科门类研究团队，让不同专业的学生发挥所长，锻炼创新创业能力。

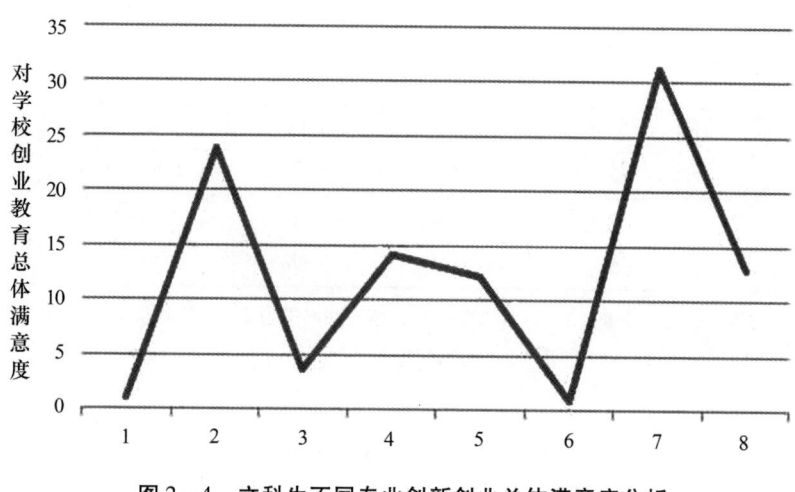

图 2-4 文科生不同专业创新创业总体满意度分析

（三）不同性别学生创新创业教育评价的差异分析

为研究不同性别学生对创新创业教育各维度评价以及各维度间的差异，研究分别对男生和女生在创新创业课程、创新创业竞赛、创新创业实践和创业政策这四个维度的平均值和标准差作出了统计，并进行了独立样本 T 检验。结果显示，在 Levene 法的 F 值显著性均为 0.000，表示两组样本方差不同质，应采用校正后的 t 值。除了创新创业竞赛 $P = 0.37 > 0.05$，未达显著性水平，其余三个变量检验的 t 统计量均达到显著水平，显著性概率值 P 均小于 0.05 且平均数差异 95% 的置信区间未包含 0 在内，这表明不同性别学生在创新创业课程、创新创业实践和创业政策的差异显著。但是，创新创业竞赛平均数差异 95% 的置信区间包含 0 在内，两者平均数相等，说明不同性别对创新创业竞赛维度评价的差异不显著。在创新创业课程、创新创业实践和创业政策上，男生对高校创新创业教育评价高于女生（见表 2-38）。

表2-38　　　　不同性别学生创新创业教育评价差异性分析

检验变量	性别	个数	平均数	标准差	T值
创新创业课程	男生	23224	3.50	0.92	14.69***
	女生	67163	3.40	0.81	
创新创业竞赛	男生	23224	3.66	0.90	-0.48n.s.
	女生	67163	3.66	0.80	
创新创业实践	男生	23224	3.56	0.92	9.19***
	女生	67163	3.50	0.83	
创业政策	男生	23224	3.70	0.88	5.80***
	女生	67163	3.66	0.79	

注：*均值差的显著性水平为0.05，**均值差的显著性水平为0.01，***均值差的显著性水平为0.001，下同。

（四）不同高校类型学生创新创业教育评价的差异分析

为考量不同高校类型学生对创新创业教育评价的差异，分别对"双一流"高校、普通本科院校、独立学院、高职大专院校和民办高校在创新创业课程、创新创业竞赛、创新创业实践和创业政策这四个维度上进行了单因素方差分析，并在此基础上对研究结果进行了LSD多重比较和Scheffe事后比较。结果显示，不同高校类型学生对创新创业教育评价存在差异，在创新创业课程、创新创业竞赛、创新创业实践和创业政策的四维度F检验中，院校变量的统计量均达到了显著水平，显著性概率值P均小于0.05，表明不同高校类型学生对创新创业教育评价存在显著差异。从整体上看，综合两种事后比较方法，在创新创业课程维度中，"双一流"高校群体显著高于普通本科院校和独立学院群体，高职大专院校群体显著高于"双一流"高校、普通本科院校和独立学院群体，而民办高校群体显著高于普通本科院校和独立学院群体；在创新创业竞赛、创新创业实践和创业政策这三个维度上，"双一流"高校群体显著高于普通本科院校、高职大专院校、独立学院和民办高校群体；在创新创业实践这一个维度上，高职大专院校群体显著高于普通本科院校和独立学院群体（见表2-39）。这也证实了一些学者的研究，由于"双一流"高校拥有的资源更丰富，其师生对创新创业教育质量的总体满意度显著高于普通本科院校、高职院校、独立学院等学校。因此，创新创业教育应当重视"因材施教"，实现多层次、多类型的人才培养。对普通本科院校的学生除了创新创业意识的培养，还要通过创新创业实践正确引导其创业动机和意图；对于高职大专院校的学生，除在实践机会、资源配备上给予扶持外，还需要激励他们多学习创新创业理论知识，提高创新创业素养。

表2-39　不同高校类型学生对创新创业教育评价差异性分析

维度	A（M/SD）	B（M/SD）	C（M/SD）	D（M/SD）	E（M/SD）	F检验	事后比较Scheffe法	事后比较LSD法
创新创业课程	(3.46/0.85)	(3.37/0.85)	(3.40/0.86)	(3.50/0.83)	(3.44/0.84)	109.49***	A>B A>C C>B D>A D>B D>C D>E E>B E>C	A>B A>C C>B D>A D>B D>C D>E E>B E>C
创新创业竞赛	(3.73/0.81)	(3.65/0.82)	(3.67/0.83)	(3.67/0.83)	(3.66/0.84)	12.55***	A>B A>C A>D A>E	A>B A>C A>D A>E D>B
创新创业实践	(3.59/0.85)	(3.48/0.85)	(3.46/0.88)	(3.54/0.86)	(3.56/0.85)	49.59***	A>B A>C A>D D>B D>C	A>B A>C A>D A>E D>B D>C E>B E>C
创业政策	(3.74/0.80)	(3.66/0.81)	(3.67/0.83)	(3.66/0.83)	(3.68/0.82)	14.66***	A>B A>C A>D A>E	A>B A>C A>D A>E E>B

注：A表示"双一流"高校，B表示普通本科院校，C表示独立学院，D表示高职大专院校，E表示民办高校。

(五) 创新创业教育文科教师描述性统计分析

通过1389份创新创业教育文科教师的调查问卷分析，结果显示：文科教师男女比例较均衡，其中男性教师占46.0%，女性教师占54.0%；在年龄调查中，文科教师普遍呈现年轻化特点，大部分在30周岁以下，其次是31—35周岁，41周岁以上占少数；文科教师最高学位占比最大的为硕士，占62.8%，博士占比20.7%，学士占比13.5%；在职称调查中，44.1%为中级，中级以下职称（30.2%）比中级以上职称（25.7%）占比高。在从事创新创业教育相关工作的年限调查中，占比最大的为2年及以内（32.3%），其次是3—5年（28.4%），6—9年占16.7%，10年及以上占22.6%，从中可看出创新创业教育教学年限大部分位于5年及以下。在创新创业教育师资类型调查中，44.7%为辅导员等学生工作的教师，20.5%为非创业领域的专业教师，18.6%为创业领域的专业教师，7.6%教师表示从未上过课，校外创业教师仅占3.0%（见表2-40）。

从创新创业教育文科教师相关调查中可发现，文科教师整体年龄偏年轻化，最高学历硕士占比最大，中级以上职称占比少，从事创新创业教育教学年限大部分位于5年及以下，2年及以内占比最高，创新创业教育师资类型为辅导员等学生工作的教师和非创业领域的专业教师占比最大。由于创新创业教育文科教师年龄偏年轻化且从事创新创业教育教学年限少会造成经验不足，且大部分师资类型为辅导员和非创业领域的专业教师会造成专业性不高，因此存在教师创新创业教育能力不足等问题。

表2-40　　**文科教师社会学信息及教育背景描述统计结果**

教育背景相关变量	维度	频数	占比（%）
性别	男性	639	46.0
	女性	750	54.0
年龄	30周岁及以下	401	28.9
	31—35周岁	386	27.8
	36—40周岁	368	26.5
	41周岁及以上	234	16.8

续表

教育背景相关变量	维度	频数	占比（%）
最高学位	学士	188	13.5
	硕士	872	62.8
	博士	287	20.7
	其他	42	3.0
职称	正高级	109	7.8
	副高级	248	17.9
	中级	612	44.1
	初级	210	15.1
	未定级	210	15.1
从事创新创业教育相关工作的年限	2年及以内	448	32.3
	3—5年	395	28.4
	6—9年	232	16.7
	10年及以上	314	22.6
创新创业教育师资类型	辅导员等学生工作的教师	621	44.7
	创业领域的专业教师	259	18.6
	非创业领域的专业教师	285	20.5
	校外创业教师	42	3.0
	未上过创业课	105	7.6
	其他	77	5.5

四 新文科创新创业教育研究结论与建议

（一）深化创新创业课程体系改革

健全创新创业教育课程体系，促进专业教育与创新创业教育有机融合。面向全体学生开设创业基础、就业创业指导等方面的必修课和选修课，纳入学分管理。此外，教育资源共享，各地区、各高校要加快创新创业教育优质课程信息化建设，推出一批资源共享的慕课、视频公开课等在线开放课程。

正确认识"学科联姻"的必要性，促进跨学科门类与跨专业的交叉融合。新文科建设不是一般性、补丁式、表面化的创新，而是学科定位、专业布局、评价体系的全面创新。而全面创新的突破点就是学科之间的交叉融合。樊丽明指出新文科建设的新方向，即着力建设交叉融合新专业。要以新的思路和跨界模式，探索建设适应引领时代发展的新专业，培养创新型专业人才。如人文科学内部融合的新专业、人文与社科融合的新专业、文理融合的新专业、文工、文医融合的新专业。例如"金融科技""科技考古""知识产权管理""计算社会学"等作为学科交叉成功的范例，不仅让基础学科迸发出新的生机，促进科技革命的到来，而且培养了一批复合型、创新实践能力强的新型人才，带动了新产业的诞生，有效解决了经济社会发展的新挑战新问题。同理，华南理工大学打造了具有华工特色的特色文科专业，法学专业人才通过读法学经典、法律职业体验式教学、模拟法庭、学术论文竞赛等多元手段，实现"职业伦理+职业技能"双轮驱动，培养理论和实践能力并重的复合型、应用型、创新型一流法治人才。新闻传播类专业通过计算传播、科技传播、环境传播、健康传播、视听传播和品牌传播等重点交叉领域建设，培养具有家国情怀、国际视野的高素质全媒化复合型专家型新闻传播人才。

（二）加强创新创业师资队伍建设

在创新创业能力提升最具帮助的师资类型调查中，创新创业课程教师频次最高，其次是企业家等校外创业教师和辅导员等学生工作的教师，最后是创业成功的学长和本专业教师。因此，创新创业课程教师在创新创业教育过程中扮演着重要角色，创新人才培养需要高素质创新型教师队伍。建设高素质专业化创新型教师队伍，是培养创新人才的根本保证。但是，文科教师整体年龄偏年轻化，从事创新创业教育教学年限大部分位于5年及以下，2年及以内占比最高，创新创业教育师资类型为辅导员等学生工作的教师和非创业领域的专业教师占比最大。由于创新创业教育文科教师年龄偏年轻化且从事创新创业教育教学年限少会造成经验不足，且大部分师资类型为辅导员和非创业领域的专业教师会造成专业性不高，因此存在教师创新创业教育能力不足等问题。各地区、各高校要明确创新创业教育教师责任，完善专业技术职务评聘和绩效考核标准，加强创新创业教育的考核评价，为配齐配强创新创业教育与创业就业指导专职教师而努力。

在建设好创新创业教育师资队伍的同时，还要推进创新创业教育教学改革。产教融合、校企合作是创新创业教育赖以发展的重要支柱。必须进一步优化产教融合机制，充分释放校企合作的活力，形成"课程教学—项目实践—竞赛实训—成果转化—创业孵化"的创新创业教育全价值链育人体系，实施形式多样、效果显著的"专创融合""科创融合""就创融合""师生共创"的创新创业教育实施路径，把培养符合国家高质量发展所需的创新创业人才作为深化教育教学改革的重要任务和发展目标。

（三）深入推进创新创业实践活动

针对不同群体开展创新创业实践活动，开展特色化创新创业教育。研究指出文科生不同学科专业对学校创新创业教育质量总体满意度存在差异，因此，创新创业教育有必要根据不同层次以及不同学科的学生开设创新创业课程以及创新创业实践活动。如清华大学开创"项目式"创新创业实践课程，针对不同群体设计课程，比如 China lab 面向国际 MBA，两岸清华创业实验室面向硕博生，创业实验室面向本校的学生，创业训练营针对本校本科生。China Lab 是与 MIT 的 Sloan 管理学院合作的项目，强调国际合作，开拓学生的国际视野。

根据产业需求建设创新创业实践平台，助力创业项目落地。在有用的创新创业实践活动调查中，校内创业园实践和创新创业竞赛是被文科生认为较为有效的创新创业实践活动，其次是企业管理岗位实习和创业模拟训练营，最后是校外创办公司。创新创业实践活动有助于创业项目落地，而在创业项目落地的助力途径调查中，大学生创业园实践被文科生认为是最有力的途径，其次是各类创新创业竞赛，最后是教师或学生的科研项目和资本对接会。因此，大学生创业园、大学生科技园、创业孵化基地等创新创业教育实践平台是助力创业项目落地的有效途径。政府要鼓励各地区、各高校建好一批大学生校外实践教育基地、创业示范基地、科技创业实习基地等，完善国家、地方、高校三级创新创业实训教学体系，促进项目落地转化。

第三章　创新创业教育和区域发展

第一节　长三角高校创新创业教育问题与对策研究

长江三角洲，简称长三角，区域范围包括三省一市，即上海市、江苏省、浙江省和安徽省。长三角地区是中国经济发展最活跃的地区之一，相较于中国西部开放程度和创新能力都明显更强。长三角一体化发展对于中国经济建设高质量发展有重要意义。2018年11月，习近平总书记将长三角区域一体化发展上升为国家战略，与"一带一路"建设、京津冀协同发展、长江经济带发展、粤港澳大湾区建设一同推动中国改革开放空间布局的完善。长三角一体化发展战略实施以来取得了不少进展，一是将长三角一体化放在国家区域发展总体战略全局中进行统筹谋划，明确其战略定位；二是创新方式方法，促进一体化进程；三是战略实施成果已然显现，在此次疫情防控和恢复经济过程中一体化机制和互联互通基础设施发挥了实效。总体来说，长三角一体化发展新局面正在形成。2020年10月，党的十九届五中全会通过的《中共中央关于制定国民经济和社会发展第十四个五年规划和二〇三五年远景目标的建议》提出，要加快构建以国内大循环为主体、国内国际双循环相互促进的新发展格局。构建新发展格局是实现经济高质量发展、建设社会主义现代化强国的重大战略举措。长三角作为中国经济最为活跃的区域之一，市场机制作用发挥充分、城市发展富有改革创新活力，是践行"双循环"新发展格局的重要平台，是中国联动对外开放和对内发展的重要高地。

作为改革开放的前沿，长江经济带的龙头，长三角地区一体化发展战略有两个关键词：一体化和高质量。高质量发展需要人才支撑，而培养人才的高等院校特别是地方高校则需要承担起培养创新创业人才和促进创新创业的重要职责。近年来，创新创业教育作为深化高等教育综合改革的突破口得到大力鼓励和推动，对高校与政府、企业、学生之间的互联互通，提高创新程度，推动地方经济高质量发展的作用已经显现。因此长三角地区高校创新创业教育改革与创业生态系统建设也要紧扣一体化和高质量两个关键词，与长三角一体化建设协同推进。

一 文献综述

创业活动是减贫脱困、促进经济的重要手段，高等教育是经济发展的重要引擎。Henry 与 Hill 等人的研究证明创新创业教育与培训对经济发展产生积极的影响。[①] 创新创业教育是培养创业人才的活动，除了能够提高学生的创业意愿之外，创新创业教育更多的是培养学生的创新创业能力，使之能够掌握更多赖以生存的技能知识。创业人才不断涌现对于区域经济发展和科技创新都有着强大的助推作用。对于经济发展迅猛的长三角地区，创新创业教育更是不可缺少。

创新创业生态系统是学界最近关注的热门选题，中国创新创业生态系统建设目前已取得重大进展。美国麻省理工学院率先创建高校创业生态系统，通过整合校内课程、科研项目、学生社团等创业相关资源，形成良好的创新创业生态系统，使麻省理工学院成为创业型大学的标杆高校，并促进影响美国其他高校发展创新创业生态系统建设。[②] 近年来中国越发重视创新创业生态系统建设，如西安交通大学尝试构建以"一个目标，两个原则，三大任务，四项举措"为基础的"1234 实验实践教学和创新创业教育生态体系"，为中国创新创业体系发展提供了经验。[③]

创新创业生态系统的内涵。目前文献总体上从两种视角来进行界定，一类是将创新创业生态系统视为创业企业的外部环境的环境论，另一类是认为创新创业生态系统是由创业主体及其所处的外部环境共同构成的统一

---

① Henry, C., Hill, F., & Leitch, C. "Developing a Coherent Enterprise Support Policy: A New Challenge for Governments". *Environment and Planning C: Government and Policy*, 2003, 21 (1): 3 – 19.
② 刘振亚:《美国高校创业教育生态化对我国的启示》,《中国高教研究》2014 年第 2 期。
③ 郑庆华:《高校创新创业生态体系的构建与实践探索》,《高等工程教育研究》2020 年第 4 期。

整体的整体论。① 创业生态系统具有多层次性②，与高校相关的包括微观层面的高校创新创业生态系统，中观层面的区域创新创业生态系统以及宏观层面的国家创新创业生态系统，高校在各个层次的创新创业生态系统中都发挥着不可或缺的作用。在以往创新创业教育研究中，高校往往扮演着微观层面的角色，为学生提供教育资源，而在创新创业生态系统中，高校是构成主体之一。最著名的两种创新创业生态系统模型之一就是基于大学的创新创业生态系统模型③，该模型假设大学是个多维企业，旨在培养创业思维与创业行为，使内外部利益相关者之间建立联系；另一种是D. Isenberg 创新创业生态系统④。因此在研究创新创业教育时，我们应重视高校在创新创业生态系统中所发挥的作用，以及创新创业教育在创新创业生态系统中的影响。

随着移动互联网、大数据等信息技术的蓬勃发展，不少学者也开始研究数字技术在创新创业生态系统中的应用。Sussan & Acs 通过整合数字生态系统和创新创业生态系统两个概念，首次提出了由数字基础设施治理、数字用户公民身份、数字创业和数字市场四个概念组成的数字创业生态系统概念性框架。⑤ Elia 等人将数字创业生态系统的概念分解为数字产出生态系统和数字环境生态系统两个基本框架，并基于集体智能角度从数字参与者（谁）、数字活动（什么）、数字动机（为什么）和数字组织（如何）相关的四个维度提供数字创新创业生态系统的概念性解释框架。⑥ 朱秀梅

---

① 陈晓红、蔡莉、王重鸣、李新春、路江涌、杨俊、葛宝山、赵新元、吴刚：《创新驱动的重大创业理论与关键科学问题》，《中国科学基金》2020 年第 34 卷第 2 期。

② 项国鹏、曾传圣：《国外创业生态系统研究最新进展及未来展望》，《科技进步与对策》2020 年第 37 卷第 14 期。

③ Fetters, M. L., Greene, P. G., Paul, T., Rice, M. P., Butler, J. S., Marion, J., & Kelleher, H., "The Development of University-based Entrepreneurship Ecosystems: Global Practices", *Cheltenham*, 2010.

④ Isenberg, D., "The Entrepreneurship Ecosystem Strategy as a New Paradigm for Economic Policy: Principles for Cultivating Entrepreneurship". *Presentation at the Institute of International and European Affairs*, 2011.

⑤ Sussan F., Acs Z. J., "The Digital Entrepreneurial Ecosystem", *Small Business Economics*, 2017. 49 (1): 55 – 73.

⑥ Elia G., Margherita A., Passiante G., "Digital Entrepreneurship Ecosystem: How Digital Technologies and Collective Intelligence are Reshaping the Entrepreneurial Process", *Technological Forecasting and Social Change*, 2020.

等以杭州云栖小镇的动态演进过程为研究对象,认为数字创新创业生态系统遵循"多主体—机会集开发—共生关系"的循环路径动态演进,并以政府政策推动、企业数字技术驱动和用户数字需求拉动为主要动力。①

2016年以来的创新创业生态系统研究主要强调系统性和区域性,并主张将创新创业生态系统的构成要素放入特定的区域情境来深入研究,这对于长三角一体化背景下的创新创业教育研究有着深刻的启示作用。当前中国双创背景下,各项政策推动国内创业发展,提供了鲜明的创业导向,形成了浓郁的创业氛围,为创新创业教育提供了良好的发展空间,对于促进中国高校建立创新创业生态系统也具有积极作用。

二 长三角地区高校创新创业教育研究设计

(一)调查对象的选取

为深入了解长三角地区高校创新创业教育开展情况,本书通过问卷调查的方式,在全国范围内抽取170764名高校学生,其中包括长三角地区来自262所高校的29519个学生样本,回收问卷29519份。本书的样本在各方面均符合随机抽样的要求,回收问卷结构较为合理,长三角样本具体情况如表3-1所示。

表3-1 长三角高校学生基本情况

题项	选项	频数	百分比(%)
性别	男	12478	42.3
	女	17041	57.7
学校类别	"双一流"高校	2382	8.1
	普通本科院校	8965	30.4
	独立学院	2990	10.1
	高职大专院校	13829	46.8
	民办高校	1353	4.6

---

① 朱秀梅、林晓玥、王天东:《数字创业生态系统动态演进机理——基于杭州云栖小镇的案例研究》,《管理学报》2020年第4期。

续表

题项	选项	频数	百分比（%）
年级	二年级	17797	60.3
	三年级	7689	26.1
	四年级	1836	6.2
	五年级	123	0.4
	毕业生	2074	7.0
专业	文科类	16455	55.7
	理工类	9244	31.3
	其他	3820	13.0
民族	汉族	28483	96.5
	少数民族	1036	3.5
独生子女	是	13469	45.6
	否	16050	54.4
创业实践	有	5603	19.0
	无	23916	81.0
创业意愿	有	4524	15.3
	无	24995	84.7

（二）问卷的信效度分析

为检验问卷的效度，对问卷进行探索性因子分析，KMO 值为 0.977，大于 0.8；近似卡方为 841364.167，自由度为 231，$p < 0.001$，达到显著性标准，拒绝变量不相关的零假设，说明可进一步进行因子分析。

表 3-2　　　　　　　　　　效度检验

KMO 取样适切性量数		0.977
巴特利特球形度检验	近似卡方	841364.167
	自由度	231
	显著性	0.000

采用主成分分析，最大方差法旋转，提取出四个因子，累计方差贡献

率达到84.09%，显著高于60%，方差贡献率较高，问卷结构效度良好。

为检验问卷的信度，对问卷进行克朗巴哈系数分析，问卷的可靠性统计如表3-3所示。由问卷创新创业教育满意度模块提取的四项因子的克朗巴哈系数均大于0.8，且问卷满意度模块总体的克朗巴哈系数为0.981，也大于0.8，说明问卷信度较高。四个因子分别为创新创业课程（因子1）、创业政策（因子2）、创新创业竞赛（因子3）和创新创业实践（因子4）。

表3-3 可靠性统计

信度	因子1	因子2	因子3	因子4	满意度模块
Cronbach's α	0.948	0.964	0.962	0.951	0.981
题项数	6	6	5	5	22

三 长三角地区高校创新创业教育现状分析

（一）长三角地区高校创新创业教育现状总体概况

根据表3-4所示，长三角地区高校的创新创业教育评价得分水平总体偏中上，课程评价分数最低（均值为3.52），实践评价分数较低（均值为3.65），竞赛和政策评价得分相近，均值分别为3.73和3.74，其中政策评价最高。由此可见，创新创业教育课程与实践方面都有更大的提升空间，学生对于创新创业竞赛与政策方面更加满意。

表3-4 长三角高校创新创业教育评价描述性分析

维度	N	最小值	最大值	均值	标准差
课程评价	29519	1	5	3.52	0.85
竞赛评价	29519	1	5	3.73	0.83
实践评价	29519	1	5	3.65	0.85
政策评价	29519	1	5	3.74	0.82
有效个案数（成列）	29519				

为深入研究长三角高校创新创业教育评价各维度详细指标的满意度情

况，本书整理了表 3-5，表中包含了创新创业课程、创新创业竞赛、创新创业实践与创业政策四个维度各项指标的满意度均值，便于更好地观察。

表 3-5　　　　长三角高校创新创业教育评价描述性分析

维度	指标	最小值	最大值	均值	标准差
创新创业课程	创新创业教育课程类型多样	1	5	3.49	0.954
	教师授课方式多样	1	5	3.55	0.937
	教师具有创业经历	1	5	3.50	0.965
	教师具有丰富的创新创业教育教学经验	1	5	3.59	0.945
	创新创业课程内容与自己所学专业知识结合紧密	1	5	3.41	0.973
	创新创业课程内容与时代前沿趋势结合紧密	1	5	3.57	0.926
创新创业竞赛	创新创业竞赛提升了创业能力	1	5	3.66	0.897
	创新创业竞赛提升了创业自信心	1	5	3.69	0.893
	创新创业竞赛拓展了人际关系网络	1	5	3.76	0.889
	创新创业竞赛提升了团队合作能力	1	5	3.83	0.871
	创新创业竞赛对于真实创业有较大帮助	1	5	3.72	0.892
创新创业实践	创业实践有专项创业基金支持	1	5	3.66	0.921
	学校提供一体化的创业实践服务	1	5	3.63	0.910
	创业实践有独立的大学生创业园	1	5	3.73	0.938
	创业实践有专门的校外实践基地	1	5	3.62	0.933
	创业实践项目与专业学习结合度高	1	5	3.61	0.921
创业政策	国家减免大学生自主创业企业税	1	5	3.75	0.882
	地方政府简化大学生企业注册申请流程	1	5	3.73	0.881
	学校提供创业的启动基金无息贷款	1	5	3.70	0.907
	社会提供指导创业的免费培训	1	5	3.68	0.915
	创业政策有助于提升个人创业意愿	1	5	3.80	0.861
	创业政策对开展创业有切实的帮助	1	5	3.80	0.865

（二）长三角地区高校创新创业教育课程建设现状

根据问卷调查，得到长三角地区高校的创新创业教育开展基本情况如表 3-6 所示，长三角高校创新创业教育课程开设率占 80.7%，大学生创业园科技园设立率占 70.1%，说明中国长三角地区大部分高校都比较重视创新创业教育；学生不知道是否开设创新创业课程比例占 12.9%，不知道学校是否设立大学生创业园科技园的比例占 18.7%，说明长三角地区还有部分学生对创新创业教育的了解程度不高；学生上过《创业基础》课程的比例为 58.8%，其中作为选修课的比例为 24.2%，必修课占 34.6%，从未上过该课程的占 41.2%，说明创业基础课的普及率较低，且很大一部分是选修课；上过 3 门及以上创新创业课程的学生占 8.5%，从未上过创新创业课程的学生占 27.8%，说明长三角地区高校学生还有很大一部分从未接触过创新创业课程，创新创业教育普及率有待提高。将长三角情况对比全国来看，长三角地区高校的创新创业课程普及率略高于全国高校，大学生创业园科技园的设立率显著高于全国高校，说明长三角地区的创新创业教育发展情况在全国范围内是比较领先但有限的，随着全国推进创新创业教育建设，长三角地区高校不能满足于现状，必须积极改进高校创新创业教育现状，发挥优势，弥补劣势。

表 3-6　　　　长三角地区高校创新创业教育开展情况

题项	选项	长三角		全国	
		频率	百分比（%）	频率	百分比（%）
您所读学校是否开设创新创业课程	是	23824	80.7	132161	77.4
	否	1895	6.4	14448	8.5
	不知道	3800	12.9	24155	14.1
您是否上过《创业基础》课程	否	12152	41.2	66871	39.2
	是，必修	10212	34.6	57937	33.9
	是，选修	7155	24.2	45956	26.9
您上过几门创新创业课程	0 门	8211	27.8	47327	27.7
	1—2 门	18788	63.6	108769	63.7
	3 门及以上	2520	8.5	14668	8.6
您所读学校是否设立大学生创业园科技园	是	20682	70.1	95365	55.8
	否	3331	11.3	32801	19.2
	不知道	5506	18.7	42598	24.9

表3-5中创新创业课程维度指标的数据显示，均值从低到高分别为"创新创业课程内容与自己所学专业知识结合紧密"（3.41分）、"创新创业教育课程类型多样"（3.49分）、"教师具有创业经历"（3.50分）、"教师授课方式多样"（3.55分）、"创新创业课程内容与时代前沿趋势结合紧密"（3.57分）、"教师具有丰富的创新创业教育教学经验"（3.59分）。对创新创业课程维度进行单样本T检验，检验值为3，SPSS软件输出得到表3-7，表中显示各项指标p值均小于0.05，表示该维度所有指标均与检验值3存在显著差异，说明长三角地区学生对于这六项指标都是比较满意的，其中学生对创新创业教师的教学经验和授课方式比教师的创业经历满意度分数高，说明相比教学经验和授课方式，长三角高校创新创业教师的创业经历还存在欠缺；学生对课程内容与时代前沿结合紧密比课程类型多样和课程内容与所学专业结合紧密的满意度更高，说明当前创新创业课程的内容还是比较与时俱进的，但结合表3-6长三角高校创新创业教育开展情况来看，当前创新创业课程的类型比较单一，且内容与学生所学专业的结合度还有待提高。

表3-7　　　　创新创业课程单样本T检验（检验值=3）

指标	t	自由度	Sig.（双尾）	平均值差值	差值95% 置信区间	
					下限	上限
创新创业教育课程类型多样	88.766	29518	0.000	0.493	0.48	0.50
教师授课方式多样	101.181	29518	0.000	0.552	0.54	0.56
教师具有创业经历	88.505	29518	0.000	0.497	0.49	0.51
教师具有丰富的创新创业教育教学经验	107.705	29518	0.000	0.592	0.58	0.60
创新创业课程内容与自己所学专业知识结合紧密	72.545	29518	0.000	0.411	0.40	0.42
创新创业课程内容与时代前沿趋势结合紧密	106.180	29518	0.000	0.573	0.56	0.58

（三）长三角地区高校创新创业政策扶持现状

根据表3-5数据，长三角地区高校创新创业政策评价分数从低到高分别为"社会提供指导创业的免费培训"（3.68）、"学校提供创业的启动基金无息贷款"（3.70）、"地方政府简化大学生企业注册申请流程"（3.73）、"国家减免大学生自主创业企业税"（3.75）、"创业政策有助于提升个人创业意愿"（3.80）、"创业政策对开展创业有切实的帮助"（3.80）。对创业政策维度进行单样本 T 检验，检验值为 3，由 SPSS 软件输出得到表 3－8，表中显示各项指标 p 值均小于 0.05，表示该维度的所有指标均与检验值 3 存在显著差异，说明长三角地区学生对于这六项指标都是比较满意的，其中社会与学校层面的政策满意度低于国家与地方政府政策，说明学校和社会对学生创业的政策支持效果相对较差；学生对创业政策提升创业意愿和有切实帮助的满意度较高，说明中国创业政策总体上确实能够帮助学生更好地进行创新创业。

表 3－8　　　　　创业政策单样本 T 检验（检验值 = 3）

指标	t	自由度	Sig.（双尾）	平均值差值	差值 95% 置信区间	
					下限	上限
国家减免大学生自主创业企业税	145.873	29518	0.000	0.748	0.74	0.76
地方政府简化大学生企业注册申请流程	143.273	29518	0.000	0.735	0.72	0.74
学校提供创业的启动基金（无息贷款）	131.965	29518	0.000	0.697	0.69	0.71
社会提供指导创业的免费培训	127.954	29518	0.000	0.682	0.67	0.69
创业政策有助于提升个人创业意愿	159.868	29518	0.000	0.801	0.79	0.81
创业政策对开展创业有切实的帮助	159.210	29518	0.000	0.801	0.79	0.81

（四）长三角地区高校创新创业教育实践与竞赛现状

根据表 3－5 数据，长三角地区高校创新创业实践评价分数从低到高分别为"创业实践项目与专业学习结合度高"（3.61 分）、"创业实践有专门的校外实践基地"（3.62 分）、"学校提供一体化的创业实践服务"（3.63 分）、"创业实践有专项创业基金支持"（3.66 分）、"创业实践有独立的大学生创业园"（3.73 分）。对创业政策维度进行单样本 T 检验，检验值为3，由 SPSS 软件输出得到表3-9，表中显示各项指标 p 值均小于 0.05，表示该维度的所有指标均与检验值3存在显著差异，说明长三角地区学生对于这五项指标都是比较满意的，其中大学生创业园和创业基金支持的满意度分数较高，其余三项分数相近且相对较低，说明长三角地区大学生创业园科技园较高的设立率和创业政策提供的资金支持是对创新创业实践有切实帮助的，而结合前文所述创新创业课程与所学专业结合紧密满意度较低和此处创业实践与专业学习紧密结合的满意度较低，说明长三角学生的创业学习中与自身专业的结合度有待提高。

表3-9 创新创业实践单样本 T 检验（检验值=3）

指标	t	自由度	Sig.（双尾）	平均值差值	差值95% 置信区间	
					下限	上限
创业实践有专项创业基金支持	123.146	29518	0.000	0.660	0.65	0.67
学校提供一体化的创业实践服务	118.295	29518	0.000	0.626	0.62	0.64
创业实践有独立的大学生创业园	133.693	29518	0.000	0.730	0.72	0.74
创业实践有专门的校外实践基地	113.554	29518	0.000	0.617	0.61	0.63
创业实践项目与专业学习结合度高	114.323	29518	0.000	0.613	0.60	0.62

根据表3-5数据，长三角地区高校创新创业竞赛评价分数从低到高分别为"创新创业竞赛提升了创业能力"（3.66分）、"创新创业竞赛提升了创业自信心"（3.69分）、"创新创业竞赛对于真实创业有较大帮助"（3.72分）、"创新创业竞赛拓展了人际关系网络"（3.76分）、"创新创业竞赛提升了团队合作能力"（3.83分）。对创新创业竞赛维度进行单样本 T 检验，检验值为3，由 SPSS 软件输出得到表3-10，表中显示各项指标 p 值均小于0.05，表示该维度的所有指标均与检验值3存在显著差异，说明长三角地区学生对于这五项指标都是比较满意的，其中学生对创新创业竞赛提升团队合作能力和拓展人际网络的满意度相对较高，说明学生从创新创业竞赛中获得的更多的是人际交往方面的技能。其余三项的满意度较低，但创新创业竞赛维度的总体满意度比较高，说明创新创业竞赛对学生创业有一定的帮助作用。

表 3-10　　　创新创业竞赛单样本 T 检验（检验值 = 3）

指标	t	自由度	Sig.（双尾）	平均值差值	差值 95% 置信区间	
					下限	上限
创新创业竞赛提升了创业能力	127.240	29518	0.000	0.664	0.65	0.67
创新创业竞赛提升了创业自信心	132.733	29518	0.000	0.690	0.68	0.70
创新创业竞赛拓展了人际关系网络	146.111	29518	0.000	0.756	0.75	0.77
创新创业竞赛提升了团队合作能力	164.124	29518	0.000	0.832	0.82	0.84
创新创业竞赛对于真实创业有较大帮助	138.091	29518	0.000	0.717	0.71	0.73

（五）不同层次高校创新创业教育评价的差异分析

为更好地建立分层分类的创新创业教育体系，本书对不同高校类型的创新创业教育评价差异进行了研究。首先进行数据正态性分布检验，如表3-11所示，由于样本量大，以柯尔莫戈洛夫—斯米诺夫的结果为准，各项指标的显著性均小于0.05，说明数据不服从正态分布，后续将进行非参数检验。

表 3-11　　　　　　　　　正态性检验统计表

高校类型		柯尔莫戈洛夫—斯米诺夫[a]		
		统计	自由度	显著性
创新创业课程	"双一流"高校	0.119	2382	0.000
	普通本科院校	0.111	8965	0.000
	独立学院	0.137	2990	0.000
	高职大专院校	0.134	13829	0.000
	民办高校	0.148	1353	0.000

续表

高校类型		柯尔莫戈洛夫—斯米诺夫[a]		
		统计	自由度	显著性
创新创业竞赛	"双一流"高校	0.140	2382	0.000
	普通本科院校	0.138	8965	0.000
	独立学院	0.142	2990	0.000
	高职大专院校	0.162	13829	0.000
	民办高校	0.143	1353	0.000
创新创业实践	"双一流"高校	0.121	2382	0.000
	普通本科院校	0.114	8965	0.000
	独立学院	0.156	2990	0.000
	高职大专院校	0.156	13829	0.000
	民办高校	0.152	1353	0.000
创业政策	"双一流"高校	0.121	2382	0.000
	普通本科院校	0.119	8965	0.000
	独立学院	0.153	2990	0.000
	高职大专院校	0.161	13829	0.000
	民办高校	0.145	1353	0.000

注：a. 里利氏显著性修正。

其次，根据高校类型变量进行分组，对数据进行非参数检验。如表3-12所示的检验结果，四项指标的渐进显著性均小于0.05，说明高校类型变量在这四项指标上分别至少有两组存在显著差异。

表3-12　　　　　　　　　非参数检验统计[a,b]

	创新创业课程	创新创业竞赛	创新创业实践	创业政策
卡方	163.775	93.923	98.916	78.889
自由度	4	4	4	4
渐近显著性	0.000	0.000	0.000	0.000

注：a. 克鲁斯卡尔-沃利斯检验
　　b. 分组变量：高校类型。

紧接着进行两两比较，从 SPSS 输出的成对比较图表中提取显著性水平低于 0.05 的所有组别，为方便观察，我们整理得到表 3-13、表 3-14、表 3-15、表 3-16，表中"1"表示存在显著性差异，"0"表示不存在显著性差异。

如表 3-13 所示，关于学生对创新创业课程的评价，高职大专院校与其他四类学校之间的差异均显著，"双一流"高校、普通本科院校与独立学院之间差异不显著，此外，民办高校与普通本科院校之间差异显著。总体上看，高职大专院校学生对创新创业课程的评价与本科类院校学生差异较为明显。

表 3-13　不同高校类型在创业课程指标上的差异显著性统计

	"双一流"高校	普通本科院校	独立学院	高职大专院校	民办高校
"双一流"高校	/	0	0	1	0
普通本科院校	0	/	0	1	1
独立学院	0	0	/	1	0
高职大专院校	1	1	1	/	1
民办高校	0	1	0	1	/

如表 3-14 所示，关于学生对创新创业竞赛的评价，普通本科院校、民办高校与其他四类学校之间的差异均显著，总体上来看，普通本科院校学生、民办高校学生对创新创业竞赛的评价分别与"双一流"高校学生、独立学院学生、高职大专院校学生差异较为明显。

表 3-14　不同高校类型在创新创业竞赛指标上的差异显著性统计

	"双一流"高校	普通本科院校	独立学院	高职大专院校	民办高校
"双一流"高校	/	1	0	0	1
普通本科院校	1	/	1	1	1
独立学院	0	1	/	0	1
高职大专院校	0	1	0	/	1
民办高校	1	1	1	1	/

如表 3-15 所示，关于学生对创新创业实践的评价，"双一流"高校与普通本科院校之间差异不显著，民办高校与独立学院之间差异不显著，其余两两之间差异均显著。

表 3-15　不同高校类型在创新创业实践指标上的差异显著性统计

	"双一流"高校	普通本科院校	独立学院	高职大专院校	民办高校
"双一流"高校	/	0	1	1	1
普通本科院校	0	/	1	1	1
独立学院	1	1	/	1	0
高职大专院校	1	1	1	/	1
民办高校	1	1	0	1	/

如表 3-16 所示，关于学生对创业政策的评价，"双一流"高校与普通本科院校之间的差异不显著，民办高校与独立学院之间的差异不显著，独立学院分别与普通本科院校、高职大专院校之间差异显著，高职大专院校与民办高校之间差异显著。总体来说，民办高校、独立学院的学生对创业政策的评价与其他几类学校学生之间存在的差异比较明显。

表 3-16　不同高校类型在创业政策指标上的差异显著性统计

	"双一流"高校	普通本科院校	独立学院	高职大专院校	民办高校
"双一流"高校	/	0	0	0	1
普通本科院校	0	/	1	0	1
独立学院	0	1	/	1	0
高职大专院校	0	0	1	/	1
民办高校	1	1	0	1	/

根据以上数据，并结合表 3-17 差异统计，可得到以下四点结论：(1) 高职大专院校学生对创新创业课程的评价显著高于其他四类学校学生；(2) 普通本科高校学生对创新创业竞赛的评价显著高于其他四类学校学生，而民办高校学生评价则显著低于其余四类学校学生；(3) "双一流"高校与

普通本科院校学生对创新创业实践的评价显著高于其余三类学校学生，而民办高校与独立学院学生评价显著低于其余三类学校学生；（4）民办高校与独立学院学生对创业政策的评价显著低于其余三类学校学生。

针对这些结果，我们进行简单分析：第一，高职大专院校的创新创业课程建设是优于各类本科院校的，可能是由于高职大专院校更注重职业培训，其课程设置、教师配备与创业的关联性更强；第二，普通本科高校学生的创新创业竞赛建设更优，可能是由于普通本科高校数量众多，借鉴彼此开展创新创业竞赛的丰富经验，有一套比较成熟的创新创业竞赛章程；第三，"双一流"高校与普通本科院校的创新创业实践建设更优，可能是由于这两类高校的实践平台更广阔，能够对接高水平的企业或社会组织，为学生提供更多的实践机会；第四，民办高校与独立学院学生对创业政策的评价明显低于其余几类学校，可能是由于国家出台的创业政策不够完善，没有针对不同层次高校制定不同的政策，使此类高校学生对创业政策的评价偏低。

表 3-17　　高校类型对各项指标的评价分布统计

	创新创业课程	创新创业竞赛	创新创业实践	创业政策
"双一流"高校	3.3 (3.0—4.0)	4.0 (3.0—4.0)	3.6 (3.0—4.0)	3.8 (3.0—4.0)
普通本科院校	3.3 (3.0—4.0)	4.0 (3.0—4.2)	3.6 (3.0—4.0)	3.8 (3.0—4.2)
独立学院	3.3 (3.0—4.0)	3.8 (3.0—4.0)	3.4 (3.0—4.0)	3.7 (3.0—4.0)
高职大专院校	3.5 (3.0—4.0)	3.8 (3.0—4.2)	3.8 (3.0—4.0)	3.8 (3.0—4.3)
民办高校	3.2 (3.0—4.0)	3.6 (3.0—4.0)	3.4 (3.0—4.0)	3.5 (3.0—4.0)

（六）不同专业学生评价创新创业教育的差异分析

首先，本书对数据进行了正态性检验。根据表 3-18 的结果，由于样本量较大，以柯尔莫戈洛夫—斯米诺夫的结果为准，各项指标的显著性均小于 0.05，表明数据不服从正态分布，因此后续将进行独立样本非参数检验。

表3-18　　　　　　　　　　正态性检验统计

	学科门类	柯尔莫戈洛夫—斯米诺夫[a]		
		统计	自由度	显著性
课程转换	文科类	0.121	16455	0.000
	理工类	0.122	9244	0.000
	其他	0.131	3820	0.000
竞赛转换	文科类	0.137	16455	0.000
	理工类	0.140	9244	0.000
	其他	0.140	3820	0.000
实践转换	文科类	0.138	16455	0.000
	理工类	0.140	9244	0.000
	其他	0.139	3820	0.000
政策转换	文科类	0.140	16455	0.000
	理工类	0.147	9244	0.000
	其他	0.149	3820	0.000

注：a. 里利氏显著性修正。

其次，根据学科分类变量进行分组，对数据进行非参数检验。如表3-19所示的检验结果，四项指标中，创新创业课程和创新创业实践的渐进显著性均小于0.05，说明学科门类在这2项指标上均存在显著差异。

表3-19　　　　　　　　　　非参数检验统计[a,b]

	创新创业课程	创新创业竞赛	创新创业实践	创业政策
卡方	14.692	4.201	11.267	5.707
自由度	2	2	2	2
渐近显著性	0.001	0.122	0.004	0.058

注：a. 克鲁斯卡尔-沃利斯检验
　　b. 分组变量：高校类型。

接着进行两两比较，从SPSS输出的成对比较图表中提取显著性水平低于0.05的所有组别，为方便观察，本书整理得到表3-20、表3-21，表中"1"表示存在显著性差异,"0"表示不存在显著性差异。

如表3-20所示,关于学生对创新创业课程的评价,文科生与理工学生之间差异显著,理工学生与其他特殊学科学生之间差异显著。

表3-20　不同学科门类在创新创业课程指标上的差异显著性统计

	文科类	理工类	其他
文科类	/	1	0
理工类	1	/	1
其他	0	1	/

如表3-21所示,关于学生对创新创业实践的评价,理工类学生与其他特殊学科学生之间差异显著。

表3-21　不同学科门类在创新创业实践指标上的差异显著性统计

	文科类	理工类	其他
文科类	/	0	0
理工类	0	/	1
其他	0	1	/

根据以上数据分析,并结合表3-22差异统计,可得到结论:(1)理工类学生对创新创业课程的评价显著高于文科生与其他学科学生;(2)理工类学生对创新创业实践的评价显著高于其他特殊学科的学生。

对此,本书进行了简单分析:第一,理工类学生对创新创业课程评价明显高于文科生,可能是由于当前的创新创业课程未有完善的分层分类设计,而对于创业这类实践性较强的学科来说,理工类学生的接受度相较于文科生略高,因此对创新创业课程的评价偏高;第二,理工类学生对创新创业实践的评价显著高于其他特殊学科,本书中其他特殊学科包括农学、医学、军事学三类,这类学科有特定的实践方式,可能是由于这些特殊学科进行创新创业实践的条件要求较高,当前创新创业教育所提供的实践机会无法满足此类学生,因此对创新创业实践的评价偏低。

表 3 – 22　　　　　不同学科门类在各项指标的评价分布统计

	创新创业课程	创新创业竞赛	创新创业实践	创业政策
文科类	3.3 (3.0—4.0)	3.8 (3.0—4.0)	3.6 (3.0—4.0)	3.8 (3.0—4.2)
理工类	3.3 (3.0—4.0)	4.0 (3.0—4.2)	3.8 (3.0—4.0)	4.0 (3.0—4.2)
其他	3.3 (3.0—4.0)	3.8 (3.0—4.2)	3.6 (3.0—4.0)	3.8 (3.0—4.2)

（七）不同性别学生评价创新创业教育的差异分析

一直以来，女性创业发展不平衡不充分的问题比较突出，我们针对性别变量对长三角地区高校学生的创新创业教育评价差异进行分析。首先，本书对数据进行了正态性检验。根据表 3 – 23 的结果，由于样本量较大，以柯尔莫戈洛夫—斯米诺夫的结果为准，各项指标的显著性均小于 0.05，表明数据不服从正态分布，因此后续将进行独立样本非参数检验。

表 3 – 23　　　　　　　正态性检验统计

性别		柯尔莫戈洛夫—斯米诺夫[a]		
		统计	自由度	显著性
创新创业课程	男	0.122	12478	0.000
	女	0.121	17041	0.000
创新创业竞赛	男	0.138	12478	0.000
	女	0.140	17041	0.000
创新创业实践	男	0.139	12478	0.000
	女	0.140	17041	0.000
创业政策	男	0.141	12478	0.000
	女	0.146	17041	0.000

注：a. 里利氏显著性修正。

其次，根据性别变量进行分组，对数据进行非参数检验。如表 3 – 24 所示的检验结果，四项指标的渐进显著性均小于 0.05，说明性别在这四项指标上均存在显著差异。

表 3 - 24　　　　　　　　　　非参数检验统计

	创新创业课程	创新创业竞赛	创新创业实践	创业政策
曼 - 惠特尼 U	97906129.500	104927024.000	102157490.000	103355171.000
Z	-11.744	-1.961	-5.845	-4.171
渐近显著性（双尾）	0.0000	0.0499	0.0000	0.0000

注：a. 分组变量：性别。

根据以上分析，本书整理出性别对四项指标的评价差异统计表，如表 3 - 25 所示。从中可以看到，女性对各项指标评价的中位数均低于男性，创新创业课程上的四分位数与男性的几乎一致，但创新创业竞赛、创新创业实践、创业政策三项指标的上四分位数均低于男性。推测有两个原因导致了这样的结果：其一是女大学生在创业相关活动中会存在某些劣势，例如社会规范中的风俗习惯会在一定程度上阻碍她们进行创业活动；其二是性格差异，由于女性整体上比男性心思细腻，对于细节要求更高，她们内心的评判标准会略高于男性，因此对各项指标的要求更高，造成普遍满意度偏低的情况。

表 3 - 25　　　　　　　　性别对各项指标的评价分布统计

	男	女	Z	p
创新创业课程	3.5 (3.0—4.0)	3.3 (3.0—4.0)	-11.744	0.0000
创新创业竞赛	4.0 (3.0—4.4)	3.8 (3.0—4.0)	-1.961	0.0499
创新创业实践	3.8 (3.0—4.2)	3.6 (3.0—4.0)	-5.845	0.0000
创业政策	4.0 (3.0—4.3)	3.8 (3.0—4.0)	-4.171	0.0000

四　长三角地区高校创新创业教育研究结论与建议

（一）推进创新创业课程建设，提高创新创业教育普及率

目前来看，长三角高校创新创业教育普及落实情况良好，但创新创业教育课程偏重理论化，且与专业教育融合不够深入。从前文数据分析当中我们可以看到，长三角地区高校的创新创业课程开设率和大学生创业园设立率都不低（>70%），学生对于创新创业课程、创业园的知晓率也均高

于 80%，说明创新创业教育普及良好。但深入来看，学生的创新创业课程普及率堪堪过半，且选修与必修之比约为 7/10，说明仍有很大一部分创新创业课程是作为选修课开展的，根据经验，学生对选修课的重视程度通常不如对必修课的重视程度，因此普及创新创业课程还需要做很多工作。

结合学生对创新创业课程的满意度数据（见表 3-5）和长三角地区高校创新创业教育开展情况（见表 3-6）来看，若要提升创新创业教育质量则需要对课程体系需要进行根本性的调整，首先以理论课程为基础进行广谱式教育，激发学生创新创业意识，提高学生创新创业精神，促进学生创新创业态度。其次以实践课程为主体，利用好创新创业竞赛，设立创新创业竞赛的后续过渡机制，提供创业孵化基地或平台，促进创新创业竞赛的成果转化，避免教育质量项目化①。在提供一体化创业实践服务及挑选校外实践基地时，应注意摒弃形式主义，打通创业实践的各个流程，让同学们能切实享受到创业实践服务，切实进行创业实践。最后是加强专创融合，勿使专业教育与创新创业教育、创业实践脱节。创业本就是包容万象的一门学问，将其与所学专业结合得越紧密，学生越能够从实处获益。

（二）发挥长三角区域优势引进创新创业型专家，完善创业导师聘任机制

创新创业教师是与创新创业课程相伴相生的，这方面存在的许多问题不容忽视。从学生的评价来看，长三角高校创新创业教师的专业性有待提高，需要更多的经验丰富的创业者来为学生授课，提供真实有效的创业经验，而非仅仅专注于书面理论知识的教学，这与课程体系调整方向相一致。

首先，组建优秀的创业教师队伍，一方面可选拔有相关经验的教师，从创业技能、传统学术和创业态度三方面进行培训②，使之能够胜任创业教师岗位；另一方面积极寻求社会上优秀创业人才的支持，建立良好的人才引进机制。长三角地区经济活跃且会集了大量优秀人才，区域内的创业活动也进行得如火如荼，在引进创新创业专业人士方面有很大的优势。

其次，除专业师资的紧缺问题外，创新创业型导师聘任机制有待完

---

① 陈廷柱：《警惕高等教育质量项目化》，《大学教育科学》2019 年第 5 期。
② 黄扬杰：《高校教师胜任力与创业教育绩效研究》，《高等教育研究》2020 年第 1 期。

善，需从政策环境、能力提升、绩效考评等方面为创新创业教师提供保障[①]，激发创业教师的活力。需要注意的是，不能让创新创业教师为了教学而本末倒置地过度削弱或放弃创业。创业做不好如何教好学生创业呢？因此要进行科学的制度设计，为创新创业教师提供时间保障，并建立合理的聘任机制，让这类教师能够兼顾创业与教学活动。

（三）因需施教，建立分层分类的创新创业教育体系

根据不同层次高校、不同专业、不同性别的学生对创新创业课程、创新创业竞赛、创新创业实践、创业政策四项指标的满意度评价结果，我们可以看出，文理科及其他学科之间、各类高校之间、男女生之间存在许多差异，这意味着不同学科、不同层次高校、不同性别学生对创新创业教育的需求是存在差异的。

创新创业教育要从学生的需求出发，根据不同情况提供相应的教育资源，例如为独立学院、民办高校的学生提供更多的实践平台和更有针对性的创业政策，为文理科学生提供不同的创新创业课程，为女大学生提供合理的创业帮扶等。针对长三角地区高校特色建立分层分类的创新创业教育体系，不但要合理安排教育资源，也需要促进教师转型以适应不同层次高校创新创业教育[②]。依托长三角区域优势，为学生与教师提供优质的创新创业教育资源，例如在长三角核心城市发展与金融业、制造业、科创企业等相关的创业平台。

（四）建立绿色数字可持续创新创业生态系统，推进各主体之间的联动发展

长三角地区是中国经济最具活力的地区之一，也是中国产业数字化、数字产业化发展的前沿阵地。数字经济对于提高长三角地区高校创新创业教育质量、创新创业教育竞争力，提升长三角经济集聚度和政策协同效率都具有重要意义。数字技术和全球化发展已经削弱了空间带来的束缚，因此建立数字创新创业生态系统非常有利于创业及创新创业教育活动的可持续发展。在长三角一体化背景下，应当发挥核心城市的引领作用，带动整个区域的创新创业教育发展，落实好政府政策，深化校企合作，建立"产学研"创业链。

[①] 黄扬杰、黄蕾蕾、李立国：《高校创业教育教师的创业能力：内涵、特征与提升机制》，《教育研究》2017年第2期。

[②] 付八军：《实现教师转型是建设创业型大学的关键》，《中国高等教育》2015年第22期。

当前学术界研究有整合宏观、中观、微观的趋势，但过度的人为层次划分容易造成不同层次研究各自隔绝形成"孤岛"。因此在建立数字创新创业生态系统过程中需注意宏观、中观、微观各层面的建设，推动发挥政府、高校、社会、企业等各个主体之间的协同作用。制度是动态变化、不断完善的，具有脆弱性，制度要素发展不均衡对区域发展有利有弊，政府出台相应的创业政策，要根据区域的需要，顺应时代发展做出适宜的调整，抓住制度转型的机遇；高校应整合其校内教育资源，引进人才组建优良创业教师队伍，为学生提供优质创新创业教育；政府应引导社会参与高校创新创业教育，如提供创业服务机构，为创业者提供创业咨询与援助，引导创业新创业平台投资基金和社会资本参与大学生创业项目早期投资与投智，形成鼓励全社会创新创业的良好氛围；高校应积极与企业合作，建立真实的实践创新平台供创新创业教师与学生交流学习，促进多元化联合培养。

第二节　粤港澳高校创新创业教育问题与对策研究

粤港澳大湾区建设是习近平主席亲自规划、亲自部署和亲自推动的国家重大发展战略。2019 年 2 月 18 日，中共中央、国务院印发的《粤港澳大湾区发展规划纲要》以单列一章的重要性对粤港澳大湾区未来构建国际科技创新中心进行了规划和部署。创新创业是粤港澳大湾区国际科技创新中心推进的关键性任务，特别是依托科技成果转化的高新科技创业应当成为大湾区产业发展的重点内容。粤港澳大湾区高校应在充分考虑湾区建设的需求下坚定不移地践行"双创"战略，营造浓厚的创新创业氛围，为参与粤港澳大湾区国际科技创新中心的建设提供强大的创业人才和创业成果支撑。而创新创业教育作为高校创业型人才培养的重要载体，其主要作用体现在：一方面，通过提高创业者的创业技能和能力，从而促成创业活动的开展。创新创业教育也可以通过帮助受教育者选择适合自己的创业类型，让受教育者直接掌握了创业知识，从而增强创业意愿；[1] 另一方面，

---

[1] Jones, B., & Iredale, N., "Developing an Entrepreneurial Life Skills Summer School", *Innovations in Education and Teaching International*, 2006, 43 (3): 233 – 244.

创业教育更多地通过改变人们对创业的态度、主观规范和感知行为来对学生的创业意愿产生影响。① 只有了解粤港澳大湾区高校开展创新创业教育的现状，才能进一步厘清抑或定位好高校在粤港澳大湾区建设抑或如何助力国际科技创新中心的路径模式。

一　文献综述

与以往粤港澳经贸合作不同的是，粤港澳大湾区的建设特点在于以创新驱动为核心发展湾区经济和打造世界级城市群。对于旧金山大湾区、纽约大湾区以及东京大湾区而言，创新同样是这三大国际湾区经济发展的驱动力。旧金山湾区主要由斯坦福大学引领的高水平大学集群为硅谷输送创新型和技术型人才，纽约湾区则有常春藤盟校集群作为其经济发展的强大智力后盾，而东京湾区打造 A、B 两类超级国际化大学吸引国际化综合型人才。② 从上述国际一流湾区的发展经验可以看出，科研技术及创新创业人才无疑是湾区经济创新发展的引擎，而人才资源输送的源头正是具备世界一流水平的高等院校。与此同时，珠三角地区正处于产业转型升级阶段，对具有创业能力的创新型人才的需求更是有增无减。③ 因此，打造与国际接轨的高水平大学集群，革新粤港澳高校教育体系尤其是创新创业教育体系，培育技术型和双创型人才，是发展粤港澳大湾区创新经济、打造国际科技创新中心的必然趋势。

目前，粤港澳大湾区各城市高校的创新创业教育发展依然是"各自为营"，高校之间多以自发交流合作为主，合作广度及深度受限于区域上的跨越、体制上的差异，缺乏共同的战略目标和发展方向。对于湾区内地高校而言，其高等教育发展水平参差不齐，创新创业教育体系存在排他化、片段化、孤岛化等现象，即仍存在创新创业教育没有真正面向全体学生、创业项目与知识体系疏离、校内外创业资源对接脱节以及创新创业教育体

---

① Fiet, J. O., "The Pedagogical Side of Entrepreneurship Theory", *Journal of Business Venturing*, 2001, 16 (2): 101-117.

② 欧小军:《世界一流大湾区高水平大学集群发展研究——以纽约、旧金山、东京三大湾区为例》,《四川理工学院学报》(社会科学版) 2018 年第 3 期。

③ 辜胜阻、曹冬梅、杨嵋:《构建粤港澳大湾区创新生态系统的战略思考》,《中国软科学》2018 年第 4 期。

系不完备等问题。① 港澳两地高校虽然有国际领先水平的教育体系,但创新人才的不足和创新创业环境的恶劣,使得创业者面临着转化创新创业成果带来高额成本的压力。② 而粤港澳大湾区的提出正好为湾区高校协同发展创新创业教育、共享创新创业资源提供契机,湾区内地高校创新创业教育体系的构建可以借鉴港澳高校的经验,港澳高校学生创造的具备较高市场价值的专利技术可以在内地孵化,有利于创新创业人才的培养和科技研究成果的转化,促进粤港澳湾区创新经济的发展,从而实现高水平大学与湾区经济共生共赢的共同体关系。

总而言之,在国际三大湾区发展经验的基础上,针对粤港澳大湾区内地高校创新创业教育体系构建不完备的问题,以及港澳两地高校缺乏创新创业人才和项目转化资本的现状,粤港澳大湾区要想打造国际科技创新中心,成为国际一流湾区,应当借助创新驱动发展的势头,以服务于湾区经济为战略目标建立粤港澳高校联盟,利用内地高校探索创新创业教育的氛围以及港澳高校的高水平创新创业教育体制,构建以创新创业教育为主的知识网络,贯通粤港澳创新创业实践平台,实现创新创业人才的自由流通,提升湾区高校整体教育水平及其国际竞争力,为粤港澳大湾区提供知识型、技术型创新创业人才支撑的同时,吸引高层次的国际型人才以发挥人才聚集效应,③ 以形成粤港澳大湾区创新经济发展的人力资源重要保障。

二 粤港澳大湾区高校创新创业教育研究设计

(一)研究的理论依据

在粤港澳大湾区建设的背景下,创新创业人才需求的增长以及政策扶持的革新对于高校创新创业教育体系的构建既是机遇也是挑战。纵观创新创业教育研究的领域中,多数学者在分析评价高校创新创业教育体系时通常从课程设置、师资队伍、教育模式、配套机制等内容出发,其中,创新创业课程设计的评价包括授课形式、数量以及分类等方面,师资队伍评价包括教师数量、授课技能、指导能力等方面,教育模式则是评价高校如何

---

① 张务农:《我国学校创业教育发展:形态、问题及路径》,《教育发展研究》2014年第3期。
② 倪外:《香港建设全球科技创新中心:困境、机理与路径》,《上海经济研究》2018年第10期。
③ 焦磊:《粤港澳大湾区高校战略联盟构建策略研究》,《高教探索》2018年第8期。

结合课程、实践、竞赛等内容来开展创新创业教育，而配套机制包括实践平台、扶持政策等方面评价。① 从国家层面上看，中国自 2015 年起全面深化高校创新创业教育改革，并确定了到 2020 年建立健全课堂教学、自主学习、结合实践、指导帮扶、文化引领融为一体的高校创新创业教育体系，以提升双创人才培养质量，增强学生的创新创业意识和能力，激励更多学生投身于创业实践。因此，为了更好地体现湾区高校创新创业教育发展现状，本书将结合现今关于创新创业教育的研究成果与中国建立健全高校创新创业教育体系的总目标，从高校学生对创新创业课程质量、竞赛体验、实践建设、政策扶持以及教师指导等五个方面的评价出发，分析粤港澳大湾区高校创新创业教育的发展现状，进而寻找和明确现有发展中的问题。

课程质量评价，是创新创业教育课程类型、教学方式、教学技巧与高校学生专业学习密切性以及课程内容与时代前沿趋势紧密性的综合体现，是衡量创新创业课程教学质量、内容的时代前沿性和课程内容与专业的紧密联系性的指标。② 竞赛体验评价，是创新创业竞赛对高校学生的创新创业能力、创业自信心、人际关系网络拓展、团队合作能力等方面是否有提升作用的综合体现，是衡量创新创业竞赛对于学生真实创新创业能力提升的指标。实践建设评价，是高校创新创业实践在基金支持、服务一体化、科技创业园与实践基地建设等方面配置是否足够完备的综合体现，是衡量高校创新创业实践平台建设完善的指标。政策扶持评价，是高校创新创业政策在税收减免、无息贷款、免费培训、大学生注册企业流程简化等方面是否有足够的扶持力度和与时俱进地革新，是衡量高校创新创业教育政策的扶持力度和革新速度的指标。教师指导评价，是创新创业教育中教师指导对于专业知识的应用和学习、学科知识前沿动态的了解、科学研究能力的提升、创新创业能力和创业项目落地等方面是否有帮助的综合体现，是衡量教师指导下学生提升情况的指标。

（二）调查对象的选取

为了更好地了解粤港澳大湾区内高校创新创业教育开展情况，本书采

---

① 李伟铭、黎春燕、杜晓华：《我国高校创业教育十年：演进、问题与体系建设》，《教育研究》2013 年第 6 期。

② 黄兆信、王志强：《论高校创业教育与专业教育的融合》，《教育研究》2013 年第 12 期。

取随机抽样的方式,针对粤港澳大湾区 9+2 城市高校的学生开展问卷调查,共回收问卷 5525 份,剔除答卷时长过短、填写无效校名等无效问卷 504 份,有效问卷 5021 份,问卷有效率 90.87%。本次问卷调查样本的选取在学校类别、年级、专业等方面均符合随机抽样的要求,回收问卷结构较合理,具体数据如表 3-26 所示。

表 3-26   粤港澳大湾区高校学生基本情况(N=5021)

题项	选项	频数	百分比(%)
性别	男	1888	37.6
	女	3133	62.4
学校类别	本科	4064	80.9
	专科	957	19.1
年级	二年级	2705	53.9
	三年级	1907	38.0
	四年级	370	7.4
	五年级	39	0.8
专业	文科类	414	8.4
	经管类	2003	40.6
	理工类	1596	32.4
	其他	920	18.6
创业实践	有	785	15.6
	无	4236	84.4
创业意愿	有	547	10.9
	无	4474	89.1

(三)问卷的信效度分析

本书在正式问卷回收完成后,利用 SPSS21.0 以及 Amos 等软件对数据进行整理并分析。问卷将湾区高校创新创业教育评价量表分为课程、竞赛、实践、政策、教师共五个维度,该量表内部一致性信度系数为 0.961。其中,课程、竞赛、实践、政策、教师五个维度的内部一致性信度系数分别为 0.864、0.907、0.929、0.929、0.961。由此可知,该量表信度非常好。

在此基础上，对量表进行效度分析，结果显示 KMO 值为 0.959，大于 0.8，可进一步做因子分析。卡方统计值显著性为 0.000，明显小于 0.01。自由度为 153，Bartlett 球体检验的近似卡方值为 90908.447，即量表数据效度较好，已达到进行因子分析的效度标准。在 5021 份样本的原始数据中随机抽取 6% 的个案，约 306 份数据，运用 Amos7.0 对该量表进行验证性因素分析，拟合指数显示，$\chi^2 = 268.908$，$df = 125$，$\chi^2/df = 2.151$，结果低于 3，模型拟合较好；GFI = 0.912，NFI = 0.951，TLI = 0.967，CFI = 0.973，结果均高于 0.8，模型适配度较好；RMSEA = 0.061，结果低于 0.08，符合模型拟合标准，量表结构效度良好（见表 3-27）。

表 3-27　粤港澳大湾区高校创新创业教育评价量表验证性因素分析

拟合指标	χ^2	df	χ^2/df	GFI	NFI	TLI	CFI	RMSEA
指数	268.908	125	2.151	0.912	0.951	0.967	0.973	0.061

三　粤港澳大湾区高校创新创业教育现状分析

（一）高校创新创业教育现状总体分析

通过描述性分析发现，大湾区高校创新创业教育评价总体得分处于中上水平（总体平均得分为 3.43），其中竞赛评价和教师评价平均得分较高（分别为 3.52 和 3.67），政策评价平均得分较低（均值为 3.43），而课程评价和实践评价的平均得分最低（分别为 3.24 和 3.28）（见表 3-28）。

表 3-28　大湾区高校创新创业教育评价描述性分析

	N	极小值	极大值	均值	标准差
课程质量评价	5021	1.00	5.00	3.24	0.79
竞赛体验评价	5021	1.00	5.00	3.52	0.76
实践建设评价	5021	1.00	5.00	3.28	0.80
政策扶持评价	5021	1.00	5.00	3.43	0.79
教师指导评价	5021	1.00	5.00	3.67	0.74
总体	5021	1.00	5.00	3.43	0.66

教师评价作为创新创业教育五个评价维度中平均得分最高的维度，说明湾区高校学生对创新创业师资的配备相对较满意。但是，在调查数据中发现，粤港澳大湾区高校中仅有15%的学生认为教师对创新创业能力提升和创新精神的培养帮助最大，69.9%学生认为教师在创业团队中主要是担任协助者的角色而不是参与合作者。对创业团队中师生合作的方式进行调查后发现，教师指导、学生创业的形式占62%，而师生共同研发、共同运营的团队则仅占21%。由此可知，虽然学生对创新创业教育专业师资的评价相对较高，但无论是数量上的配备，抑或是创业上的培养，仍存在不少问题亟待解决。

实践评价作为创新创业教育五个评价维度中平均得分较低的维度，不难得知，湾区高校创新创业实践体系还有需要改善的地方。对学生创业实践经历与高校创业园区进行独立样本 T 检验，发现有无建立创业园区的高校对学生的创业实践经历有显著差异（$p<0.01$），对于未建立创业园的高校的学生而言（$M=1.14$，$SD=0.35$），已经建立创业园区的高校的学生在创业实践上更加积极（$M=1.19$，$SD=0.39$）。另外学生在校期间有无创业实践经历对其创业意愿也有显著差异（$p<0.01$），对于没有创业实践经历的学生而言（$M=1.09$，$SD=0.28$），具有创业经历的学生毕业之后更有可能选择自主创业（$M=1.23$，$SD=0.42$）。综合以上分析，可以说明，高校的创业园区的建立在一定程度影响到学生的创业实践，而学生的创业实践又对学生的创业意愿有着促进作用。而目前尚有35%的高校没有创建创业园区，可见高校的创业实践平台建设尚有提升的空间。

而课程评价作为创新创业教育五个评价维度中平均得分最低的维度，显然，湾区内高校的创新创业课程体系迫切需要改变。对大湾区高校创新创业教育课程体系进行调查后发现，课堂讲授和案例教学被认为是目前湾区内高校开展创新创业教育最为常用的授课方式，占比为64.4%。但是，有31.6%的学生认为创业实践模拟应成为创新创业教育课程最重要的授课形式。与此形成明显对比的是，学生在"认为何种创新创业教育有助于他们创业成功"的选择中，超过67%的学生认为创业竞赛和创业园的实践更有助于创业项目的形成与落地。按目前湾区高校开展创新创业教育的情况而言，学生对创业实践的需求远远超过了高校所提供的创业实践课程与机会。

(二) 不同层次高校创新创业教育评价的差异分析

对不同层次高校创新创业教育各维度评价进行独立样本 T 检验，可以发现，专科院校学生对本校创新创业教育各维度评价的平均得分均高于本科高校学生的评价（p<0.05），说明本科高校学生对本校创新创业教育的满意度较低（见表 3-29）。

表 3-29　　　　不同层次高校创新创业教育评价差异性分析

	不同层次高校		t
	本科	专科	
课程质量评价	3.19±0.79	3.46±0.77	-9.944**
竞赛体验评价	3.49±0.75	3.66±0.79	-6.438**
实践建设评价	3.26±0.79	3.37±0.84	-3.734**
政策扶持评价	3.41±0.78	3.50±0.83	-2.929**
教师指导评价	3.65±0.74	3.72±0.74	-2.583*
总体	3.40±0.65	3.54±0.69	-5.876**

注：* 均值差的显著性水平为 0.05，** 均值差的显著性水平为 0.01，下同。

调查分析发现，已设立大学生创业园的本科高校数量（36.2%）要多于专科院校（31.5%）；同时，已开设创新创业课程的本科高校数量（78.7%）也要多于专科院校（67.9%）。可以看出，本科高校创新创业教育的开展情况较专科院校的更好一些，但是本科高校学生对本校创新创业教育的满意度反而较低。相对于专科学生而言，本科学生更加重视创新创业的资源配置和理念意识，进而对高校创新创业教育的要求也会相应较高，因此本科学生对高校创新创业教育的评价会更严格；与之相反，专科、高职等院校的学生对学校创业环境的认可度更高。[①] 另一方面，在本科院校中，相当部分学生对待创新创业教育的态度颇为消极，更倾向于将创新创业课程作为选修课，或者以读研为由不愿面对就业、创业，[②] 这在

[①] 王心焕、薄赋谣、雷家骕：《基于大样本调查的本科学生与高职学生创业认知差异分析》，《技术经济》2016 年第 3 期。

[②] 鲁钊阳：《本科创业创新教育实施问题及对策研究》，《教育评论》2016 年第 3 期。

一定程度上导致本科学生对创新创业教育的评价较低。

由调查结果可知，在创业资源上，相对于专科院校而言，虽然本科高校在创新创业教育体系、活动经费、实践机会以及项目开展上占有优势，但是本科学生的创业意愿要低于专科学生，本科院校中真正参与创业的学生更是少之又少。[①] 在创新创业能力上，一般来说，学历层次越高的大学生，其创新创业能力也会越高。实际上，本科生与专科生的创新创业能力不存在显著差异，但专科生的创业实践能力要显著高于本科生，而本科生的学习能力则显著高于专科生。[②] 因此，创新创业教育应当重视"因材施教"，实现多层次、多类型的人才培养格局。对于本科学生，可侧重于创新创业意识的培养，正确引导其创业动机和意向；对于专科学生，除了在实践机会、资源配备上给予扶持，还需要激励他们多参与创新创业实践。

（三）不同专业学生评价创新创业教育的差异分析

在对不同专业学生对本校创新创业教育各维度评价进行单因素方差分析之后，可以发现，不同专业学生对本校创新创业教育的评价差异显著（$p<0.05$）。经过多重比较（LSD）得出，与文科类和其他专业的学生相比，理工类和经管类专业的学生对本校创新创业教育的课程、竞赛、实践、教师等方面评价均较低（见表3-30）。

在高校的创新创业成果转化过程中，经管类和理工类专业一直是主力。而对于学生来说，优质的创新创业课程、竞赛、实践以及教师指导，对于其创业的助力是不容忽视的。从这个角度来看，高校的经管类和理工类专业对于创新创业课程的需求更大，要求也自然更高。换言之，由于文科学生在创新创业教育学习过程中，相比理工类和经管类学生而言，较少抑或较难将创新创业教育项目落地，致使他们本身对本校创新创业教育没有抱以太高的期望；相反，作为创新创业教育项目成功转化的主要群体，理工类和经管类学生在创新创业方面本身就具有专业上的优势，其在创新创业教育学习上抱以较为明确的目标，所以相应地对学校提供的创新创业教育也持有更高的要求。

[①] 牛翔宇：《上海高校创业教育体系建设初探》，《教育发展研究》2010年第5期。

[②] 向辉、雷家骕：《大学生创业教育对其创业意愿的影响研究》，《清华大学教育研究》2014年第2期。

表 3-30　　不同专业学生对高校创新创业教育评价差异性分析

	不同专业类别				F	多重比较
	文科类	经管类	理工类	其他		
课程质量评价	3.26±0.78	3.20±0.77	3.21±0.82	3.36±0.77	9.682**	其他>文科类* 其他>经管类* 其他>理工类*
竞赛体验评价	3.54±0.75	3.51±0.76	3.47±0.77	3.59±0.76	5.053**	其他>文科类* 其他>经管类* 其他>理工类*
实践建设评价	3.30±0.76	3.23±0.79	3.32±0.81	3.33±0.79	5.526**	理工类>经管类* 其他>经管类*
政策扶持评价	3.41±0.78	3.41±0.79	3.44±0.81	3.46±0.78	0.974	
教师指导评价	3.68±0.73	3.67±0.73	3.62±0.78	3.73±0.72	3.942**	其他>理工类*
总体	3.44±0.64	3.40±0.65	3.41±0.68	3.49±0.65	4.215**	其他>经管类* 其他>理工类*

而在对不同层次高校和不同专业类别开展的课程类型进行差异性检验之后，结果显示不同高校之间的课程类型不具有显著差异（$p>0.05$），不同专业之间的课程类别也没有显著的差异性（$p>0.05$）。可以看出，无论是不同层次的高校，还是同一高校的不同专业，两者所提供的课程同质性较高，导致部分高校的学生难以得到具有较强针对性的创新创业教育课程。因此，经管类和理工类专业的学生对高校创新创业教育的评价相对较低。

与专业教育相融合是高校创新创业教育的趋势，创新创业教育不能与高等教育目标背驰而行，两者在各自的教育体系上应该相互融合，结合彼此的教学特点驱动人才培养模式的改革。调查研究发现，上过与专业结合的创新创业课程的大学生在创业意愿和创业要素认知上显著强于仅上过通识类创新创业课程的大学生，显然，创新创业教育与专业教育相融合势在必行。尤其对于当代学生而言，他们更希望能够利用自身的专业优势开创事业，但当前高校仍然缺乏系统的创新创业教育体系，没有使创业活动与专业教学有效衔接，导致学生的创新创业知识不仅独立于专业技能，而且与社会需求脱节。①

四 粤港澳大湾区高校创新创业教育研究结论与建议

（一）结论

1. 创新创业教育普及落实情况良好，但其分层分类课程体系尚未建立

自 2015 年 5 月 13 日，中共中央、国务院在《关于深化高等学校创新创业教育改革的实施建议》中所提出的在 2020 年构建高校创新创业教育体系的战略目标以来，粤港澳三地高校对创新创业教育投入了较大的精力和财力。分析结果显示，粤港澳有超过 35% 的高校建立了大学附属科技园，超过 71% 的学生接受过创新创业课程教育，但超过 80% 的学生未参加过创业实践活动。从总体上看，目前湾区高校创新创业教育状况良好，但仍有较大的提升空间。

从粤港澳大湾区不同层次高校创新创业教育评价的差异性检验中发现，专科院校学生对本校创新创业教育的评价高于本科学校学生的评价，可知专科院校学生对本校创新创业教育各方面的满意度较高。实际上，专科院校与本科院校之间的创新创业资源和平台有较大的差距，如果一味模仿本科大学的创新创业教育平台建设，学生则难以适应，最终也将导致其对创新创业教育的满意度降低。不同专业之间的学生所需要的课程类型也具有一定的差异，理工类和经管类学生更期待实践性较强的课程，而目前湾区高校所提供的课程更多是理论类的课程，也就在一定程度上使理工类和经管类的学生对本校创新创业教育的评价较低。

2. 创新创业教育课程偏重理论化，且与专业教育融合不够深入

创新创业课程是高校开展创新创业教育的主力军，在学生创新精神和创业能力的培养过程中占据显著地位。通过结合访谈还进一步了解到，由于湾区高校创新创业教育课程开展偏重理论化，致使各高校创新创业教育课程构成和内容上存在一定的同质性，对不同层次高校和不同专业类别的课程类型进行差异性检验后的结果也证实了课程同质性的存在。受访对象也提到目前高校之间的创新创业课程多照搬国外高校的形式，难以拥有自身特点。可见，湾区高校在创新创业教育体系构建和开展过程中，没有很

---

① 罗三桂：《大学生创业能力的培养现状及提升策略》，《中国高等教育》2013 年第 12 期。

好地根据自身的特色、利用当地产业的优势开展创新创业教育课程，也难以兼顾不同专业的特殊性抑或结合专业教育来开展创新创业教育，使学生无法结合自己的专业和优势来学习，进而无法让学生将专业优势转化为创业优势，导致许多学生"想"创业，却"不能"创业。

3. 创新创业实践平台短缺，且与社会协同机制存在脱节

创新创业实践平台的短缺是摆在当前湾区高校创新创业教育面前的首要困难。调查数据显示，接受创新创业教育的学生群体中有高达84.4%没有进行过创业实践。除此之外，根据访谈的数据来看，湾区高校对学生的创新精神和创业能力方面的培养仍处于单打独斗的状态，珠三角九市的高校缺乏具备国际领先水平、与社会需求相匹配的创新创业教育体系，而港澳两地的高校学生则面临创新创业成果无法转化的困境。对湾区高校教师的进一步访谈中也发现，受限于政策、学校资源等因素，湾区高校在建设众创空间、创业园区时仍有较多局限。受访教师还表示，目前学生创业实践多局限在校内创业学院的校内创业项目，很难让学生将项目推向市场，一来是因为合作的平台较少，二来是管理方面的存在困难。实践平台的缺少也导致一部分高校在开展课程时与市场的需求脱节，学生所学的知识与市场存在脱节，难以投身到创业实践当中，创业意愿也比较低。

4. 创新创业教育专业师资严重紧缺，创新创业型导师聘任机制亟待完善

专业化的师资队伍是高校开展创新创业教育的重要依托，是创新创业教育要高质量发展的所面临的专业化考验，更是提升创新创业教育水平，培养学生创新创业型人才的根本要求。在对湾区内高校创新创业教育开展现状的调查中发现，创新创业教育师资的紧缺，不仅体现在数量上的缺乏，还体现在教师参与度不高上。不少受访者表示，由于湾区高校对于创新创业型导师的指导工作考核体系尚未完善，导致部分教师在对学生项目的参与上仅仅停留在课堂指导方面，难以深入项目当中，更不用说跟学生共同运营。另外，由于目前对校外创业导师的聘任尚未有系统的制度规范，使得湾区高校尤其是珠三角九市的高校难以利用社会资源来充实自身的创业导师资源，更不用说对外引进国际型双创人才。总而言之，目前大湾区创新创业教育教师中专任教师较少，对校外创业导师的资源利用也有待提高，粤港澳高校之间加快高等教育合作、共同提升创新创业师资水平

任重而道远。

（二）建议

1. 依托湾区核心城市，针对高校特色建立分层分类的创新创业教育体系

创新创业教育的需求具有多层次性，粤港澳大湾区高校现阶段的创新创业教育虽已经进入普及阶段，但是在调查中发现，不同层次的高校、不同专业的学生对创新创业教育的需求有着显著的差异。最为明显的是文科类学生与理工类、经管类学生的需求差异，同时本科高校和专科高校之间的创新创业教育需求也不同。面对多样化的需求，在创新创业教育开展的过程中，湾区高校应结合自身特色、地理优势、政府政策与企业需求，针对不同层次、不同专业的学生设计相对应的创新创业课程，多提供一些创新创业实践的机会，尤其是要依托湾区四大核心城市中的金融科技、电子信息、文化创业和旅游休闲等产业特色，借助"广州—深圳—香港—澳门"科技创新走廊建设的机遇，利用自由流通的人才、资本、信息、技术等创新要素，建立起分层分类的创新创业教育体系，让不同需求的学生在不同创新创业课程中得到满足，在具有重要影响力的科研院所、孵化基地等实践平台锻炼创新创业能力，让"想创业"的学生"懂创业"。

2. 调整课程体系，针对性开发专业教育与创新创业教育深度融合的课程体系

理论性质课程在创新创业教育开展过程中发挥着基础性和根本性作用，但过分注重理论化的课程导致许多学生难以在创新创业实践中真正开展创业，掌握了创新创业理论的学生却不知道该从哪一方面入手。从粤港澳大湾区高校学生创新创业教育接受情况和反馈的问题来看，将创新创业教育融入学生的专业教育，是培养兼并技术型和双创型学生的有效解决方法，甚至可以说，创新创业教育与专业教育，合则双赢，离则两伤。目前，珠三角产业转型升级已取得初步成效，战略性新兴产业、先进制造业和现代服务业将成为未来经济发展的排头兵，湾区高校应以符合产业布局需求为导向培养双创人才，发挥专业素质作用的同时，为湾区经济注入创新驱动力。将创新创业教育与专业教育相融合，要求专业教师在授课过程中向学生展示专业领域的创业前景，引导学生从创业者的角度思考身为创业者在基于专业进行创业时应该掌握哪些创业相关知识，不仅可以调动大

学生的专业热情和创业激情,将创业有形化、具体化,而且可以突破高校之间创新创业教育课程体系同质化倾向,使学生从专业中汲取营养,化专业为专长。

3. 完善创业实践协同育人机制,积极推动湾区政府、高校与企业之间的合作

现阶段,大部分高校在开展创新创业教育的过程中,本科之外的高校对接的社会资源有限,难以为学生提供充足的实践机会和创业平台。而随着粤港澳大湾区的发展,湾区高校应该捉住粤港澳大湾区建设的有利条件,借助大湾区高等教育融合发展的制度变迁力量,在政府政策的推动以及粤港澳高校学风融合的趋势下,积极与政府、企业以及其他高校建立良好的教学科研合作关系,发挥各自的优势和长处办学治学。[①] 高校为企业提供人才资源与科技研发成果,企业则提供实践平台以及市场需求的反馈,加强产学研融合的新体系,建立高校企业协同育人的创新创业实践平台。同时湾区政府应该积极整合高校创新创业资源,推进湾区高校之间的创新创业交流和资源共享,为学生打造更好更高的创新创业实践平台,发挥协同育人的优势。

4. 积极引进湾区创新创业型专家,完善创业导师聘任与绩效评价机制

目前湾区高校创业师资欠缺,一个重要的原因在于缺少引进社会创新创业型人才的机制措施,因此应借助粤港澳大湾区深化区域创新体制机制改革的春风,尤其是利用港澳多元文化交流的功能,积极引进香港、澳门地区的创新创业人才,促进三地人才交往交流。除了要弥补创新创业师资在数量上的缺陷,教师在学生创新创业过程中的参与度也应引起重视。调查结果显示,27.9%的学生反映无法获得教师创业项目的信息,一方面可能说明教师的参与度不足,另一方面可能是由于部分教师不具备创业经历。因此,高校还应该完善校外导师聘任机制,引入企业家、企业高级管理人才、投资专家或相关政府工作人员等具有丰富实战经验的一线精英为兼职创业导师,借助粤港澳大湾区建设宜居宜业宜游生活圈的有利形势吸引外境人才,为学生讲授产业结构、行业背景、业内实务等内容。另外,

---

① 许长青、黄玉梅:《制度变迁视域中粤港澳大湾区高等教育融合发展研究》,《中国高教研究》2019年第7期。

通过对创业导师在创业指导工作方面的认定，调动专业教师的积极性，鼓励有创业实践经验的教师辅助学生运营创业项目。培育和建设一支"双导师制"的创新创业教育师资团队，为学生提供充足、高质量的创新创业师资力量。

第三节　西部高校创新创业教育问题与对策研究

2015年国务院办公厅印发的《关于深化高等学校创新创业教育改革的实施意见》指出，深化高等学校创新创业教育改革，是国家实施创新驱动发展战略、促进经济提质增效升级的迫切需要，是推进高等教育综合改革、促进高校毕业生更高质量创业就业的重要举措。2020年中共中央、国务院印发《关于新时代推进西部大开发形成新格局的指导意见》，指出新时代贯彻发展理念，推动高质量发展要不断提升创新发展能力。深入推进大众创业、万众创新，促进西部地区创新创业高质量发展，打造"双创"升级版。进一步深化东西部科技创新合作，打造协同创新共同体。健全以需求为导向、以企业为主体的产学研一体化创新体制，鼓励各类企业在西部地区设立科技创新公司。此外，支持国家科技成果转化，引导基金在西部地区设立创业投资子基金。加强知识产权保护、应用和服务体系建设，支持开展知识产权国际交流合作。

创新创业教育是指培养有创业精神的人，增加他们对创业活动的认识，灌输对创业的兴趣和意图，有助于包括创新能力和领导能力的技能发展。同时，创新创业教育是学习者获得一系列能给个人、社会和经济带来更大利益的能力的过程，因为所获得的能力可以应用到人们生活的各个方面。[1] 高校开展创新创业教育，是深化中国高等教育改革，培养大学生创新素质和创业精神的重要途径，亦是促进高校毕业生创业就业的重要举措，是服务创新型国家建设的重大战略。但是长期以来，西部地区教育难以取得突破性发展，其深层次的原因在于科技、教育、人才等方面较为薄弱。总体而言，受历史沿革、地理位置、经济发展等综合因素的影响，西

---

[1] Cao, Y. and H. Jiang, "An Empirical Study on the Quality of Entrepreneurship Education Based on Performance Excellence Management", *EURASIA Journal of Mathematics, Science and Technology Education*, 2017, 13 (8).

部地区高校在学术资源、学科建设、师资力量等方面存在天然的不足。西部地区高校发展的"心病"仍然是教育发展不均衡,具体体现在:基础性条件构成了均衡发展的"瓶颈",地方政府教育施政专业化水平有待提高,学校变革意识与发展能力有待进一步优化,西部地区教育均衡发展面临"迟发展效应",诸多因素导致西部地区教育均衡发展存在特殊性。①

西部地区高校创新创业教育发展较东部差距依然较大,若要实现全国高等教育提质增效,则必须攻克西部地区高校创新创业教育发展滞后这一短板。在西部地区教育发展的特殊性背景下,以区域为划分标准深入探索西部地区高校创新创业教育发展现状,旨在推进西部地区高校创新创业教育均衡发展,对中国创新创业教育高质量发展具有重要的研究意义。同时,新时代推进西部地区创新创业教育发展,科技、教育、人才在西部地区发展中将发挥更重要的作用。因此,新时代继续做好西部地区高校创新创业教育,对于西部地区高校创新创业教育改革具有重要的现实意义和深远的历史意义。

一 文献综述

(一)研究背景

创新创业教育是经济发展的重要支柱,为经济增长提供创新性人才、科技创新、技术进步与产业升级。同时,经济发展又为创新创业教育发展提供了物质基础和经费保障。在知识经济和创新驱动经济时代背景下,创新创业教育与区域经济发展的关系愈加紧密。创新创业教育的规模和质量是衡量区域创新性发展水平的重要指标。因此,探索创新创业教育与区域经济的协同发展模式,对于加强创新创业教育与经济发展的良性互动,实现区域可持续发展具有重要价值。有学者研究区域高等教育与区域经济社会的关系,指出区域高等教育投入主要取决于区域经济社会发展水平和投入力度。而中国经济社会发展总体呈现东强西弱的特点,东、西部地区高等教育的非均衡发展现状在短时间内也无法从根本上改变。从而提出区域高等教育协同发展观点,即区域高等教育协同发展是实现教育资源优化配

---

① 周谷平、吴华等:《西部地区教育均衡发展的资源统筹和制度创新研究》,浙江大学出版社 2012 年版。

置、保障资源利用最大效益、促进区域高等教育高质量发展的有效途径。为此，通过区域高等教育协同发展，逐步实现区域高等教育系统功能的最大效率，进而促进区域经济社会的整体发展。①

与东部地区的教育发展水平相比，西部地区受社会经济发展水平的限制，西部地区教育发展仍受严重的制约。如政策环境不稳定、市场空间缩小、人力资源短缺成为当前严重束缚西部民办教育可持续发展的主要问题。② 从西部地区的经济发展史视角看，早期学者指出东、西部及各地区之间经济发展水平的差异归根结底是人力资源开发和教育发展水平的差异。人才缺乏、劳动力素质低下、观念陈旧落后是制约西部地区社会经济发展众多因素中的关键性因素。③ 有学者指出当前中国西部地区高等教育仍面临高水平领军人才短缺、供需两端错位、基础保障不足、发展环境较差等挑战，提出要进一步加大对西部地区高等教育改革发展的支持力度，立足实际培养高素质创新创业人才，多措并举做好引才稳才用才工作，围绕大局提升高等学校的服务保障水平，抢抓机遇主动融入"一带一路"的西部地区高等教育高质量发展的对策，从而加快西部地区高等教育发展，提高办学水平，为西部地区经济社会发展提供有力支撑。④ 亦有学者指出"一带一路"背景下的结构改革，驱动力量在于人力资本、技术创新和创业精神。培养创业精神和鼓励创业是当前"一带一路"建设过程中破解青年就业难题的关键所在。无论是社会结构调整，还是经济增长方式变革，都需要通过创新创业激活其发展动力。同样，经济和社会结构调整的成败取决于社会成员的创新创业素质，而提升人力资本的有效路径、培育创新创业人才的关键在于教育。⑤

(二) 研究现状

有学者研究"双一流"建设背景下西部高校创新创业教育治理现状，

---

① 郭健、顾岩峰：《我国区域高等教育协同发展：结构矛盾、肇因分析及策略选择》，《中国高教研究》2020 年第 6 期。

② 吴华、周谷平、陈健：《西部地区民办教育发展及其对策建议》，《教育发展研究》2010 年第 Z2 期。

③ 马骁、徐浪：《教育对经济增长的贡献：东西部之比较》，《经济学家》2001 年第 2 期。

④ 王嘉毅、麦艳航：《西部地区高等教育发展：机遇、挑战与对策》，《中国高教研究》2019 年第 12 期。

⑤ 郭健、顾岩峰：《我国区域高等教育协同发展：结构矛盾、肇因分析及策略选择》，《中国高教研究》2020 年第 6 期。

发现西部高校存在对创新创业教育不重视的问题，由于创新创业教育目标定位不明确、管理体制不完善、教师队伍建设滞后以及课程管理混乱导致创新创业教育理论与实践相分离、教育治理效能不足、高校创新创业文化氛围不浓、创新创业课程非体系化和创新创业基地形式化等问题。鉴于此，提出转变人才培养观念、加强师资队伍建设、构建多学科交叉的创新创业教育课程体系、开设"理论＋实践"创新创业教育课程体系、实施创新创业训练计划、以校园创新创业文化为纽带推进高校整体创新等建议。[①]某学者通过对西部欠发达地区高校学生创新创业调查研究发现，西部地区高校学生创新创业意识薄弱、创新创业技能匮乏、创新创业素质不高以及创新创业氛围不浓；创新创业教育形式单一、教育体制不健全、课程建设缺乏系统性和科学性以及师资教材薄弱，保障性资源匮乏。从而提出西部欠发达地区高校创新创业教育课程体系构建途径，一是要树立正确的创新创业教育理念，培育大学生的创业意识。二是从创新创业心理、创新创业知识、创新创业实践三方面完善创新创业教育课程体系，提升创新创业综合能力。三是培养师资，打造教材，构建创新创业教育支持体系。四是拓宽创新创业教育渠道，搭建创新创业教育实践平台，如各类实践平台以及创业技能大赛、校企联合等。[②]创新创业教育年度报告《高校创业教育状况调查：结果与反思》指出目前创新创业教育处在同质化发展的状态。即同质化体现在校际差异小、与传统创新创业教育差异不明显、与现有就业教育水平有差距。在价值观方面，现在创新创业教育依托的平台是工厂式的，即标准化的教学、流程化的作业、流程化的价值链以及规范化的操作。从资源的角度看，预算的优化管理与支出是一个重要方面。比如大班与小班授课比例的配置，对课程数量与学生数量的增加的作用是值得思考的。创新创业教育存在对外部资源利用程度不够高的现象，比如缺少客座讲师以及外部资本对创新创业教育运作的支持，创新创业教育发展需要额外的动力。

[①] 陈才烈、陈涛、林鉴军、李为：《"双一流"建设背景下西部高校创业教育治理研究》，《重庆大学学报》（社会科学版）2021年第2期。

[②] 蒋研川、朱莹、卢培煜：《西部欠发达地区高校学生创业调查及教育课程体系构建——以重庆为例》，《中国大学教学》2012年第6期。

二 西部地区高校创新创业教育研究设计

(一) 研究内容

研究主要通过以下几个方面展开,首先介绍研究样本与研究量表,对西部地区高校创新创业教育进行描述性统计分析,初步了解高校创新创业教育现状;其次,对量表进行信效度检验,根据李克特部分量表的题项提取五个维度,分别是个人创业资本、教学管理、机制保障、创新创业项目以及创新创业竞赛,为分析影响西部地区高校创新创业教育现状因素做铺垫;再次,根据上述的研究基础,对影响西部地区高校创新创业教育质量评价的五维度进行描述性统计分析、相关分析等。为了解分维度是否存在差异,运用 t 检验、F 检验以及 LSD 多重比较以及 Scheffe 事后比较法分析了不同性别、不同层次的院校创新创业教育具体是怎样的。最后,基于个人创业资本、创新创业课程、创新创业实践、创新创业竞赛、机制保障五维度对东西部高校创新创业教育进行差异分析,基于上述研究结果对西部地区高校创新创业教育现状进行深入探讨,以期为西部地区高校创新创业教育实施提供建议。

(二) 研究样本

研究对象以在校大学生为主,研究数据采用 9 个省市区的西部地区高校,研究问卷共计 24891 份,涉及 216 所高校的创新创业教育,对调研结果进行描述性统计分析。西部地区各省市占比如下:重庆占比 12.2%,四川占比 35.7%,贵州占比 4.2%,云南占比 7.5%,西藏占比 1.9%,陕西占比 25.4%,甘肃占比 11.5%,青海占比 1.3%,新疆占比 0.3%。男女生比例如下:男生占比 37.2%,女生占比 62.8%,可见西部地区高校女生占比远多于男生。其中在校本科生以及在校专科生研究对象不包含刚入学的一年级学生,在校本科生占比有 31.3% 的二年级、21.5% 的三年级、14.3% 的四年级、0.8% 的五年级(涉及医学类院校),剩余百分比表示学生未做选择。西部地区学生就读专业学科门类百分比分布如图 3-1 所示:其中工学类占比最多为 24.7%,其次是管理学占比 16.8%。西部地区学生就读学校的类型分为五个层次,其中"双一流"高校占比 12.4%;普通本科院校占比 52.4%;独立学院占比 4.8%;高职大专院校占比 20.3%;民办高校占比 10.1%,大部分研究对象为普通本科院校的学生。

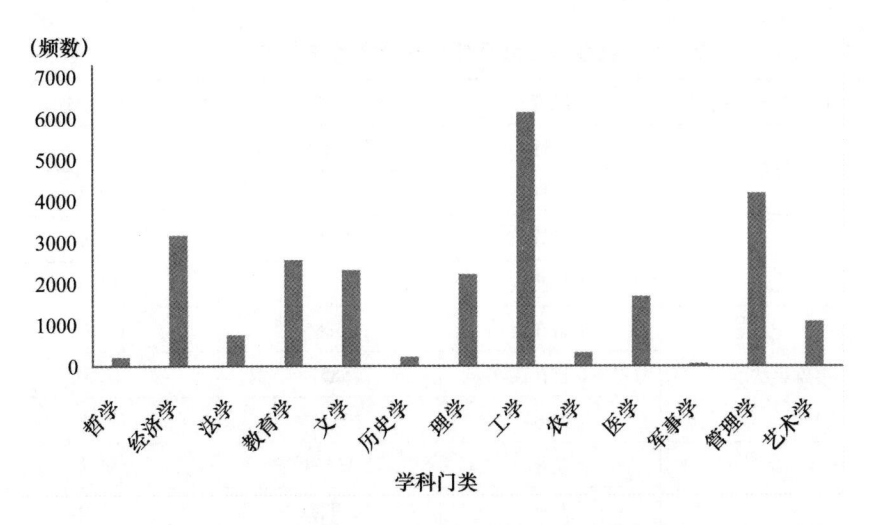

图 3-1　西部地区高校创新创业教育学科门类分布

东部地区高校采用 19 个省市区的数据，涉及调查问卷共计 93922 份。东部地区各省市占比如下：北京占比 1.5%，上海占比 1.4%，天津占比 6.2%，河北占比 6.3%，江苏占比 13.7%，浙江占比 23.5%，福建占比 9.8%，山东占比 27.8%，广东占比 8.7%，海南占比 1.0%。

西部地区学生创业基本情况：在校期间有无创业实践调查显示，只有 19.4% 的学生有过创业实践，绝大部分的学生没有过创业实践经历。而在毕业后最想要的打算调查显示，有就业打算的占 54.1%；有升学准备的占 31.9%；有自主创业计划的占 12.2%，半数以上学生以就业为主。在家庭创业经历调查中，父母（或其他直系亲属）有创办企业的经历占 19.0%，没有创业相关经历的占 81.0%（见表 3-31）。创新创业教育提高了大学生的创业态度和创新创业能力。同时，教育通过创业态度影响学生的个性特征，如自主性、权威性和自我实现。父母的受教育程度对学生创业有很好的影响，研究指出父母为上过大学或读过研究生的大学生对创业表现出最有利的态度，而有工作经验的学生比没有工作经验的学生更有创业动机。[①]

---

① Nieves Arranz, Francisco Ubierna, Marta. F. Arroyabe, et al., "The Effect of Curricular and Extracurricular Activities on University Students' Entrepreneurial Intention and Competences", *Studies in Higher Education*, 2017, 42 (11): 1979-2008.

表 3-31　　　　　　　社会学信息及教育背景描述统计结果

教育背景相关变量	维度	频数	占比（%）
性别	男性	9250	37.2
	女性	15641	62.8
民族	汉族	21767	87.4
	少数民族	3124	12.6
就读状态	本科在读	16886	67.84
	专科在读	5851	23.51
	已毕业	2154	8.65
拟毕业去向	就业	13464	54.1
	升学	7928	31.9
	自主创业	3035	12.2
	其他	464	1.9
直系亲属创业经历	有	4733	19.0
	没有	20158	81.0
创业实践	有	4831	19.4
	没有	20060	80.6
高考前户口类型	城镇户口	7437	29.9
	农村户口	17454	70.1
学校类型	"双一流"高校	3080	12.4
	普通本科院校	13031	52.4
	独立学院	1203	4.8
	高职大专院校	5051	20.3
	民办高校	2526	10.1

（三）研究量表

调查问卷的主要组成包括两个部分，第一部分是研究对象的基本情况包括性别、生源户口、年级、学科门类以及就读高校的基本情况等；第二部分主要采用李克特五点量表计分法正向计分对所属高校的创新创业教育进行评分，其中 1 分表示非常不同意；2 分表示比较不同意；3 分表示一般；4 分表示比较同意；5 分表示非常同意。主要内容涉及与创业或创新创业教育相关的内容,包括个人创业资本、创新创业课程、创新创业教师、创新创业竞赛、创新创业实践以及创业机制保障、对学校创新创业教育质量总体的满意度评价等。整份问卷共计31题,共计项目117个,相关量表通过了信度检验。

对整份问卷内采用李克特五点计分法的题项进行分析,结果显示KMO为0.985,表示量表达到非常适合因素分析的程度。Bartlett球形检验的近似卡方分布为962526.937,自由度为780,显著性概率值P = 0.000 < 0.05,达到显著水平。一项高校创新创业教育政策实施满意度调查研究指出,高校创新创业教育政策实施的整体满意度一般,并提出影响高校创新创业教育政策的五个维度,分别是课程体系、实践指导、培养机制、考核方式和教学管理。[①] 一个来自全国1231所高等学校的创新创业教育质量评价的实证研究指出,以学生视野分析高校创新创业教育过程维度有3个因子,分别是创新创业实践、创新创业课程、创新创业教育与专业融合。[②] 鉴于学者们的研究基础,本书将采用李克特五点计分法的题项进行维度划分,将维度1命名为教学管理(主要包括创新创业课程、创新创业教师、创新创业实践),维度2命名为机制保障(主要包括国家、学校、地方政府以及社会的政策措施),维度3命名为创新创业项目(主要从学科知识的前沿动态、专业知识和应用能力、创新创业能力、科学研究能力等方面考察),维度4命名为创新创业竞赛(主要从创新创业能力、创业自信心、团队合作能力和人际关系网络等方面考察),维度5命名为个人创业资本(主要包括所在地、家庭、同学或朋友、自身的创业条件)。

三 西部地区高校创新创业教育研究结果

(一)西部地区高校创新创业教育实施现状及分维度情况

教学管理、机制保障、创新创业项目、创新创业竞赛以及个人创业资本这五个维度内部一致性信度系数为0.875,其中维度1包含14个题项,内部一致性信度系数为0.958;维度2包含12个题项,内部一致性信度系

---

① 田贤鹏:《高校创新创业教育政策实施满意度调查研究——基于在校学生的立场》,《高教探索》2016年第12期。

② 黄兆信、黄扬杰:《创新创业教育质量评价探新——来自全国1231所高等学校的实证研究》,《教育研究》2019年第7期。

数为 0.964；维度 3 包含 5 个题项，内部一致性信度系数为 0.947；维度 4 包含 5 个题项，内部一致性信度系数为 0.935；维度 5 包含 4 个题项，内部一致性信度系数为 0.759，除维度 5 外，其余维度信度系数均为 0.9 以上，说明选用李克特五点计分制量表的内部一致性信度高，具有稳定性和可靠性。各维度之间的相关系数除个人创业资本外，相关系数介于 0.638—0.808 达到了中高度相关，说明各维度之间具有一定的独立性。将每一个维度进行标准化处理，西部地区高校创新创业教育实施现状由各维度的各题项的算术平均得出，所有题项均为正向计分。问卷的五个维度能较好地反映所西部地区高校创新创业教育的现状，具有良好的结构效度（见表 3-32）。

表 3-32　　　　　　　　研究变量的相关性分析结果

		个人创业资本	教学管理	机制保障	创业项目	创业竞赛
个人创业资本	皮尔逊相关性	1				
	显著性					
教学管理	皮尔逊相关性	0.425**	1			
	显著性	0				
机制保障	皮尔逊相关性	0.317**	0.781**	1		
	显著性	0	0			
创新创业项目	皮尔逊相关性	0.232**	0.638**	0.769**	1	
	显著性	0	0	0		
创新创业竞赛	皮尔逊相关性	0.318**	0.808**	0.791**	0.683**	1
	显著性	0	0	0	0	

注：**表示相关性在 0.01 层上显著。

（二）西部地区高校创新创业教育质量总体分析

1. 西部地区高校创新创业教育质量总体不高

为调查西部地区高校大学生对创新创业教育质量以及各维度之间的差异，分别对个人创业资本、教学管理、机制保障、创新创业项目和创新创业竞赛这五个维度的平均值和标准差作出了统计，平均值越大表示质量越高、标准差反映数据集的离散程度，标准差越小表示离散程度越低。

结果显示：西部地区高校创新创业教育质量平均值为 3.60，从各维度的均值表现水平来看，五个维度的平均值均高于中间值 2.5，其中个人创业资本的评价最低（M = 2.64）；创新创业竞赛的评价最高（M = 4.55）；其次是创新创业项目的评价，平均值为 3.75；机制保障的评价，平均值为 3.67；教学管理的评价，平均值为 3.40（见表 3 - 33）。

表 3 - 33　西部地区高校创新创业教育质量总体评价及各分维度情况

维度	最小值	最大值	平均值	标准差
教学管理	1	5	3.40	0.94
机制保障	1	5	3.67	0.90
创新创业项目	1	5	3.75	0.88
创新创业竞赛	1	5	4.55	1.12
个人创业资本	1	5	2.64	1.03
整体情况	1	5	3.60	0.97

2. 西部地区高校创新创业教育质量存在性别差异

创新创业教育是教育者有意干预学生的生活，以影响他们的创业技能和素质，使他们能够在商业世界中生存。个体因素（创业经历、人格特质和能力）和环境因素（社会经济和政治因素）的干扰是由认知过程构成的创业意愿的前因。在创业意愿方面，男性比女性有更强的创业倾向。男性更倾向于参与创业，表现出更强大的内部控制感和更高的成就需求。[①] 为研究不同性别学生对西部地区高校创新创业教育质量评价以及各维度的差异，分别对男生和女生在个人创业资本、教学管理、机制保障、创新创业项目和创新创业竞赛这五个维度的平均值和标准差作出了统计，并进行了独立样本 T 检验。结果显示，在 Levene 法的 F 值显著性均为 0，表示两组样本方差不同质，应采用校正后的 t 值。除了机制保障 $P = 0.37 > 0.05$，未达显著性水平，其余四个变量检验的 t 统计量均达到显著水平，显著性

---

① Vodă, A. and N. Florea, "Impact of Personality Traits and Entrepreneurship Education on Entrepreneurial Intentions of Business and Engineering Students", *Sustainability*（Basel, Switzerland）, 2019, 11（4）：1192.

概率值 P 均小于 0.05 且平均数差异 95% 的置信区间未包含 0 在内,这表明西部地区高校不同性别学生在个人创业资本、教学管理、创新创业项目和创新创业竞赛这四个维度评价差异显著。从各维度来看,在个人创业资本、教学管理维度上,男生对西部地区创新创业教育质量评价高于女生。而在创新创业项目和创新创业竞赛维度上,女生要高于男生(见表3-34)。

表3-34　西部地区高校创新创业教育质量评价的性别差异

检验变量	性别	平均数	标准差	t 值
个人创业资本	男生	0.767	0.800	16.818 ***
	女生	0.596	0.729	
教学管理	男生	0.024	0.863	3.479 ***
	女生	-0.014	0.768	
机制保障	男生	-0.006	0.896	-0.897
	女生	0.004	0.818	
创业项目	男生	-0.026	0.948	-3.438 ***
	女生	0.016	0.883	
创业竞赛	男生	-0.019	0.940	-2.533 *
	女生	0.011	0.860	

注:* $P < 0.05$,** $P < 0.01$,*** $P < 0.001$。

3. 西部地区高校创新创业教育质量评价存在院校差异

为考量西部地区不同院校学生对高校创新创业教育质量评价以及各分维度的差异,分别对"双一流"高校、普通本科院校、独立学院、高职大专院校和民办高校在个人创业资本、教学管理、机制保障、创新创业项目和创新创业竞赛这五个维度上的满意度进行了单因素方差分析,并在此基础上对研究结果进行了 LSD 多重比较和 Scheffe 事后比较。结果显示,从西部地区不同院校学生对高校创新创业教育质量评价存在差异,在个人创业资本、教学管理、机制保障、创新创业项目和创新创业竞赛的五维度 F 检验中,院校变量的统计量均达到了显著水平,显著性概率值 P 均小于 0.05,表明西部地区不同院校学生对高校创新创业教育质量评价存在显著差异。从整体上看,综合两种事后比较方法,除了个人创业资本这一维度,在教学管理、机制保障、创新创业项目和创新创业竞赛这四个维度中,"双一流"高校群体显著高于普通本科院校、独立学院、高职大专院校和民办高校群体;在教学管理、机制保障和创新创业竞赛这三个维度上,高职大专院校群体显著高于普通本科院校群体;在教学管理、机制保障、创新创业项目这三个维度上,民办高校群体显著高于普通本科院校和独立学院群体(见表3-35)。

表3-35　西部地区高校创新创业教育质量评价的院校差异

维度	A(M/SD)	B(M/SD)	C(M/SD)	D(M/SD)	E(M/SD)	F检验	事后比较 LSD法	事后比较 Scheffe法
个人创业资本	(0.72/0.76)	(0.57/0.75)	(0.80/0.82)	(0.76/0.75)	(0.78/0.72)	99.05***	B>B C>A C>B D>A D>B E>A E>B	A>B C>A C>B D>B E>B
教学管理	(0.25/0.78)	(-0.08/0.80)	(-0.08/0.89)	(0.06/0.78)	(0.03/0.81)	123.30***	A>B A>C A>D A>E D>B D>C E>B E>C	A>B A>C A>D A>E D>B D>C E>B E>C
机制保障	(0.20/0.82)	(-0.05/0.84)	(-0.06/0.91)	(0.01/0.85)	(0.04/0.86)	57.02***	A>B A>C A>D A>E E>B E>C	A>B A>C A>D A>E D>B E>B E>C

续表

维度	A（M/SD）	B（M/SD）	C（M/SD）	D（M/SD）	E（M/SD）	F检验	事后比较LSD法	事后比较Scheffe法
创新创业项目	（0.21/0.88）	（-0.04/0.91）	（-0.03/0.95）	（-0.03/0.89）	（0.02/0.91）	50.65***	B＞B B＞C B＞D B＞E E＞B E＞D	A＞B A＞C A＞D A＞E E＞B
创新创业竞赛	（0.18/0.88）	（-0.04/0.88）	（-0.06/0.95）	（0.02/0.87）	（-0.01/0.91）	42.61***	A＞B A＞C A＞D A＞E D＞B D＞C E＞B	A＞B A＞C A＞D A＞E D＞B

注：A表示"双一流"高校，B表示普通本科院校，C表示独立学院，D表示高职大专院校，E表示民办高校。

四 东西部地区高校创新创业教育比较分析

对东西部地区高校创新创业教育进行独立样本t检验，结果显示方差相等的Levene检验的F值均达到显著水平，因此两组样本方差不同质，应采取校正过的t检验法，t统计量，P值取用不假设方差相等的数据。第一，就"个人创业资本"组别差异而言，F＝4.63，P＝0.032＜0.05，校正后的t值为36.07，df＝46143.97，P＝0＜0.05，达到显著性水平。平均值的差异为0.26，其差异值95%的置信区间为（0.24，0.27），未包含0，表示不同地区高校学生的个人创业资本有显著差异存在，说明东部地区高校学生的个人创业资本高于西部学生。第二，就"创新创业课程"组别差异而言，F＝273.32，P＝0＜0.05，校正后的t值为22.39，df＝46496.86，P＝0＜0.05，达到显著性水平。其差异值95%的置信区间为（0.15，0.17），未包含0，表示不同地区高校创新创业教育课程有显著差异存在，说明东部地区高校创新创业教育课程实施高于西部。第三，就"创新创业竞赛"组别差异而言，F＝295.38，P＝0＜0.05，校正后的t值为17.36，df＝47077.73，P＝0＜0.05，达到显著性水平。其差异值95%

的置信区间为（0.11，0.14），未包含0，表示不同地区高校学生的创新创业竞赛有显著差异存在，说明东部地区高校学生的创新创业竞赛实施优于西部。第四，就"创新创业实践"组别差异而言，F=178.60，P=0<0.05，校正后的t值为20.96，df=45771.93，P=0<0.05，达到显著性水平。其差异值95%的置信区间为（0.14，0.17），未包含0，表示不同地区高校学生的创新创业实践有显著差异存在，说明东部地区高校学生的创新创业实践活动高于西部。第五，就"机制保障"组别差异而言，F=137.47，P=<0.05，校正后的t值为13.36，df=45758.98，P=0<0.05，达到显著性水平。其差异值95%的置信区间为（0.08，0.11），未包含0，表示不同地区高校的机制保障有显著差异存在，说明东部地区高校的机制保障满意度高于西部（见表3-36）。

表3-36　东西部地区高校创新创业教育质量评价的差异比较

检验变量	地区	平均数	标准差	df	t值
个人创业资本	东部地区	0.07	1.01	46143.97	36.07***
	西部地区	-0.19	0.96		
创新创业课程	东部地区	0.04	1.01	46496.86	22.39***
	西部地区	-0.12	0.95		
创新创业竞赛	东部地区	0.03	1.02	47077.73	17.36***
	西部地区	-0.09	0.94		
创新创业实践	东部地区	0.04	1.01	45771.93	20.96***
	西部地区	-0.11	0.97		
机制保障	东部地区	0.03	1.01	45758.98	13.36***
	西部地区	-0.07	0.97		

从学校地区分布与对高校创新创业教育满意度的交叉表中可以发现：总体而言，东西部高校学生对学校创新创业教育质量总体满意勾选"一般"选项最多，其次是"比较同意"。东部地区与西部地区高校创新创业教育质量满意度相比较，东部地区学生选择"非常同意"选项高于西部地区，而西部地区学生选择"一般""比较不同意""非常不同意"选项均高于东部地区。就东部地区而言，学生勾选"非常同意"反应选项的次数

百分比（=21.9，AR=15.6）与勾选"比较不同意"反应选项的次数百分比（=3.7，AR=-9.1）和"一般"反应选项的次数百分比（=37.3，AR=-7.5）间有显著差异。就西部地区而言，学生勾选"比较不同意"反应选项的次数百分比（=5，AR=9.1）和勾选"一般"反应选项的次数百分比（-40，AR-7.5）与勾选"非常同意"反应选项的次数百分比（=17.2，AR=-15.6）间有显著差异。由上述结果可知，东部地区学生对高校创新创业教育质量总体满意度评价中，勾选"非常同意"选项的百分比显著高于"比较不同意"和"一般"选项的百分比；而西部地区学生对高校创新创业教育质量总体满意度评价中，勾选"比较不同意"和"一般"选项的百分比显著高于"非常同意"选项的百分比（见表3-37）。

表3-37　　　东西部地区高校创新创业教育质量满意度交叉

设计变量	反应变量	对学校创业教育质量总体满意					总计
		非常不同意	比较不同意	一般	比较同意	非常同意	
东部	个数	1108	2525	25773	24489	15136	69031
	百分比（%）	1.6	3.7	37.3	35.5	21.9	100
	调整后的残差	-2.1	-9.1	-7.5	-1.3	15.6	
西部	个数	449	1239	9965	8946	4292	24891
	百分比（%）	1.8	5	40	35.9	17.2	100
	调整后的残差	2.1	9.1	7.5	1.3	-15.6	
总计	个数	1557	3764	35738	33435	19428	93922
	百分比（%）	1.7	4	38.1	35.6	20.7	100

注：X^2值=314.006***，其中***$P<0.001$。

五　西部地区高校创新创业教育研究结论与建议

根据对西部地区高校创新创业教育调查研究，西部地区高校创新创业教育质量评价是由多因素引起的。首先，通过对影响西部地区高校创新创业教育的教学管理、机制保障、创新创业项目、创新创业竞赛以及个人创业资本五个维度进行相关分析以及描述性统计分析，研究发现西部地区高校创新创业教育质量总体评价不高，尤其是个人创业资本这一因素，直接因素与所在地的创业机会、家庭所具有的创业社会资源、同学或朋友的创业经历以及自身拥有的知识、技能和创业经历有关,间接因素可能与西部地区的自然条件、地理位置、经济发展水平有关。其次,研究发现西部地区高校创新创业教育质量评价存在性别差异,因此,促进西部地区高校创新创业教育要特色化发展,考虑到性别因素。此外,西部地区不同院校学生对高校创新创业教育质量评价存在差异,经过调查研究,从院校层次可看出,在教学管理实施现状、机制保障及实施满意度、创新创业项目满意度和创新创业竞赛满意度这四个维度中,"双一流"高校组群体显著高于普通本科院校、独立学院、高职大专院校和民办高校。有学者研究表明,西部地区高校创新创业教育实施质量与高校的办学资源以及教学水平有一定的相关关系。这更证实"双一流"高校在办学资源等方面相对普通高校更具优势,导致了高校创新创业教育实施满意度的不同。最后,对东西部地区高校创新创业教育比较分析,研究发现,总体而言,东西部地区高校创新创业教育质量评价存在显著差异。东部地区与西部地区高校创新创业教育质量相比较,东部地区学生选择"非常同意"选项显著高于西部地区,而西部地区学生选择"一般""比较不同意""非常不同意"选项均高于东部地区。

综合前文分析,本书提出以下三点建议:

(一)提升西部地区高校创新创业教育意识,营造高校创新创业文化

西部地区高校创新创业教育质量总体评价不高,尤其是教学管理。教学管理实施主要是创新创业课程、创新创业教师以及创新创业实践。在创新创业教育生态系统中,高校是"生产者",是创新创业教育人才的发源地,因而创新创业教育是生态系统中的核心要素。西部地区师范类院校创新创业教育现状研究指出存在教育理念落后、师资力量薄弱、课程体系不健全、实践平台缺乏的问题。[①] 对西部工科院校大学生创新创业教育的调查显示,84.12%的学生认为西部高校创新创业课程体系设置单一,理论教学与实践教学脱节严重。有学者根据西部地区贵州省的创新创业教育课程调研指出高校对双创课程体系建设不够重视,其次受经济发展水平及其他诸多因素的影响,高校的课程设置存在难度问题。[②] 西部地区的多数综

---

① 李红、李映松、明文钦:《构建西部地区师范类院校创新创业教育工作体系的思考》,《中国大学生就业》2018年第16期。

② 王青青:《西部地区创新创业教育课程建构途径——以贵州省花溪大学城高校为例》,《科教导刊(中旬刊)》2019年第2期。

合性大学虽然已经开设了少量创新和创业课程，却多以 1—2 个学分的公选课形式存在，且各创新创业课程之间相对孤立，缺乏联系，不仅无法进入到各专业的教学计划中，更难以成为必修课。① 在创新创业课程研修情况调查中，就读高校开设过创新创业课程的占 77.0%，有 61.4% 的学生表示上过 1—2 门创新创业课程，3 门及以上的占 6.9%，但仍有 31.8% 的学生从未修学过创新创业课程。修学过《创业基础》课程的占 55.5%，其中该门课为必修课的占 24.5%，选修课的占 31.0%，说明西部地区高校创新创业教育并未全方位地重视创新创业课程，高校开展创新创业教育意识不强。

为提升西部地区高校创新创业教育意识，首先应营造高校创新创业文化。中国高校虽然开设了创新创业理论课程，但并没有积极开展校外创新创业实践课程和活动，而是用"创新创业大赛""辩论赛""科技园实地参观""领导力训练营"等外部活动取代了实际的创新创业课和实践活动。相反地，美国大学建立了一种独特的创新创业教育理念，目的是为学生的学术和职业发展服务。该模式旨在培养每个学生的创业精神，提高经济社会发展水平，为社会创造创业活力。在美国，创新创业教育的实践活动有很多种，包括机会选择、商业计划撰写、筹资等以实践为导向的课程，还有多种多样的实践活动方式，如市场调研、企业实地调研、体验式学习、创业计划大赛、pitch 大赛、创业论坛等。② 在美国，高等教育和创业被研究人员、政策制定者视为对经济增长、创造就业和提高生活水平至关重要的两个社会机构。芝加哥大学作为美国创新创业生态系统的典型大学，除开设 NVC 课程以及将学生与芝加哥地区的创业者、金融家和公司直接联系起来的课程外，还发展了强大的、不断发展的校外关系，为成为创业公司创始人的学生提供了丰富的选择、资产和各种各样的人脉，营造了良好的创业氛围。③ 其次，重视创新创业教育课程。加州大学伯克利分校的工学

---

① 张加驰：《综合性大学开展创新创业教育改革的探索与实践——以兰州大学物理学院为例》，《大学教育》2019 年第 4 期。

② Chien Wen Yu, "Understanding the Ecosystems of Chinese and American Entrepreneurship Education", *In Management Faculty Publications*, 2018：42.

③ Miller, D. J. and Z. J. Acs, "The Campus as Entrepreneurial Ecosystem: the University of Chicago", *Small Business Economics*, 2017, 49 (1): 75-95.

院设立 SCET 创新创业课程向全校学生开放，但是以工学院学生为主。SCET 的创新创业课程可以分为五大类：创新创业意识（杰出讲座系列）、机会探寻（碰撞试验项目和应用数据科学与创业应用）、创新创业技能（技术创业、产品设计和精益转化）、创新创业管理（技术公司领导力、产品管理和创业财务）、创新创业演练（创业训练营和挑战实验室）。SCET 就是通过探寻创业机会和创业实践来帮助学生缩短研究成果与应用的距离，使学生能够将技术工作转化为新企业或产业相关产品。通过组织学生进行专业知识领域的应用探讨、介绍专业或行业前沿发展趋势，帮助学生发现技术可以应用的场所或者可以解决的问题。

（二）促进西部地区高校创新创业教育特色化、差异化发展

创新创业教育受到高校的普遍关注，但是目前基于性别差异化的创新创业教育相关研究尚处于"孕育期"。某学者通过对高职院校女大学生创新创业人才培养模式中指出女学生对教育目标、资源配置、课程体系、创业平台满意度较低，此外，政府和高校推广的创业政策没有考虑到性别差异化问题，忽视了传统社会思想、女性刻板印象等问题，而这些制约了女性创新创业能力的发展，最终导致社会上出现明显的分化。一项关于女大学生创新创业教育的研究指出，女大学生创新创业教育受自身原因、传统观念、社会环境的影响，但更主要的是高校创新创业教育课程忽视性别差异及对女生未予以应有的重视。女学生由于性格例如细节处理、语言表达能力、心理素质等与男生有较大的不同，因此，高校的创新创业教育要针对性别开展特色化课程，例如《中国女性创业管理》《女性心理学》等，从而激发女大学生创新思维和创新品质，充分发挥其性别优势。此外，从实践中可增设女大学生创新创业园、培训以及孵化基地，聘请校外优秀女性创业家或者配置女导师制，全方面营造高校女大学生创新创业氛围。

（三）加快西部地区高校创新创业教育生态系统构建，促进创新创业教育均衡发展

自西部大开发实施以来，为促进高等教育区域均衡发展，国家通过多种政策工具促使西部高等教育变革。但是，高等教育区域均衡发展仍然呈现"东高西低"的格局。西部地区高校在教师资源、经费投入、教学科研设备等指标方面低于全国平均数，与东部地区高校差距甚大，有学者提出可通过配置虚拟教育资源来促进办学资源均衡，从而促进高等教育均衡发

展的路径创新。此外有学者指出西部高校在超前意识和融合敏感度这两者融合度明显不足,具体表现在:国内与创新创业教育相关的重要会议中,西部高校发起单位积极性不高且参与程度较低,"天大行动"西部高校参与占18%,复旦共识西部高校参与占10%。这说明了西部地区高校参与创新创业教育仍存在观念落后、行动迟缓等问题,这更需要西部地区高校创新创业教育要加速形成政府、企业、高校以及社会协同机制,加快构建高校创新创业教育生态系统,从而增强创新创业教育理念意识观。总而言之,中国西部地区高等教育仍面临高水平领军人才短缺、供需两端错位、基础保障不足、发展环境较差等问题。这也导致了西部地区高校创新创业教育较东部发展缓慢。

构建西部地区高校创新创业教育生态系统,可借鉴欧洲最具创新性的阿尔托大学,其创建了具有典型地域特性的政府—大学—产业—公民社会"四重螺旋"创新创业生态系统,即强调特定地域创新创业环境中政府、大学、产业、公民社会等各行为主体动态竞合、共同演进、共同专业化的生态运行机理,有效推动了区域创新创业能力提升和新经济增长方式转型。知识资源是"四重螺旋"创新创业生态系统的关键要素,包括创新性专业知识和创新性专业技能,通过螺旋式上升的循环流动转化为社会经济资本和技术资本,从而实现其创新价值,并遵循"教育系统(由大学提供人力和知识资本)—经济系统(由区域产业集群提供经济资本)—公众系统(由区域公民社会提供信息和社会资本)—政治系统(由区域公共部门提供政策和法律资本)—教育系统"的循环逻辑顺序。[①]

高校创新创业生态系统中政府、高校、企业作为主要的主体,各要素彼此之间相互联系、相互制约。首先,中国在大众创业、万众创新"双引擎"背景下,通过发展新产业和创造新就业机会,增加公共产品和公共服务供给,带动经济社会的发展。而大学在经济发展中起着主导作用,大学正在利用它们的创业中心或孵化器来创造实习机会、增加就业机会,大学的作用是提供推动社会创业所必需的领导力,只有实现这种领导作用,通过创造创业思维、行动、制度和创业资本,大学才能实现其经济和社会潜

---

① 武学超、罗志敏:《四重螺旋:芬兰阿尔托大学地域性创新创业生态系统模式及成功经验》,《高教探索》2020年第1期。

力。虽然随着改革开放的实施，国家制定了优先发展东部、优先发展城市的政策导向，进一步加剧了东、西部之间的发展差距。但是，作为创新和创造就业的动力，创业在经济发展中越发重要。同时，企业通过促进技术创新、创造就业和促进竞争，在一个国家的经济发展中发挥越来越重要的作用。因此，只有通过政府、高校、企业的相互配合，才能为西部地区创新创业教育的发展营造一个循环的生态系统，从而促进西部地区创新创业，促进经济增长。

第四章　数字时代的高校创新创业教育组织重构

创新创业教育起源于 1919 年美国的业余商业教育活动，并且持续在美国中学开展。1947 年，美国哈佛大学迈尔斯·梅斯教授在商学院开设的"新创业管理"（Management of New Enterprises）课程拉开了高校创新创业教育的序幕。1968 年，美国巴布森学院引入了创业教育学士学位，此后便由美国的商学院、工学院等扩展到其他高校。而中国高校创新创业教育则是以 1997 年清华大学举办首届大学生创业大赛为标志性事件拉开帷幕，此后经历高校自发探索阶段（1997—2002 年）、多元探索阶段（2002—2010 年）、全面推进阶段（2010—2015 年）、深入推进阶段（2015—　）四个阶段，[①] 创新创业教育之火以燎原之势覆盖重点本科高校、普通本科高校及高职院校。尤其是 2015 年，国务院发布双创战略——《国务院关于大力推进大众创业万众创新若干政策措施的意见》要求加强全社会以创新为核心的创新创业教育，2017 年又发布双创战略升级版——《国务院关于强化实施创新驱动发展战略进一步推进大众创业万众创新深入发展的意见》支持开展高校创新创业，创新创业教育因此成为高等教育的重要组成部分而得到蓬勃发展。

高校创新创业教育组织是具备独立的组织机构和专门的工作人员，以其独特的运行方式，整合校内外资源，通过组织管理、课程建设、创业实践服务、科学研究等方面推动创新创业教育发展和培养创新创业型

---

① 王占仁：《中国创业教育的演进历程与发展趋势研究》，《华东师范大学学报》（教育科学版）2016 年第 2 期。

人才的平台。构建合适的创新创业教育组织模式是深化这一改革的重要抓手。纵观发展历程，中国高校创新创业教育组织模式也经历了三个阶段①：①第一阶段是高校自主探索背景下的酝酿期（1997—2002年）：未建立创新创业教育组织，而是学校职能部门或院系在原有基础上增加创新创业教育内容；②第二阶段是教育行政部门引导下的多样化探索期（2002—2015年）：探索了创业学院模式、融合专业教育模式和跨学科众创空间等模式；③第三阶段是国家统一推动下的聚合期（2015—   ）：在这过程中，高校探索成立了实体型或平台型的创新创业教育组织（如创业学院），并在第三阶段快速发展。高校创新创业教育组织的快速发展是由两方面驱动的：

其一，高校创新创业教育的发展催生创新创业教育组织。党的十八大以来，党中央、国务院高度重视高校创新创业教育，2015年国务院发布双创战略要求加强全社会以创新为核心的创新创业教育，2017年又发布双创战略升级版支持开展高校创新创业，创新创业教育被提升到了全面深化教育教学改革、培养社会主义现代化事业合格建设者和可靠接班人的政治高度。然而，传统的以创新创业教育领导小组协调开展创新创业教育的组织管理模式难以适应高校人才培养理念和价值追求变化的挑战，创新创业教育理念不够普及、体系不够完善、师资匮乏及跨学科协作力度不足等问题成为高校创新创业教育发展的瓶颈。而成立创新创业教育组织能够促使高校整合二级学院、学工部、教务处等各部门的部分职能，有助于加快创新创业教育课程改革，实现专业教育和创新创业教育相互融通、理论课程和实践课程有机结合，乃至推进创业学科建设，从而构建系统化、规范化的创新创业教育体系。② 因此，规范化、专业化且具有合法性的创新创业教育组织应运而生。

其二，中央和地方政府推动创新创业教育组织建设。朱家德和王佑镁认为教育行政权力的推动是高校创新创业教育组织兴起的直接因素。③ 早

---

① 梅伟惠：《我国高校创业教育组织模式：趋同成因与现实消解》，《教育发展研究》2016年第Z1期。
② 周巍：《青年创业教育"学院型培养模式"探索——基于湖北青年创业学院的创新实践》，《中国青年研究》2012年第12期。
③ 朱家德、王佑镁：《高校创业学院的发生学研究》，《高等工程教育研究》2017年第6期。

在 2002 年，作为教育部首批九所创新创业教育试点单位之一的黑龙江大学率先成立了创新创业教育学院。其后十余年，众多高校先后探索建立不同形式的创新创业教育组织，但真正呈现井喷式发展的拐点是 2015 年国务院办公厅颁布《关于深化高等学校创新创业教育改革的实施意见》，促使各地纷纷出台政策鼓励高校建立创新创业学院，并向各不同层次、不同类型的高校覆盖。如浙江省颁布了《关于积极推进高校建设创业学院的意见》，要求全省普通高校（含独立学院，但不包括公安类等特殊类型高校）建立创新创业学院。次年 3 月，浙江便有 99 所高校成立了创新创业学院。①

当前，数字技术的蓬勃发展将全球带入一个基于知识和流动的数字经济新时代，② 降低了创业的门槛和成本，导致创业过程更加灵活、多样和问题百出，亟须高校将数字技术和内容融入教育教学及研究实践等培养具备数字素养的创新创业人才，以应对数字挑战和实现利益相关者的目标。③ 近年来，国家支持高校大规模建立创新创业学院以发展创新创业教育，但高校依然面临诸多困境，如基础设施建设薄弱、教师教学能力不足、数字平台建设缓慢等。④ 究其原因，高校在政府自上而下的推动下只能在短时间内建立而非建强创新创业教育组织，下一步需要借鉴先进经验、剖析现状并结合实际探索出一条适合自身的发展道路。

第一节　数字时代一流大学的创新创业教育组织建设

麻省理工学院（Massachusetts Institute of Technology，MIT）开创并向斯坦福大学（Stanford University）移植了创业型大学模式，引起整个学术界

---

① 林伟连、尹金荣、黄任群：《创业教育：大学的声音》，浙江大学出版社 2018 年版。
② Nambisan, S., Lyytinen, K., Majchrzak, A., & Song, M., "Digital Innovation Management: Reinventing Innovation Management Research in A Digital World", *MIS Quarterly*, 2017, 41(1): 223-238.
③ Rippa, P. and G. Secundo., "Digital Academic Entrepreneurship: The Potential of Digital Technologies on Academic Entrepreneurship", *Technological Forecasting and Social Change*, 2019, 146: 900-911.
④ 李敏辉、李铭、曾冰然、王超：《后疫情时代发展中国家高等教育数字化转型：内涵、困境与路径》，《北京工业大学学报》（社会科学版）2022 年第 1 期。

广泛传播，影响了整个美国大学的发展历程。① 作为最早一批开展创新创业教育的高校，两所高校都建立了较为完善的创新创业教育体系，形成了独具一格的创新创业生态系统，不仅取得了巨大的经济成就，还对社会产生了深远的影响，为创新创业教育提供了很好的研究范本。下面以两所高校的创新创业教育组织为案例，分析成熟的创新创业教育组织的基本结构、课程体系、实践体系、师资力量及外部合作等方面做法，可为中国高校提供有益启示。

一 MIT 创新创业教育组织建设及运行

MIT 于 1861 年为著名自然科学家威廉·巴顿·罗杰斯（William Barton Rogers）所创建。其秉承"Mens and Manus"（拉丁语"知行合一"）的校训，经过 150 余年的发展，从一所资金匮乏的赠地学院逐渐发展成为实力雄厚、世界知名的研究型大学和创业型大学。《MIT 的创业与创新：持续的全球增长和影响力》报告显示，MIT 校友创办了 3 万余家企业（其中 23% 成立于美国以外），年营收高达 1.9 万亿美元（与 2014 年世界第十大经济体的 GDP 相当），解决了逾 460 万人的就业，对特定区域乃至全球创新经济做出了巨大贡献。MIT 于 1990 年成立了服务于全校师生的创业中心，2011 年更名为马丁信托创业中心，旨在推进创新创业的知识和教育，使之更好地服务于 21 世纪的国家和世界。现校友企业家已呈现连续创业及年轻化趋势，其中首次创业者的年龄中位数由 20 世纪 40 年代的 39 岁下降到 2000 年的 30 岁。②

（一）MIT 创业中心组织结构

MIT 创业中心是 MIT 创业的"操作系统"（operating system），设立于斯隆管理学院，负责全校创新创业教育的教学、研究、服务与发展。其以"诚实的中间人"（honest broken）为准则，不允许教职工对所培育和帮助的任何一家新公司产生财务利益，并通过加强与其他院系、实验室、中心、研究生院合作，为学生提供系统而周到的一站式创业服务。MIT 创业

---

① ［美］亨利·埃兹科维茨：《麻省理工学院与创业科学的兴起》，王孙禹、袁本涛等译，清华大学出版社 2007 年版。

② Entrepreneurship and Innovation at MIT Continuing Global Growth and Impact（http：//entrepreneurship.mit.edu/wp-content/uploads/MIT-Entrepreneurship-Innovation-Impact-Report-2015.pdf）.

中心设有领导小组，由主席、常务董事、执行董事和教务主任4人组成，同时还配有营运总监、行政助理等工作人员6人，入驻企业家（Entrepreneurs in Residence，EIR）6人（含业余2人）。① 另设有外部咨询委员会，向经验丰富的专业人士寻求建议，委员组成16人（包括3名当然委员）。专业顾问网络成员94名，② 主要为来自企业的杰出校友，包括丰田、Facebook、强生等知名企业的高管（如创始人、CEO、CTO、CMO等），也有会计师、天使投资者、产品主管等专业人士，志愿为学生创业提供咨询和服务。

（二）MIT创业中心课程体系

MIT创业中心为学生提供严格、实用、定制和集成的教育体验，主要包括三个方面：一是面向全校的创新创业课程，共60余门，③ 包括关于创业类（About Entrepreneurship）、基础课程类（Foundational）、高级基础类（Advanced Foundations）、技能发展类（Skills Development）、聚焦行业类（Industry Focus）、公司内部行为学习类（In Company）及创业选修课等七大模块（见表4-1）。④ 二是面向少数学生的精英课程。一种是面向校内MBA学生或职业发展需要的学生开设MBA创业与创新课程（E&I Track），学生按规定完成6门必修课和18门选修课，参加硅谷游学团（SVST），并至少完成一项启动要求（参加创业融合项目或创业加速项目；获得资助；指定创业竞赛获奖或担任竞赛董事），则可获得创新创业专业学位证书。另一种是面向校外企业家、高管等群体开设非学位高管教育（Executive Education），通过为期一周的企业家发展计划（EDP），介绍创新创业教育项目、技术转让系统和全球创业网络，促使学员能够高效地设计和启动基于前沿技术的创新企业。三是面向全球的edX线上课程（edX Online Courses）。数字创业教育可以扩大影响范围，使更多的学生受益，而以MOOC

---

① Martin Trust Center Staff（http：//entrepreneurship.mit.edu/team/）.
② Annual Report 2021（https：//en.calameo.com/read/0050567205eaa747a64f8）.
③ In what order should I take entrepreneurship classes at MIT?（https：//miteship.zendesk.com/hc/en-us/articles/204891476-In-what-order-should-I-take-entrepreneurship-classes-at-MIT-）.
④ Fall 2019 Entrepreneurship Classes（https：//orbit.mit.edu/classes）.

为代表的数字创业课程对创业学生甚是有效。① edX 平台最初由 MIT 和哈佛大学于 2012 年共同创立，现已超越美国发展至全球 160 余所大学并提供 3600 余门在线课程及颁发相应的资格证书和学位证书。② edX 紧跟时代发展变化，迅捷提供计算机科学、大数据科学及医疗（如 COVID-19）等数字课程。在数字技术融入课程方面，edX 采取视频讲座、动态图形、数据可视化等交互式教学方法，线上测验、开放式回答评估和虚拟环境等考核方式，以及建立虚拟监考等六种机制完善课程体系等。③ 同时坚持以学习者为中心，创建 edX Insights 分析工具帮助教师改进教学，及推出研究数据交换（Research Data Exchange，RDX）推进科学学习。edX 创业课程取得较好的成效，其中 MIT 创业中心开发的"创业 101"课程自 2014 年上线以来，吸引了逾 40 万名学生，一部分人还参加了 MIT 训练营（MIT Bootcamps）。

表 4-1　MIT 创业中心创新创业教育课程体系（2018—2019 学年）

课程类别		目标受众	课程名称/课程内容
通识课程	关于创业类	没有或很少接触创业的学生	（1）大工程：小方案大影响；（2）企业工程；（3）创业工程；（4）StartMIT：企业家和创新者研讨会；（5）企业的具体细节；（6）MIT 创业经历；（7）在 MIT 创办基于新技术的企业
个性课程	基础课程类	有意探索新企业的学生	（1）新企业；（2）创业研讨会
	高级基础类	有意探索创业策略的学生	（1）创业：高级工具和技术；（2）扩展企业；（3）企业创建与团队；（4）创业战略
	技能发展类	有意发展新技能的学生	（1）制造入门；（2）产品设计与开发；（3）机械产品开发；（4）管理工程；（5）专利、版权和知识产权法；（6）企业创业研讨会；（7）企业销售；（8）创业融资和风险投资；（9）创业、创新、新创企业与法律；（10）创业融资；（11）数码产品管理；（12）定价；（13）创新创业战略管理

---

① Rippa, P. and G. Secundo., "Digital Academic Entrepreneurship: The Potential of Digital Technologies on Academic Entrepreneurship", *Technological Forecasting and Social Change*, 2019, 146: 900-911.

② About us: Transformation through Education（https://www.edx.org/about-us）.

③ 2022 Impact Report: 10 Years, 10 Mantras（https://impact.edx.org/2022）.

续表

课程类别		目标受众	课程名称/课程内容
个性课程	聚焦行业类	有意探索特色行业的学生	(1) 制造入门；(2) 全球制造业创新与创业专业研讨会；(3) 体育技术：工程与创新；(4) 药物开发的原则和实践；(5) 革命性的冒险：如何发明和部署革命性的技术；(6) 发展中经济体的机遇；(7) 前沿市场有效的商业模式；(8) 软件与互联网创业；(9) 生命科学战略决策；(10) 能源企业；(11) 医疗保健企业；(12) 发展风险投资；(13) 创新的影响；(14) 创业无国界；(15) 金融技术企业；(16) 能源领域的战略机遇；(17) 评估生物医学业务概念；(18) 工程健康：理解和设计平价的健康诊断；(19) 媒体企业
	公司内部行为学习类	与外部公司合作项目的学生	(1) 现代中国和印度的经济和商业：中国实验室和印度实验室；(2) 全球卫生实验室；(3) 以色列实验室：创业国家的创业创新生态；(4) 有序创业实验室；(5) 全球创业实验室；(6) 创业实验室；(7) 保健实验室：介绍美国的保健服务
选修课程	创业选修课		(1) 材料工艺学创新和商业化；(2) 创新和商业化；(3) 创新团队；(4) 全球商业新模式；(5) 区域创业加速实验室 (REAL)
线上课程		适合全球在线学习者	(1) 创业101：谁是你的顾客；(2) 创业102：你能为顾客做什么；(3) 创业103：让我看看钱
精英课程	MBA创新与创业课程	斯隆管理学院MBA创业学生；未来职业生涯需要了解创业的学生	6门必修课，18门选修课，1个启动要求，硅谷游学团 (SVST)
	非学位高管课程	来自世界各地的高级管理人员和高潜力经理	为期一周的企业家发展计划 (EDP)

资料来源：Martin Trust Center for MIT Entrepreneurship (http://entrepreneurship.mit.edu/)。

MIT 创新创业课程具有以下特征：其一，分层分类。既有面向全体学生的通识类课程，又有面向不同创业阶段学生的个性化课程，还可根据实际需求选择选修课。其二，更新及时。每年结合当前形势和需要，对创新创业课程进行更新完善，如根据能源、医疗保健、生物技术、金融科技、

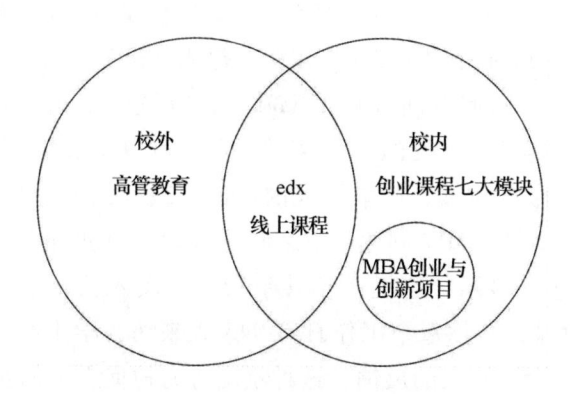

图 4-1　MIT 创业中心课程体系

资料来源：作者根据 MIT 马丁信托创业中心网站整理。

媒体等创业热门行业，设置了销售、融资、法律等紧密相关的课程。其三，体验式教学。MIT 创新创业课程强调注重研讨性、实践性，坚持理论联系实际原则，通过案例教学、团队教学、模拟教学等教学方法，培养学生创新意识和实践能力。如"创业实验室"要求学生组成团队，分析成立于 5 年以内的小微企业所面临的问题并提出解决方案，既让学生熟悉了创业知识，提高了解决问题的能力，又与企业界建立了联系。其四，跨学科教育。多学科和跨学科相互渗透，培养学生创业精神，激发学生创业思维和创业热情，帮助学生发展基本技能以进行创业实践。

（三）MIT 创业中心实践体系

MIT 创业中心采取一种全面的"4H"法来教育学生，即成功的企业家应具备 heart（有意愿及信心）、head（思考如何去做）、hand（转化为行动）、home（成为创业社区的一员）的条件。这种方法把学术活动和课外活动联系起来，为学生创造一条可持续的道路，从而培养伟大的企业家。

1. 强有力的基础设施保障

MIT 创业中心占地 7200 平方英尺，为学生提供一个激发创意、交流学习并将创意转化为产品的创业空间，是学者和企业家参观的重要"一站"。[①] 除开放空间——信托中心蜂巢（Trust Center Beehive）外，创业中

---

① 2018 Annual Report（https://en.calameo.com/read/0050567209bcbf12a7930）.

心还有 10 个配置不同、可容纳 4—75 人不等的会议室，5 个免费国际电话亭（Phone Booths），1 个具有 3D 打印机、热成型设备、激光切割机及其他电子设备等工具的原型车间（ProtoWorks），以及图书馆、咖啡馆、休息室、厨房、储物柜等基础设施。在这里，学生可以结交新朋友、创业者，可以分享创业面临的挑战，听取别人的反馈，减少创业过程中的孤独感，从而促进更好地创业。MIT 创业中心编制的《2018 年度报告：创业是一门可以教授的手艺》显示，这里一年共举行 528 次入驻企业家会议，提供 50818 杯免费咖啡，平均每个工作日有 945 人来访，学生在这里与不同的人交流、沟通和听取别人的反馈，这种氛围有力地促进了创新创业。

2. 丰富多样的创业俱乐部

这些俱乐部（见表 4-2）一般是围绕某个领域形成的兴趣小组，由学生负责管理运行，成员包括学生、教师及风险投资家、企业家等专业人士，通过紧密联系实践，全面激发创新创业热情，帮助学生积累创业经验，提高创业能力以及孵化更多创意。如 MIT 最大的学生组织之一——能源俱乐部（Energy Club）将学生、专业人士和政策制定者聚集在一起，基于事实对能源领域最紧迫的问题或挑战进行分析；MIT 最大的本科生多元化商业俱乐部——女性商业领袖（Women Business Leaders，WBL）则以研讨会、专业活动、系列讲座、导师项目等方式增加女性创业机会。

表 4-2　　　　　　　　MIT 创业俱乐部和创业项目

	创业俱乐部		创业项目
1	能源俱乐部（Energy Club）	1	创业加速项目（MIT delta v）
2	企业家俱乐部（Entrepreneurs Club）	2	行业实践领导者（SPL）
3	金融科技俱乐部（FinTech Club）	3	t=0（the time is now）创业庆典
4	食品农业俱乐部（FAC）	4	创业融合项目（MIT fuse）
5	MIT-中国创新与创业论坛（MIT-China Innovation and Entrepreneurship Forum）	5	创业启动项目（StartMIT）
6	斯隆商业俱乐部（Sloan Business Club）	6	创业实习项目（Entrepreneurship Internship）
7	斯隆创业与创新俱乐部（Sloan E&I Club）	7	MIT 创业与创客技能整合者（MEMSI）
8	斯隆国际发展企业家协会（SEID）	8	MIT 创业与金融科技整合者（MEFTI）

续表

	创业俱乐部		创业项目	
9	斯隆科技俱乐部（Sloan Tech Club）	9	10万美元创业大赛（$100K Entrepreneurship Competition）	
10	斯隆管理女性（Sloan Women in Management）	10	清洁能源奖（MIT Clean Energy Prize）	
11	体育科技组（STE@M）	11	创意艺术竞赛（Creative Arts Competition）	
12	创投实验室（StartLabs）	12	创意环球挑战赛（IDEAS Globa Challenge）	
13	技术X（TechX）	13	包容性创新竞赛（Inclusive Innovation Competition）	
14	风险资本和私募股权俱乐部（VCPE）	14	黑客马拉松	能源黑客（Energy Hack）
15	风险俱乐部（Ventureships Club）	15		黑客MIT（HackMIT）
16	废物联盟（MIT Waste Alliance）	16		黑客艺术（Hacking Arts）
17	女性商业领袖（WBL）	17		黑客医学（Hacking Medicine）
18	水俱乐部（Water Club）	18		创造MIT（MakeMIT）
		19		VR/AR黑客马拉松（VR/AR Hackathon）

资料来源：作者根据MIT马丁信托创业中心网站整理。

3. 创业培养由浅及深

MIT创业中心整合创业课程、创业项目（见表4-2）等资源，形成一条从简单到复杂最后达到"逃逸速度"（escape velocity）的培养路径：灵感（inspiration）—探索（exploration）—原理（fundamentals）—应用（application）—加速（acceleration）（见图4-2）。这条路径引导学生从易于操作的课程和项目开始，而后随着他们的进步而变得更加严格和有要求，但它不是一成不变的，它可以为有不同兴趣的学生定制，如帮助从能源领域起步的学生最终投身于医疗行业。

第一阶段：灵感。通过开学第一周的"t=0"创业庆典唤醒学生"是的，我可以"的创业意识，激发学生创业灵感。MIT学生从一开学就接触创业俱乐部及SPL系列讲座、pitch2创业竞赛、MIT delta v演示日等活动。这是创业中心与全校40余个院系、部门及学生组织合作的系列节日活动，向包括本科生、研究生和博士后的所有人展示各种各样的创业机会。

第二阶段：探索。1月独立活动期间（IAP），通过为期两周半的Start-

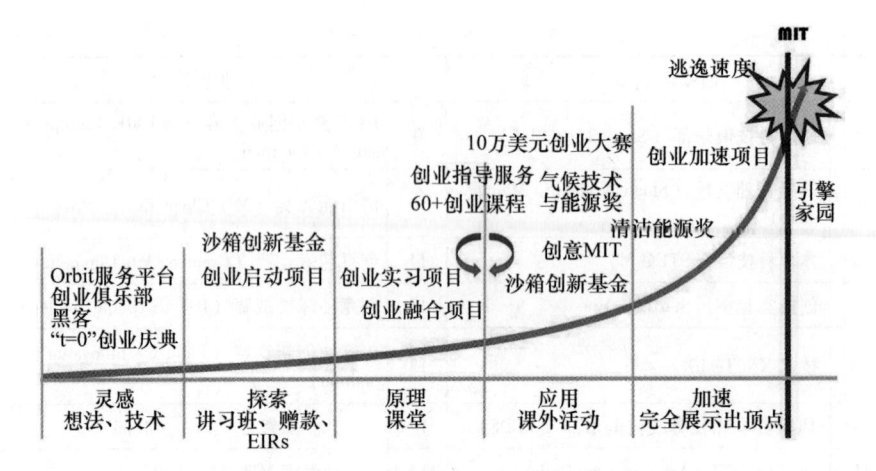

图 4-2 MIT 创业中心创业培养路径

资料来源：MIT 马丁信托创业中心 2021 年度报告。

MIT 项目（以讲座、研讨会和实地考察为主要形式）帮助对有创业兴趣的学生了解创业资源和机会，结束他们的怀疑周期。

第三阶段：原理。通过创新创业课程、创业实习、创业融合项目（为期 3 周的全日制教育项目）及入驻企业家和创业学长的个性化指导等帮助学生理解并实现"创业速度"。

第四阶段：应用。通过创新创业竞赛、MIT 创意全球挑战项目（IDEAS Global Challenge）和高级创新创业课程等鼓励学生尝试创业。

第五阶段：加速。该阶段以为期 3 个月的创业加速项目，帮助学生以"逃逸速度"进入现实世界。2018 年，这里产生了 103 位企业家，涉及 16 个行业，并吸引了 2000 多名嘉宾参加了剑桥、纽约和硅谷的演示日。

循序渐进的创业培养模式形成了 MIT 浓厚的创业文化氛围，让学生一年四季都沉浸在不同的创业活动中（见图 4-3）。除此之外，MIT 创业中心每年都会尝试新的项目和活动，并且不期望第一次都能成功。从入学到第二年夏天，学生经历了从初级入门到创业加速的过程，在下一个"t=0"创业庆典，他们将站在舞台上展示成果。

4. 一站式的创业服务

MIT 创业中心的经营准则是：提供最优质的教育、建议和实践经验，以"诚实的中间人"（honest broken）为准则，不允许教职工对所培育和帮助的任何一家新公司产生财务利益。创业学生能够申请拨款和资助，如麦

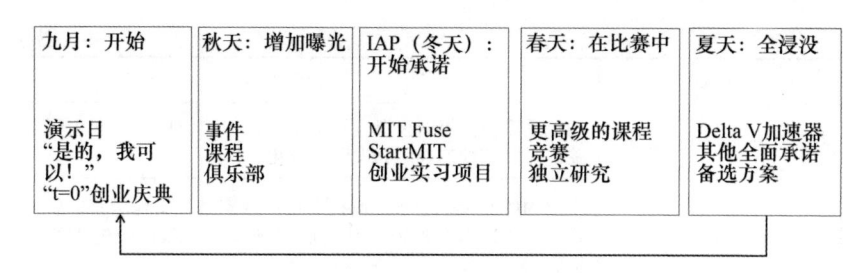

第四章　数字时代的高校创新创业教育组织重构

```
九月：开始          秋天：增加曝光      IAP（冬天）：      春天：在比赛中      夏天：全浸没
                                    开始承诺

演示日              事件              MIT Fuse           更高级的课程        Delta V加速器
"是的，我可          课程              StartMIT           竞赛                其他全面承诺
以！"                俱乐部            创业实习项目        独立研究            备选方案
"t=0"创业庆典
```

循环：每年都会重新开始

图 4-3　MIT 学生的经历

资料来源：MIT 马丁信托创业中心 2021 年度报告。

戈文奖（The McGovern Award）、莫诺森创业指导奖（The Monosson Prize for Entrepreneurship Mentoring）、D-Lab 扩大奖学金计划、Lemelson-MIT 学生奖、德什潘德技术创新中心赠款（Deshpande Center Ignition and Innovation Grants）、列格坦 MIT 创业领导力奖学金、列格坦中心种子基金、创新计划学生团体协作奖助金、转化研究员计划（TFP）、Tata 中心研究生奖学金项目、沙箱创新基金等（见表 4-3）。这让学生敢于创业，因为有资金保障让创业变得无风险。MIT 创业中心还通过加强与其他院系、实验室、中心及研究生院合作，为学生提供系统而周到的创业服务，如技术许可办公室（Technology Licensing Office）提供专利申请、初创公司牌照审批服务，列格坦中心（Legatum Center）提供商业企划改善服务，为学生营造公平的竞争环境，指导学生创业并获得长期成功。

表 4-3　MIT 奖项和资助

奖项或资助	用途
麦戈文奖	表彰和奖励创业方面表现优秀的学生。
莫诺森创业指导奖	表彰和奖励创业方面表现优秀的指导者。
Lemelson-MIT 学生奖	授予全美有前途的能够代表经济重要领域（如医疗、交通、食品和农业）的大学发明家。面向本科生和个别研究生。
D-Lab 扩大奖学金计划	通过提供 2 万美元的资助、一组导师、技能建设、年度会议、网络研讨会、定制资源和网络机会，为社会企业家提供为期一年的支持，帮助他们将扶贫产品和服务大规模推向市场。面向 MIT 和国际发展设计峰会的校友。

续表

奖项或资助	用途
德什潘德技术创新中心赠款	通过适度但关键的投资，帮助优秀的 MIT 教职工和学生将有前途的、突破性的技术和发明商业化。
列格坦中心种子基金	支持 MIT 早期创业领袖前往发展中国家进行实地考察、研究和试点，创造出有潜力推动发展中国家经济和社会进步的解决方案。
列格坦 MIT 创业领导力奖学金	MIT 列格坦发展与创业中心（Legatum Center for Development and Entrepreneurship）每年都会建立一个约 20 名的 MIT 创业领袖团队，并为其提供为期 1 年的奖学金，资助他们建立和扩大创新产品或服务，以及建立必要的知识、能力、心态和网络，以最大地促进发展中国家的进步。
沙箱创新基金	为学生发起的创意、MIT 合作伙伴网络的指导以及量身定制的教育体验提供 2.5 万美元种子资金。
创新计划学生团体协作奖助金（MITii SGC Grant）	支持以创新和创业为重点的学生团体之间建立伙伴关系。
Tata 中心研究生奖学金项目	面向 MIT 对设计创业和发展中国家感兴趣，且具有强大技术背景的研究生。
转化研究员计划（TFP）	为期 1 年，资助博士后每周工作 1 天将一项 MIT 技术商业化，并为其提供指导资源、综合利益冲突管理和其他支持。

资料来源：MIT 马丁信托创业中心 2018 年度报告。

（四）MIT 创业中心师资力量

美国通过开设创业学学科，培养了大批经过系统培训的硕士、博士，充实了创新创业教育专任师资。[①] MIT 创新创业教育教师采取理论型教师和实践型教师相结合的"双轨制"模式，主要来源于工程学院（16 人）、建筑规划学院（3 人）、斯隆管理学院（16 人）及创业中心，另有兼职教师 31 人。从 MIT 近 5 年教员结构来看，"其他教师"（Other academic staff）平均占比最高，高达 34.75%，而专任教师（faculty）占比仅为 8.38%，其他教师是专任教师的 4.15 倍（详见图 4-4）。兼职教师即为"其他教师"，是 MIT 开展创新创业教育的重要师资力量。

---

① 黄扬杰、黄蕾蕾、李立国：《高校创业教育教师的创业能力：内涵、特征与提升机制》，《教育研究》2017 年第 2 期。

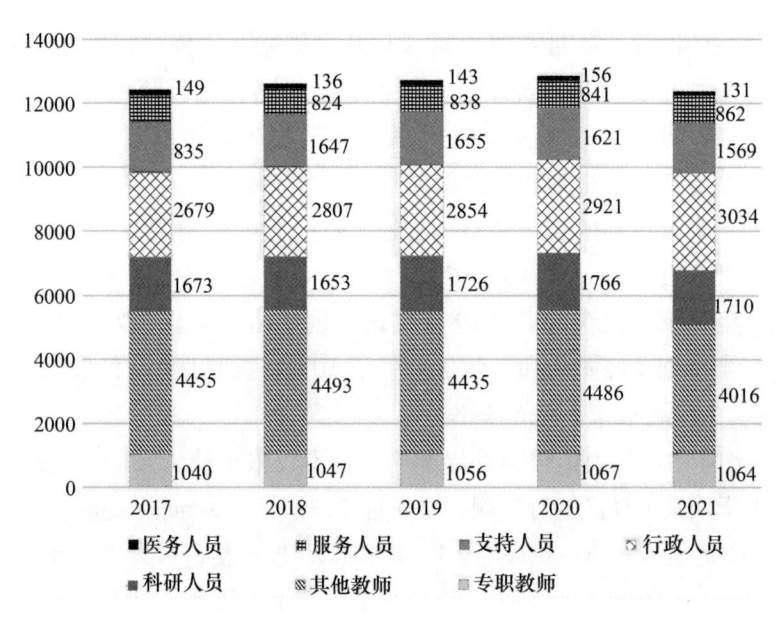

图 4-4 2017—2021 年 MIT 教职工人数

年份	医务人员	服务人员	支持人员	行政人员	科研人员	其他教师	专职教师
2017	149	835	2679	1673	4455	—	1040
2018	136	824/1647	2807	1653	4493	—	1047
2019	143	838/1655	2854	1726	4435	—	1056
2020	156	841/1621	2921	1766	4486	—	1067
2021	131	862/1569	3034	1710	4016	—	1064

资料来源：作者根据 https://ir.mit.edu/faculty-and-staff-research 整理。

MIT 创业中心创新创业教育师资呈现出三个特点：一是实践型教师充足。MIT 创业中心兼职教师 33 人，占比为 48.5%，接近一半。这些从创业实践领域走向课堂的教师让学生从广泛的视角和前沿的知识中受益。如柯克·阿诺德（Kirk Arnold）是 MIT 斯隆管理学院的高级讲师，也是一名拥有 30 多年科技企业高管经验的 CEO，精通战略、销售、客户关系管理和运营；史蒂文·鲍尔（Steven Bauer）专注数字硬件和软件、加密、金融服务等复杂的专利和技术问题 30 多年，代理了多家 MIT 企业的建立。服装公司创始人 Kit Hickey 教授"企业创建与团队"课程，围绕"创始"（选择联合创始人、分割股权和创始人协议）、"建立"（雇用员工，建立团队，创造组织文化）和"成长"（管理外部投资者和董事会，纠正方向，何时及如何离开企业）三个主题进行教学，为学生提供有效的工具包以应对企业发展中的人员挑战。MBA 毕业生、Alchemista 首席执行官克里斯汀·马库斯（Christine Marcus）曾表示这里有经验丰富、成功的 CEO 慷慨地分享他们的知识和经验教训，对创业十分重要且相关。二是理论型教师培育。其一，通过教与学实验室（Teaching + Learning Lab）向教师分享基于研究的课程、科目及课程设计与开发策略,传授"以学生为中心"的教学方法,开展教育创新评估和学生成绩评估,为教师提供建设性的、实用的反馈,提高教师教学水平。① 其二,通过政策如"五分之一"原则鼓励教师在保证正常教学和科研的前提下,每周抽出 1 天参与企业咨询等创业活动,丰富教师的实践经验。三是高校间教师资源共享。如得克萨斯大学奥斯汀分校 Robert Metcalfe 教授曾每月花 4 天指导 120 家 MIT 学生创业公司,因贡献突出获得了 2019 年莫诺森创业指导奖。作为教育的核心,这支具有丰富创业经验的师资队伍造就了 MIT 创新创业教育的成功。

(五) MIT 创业中心对外合作

MIT 创业中心努力加强与外界的联系,不仅限于波士顿创业生态系统,而是瞄准全球其他社区进行接触,以在肯德尔广场(Kendall square)外产生影响。MIT 的发展并非一帆风顺。19 世纪末 20 世纪初,因失去州政府资助,MIT 陷入了可怕的财政困境而不得不加强与企业的联系,用服务换取资助。同时,在筹款的过程中,MIT 的视野超越波士顿的金融界转到了校友身上,校友捐赠使 MIT 获得了额外资金而转危为安。因此,MIT 十分重视与外界的合作,并开创了"大学—产业—政府"创新创业模式。其与企业紧密联系,获得了师资、资金、设施、关系等资源,并保持创新创业的活力。

MIT 创业中心对外合作主要有三种模式:一是会员制合作模式。会员制根据会费区间将会员分为三个等级,会费越高,等级越高,所享受的包括加入创业网络、接触思想领袖及人才、曝光、获得知识和教育及使用空间等五个方面权益也越多。此外,会员还拥有项目、奖学金和物理空间的命名机会,每个级别前 10 位加入且在计划实施前三年加入的授予"创始会员"称号。② 这种合作模式让双方就创业进行头脑风暴、测试和合作,会员投入能够得到充分利用而富有成效。如 MIT 媒体实验室 90% 的经费来自企业,其资助企业通过委托研究或提供材料、样品制作等支持,可拥有专利优先获得权。二是跨校园合作模式。一方面,鼓励志趣相投的本校学生与哈佛大学、巴布森学院等高校学生共同建立新企业,如 2018 年创业加速项目跨校园团队占比超过 50%。另一方面,MIT 与其他高校开展合作

---

① Who We Are And What We Do (https://tll.mit.edu/about/who-we-are-and-what-we-do).
② Membership for Organizations (http://entrepreneurship.mit.edu/membership/).

项目促进创业创新，如与波士顿大学（BU）合作的 BU 法律诊所将法学院学生与学生企业家聚集在一起，在创业与知识产权、技术与网络法律诊断两个领域帮助学生将创新转化为有竞争力的创业企业，已有逾 1000 名学生获得免费法律指导，50 余家实体形成。三是国际社会合作模式。MIT 早于 1998 年成立了全球创业工作坊，[①] 并与其他国家政府、企业和高校建起广泛的联系与合作，如中国实验室（China Lab）、印度实验室（India Lab）、以色列实验室（Israel Lab），旨在帮助其他国家企业家和创业者提高管理水平和发现新机遇。这些实验室反过来又为 MIT 开展创新创业教育提供了知识和经验，促进创新创业课程体系的完善。

二　斯坦福大学创新创业教育组织建设及运行

斯坦福大学，全称为小利兰·斯坦福大学（Leland Stanford Junior University），于 1885 年由铁路大亨利兰·斯坦福（Leland Stanford）及其妻子简·斯坦福（Jane Stanford）创建，目的是"通过对人类和文明施加影响来促进公共福利"。斯坦福大学秉承"自由之风永远吹拂"（"the wind of freedom blows"）的校训，正在努力建立一个由正在改变世界的企业家和思想领袖组成的充满活力的全球社区，努力揭开企业家精神的神秘面纱，培养企业家和成长型企业。调查显示，与斯坦福大学有血缘关系且仍在活跃的企业约有 39900 家，每年产生收益 2.7 万亿美元，创造 540 万个工作岗位。斯坦福大学创新创业教育采取"辐射模式"，即鼓励各学院开设创新创业课程，建立学院层面的创新创业实践平台，并面向其他学院开放。这种模式促使全校设立不同层面的创新创业教育组织，斯坦福大学商学院于 1996 年成立的创业研究中心（Center for Entrepreneurial Studies，CES）就是其中之一，旨在更好地理解企业家和创业社区所面临的问题，培养企业家和成长型企业。

（一）斯坦福 CES 组织结构

CES 致力于为学生提供最好的项目来探索创业精神，并帮助教师进行创业研究和课程开发。该中心设有教师董事（Faculty Directors）2 人，主任 1 人，副主任 6 人，主任助理 1 人，并配有案例作者（case writer）2 人

---

① 郑娟、孔钢城：《利益相关者视角下的 MIT 创业生态系统研究》，《高等工程教育研究》2017 年第 5 期。

和研究分析师（Research Analyst）3 人（见表 4-4）。主任和副主任分工明确，主任领导创业研究中心，副主任分别分管创新创业项目、创新创业课程、创业车库（Startup Garage）与创新创业课程、教师及演讲者计划、研究项目、政策及创新项目，主任助理则负责项目运营。这些工作人员具有丰富的创业领域工作经验，其中不乏自身创立企业的人员，如主任助理在金融服务行业工作了 7 年，并经营了一家时尚初创公司。CES 的组织结构还体现了研究中心的特色，案例作者和研究分析师主要开发创业案例及研究美国拉丁裔创业，为学生提供更好的创新创业课程及帮助教师进行创业研究和课程开发。此外，CES 拥有一个由企业家、教师等 14 人组成的专业顾问团，为 CES 的运营提供建议。[①]

表 4-4　　　　　　　　　　　CES 组织领导

职务	姓名	性别	职责	创业领域经验
教师董事	Stefanos Zenios	男		圣巴巴拉投资集团创业教授和信息与技术运营教授；迪鲁拜·安巴尼创业系研究员。
	Paul Oyer	男		斯坦福大学经济政策研究所创业教授、经济学教授、高级研究员。
主任	Deborah Whitman	女	领导	在消费和小型商业技术公司拥有超过 20 年的经验。
副主任	Singari Seshadri	女	创新创业项目	10 多年的风险资本投资、创业孵化，合伙创建加速器项目，帮助女性探索创业作为职业道路。
	Austin Yoder	男	创新创业课程	创立了中国台湾第一家福利公司，在高中和高危青年社区教授创业精神。
	Keegan Cooke	男	创业车库与创新创业课程	创立并启动了一家 STEM 教育公司（被收购），曾担任多家初创公司的顾问。
	Liz Walker	女	教师和演讲者项目	斯坦福校友会的斯坦福旅游/研究主任。
	Ashley Robinson	女	研究项目	拥有会计和金融、咨询、项目管理和战略发展方面的经验，在四大洲的十个行业工作过。

---

① Faculty Advisors（https：//www.gsb.stanford.edu/faculty-research/centers-initiatives/ces/faculty-staff/advisors）.

续表

职务	姓名	性别	职责	创业领域经验
副主任	Michal Michlin-Friedlander	女	政策及创新项目	曾是一家共享经济初创公司的政策和监管顾问,帮助制定了当地和全球的监管合规战略。
主任助理	Mandy Chang	女	项目运营	在金融服务行业工作了7年,并经营了一家时尚初创公司。
案例作者	Jeffrey Conn	男		拥有金融(3年)、私募股权(4年)和技术战略方面的背景。
	Amadeus Orleans	男		拥有私募股权、并购和早期投资方面的经验。
研究分析师	Marlene Orozco	女	斯坦福拉丁裔创业计划	
	Iliana G. Perez	女	斯坦福拉丁裔创业计划	发起并领导了"移民崛起"创业计划。
	Inara S. Tareque	女	斯坦福拉丁裔创业计划	研究少数族裔和移民企业家,帮助公司开发和执行数据分析。

资料来源:根据 https://www.gsb.stanford.edu/faculty-research/centers-initiatives/ces/faculty-staff 整理。

(二)斯坦福 CES 课程体系

CES 非常重视学生科研能力和创新能力的培养,以文理结合、教研结合、基础课和专业课相融合为基本原则,整合其他学院资源形成了较为完善的创新创业课程体系,分为体验课程(Experiential Courses)、功能课程(Functional Courses)、产业课程(Industry Courses)、创业基础(Foundations in Entrepreneurship)、社会创新(Social Innovation)及拓展课程(Scaling Courses)六大类共 126 门,包括创业的构思、融资、设立、管理等方面,涉及人工智能、医疗保健、运输、能源、教育等行业,涵盖了不同领域创业活动所需的知识和技能(见表 4-5),[①] 并呈现出以下几个特点。

---

① Stanford Entrepreneurship Courses(https://www.gsb.stanford.edu/experience/learning/entrepreneurship/courses#experiential)。

表 4-5　斯坦福 CES 创新创业课程（2019—2020 学年）

课程类别		数量	例子	开课学院
体验课程（Experiential Courses）		15	创业车库：设计（Startup Garage: Design）	GSB（商学院）
功能课程（Functional Courses）	产品制造设计类	15	设计思维工作室（Design Thinking Studio）	SoE（工学院）/ d.school
	市场类	5	新企业客户获取（Customer Acquisition for New Ventures）	GSB
	金融类	10	创业与风险投资（Entrepreneurship and Venture Capital）	GSB
功能课程（Functional Courses）	人力资源类	2	初创公司和成长型公司的人事管理策略（People Management Strategy in Startups and Growing Firms）	GSB
	法律类	2	技术许可和商业化（Technology Licensing and Commercialization）	SoE
产业课程（Industry Courses）	技术类	12	设计人工智能培养人类福祉（Designing AI to Cultivate Human Well-Being）	GSB
	医疗保健类	11	设计基于研究的干预措施解决全球健康问题（Designing Research-Based Interventions to Solve Global Health Problems）	SoM（医学院）/ GSE
	运输类	4	未来的汽车——移动创业（The Future of the Automobile — Mobility Entrepreneurship）	SoE
	能源类	5	能源创业（Entrepreneurship in Energy）	SoES（能源与环境科学学院）
	教育类	3	教育中断（Disruptions in Education）	GSB
	搜索基金类	2	企业收购（Entrepreneurial Acquisition）	GSB
	其他	11	FEED 实验室：食品系统设计与创新（FEED Lab: Food System Design and Innovation）	SoES

续表

课程类别	数量	例子	开课学院
创业基础（Foundations in Entrepreneurship）	15	多元视角下的企业家精神（Entrepreneurship from Diverse Perspectives）	GSB
社会创新（Social Innovation）	10	VIP：非常有影响力的人：社会创新与社会企业家（VIP: Very Impactful People-Social Innovation and the Social Entrepreneur）	SoHS（文理学院）
扩展课程（Scaling Courses）	4	管理成长型企业（Managing Growing Enterprises）	GSB

资料来源：根据 https://www.gsb.stanford.edu/experience/learning/entrepreneurship/courses#experiential 整理。

一是学科交叉。其一，跨学院联合开设创新创业课程。在2019—2020学年的创新创业课程中，商学院独立开设或与其他学院联合开设的有74门，工程学院独立开设或与其他学院联合开设有49门，多个学院联合开设的有10门。课程设计也强调跨学科，如"设计人工智能培养人类福祉"（Designing AI to Cultivate Human Well-Being）要求4名学生组成跨学科团队深入研究一个行业并提出"通过人工智能发展人类福祉"的五年规划图。其二，以辐射模式促进学科渗透，即各个学院根据教学特点设置创新创业课程鼓励学生跨学科修读。如工程学院创业中心STVP的"创业角"（Econor）慕课平台，内容包括创业（如何从初创阶段扩展到成熟阶段）、文化（如何培养更有效的团队合作方式）、创新（如何将想法带入生活）、策略（如何看待和抓住机遇）四个方面，分为创业思想领袖（Entrepreneurial Thought Leaders）、众包（Crowdsourcing）、摩擦力（Friction）、"LEAP！"、善于组织（Organizing For Good）和斯坦福创新实验室（Stanford Innovation Lab）六个系列（见表4-6），是CES创新创业教育课程的有力补充。[①] 跨学科教育打通了相对割裂的学科布局，拓展了创业知识的广度和深度。

---

① Ecorner（https://ecorner.stanford.edu/）.

表 4-6　　　　　　　　　　"创业角"系列课程

名称	主要内容
创业思想领袖	领导者们分享成功背后的秘密和挫折
众包	如何从组织外部吸引、拒绝和选择创新思想
摩擦力	分享改善工作方式的见解
LEAP!	研究对企业家至关重要的、经常被忽视和缺乏教育的软技能
善于组织	目标驱动型领导的简短案例研究,重点是激活、维持和扩展目标
斯坦福创新实验室	挖掘出创新的实用技巧

资料来源:根据 https://ecorner.stanford.edu/整理。

二是重视社会创新。斯坦福大学商学院单独设置了社会创新中心（Center for Social Innovation, CSI）,基于管理类核心课程,采取以人为本、系统思考及跨学科方法培养引领全球社会和环境变化的学生。社会创业教育注重公益性,强调社会价值,[①] 如"社会变革的问题解决"（Problem Solving for Social Change）这门课通过研究非营利组织、营利性社会企业及政府提出的问题和案例,教授学生相关创业的技能和知识体系。斯坦福大学鼓励社会创新,那些将选修课程重点放在经济机会、环境可持续、健康或教育等特定的社会创新领域,或在企业责任、社会企业家、非营利组织领导、社会影响基金及公共政策等方面进行学术努力的 MBA 或 MSx 项目学生可以考取公共管理和社会创新证书（Certificate in Public Management and Social Innovation）,并有资格获得米勒社会变革领导奖（Miller Social Change Leadership Award）,以表彰他们通过出色的领导力和对社会和环境行动的承诺,为斯坦福大学社会创新做出的贡献。此外,CSI 影响力指南（Impact Compass）还为各种组织、项目或初创企业的社会影响力提供了测量工具,所培养的社会企业家、非营利组织领导为促进全球治理发挥了重要作用。

三是理论与实践并重。首先是融合多种教学方法,如"新企业客户获取"（Customer Acquisition for New Ventures）包括案例讨论、练习和模拟、客座讲座和小组学习,而"材料和制造的魔力"（The Magic of Materials

---

[①] 黄兆信、黄扬杰:《社会创业教育:内涵、历史与发展》,《高等教育研究》2016 年第 8 期。

and Manufacturing）则采取讲座、工厂实地考察和多媒体演示等方式。其次是实践导向，实践教学可激发学生意识，强化学生行为，较之理论教学，其效果更加明显。如"极端负担能力设计"（Design for Extreme Affordability）专注农业、医疗、水、能源等产品和服务的开发以改善世界上最贫困公民的生活，现已在全球 32 个经济体中与 61 个合作伙伴共同执行了 150 个项目。① 真实的学习环境和实践导向的课程促进了学生的创业认知和行为，② 鼓励学生将创意转化为商业活动。

（三）斯坦福 CES 实践体系

斯坦福大学是全球综合实力最强的私立大学，其下属七大学院共 76 个系③、39 个跨学科项④、105 个研究中心⑤、23 个图书馆⑥及斯坦福研究园超过 140 座用于科研、生产等的建筑为全校师生创新创业实践提供了重要的基础资源。除此之外，CES 也构建了自身的创新创业教育实践体系。

一是搭建内部平台服务创业实践。其一，成立斯坦福创业工作室（Stanford Venture Studio），每年面向全校研究生接收 100 多个团队，提供从创意到启动到融资等全过程的支持，为学生建立自主、非结构化的，由导师、顾问、同辈和校友组成的可信网络。其 NGP CoLab 联合办公空间配备了用于构思、原型和实验的工具；演示日让学生每周都有机会和创始人、行业领导者、投资者和教师等进行一对一会面并展示想法；线上线下论坛促进与同行、校友的交流和协作，及获得 AWS 信用、法律服务和软件工具等免费资源，与学生团体、行业组织等建立密切联系。⑦ 其二，每季度举办创业研讨会 3—5 次，企业家领袖们分享对医疗保健、可持续发展、智能硬件和产品设计等主题的见解，如与商学院健康俱乐部共同举办

---

① OIT 333：Design for Extreme Affordability（https：//explorecourses.stanford.edu/search? view = catalog&filter-coursestatus-Active = on&page = 0&catalog = &academicYear = &q = OIT + 333%3A + Design + for + Extreme + Affordability&collapse = ）.

② Heinrichs, K., "Design and Evaluation of An Entrepreneurship Education Course: Dealing with Critical Incidents in The Post-formation Phase", *Vocations & Learning*, 2016: 1 – 17.

③ Academic Departments（https：//www.stanford.edu/list/academic/）.

④ Interdisciplinary Programs（https：//www.stanford.edu/list/interdisc/）.

⑤ SResearch Centers（https：//www.stanford.edu/list/research/）.

⑥ Libraries（https：//library.stanford.edu/libraries）.

⑦ Stanford Venture Studio（https：//www.gsb.stanford.edu/stanford-community/entrepreneurship/venture-studio/）.

了 2018 年健康投资创业活动、"建设动力：女性企业家会议"等。① 其三，通过创业暑期项目（ESP）测试是否适合创业，约 10% 的 MBA 学生参加并在员工人数为 5—50 名的公司实习，实习地点超越旧金山湾区，涉及波哥大、北京、伦敦和新加坡等国家或城市。② 这些实践活动增加课堂学习体验，使学生更好地把理论知识应用到实践中去，从而提升创业能力。

二是依托校级平台丰富实践载体。斯坦福创业网络平台（SEN）是为了促进全校创新创业教育组织资源流通和共享而搭建，专门服务于创业项目，CES 以此获取各学院、跨学科项目、研究中心、学生组织等资源。如斯坦福大学的创业俱乐部主要集中在商学院和工程学院，其中商学院 67 个学生俱乐部中，有 55 个与创业密切相关。CES 为创业学生连接起不同的创业组织，搭建沟通交流和服务平台。商学院的亚当·斯密学会（Adam Smith Society）通过大型演讲活动、小型晚宴、与客人共进午餐等活动促进校内校外就自由市场经济和政策的讨论和辩论，社会创新俱乐部（Social Innovation Club）探索创新方式解决世界上最紧迫的社会挑战，并改善国内外低收入人群的生计。③ 还有很多俱乐部在建立学生与学生、学生与家庭、学校与外界的联系，帮助学生掌握生活、兴趣等技能。工学院的亚太学生创业协会（Asia-Pacific Student Entrepreneurship Society, ASES），成立于 1998 年，旨在连接学生企业家，并为全球学生提供创业、设计和风险投资方面的教育项目，要求超越硅谷思维，解决全球性问题。在亚太学生创业协会中，训练营是通往创业社区的垫脚石，峰会连接起全球企业家，Launchpad 项目把高中生的想法变成现实，VC3 项目把学生初创企业推介出去。④ 斯坦福创业学生商业协会（BASES），目标是培养下一代企业家，通过创业思维领袖研讨会将世界各地的企业家带到斯坦福校园，并举办创新创业竞赛、创业招聘会、女性创业峰会和社会影响周等全校范围的活动。⑤ 创新创业竞赛属 10 万美元创业挑战赛（E-Challenge）最有影

---

① Entrepreneurial Summer Program（https：//www.gsb.stanford.edu/experience/learning/entrepreneurship/beyond-classroom/entrepreneurial-workshop-series）.
② Entrepreneurial Summer Program（https：//www.gsb.stanford.edu/experience/learning/entrepreneurship/beyond-classroom/summer-program）.
③ Clubs & Activities（https：//www.gsb.stanford.edu/programs/mba/student-life/clubs-activities）.
④ Stanford's Globally Focused Student Entrepreneurship Society（http：//ases.stanford.edu/#landing）.
⑤ BASES（http：//bases.stanford.edu）.

响力,不仅为初创公司提供资金,组织者还会给予指导和评价,以及通过提供咨询服务、争取风投资金等帮助学生实现市场运作。此外还有创业挑战赛、社会创业挑战赛和社会运动挑战赛等也颇具影响力。

(四)斯坦福 CES 师资力量

斯坦福大学师资力量雄厚,生师比为 5∶1。[1] 2019 年在职教师中有诺贝尔奖获得者 17 人,麦克阿瑟研究员 31 人,国家人文科学奖章获得者 4 人,普利策奖获得者 4 人,国家科学奖章获得者 13 人,国家技术奖章获得者 1 人,美国人文与科学院院士 281 人,国家科学院院士 161 人,国家工程院院士 109 人,国家医学院院士 74 人,国家教育学院院士 25 人,美国哲学学会会员 47 人,沃尔夫基金会得奖者 5 人,总统自由奖章获奖者 2 人,国家艺术奖章获得者 1 人。[2] 此外,《斯坦福实况 2019》(*Stanford Facts 2019*)数据显示,捐赠讲席教授(Faculty appointed to endowed professorships)626 名,占比约为 28%。

CES 创新创业教育教师主要来自商学院和其他学院,其中专任教师 30 人,由企业家、业界领袖、校友、投资人等组成的具有丰富实践经验的兼职教师 43 人。[3] 雄厚的师资为团队教学创造了条件,如"创业车库"由教授、企业家、投资者等 11 人组成教学团队,[4] 将前沿理论和商业实践带到课堂中。斯坦福大学制定了政策,帮助教师通过教学和研究、担任企业顾问或提供咨询、自我创业三种途径提升教学和指导能力,[5] 如允许教师和科研人员每周有 1 天到企业兼职,甚至离岗 1—2 年进行创业。据调查,25% 的教师受访者表示曾经创建或合并了一家公司。[6] 这也为学生进入企

---

[1] Stanford Facts 2019 (https://facts.stanford.edu/wp-content/uploads/sites/20/2019/02/stanford-facts-2019.pdf).

[2] Stanford Facts 2019 (https://facts.stanford.edu/wp-content/uploads/sites/20/2019/02/stanford-facts-2019.pdf).

[3] Affiliated Faculty (https://www.gsb.stanford.edu/faculty-research/centers-initiatives/ces/faculty-staff/affiliated-faculty).

[4] Startup Garage Course Details (https://www.gsb.stanford.edu/stanford-community/entrepreneurship/startup-garage).

[5] 徐旭英、邹晓东、张炜:《斯坦福大学创业教育实施的特点与启示》,《高等工程教育研究》2018 年第 2 期。

[6] Charles E. Eesley, William F. Mille, "Impact: Stanford University's Economic Impact via Innovation and Entrepreneurship", *California: Stanford University*, 2012: 16

业内部实地考察创造机会，教师鼓励学生提出方案到企业实际操作，以了解创业想法是否具有可操作性。此外，斯坦福大学坚持包容、合作和持续学习的文化，支持教师技能培训、专业发展及学位教育，如教学中心（CTL）帮助教师发展教学知识和方法，并提供一对一咨询、课程支持、教育项目等服务。① 副教务长办公室（VTPL）每季提供最高 2500 美元的教学发展资助（Teaching Advancement Grants）以鼓励教师改进教学方法，受资助的教师有权使用副教务长办公室所有资源。②

（五）斯坦福 CES 对外合作

斯坦福大学创业生态系统的运行尤其离不开外界的支持。大量校友的成功创业和硅谷的崛起，使其获得了丰厚的产业资源、人力资源和捐赠资金。全校捐赠基金会现已超过 8000 个，仅 2018 年前 8 个月便获得了约 72000 名捐助者的 11 亿美元捐赠。这大大提高了斯坦福大学的竞争力和综合实力，最终又促进硅谷和企业发展，形成良性循环。斯坦福大学学生国际化程度高，13% 的本科生和 34% 的研究生为国际生源，而种族方面也体现了多样性（以本科生为例）：白人（34%）、亚裔（22%）、拉丁裔（16%）、国际（10%）、混血（9%）、非裔美国人（6%）及其他（3%）。斯坦福大学校友遍布在全球 158 个国家和地区。官网"校友"栏目建立起校友、学校、学生之间的社区，校友可在此处寻找就业创业等资源和服务，及提供捐赠、咨询等志愿服务。③ 在此基础上，CES 设立了三种基金：一是社会创新中心创新基金（CSI Innovation Fund），旨在传达社会创新的重要性，为新课程开发、研究和教学、学生项目和校友项目等募集资金；二是商学院影响基金（GSB Impact Fund），由学生在 CSI 的指导、教师的监督下管理基金，校友和专业人士为投资、采购、构建交易、衡量影响、投资组合配置和退出等提供战略指导；三是搜索基金（Search Fund），由 1—2 名"搜索者"带头成立投资者小组寻找、收购私有公司并进行 6—10 年的经营，截至 2019 年年底，斯坦福大学已成立搜索基金 533 只，其中国际搜索基金 132 只。④

---

① Center for Teaching and Learning (https：//vptl.stanford.edu/center-for-teaching-and-learning).
② Teaching Advancement Grants (https：//vptl.stanford.edu/teaching-advancement-grants).
③ Alumni (https：//alumni.stanford.edu/get/page/home).
④ 2020 Search Fund Study：Selected Observations (https：//www.gsb.stanford.edu/faculty-research/case-studies/2020-search-fund-study-selected-observations).

CES 还通过校内其他创新创业教育组织如产业合作办公室（Industrial Contracts Office，ICO）、斯坦福研究园等与产业建立紧密联系，实现互利共赢。如 ICO 负责与产业的科研合作事宜，企业可通过捐赠、科研项目、联合项目等方式进行资助，其中联合项目颇具特色：企业缴纳会费成为会员，可在参加研讨会、专人联系、人才招聘、获取科研报告或出版物等方面享受更多利益。斯坦福研究园是一个充满活力的产学研合作平台，功能齐全、政策优厚，吸引了超过 150 家高科技公司，孵化了 250 多家初创企业，其中，马克·扎克伯格（Mark Zuckerberg）将 Facebook 总部设在此处，用户从 2000 万增加到了 7.5 亿。① 此外，斯坦福大学创新创业教育组织往往成立了顾问委员会，其成员来源广泛，搭建起了校企关系网络。

三 对中国高校创新创业教育组织的启示

随着数字技术的普及，未来的创业将跨越地理障碍，借助互联网和社交媒体等数字平台实现创业融入人们的日常生活，创新创业教育将变得更加重要。② MIT 和斯坦福大学先进的基础设施、分层分类的课程体系、专业化的师资队伍、丰富的创业活动、充满活力的学生组织、一站式的服务平台以及支持和衔接这些创新主体的网络等构成了全方位、多层次的创新创业生态网络。数字内容的快速融入和新兴数字技术（大数据、云计算、物联网、人工智能、5G 通信等）的广泛使用更形成了数字化的学习生态系统，不仅培养学生的数字技能和素养，也大力推动了与时代同轨、与未来同向的创业活动。高等学校是引领创新的生力军，在教学、科研和社会服务中植入创新创业基因，对区域创新系统具有强大的辐射和带动作用。然而中国高校创新创业教育组织仍处于起步阶段，由零星的创新创业课程和创新创业竞赛组成的松散的创新创业教育模式难以激发学生创业热情，更遑论全面支持学生创业。MIT 和斯坦福大学创新创业教育组织建设的经验或为中国高校提供了以下 5 点启示。

（一）完善创新创业教育组织结构

中国高校创新创业教育组织发展处于起步阶段，一般为高校二级单位

---

① Stanford Research Park（https：//stanfordresearchpark.com/）.
② Van Gelderen, M., et al., "Entrepreneurship in the Future: A Delphi Study of ETP and JBV Editorial Board Members", *Entrepreneurship Theory and Practice*, 2021, 45（5）: 1239 – 1275.

或二级单位下设机构，多采取"有形学院，无形运作"的"非实体"运作方式。创新创业教育组织工作人员多由职能部门的老师兼任，创业资源分散在不同的部门和院系之间，理论教育、实践训练和创业模拟实训等分别由不同的组织开展。MIT 和斯坦福大学创新创业教育组织给我们提供了几点方向：第一，要明确自身定位，根据高校类型、需求导向及地缘优势等，明确创新创业教育的功能、职责、发展定位以及人才培养目标等；第二，配齐配强领导小组和专职工作小组，特别是要选任有影响力的领导及引进有丰富创业领域经验的人员，还可增设案例作者、研究分析师等专业岗位加强创业研究；第三，设立入驻企业家制度和专业顾问网络，充分利用强有力的校友资源和产业资源为创新创业教育组织建设提供咨询与建议，并为学生提供创新创业教育及指导。

（二）构建全覆盖、分阶段、个性化的课程体系

高校推进创新创业教育教学是基于学生需要，① 但中国高校创新创业教育课程体系缺乏全面、系统的顶层设计，大多偏向理论教学，实践教学、特色教学和跨学科教学凸显不足。MIT 和斯坦福大学从学生的实际需求出发设置创新创业课程，能够满足不同层次的学生的需求，并且贯穿创业全过程，为学生提供与创新创业紧密相关的各类课程，形成了系统完善的课程体系。中国高校可借鉴先进经验，结合自身优势和创新创业特色，融入数字技术和数字内容，构建全覆盖、分阶段、个性化的课程体系：一是开展广谱式创新创业教育，面向全体学生开设创业基础课程，结合专业设置专业创新创业课程，及鼓励专业教师将创业知识、理论与工具融入专业教学，鼓励学生修读本专业外的创业课程促进跨学科教育，全面激发学生创新意识和创业精神；二是分层分类，围绕当前创新创业重点领域，开设面向不同创业群体、不同创业阶段的创新创业课程，如涉及行业、技能、法律、融资等相关课程，特别要围绕数字时代创业所需设置数字相关课程，培养学生的数字技能和素养。此外，未来的创业可能会更关注环境和社会问题，② 因此开设社会创业课程亦是重点。三是针对创业学生开设

---

① 卓泽林、黄兆信、庄兴忠：《美国高校创新创业型人才培养的机制与路径研究——以威斯康辛大学麦迪逊分校为例》，《浙江社会科学》2018 年第 11 期。

② Van Gelderen, M., et al., "Entrepreneurship in the Future: A Delphi Study of ETP and JBV Editorial Board Members", *Entrepreneurship Theory and Practice*, 2021, 45 (5): 1239 – 1275.

特色项目，实施精英教育，培养企业家。高校可根据学生专业或兴趣开设创业班或特色项目，将具有创业意愿的学生聚集起来进行系统培训，如 MIT 移动风险投资系列课程（Mobility Ventures）为国家和城市发展培养交通系统创新人才。① 四是革新研讨会、案例教学、情景模拟、实地考察等体验式、互动式、个性化教学方法，融入 VR/AR 等数字技术增强学生体验，让学生更深入地了解创业的核心问题。

（三）加强创新创业师资队伍建设

中国高校创新创业教育教师多为团委、辅导员、经管类教师转化而来的缺乏专业知识和实践经验的理论型教师，校外兼职教师稀缺且授课能力较弱，对学生创新创业教育和指导的作用有限。而 MIT 的实践型教师与理论型教师的比例高于 4∶1，多为来自产业界的专业领域人士，在日常专业教学中能够很好地渗透创新创业教育，创业中心的兼职教师更是创业领域的佼佼者。斯坦福大学创新创业教育教师实践型教师也超过一半，另有顾问教师提供参谋。两所高校的教师培养机制均成熟完善，使教师在创新创业教育中真正发挥了实质作用。因此要提高创新创业师资水平，首先要提升现有专任教师和创业教师的教学能力。既要通过培训、继续教育及教学研究资助或奖项提升教师理论知识水平和数字教学能力，又要制定政策通过企业挂职与交流、开展咨询活动等提高教师创业能力。其次要引进更多的兼职实践型教师。在管理方面既要制定政策促进授课专业化、常态化和制度化，又要通过学校的教师发展组织帮助提高教学水平。再次是培养女性创业教师。女性榜样对女性创新创业教育十分重要，② 可设立女性教师创业项目如 MIT 新发起的未来创始人奖项目支持专业基础扎实、研究能力强的女性教师参与成果转化和知识转移，以培养更多的女性创业专任教师和具备创业知识和技能的女性专业教师。最后是探索设立创业学学科，③ 培养系统培训的硕博士创业教育专任师资，或借鉴 MIT 的 MBA 创业与创新项目经验，提前培养一批专业教师充实研究型大学创新创业教育师资

---

① 2021 Annual Report（https：//en.calameo.com/read/0050567205eaa747a64f8）.

② Berggren, C., "Entrepreneurship Education for Women—European Policy Examples of Neoliberal Feminism?", *European Education*, 2020, 52 (4): 312–323.

③ 黄扬杰、黄蕾蕾、李立国：《高校创业教育教师的创业能力：内涵、特征与提升机制》，《教育研究》2017 年第 2 期。

队伍。

（四）搭建系统多元的创新创业实践平台

研究表明，创新创业实践是影响学生视野中创新创业教育质量的最主要因素，对学生创业能力提升帮助最大。① 但是中国高校创新创业实践存在实践载体不够丰富、政策经费支持力度不足、创新创业竞赛较难落地、创新创业服务有待提高等问题，学生对创新创业实践满意度有待提高。首先，健全基础设施。高校创新创业教育组织可整合全校先进的实验室、实训室等为学生提供创新阵地，建设功能齐全的创业活动场所促进学生思维碰撞和交流，打造活跃的创业社区。其次，丰富活动载体。鼓励学生基于兴趣或专业成立创业俱乐部，开展创业竞赛、研讨会、讲座、路演、企业实地考察、创业实习等各类实践活动，在活动中融入入驻企业家、兼职教师及创业学长等的指导，让学生体验真实的创业环境及尝试创业想法。再次，加强创业宣传。借鉴 MIT 创业庆典周设立创业文化节，集中展示创业资源、创业项目、创业效果等，营造浓厚的创业文化氛围，鼓励学生创新创业。最后，搭建一站式数字服务平台。中国高校数字平台组织变革缓慢，② 可借鉴 MIT 推出的 Orbit 3.0 在线创业平台，整合全校创新创业教育资源及平台，融合大数据技术等为学生定制从简单到复杂、从灵感到实践的创业培养路径。

（五）打造数字创新创业生态系统

当前，数字化技术的应用正在全方位影响教育、社会和生活的各个方面，也改变着传统的创新创业教育理论与实践。面对新形势，各利益相关者亟须协力打造一个由数字基础设施治理、数字用户公民、数字创业和数字市场组成的数字创新创业生态系统。③ 首先是加强与校友合作，经营好校友会，建立数字化校友社区平台，为校友通过捐赠、投资、咨询及场地支持（如实习和考察等）等反哺母校提供便利。其次是加强与产业界的合

---

① 黄兆信、黄扬杰：《创新创业教育质量评价探新——来自全国 1231 所高等学校的实证研究》，《教育研究》2019 年第 7 期。

② 阳镇、刘畅、季与点、陈劲：《平台治理视角下高校科技成果转化治理创新》，《科学学与科学技术管理》2021 年第 12 期。

③ Sussan F, Acs Z J, "The Digital Entrepreneurial Ecosystem", *Small Business Economics*, 2017, 49 (1): 55–73.

作。高校可探索会员制促进高校与产业的资源的双向流通，以达到互利共赢的目的。高校划定会员等级与会费，企业按需加入并获得高校对应的培训、宣传、人才输送、空间使用、加入创业网络、优先获得专利权及授予荣誉称号等权益，以此激励企业不断加强与高校的合作。再次是高校强强合作。一是建立高校联盟加强资源共享，统筹视频课程资源建立专门MOOC网站，加强高校间的研究数据共享以促进更好地开展创新创业教育；二是促进学生跨校园合作，如开放基础设施、活动场所及活动载体（包括创业竞赛、创业项目等），引进其他高校的特色项目（如法学院的法律服务），设立创业相关校园开放日，为学生组建跨校园创业团队提供机会。最后是与社会各界乃至国际社会加强交流，构建多主体参与的合作机制，拓宽社会网络。

第二节 数字时代中国高校创新创业学院建设分析

新冠肺炎疫情的大规模传播对中国产生了巨大影响，为打好疫情防控阻击战，中央和地方实施了严格的管控措施，一段时间内整个经济活动基本处于暂停状态，以致 2020 年第一季度 GDP 增速降为 -6.8%。大量企业在疫情中裁员、降薪乃至倒闭，将"就业难"问题推向了风口浪尖，高校毕业生就业形势更是不容乐观。近两年，高职两次大规模扩招发出了高等教育全面普及化的强烈信号，而贸易保护主义、逆全球化思潮以及突发灾害事件等因素造成了中国乃至全球经济形势复杂多变，高校毕业生能否在艰难环境中"稳就业"，直接影响国家安全稳定、社会长治久安。高校必须承担起人才培养的重担，不断深化高等教育改革，培养能干事、会创新、有责任感且适应经济社会需求的全面发展的大学生。

另一方面，新颖而强大的数字技术、数字平台和数字基础设施的出现，在很大程度上改变了创新和创业精神。创新创业教育是高校自然演化的一个步骤，除传统的教育和科研任务外，还特别强调经济发展，[1] 对国

---

[1] Rothaermel F. T., Agung S. D., Jiang L., "University Entrepreneurship: A Taxonomy of the Literature", *Industrial & Corporate Change*, 2006, 16 (4): 691-791.

计民生具有重大推动作用。中国高校创新创业教育历经20余年的发展，逐步由探索阶段跨入推进阶段，取得了重大突破。与此同时，创新创业学院作为一种普遍的创新创业教育组织模式在短期之内建立。① 但是规范性和专业性不足导致大部分创新创业学院低水平同形，创新创业学院未能较好地发挥实质作用，因此，"如何建设"依然是当前面临的主要问题。

1959年，马森·海尔瑞第一次提出"企业生命周期"概念，他认为企业符合生物学的成长曲线，必然出现停滞、消亡等现象。1965年，哥德纳指出企业生命周期具有不可预期、停滞等特殊性，而且企业可通过变革实现再生，进入新的生命周期。而伊查克·爱迪思则以拟人化的手法将企业的生命周期划分为10个阶段，分别是：孕育期、婴儿期、学步期、青春期、壮年期、稳定期、贵族期、官僚早期、官僚期、死亡。不同阶段的企业有不同的特征，并存在着不同的正常或异常问题，如何诊断和区别这些问题对于企业而言尤为重要。他提出了PAEI基因，即目标管理（Purposeful）、行政管理（Administrative）、创业精神（Entrepreneurial）、整合（Integrative）四大管理功能，以此来分析和诊断问题。

高校创新创业学院作为一种组织，也会经历孕育期、成长期、成熟期、衰退期等阶段。不过，当前创新创业教育方兴未艾，创新创业教育学院建设更是处于初级阶段。本书通过对浙江省两类不同的创新创业学院的问卷调查，从组织生命周期这个全新的视角进行实证推演，其中孕育期的创新创业学院指成立时间较短，各方面较不成熟，代表着中国大部分创新创业学院现状。成长期的创新创业学院则指组织结构、课程、实践和保障机制等快速成长，紧密拥抱数字技术且具有较强示范作用的组织。最后，在问卷调查结果基础上进行复合比较研究，提出促进创新创业学院健康成长的对策。

一 高校创新创业学院建设现状

浙江省高校创新创业教育学院建设走在全国前列。2015年，浙江省教育厅发文要求各普通高校（不含公安类等特殊类型高校）建立创新创业学院，通过加强组织领导，统筹校内外资源，支持和推进创新创业学院建

---

① 梅伟惠：《我国创业学院模式：趋同成因与现实消解》，《教育发展研究》2016年第Z1期。

设。2018 年，34 所高校创新创业学院被评选为浙江省普通高校示范性创业学院，视为已经进入成长期，即为成长期创新创业学院。本书共调查了浙江省 81 所高校（包括普通本科高校、独立学院及高职院校）的创新创业学院，其中孕育期 52 所，成长期 29 所（见图 4-5）。

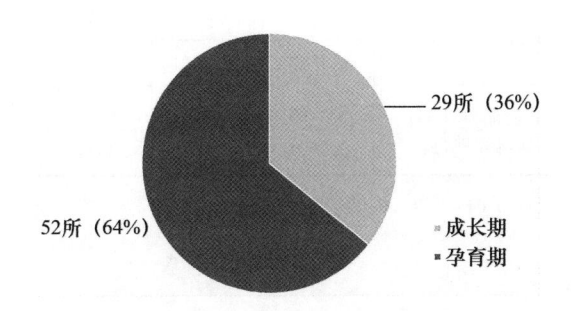

图 4-5 受调查高校基本情况

（一）理论教育覆盖面不广

当前，中国高校创新创业教育理念不够普及，一些高校认为创新创业教育就是培养自主创业学生，导致偏重实践教育而轻视理论教育。统计发现，仅有 84.62% 孕育期创新创业学院有较为系统的创新创业教育发展规划，说明创新创业教育的实施还存在一定随意性，目标定位还不清晰。在开设创新创业教育必修课或模块选修课方面，孕育期比例为 92.31%，进一步经过独立样本 t 检验，发现其显著低于成长期（100%）（见表 4-7），且其中有 55.6% 认为缺乏完善的创新创业教学计划，比成长期（44%）高 11.6%。说明创新创业教育没有得到重视，创新创业课程缺乏规划且游离于高校课程体系之外。再看学生参与创新创业教育课程学习（见图 4-6），平均每所孕育期创新创业学院约 33.29%（2715 人）的学生参加必修课或模块选修课学习，17.42%（1421 人）的学生参加在线学习，两者合计约 50.72%，比成长期低 5.7%，说明还有一半的学生未接受创新创业教育，理论教育未能覆盖全员。再结合学生数量来看，成长期创新创业学院学生平均数为 362 人，是平均在校人数（12712 人）的 2.85%，而孕育期为 522 人，约占平均在校人数（8155）的 6.40%。可以看出，成长期创新创业学院的学生虽少，但全校范围参加课程学习的学生较多，这可能是成长期创新创业学院更倾向于广谱式创新创业教育。

表4-7 不同阶段在开设创新创业教育必修课或模块选修课等方面的差异比较

检验变量	阶段	数量	平均数	标准差	t值
开设创新创业教育必修课或模块选修课	孕育期	52	0.92	0.269	-2.062*
	成长期	29	1.00	0.000	
编写创新创业教育教材数	孕育期	41	0.63	1.137	-3.510**
	成长期	25	2.84	3.009	
设有创新创业教育和创新创业教学专项研究项目	孕育期	52	0.51	0.505	-2.658**
	成长期	29	0.79	0.412	

注:* $p<0.05$ ** $p<0.01$ *** $p<0.001$。

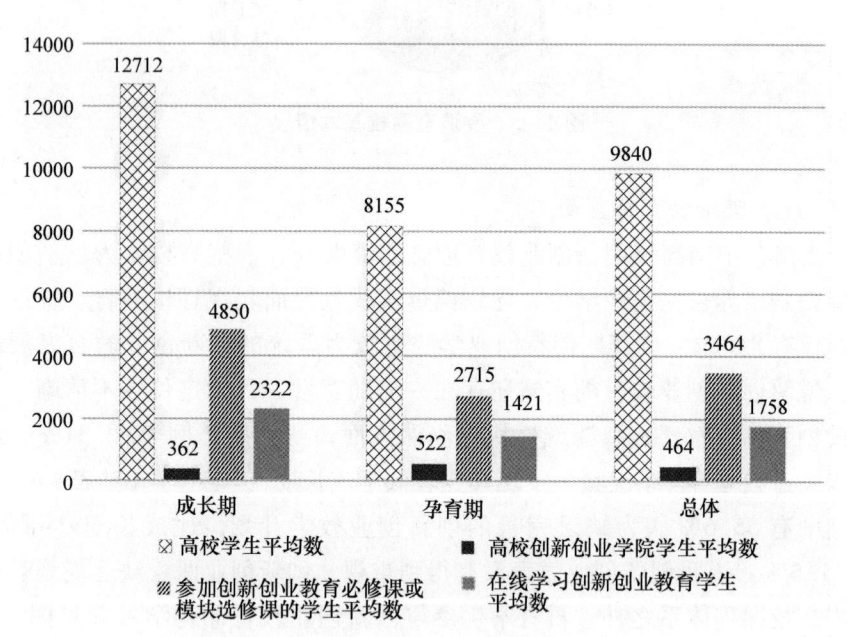

图4-6 学生参加创新创业教育课程学习情况

（二）实践教育效果较不理想

创新创业文化的培育是一个长期渗透的过程。受到社会环境、利益相关者及自身等诸多因素的影响，中国高校还未形成浓厚的创新创业氛围，不利于提高学生参加创新创业实践的积极性。调查发现有38.2%的孕育期创新创业学院认为缺乏创新创业氛围，成长期这一比例也高达20%。中国高校创新创业实践载体不够丰富是无法形成浓厚创新创业氛围的原因之一。当前，高校主要以创新创业竞赛形式推进，使得实践教育成为"小众活动"。如近三年来孕育期创新创业学院学生参与省级、国家级各类创新创业大赛获奖22.33项（获奖率为48.16%），成长期为61.46项（获奖率为59.45%）。实践载体的局限性制约了更多学生的参与，而竞赛项目难落地则导致了创业率较低。数据显示，孕育期高校近三年初次就业率水平百分比为95.7%，学生自主创业比例百分比为2.34%，平均每所有24家学生创业企业成活三年及以上（约占创业企业的65%），分别比成长期低1.07%、1.43%、37家。说明高校创新创业教育对学生就业创业的效果还有待提高，而学生对于创新创业教育人才培养质量和创新创业指导服务水平评价也较低，满意度百分比仅为20.9%，比成长期低17%。

（三）创新创业教育尚未形成经验

与成熟的欧美国家高校相比，中国在创新创业教育影响力方面尚不能望其项背。如创业型大学的集大成者 MIT 的校友创办了至少3万家企业，创造了460万个工作岗位，对区域乃至全球创新生态系统做出巨大贡献。而中国无论是孕育期创新创业学院还是成长期创新创业学院，学生参与积极性不高仍是普遍存在的问题，两者认为其阻碍创新创业教育发展的比例分别高达39.6%和24%。特别是代表绝大部分的孕育期创新创业学院，尚未厘清开展创新创业教育的思路，更遑论找到科学的建设方法并形成自身发展的有效经验。数据显示，平均每所孕育期创新创业学院拥有创新创业教育媒体专题报道35.64篇，而成长期是其2.38倍；举办高层次相关会议经验分享2.26次，成长期是其7.98倍；自主举办高层次的创新创业教育相关会议或论坛2.06次，成长期是其3.42倍；创新创业经验和做法受到上级部门的奖励或荣誉数为2项，成长期是其4.03倍。这就回到了"如何建设"的问题：分析当前问题的原因，以处于高速成长期的示范性创新创业学院为样板经验，寻找变革与突破。

二 高校创新创业学院建设问题的原因分析

（一）课程建设有待加强

创新创业课程是创新创业教育的核心环节[①]，也是实现创新创业教育

[①] 黄兆信、赵国靖：《中美高校创业教育课程体系比较研究》，《中国高教研究》2015年第1期。

普及化的重要手段。中国创新创业教育起步较晚，课程建设还未能适应学生的需要，通常以通识课或选修课为主要形式，学生参与积极性不强。一方面，理论研究存在局限性。创新创业教育缺乏本土理论建设，基于大样本数据分析、综合多种模型分析方法的实证研究有待加强。① 数据显示，仅有 51.06% 的孕育期创新创业学院设有创新创业教育和创新创业教学专项研究项目，比成长期低 28.25%，t 检验显示具有显著差异（见表 4-7）。平均每所孕育期创新创业学院公开发表创新创业教育相关论文、著作仅为 16.55 篇，比成长期足足少 75.95 篇。而 spearman 相关分析发现组织阶段与设有创新创业教育和创新创业教学专项研究项目、高校公开发表创新创业教育相关论文、著作等研究成果显著相关，相关系数分别为 0.282 和 0.522（见表 4-8）。说明理论研究有助于创新创业学院成长，但未受到重视，且整体较为薄弱，研究成果产出较少。另一方面，课程开发存在局限性。孕育期开发创新创业教育优质课堂教学课程数平均为 1.77 门，开发创新创业教育优质视频教学课程数平均为 0.73 门，编写创新创业教育教材数平均为 0.63 门，而成长期分别是 3.65 门、1.92 门、2.84 门。说明不同阶段的创新创业学院具有较大差异，其中编写创新创业教育教材具有显著差异（见表 4-7）。而组织阶段与编写创新创业教育教材数、开发创新创业教育优质视频教学课程数显著相关系数分别为 0.468、0.248

表 4-8　　　　　　　样本高校变量间 spearman 相关分析

	开发创新创业教育优质课堂教学课程数	开发创新创业教育优质视频教学课程数	编写创新创业教育教材数	设有创新创业教育和创新创业教学专项研究项目	高校公开发表创新创业教育相关论文、著作等研究成果
相关系数	0.185	0.248*	0.468**	0.282*	0.522**
Sig.（双侧）	0.128	0.045	0.000	0.013	0.000

注：*在置信度（双测）为 0.05 时，相关性是显著的；**在置信度（双测）为 0.01 时，相关性是显著的。

---

① 王志强、杨庆梅：《我国创业教育研究的知识图谱——2000—2016 年教育学 CSSCI 期刊的文献计量学分析》，《教育研究》2017 年第 6 期。

(见表 4-8),说明此两者的重要性。但在问及创新创业教育开展过程中遇到的障碍时,有 44.4% 的孕育期创新创业学院认为缺乏创新创业教育教材,说明教材匮乏问题突出。因此,亟须加强教材建设,加快优质课程开发。

(二) 实践体系有待完善

创新创业实践是课堂教育的丰富与延伸,是培养创新创业人才的核心路径之一,[①] 目前仍以创新创业竞赛为主要形式推进,未能形成系统而又完备的实践体系。如仅有 53.33% 的孕育期创新创业学院制订了创新创业能力培养计划并建立了创新创业档案和成绩记载系统,平均每所拥有大学生创新创业训练项目 129.13 件,不足成长期(399.9 件)的三分之一,说明创新创业实践管理有待进一步完善。除此之外,基础设施、创业服务及创业政策的供给不能很好地满足学生需求,而宣传不足不利于鼓励更多学生参与,各关键环节的缺失或不足导致无法形成浓厚的创业氛围,实践体系建设凸显不足。

一是基础设施较为薄弱。有 33% 的孕育期创新创业学院认为创新创业实践场地、条件不足,平均每所拥有创新创业实践平台 27.36 个,另仅 85.11% 制定了相关制度促进实验示范中心、实训中心及专业实验室、实验设备等各类实验教学平台面向学生开放。而在用于创新创业教育与实践的场地面积方面,孕育期(3218.11 ㎡)低于成长期(5457.74 ㎡)。进一步分析发现不同阶段与之显著相关系数为 0.406(P = 0.000 < 0.05),可见充足的实践场地之于组织成长是至关重要的。在经费投入方面也显不足,71.08% 的孕育期创新创业学院将创新创业教育专项工作经费用于建立创业园,62.23% 用于建立校企联合创业基地,分别比成长期低 6.7% 和 22.96%。由此观之,大部分高校创新创业学院基础设施投入仍然薄弱,供需不平衡影响学生开展创新创业实践。

二是创业服务有待深化。大学生缺乏社会经验,更不懂经营之道,创业过程中难免会碰到各种困点和难点,需要专业机构或人士提供支持与帮助。但数据显示,创业指导服务体系还不完善,仅有 92.31% 的孕育期创

[①] 孟新、胡汉辉:《高校创业教育实践系统的构建及其实现评价》,《南京农业大学学报》(社会科学版) 2016 年第 2 期。

新创业学院能对创业学生提供持续帮扶、全程指导和一站式服务。其中，创业指导、场地支持及项目论证是普遍高校都能提供的服务（见图4-7），不同阶段区别较小。而在创业经费扶持、公司注册、财务管理、法律咨询、专利代理、物业管理、特色项目培训及其他服务等方面，孕育期较成长期还存在一定差距，特别是财务管理、法律咨询、专利代理等三项服务，成长期显著高于孕育期（见表4-9）。再进一步分析发现，组织阶段与此三者显著相关，相关系数分别为0.286（P=0.011<0.05）、0.3（P=0.008<0.05）、0.349（P=0.002<0.05）。综上，孕育期创新创业学院提供的创业指导服务种类不够全面，质量参差不齐，学生创业最需要最关键的服务还不到位。

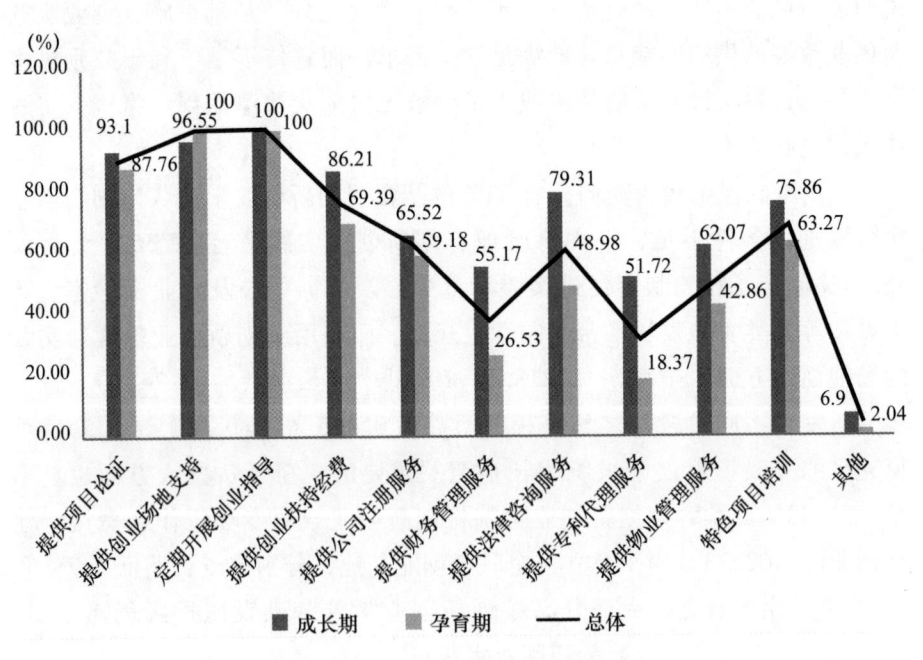

图4-7 创业指导服务体系建设情况

表4-9 不同阶段在提供财务管理服务等方面的差异比较

检验变量	阶段	数量	均值	标准差	t值
提供财务管理服务	孕育期	49	0.27	0.446	-2.522*
	成长期	29	0.55	0.506	

续表

检验变量	阶段	数量	均值	标准差	t 值
提供法律咨询服务	孕育期	49	0.49	0.505	-2.883**
	成长期	29	0.79	0.412	
提供专利代理服务	孕育期	49	0.18	0.391	-3.040**
	成长期	29	0.52	0.509	

注：*p<0.05　**p<0.01　***p<0.001。

三是创业政策有待完善。创业政策能够减少创业障碍，提升学生创业意愿并促进创业实践。但有42.2%的孕育期创业学院认为缺乏相关政策支持，说明创新创业教育政策不到位。一方面，学校创业政策未能满足学生需要。《中国大学生创业报告2017》指出，大学生创业者最期待"创业换算学分"政策。然而孕育期创新创业学院仅有86.05%建立了学分转换制度，76.74%建立了弹性学制，83.72%建立了保留学籍休学创业制度，比例分别较成长期低了5.95%、3.26%、4.28%（见图4-8）。奖助方面，仅有60.87%设立了大学生创新创业专项奖学金，成长期这一比例也仅为72.41%，可见激励政策缺失是普遍存在的问题。另一方面，政府角色缺失导致政策不足。政府是创新创业教育政策的另一主要制定者，其制定的政策是与创新创业相关度较高的关键因素。[①] 但政府部门参与孕育期创新创业学院建设的数量为2.73家，比成长期（3.5家）少，而实际与各级政府共同出台优惠政策帮助学生创新创业的仅有53.36%，较成长期低14.5%。政府角色的缺失也导致高校与企业的联系较弱，平均每所孕育期创新创业学院仅有26.52家企业参与建设，而成长期为32.57家，与国外高校存在很大差距。这些利益相关者的角色缺失不利于形成良好的创新创业生态系统，制约了创新创业教育的发展。

四是宣传力度有待提高。宣传方式在一定程度上影响创新创业氛围的形成。数据显示，孕育期创新创业学院举办大学生创新创业宣传活动（与组织阶段显著相关系数为0.318，P=0.014<0.05）平均数为15.8次，而

---

① Mandrup M., Jensen T. L., "Educational Action Research and Triple Helix Principles in Entrepreneurship Education: Introducing the EARTH Design to Explore Individuals in Triple Helix Collaboration", *Triple Helix*, 2017, 4 (1): 5.

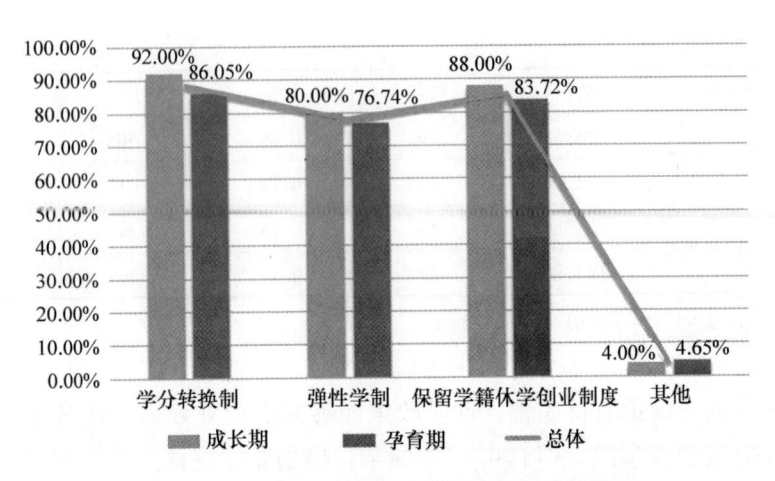

图 4-8　创新创业教育教学管理制度建立情况

成长期高达 122.7 次，是孕育期的 7.7 倍。在宣传媒介方面，主要包括创新创业学院网站（43.75%）、创新创业学院微信（56.25%）、创新创业学院微博（16.67%）及其他平台（50%），在网站建设方面较成长期（75%）具有较大差距，其他方面差距较小（详见图 4-9）。

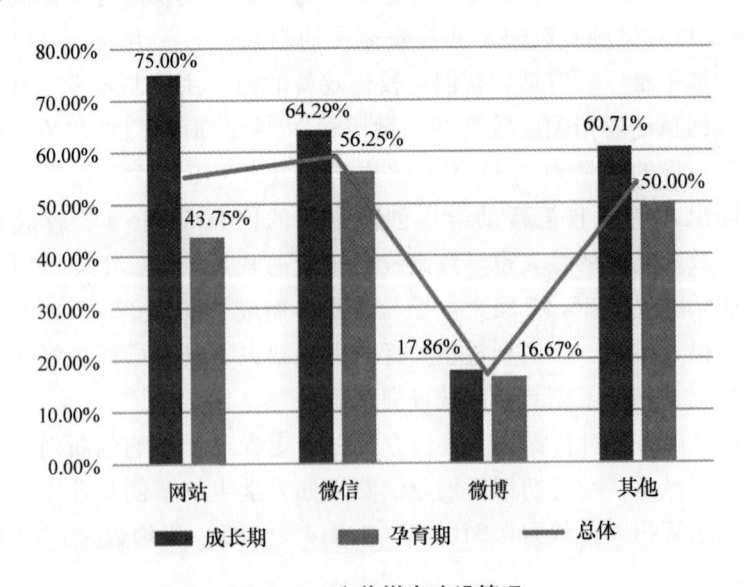

图 4-9　宣传媒介建设情况

(三) 保障机制有待提升

1. 组织运行较为不畅

组织领导可以通过顶层设计及宏观规划，打破各自为政的筒仓结构，充分调动和整合全校性创新创业教育资源，营造良好的创新创业教育环境。但处于起步阶段的孕育期创新创业学院组织保障仍显不足，不能较好地发挥作用。一是仍未完全受到学校重视。尚有 4.44% 的孕育期创新创业学院缺乏领导的支持，1.92% 未将创新创业教育纳入学校重要工作地位及学校整体发展规划，以及 5.77% 未成立创新创业教育工作组织机构。而成长期创新创业学院并未遇到以上障碍，说明创新创业教育在高校中的地位举足轻重。二是组织结构有待完善。在 52 所孕育期创新创业学院中，仅有 46.15% 是独立设置的，21.15% 设置了专职院长，26.92% 设置了专职副院长，满足上述三个条件的有 8 家，占比约 15.4%。而成长期有 68.97% 是独立设置创业学院，48.28% 设置了专职院长，37.93% 设置了专职副院长，满足上述三个条件的同样为 8 家，占比约 27.59%。可以看出，孕育期创新创业学院相较成长期更缺乏独立运行的组织机构，在人员配备上也处于弱势，而 spearman 相关分析显示组织阶段与创新创业学院院长是否专职显著相关系数为 0.277（$P = 0.013 < 0.05$），说明专人专职能够促进创新创业教育发展。三是组织运行条件不良。86.54% 的创新创业学院有专门的办公场所，较成长期低 3.12%，但在平均办公场所面积方面，孕育期（296.62 ㎡）明显低于成长期（776.62 ㎡）。进一步分析发现，组织阶段与办公场所面积显著相关系数为 0.275（$P = 0.013 < 0.05$），说明良好的办公环境也是促进创新创业教育发展的重要因素之一。四是协同、监督参与不足。参与孕育期创新创业学院建设的主要是教务处（92.31%）、学工部（94.23%）和团委（94.23%），组织部（17.31%）、人事处（46.15%）、校友办（44.23%）、学校办公室（48.08%）及其他部门（26.92%）参与较少（见图 4-10）。其中，学工部和团委的参与率较成长期分别高出 8.02% 和 1.13%，其余部门的参与率则均低于成长期，尤其是校友办和其他部门明显低于成长期（分别为 65.52% 和 51.72%）。而组织阶段与其他部门参与显著相关系数为 0.248（$P = 0.026 < 0.05$），说明成长期创新创业学院需要更多部门参与建设。

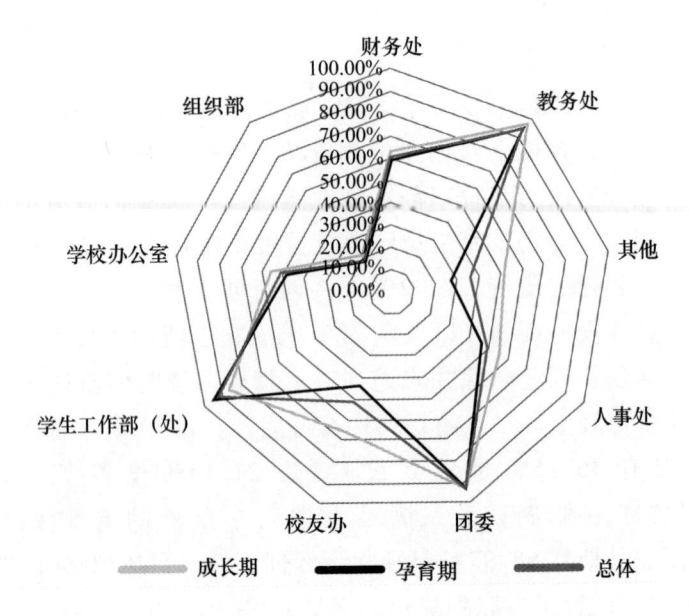

图 4-10　高校其他部门参与创新创业教育工作情况

2. 师资力量较为薄弱

中国高校创新创业教育发展受到师资力量不足及能力不胜任的严重制约。① 数据显示，95.56%的孕育期创新创业学院缺乏专业的创新创业师资，成长期这一比例也高达84%，说明师资不足现象普遍存在。同时，创新创业教育师资队伍建设受到多方面制约：一是教师保障有待提高。创新创业教育教师方面，80.77%孕育期创新创业学院对其授课提出明确要求，79.59%将专职教师纳入教师编制队伍，分别比成长期低12.33%和6.62%（见图4-11）；创新创业导师方面，有92.31%开展与创新创业学生对接活动，其中76.47%将教师指导学生创新创业实践和创新创业项目等纳入教师业绩考核，分别比成长期低4.24%和2.84%。说明教师受重视程度还不高，而且相关业绩未得到保障，难以较好地激发教师积极性。二是教师发展凸显不足。88.46%孕育期创新创业学院建设有创新创业导师数据库，80%将创新创业教育工作专项经费用于创新创业导师培训，而

---

① 黄扬杰、吕一军：《高校创业教育的问题与对策》，《教育研究》2018年第8期。

成长期两者数据分别达到 100%。此外，平均每所孕育期创新创业学院约有 13.67 人参加浙江省创业导师培养工程培训（该数量与组织阶段显著相关系数为 0.3，$P = 0.007 < 0.05$），低于成长期的 16.61 人，且仅有 3.85% 为浙江省创业导师培养工程教学点（与组织阶段显著相关系数为 0.271，$P = 0.015 < 0.05$），远低于成长期的 20.69%，说明孕育期创新创业学院对教师培养和投入还有很大的提升空间。

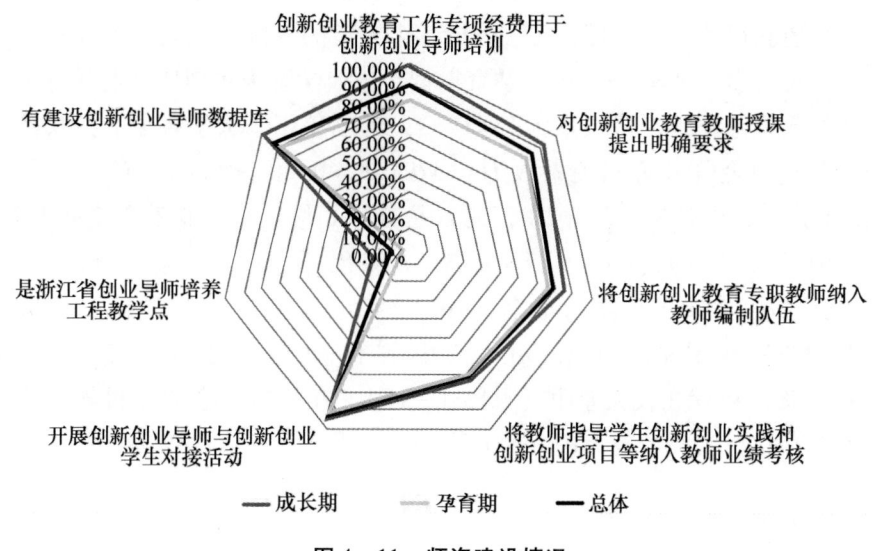

图 4-11 师资建设情况

3. 经费保障较为不足

孕育期创新创业学院明显存在经费不足问题，认为创新创业教育经费紧张的比例高达 37.78%，主要体现在：一是专项工作经费不足。相对于成长期均设有创新创业教育专项工作经费并纳入学校年度预算，孕育期则仍存在高达 14% 的创新创业学院无相关经费支持。从具体经费来看，平均每所孕育期创新创业学院的创新创业教育专项工作经费预算为 116.64 万元，比成长期少 76.32 万元。通过 spearman 相关分析发现组织阶段与专项工作经费预算显著相关，相关系数为 0.237（$P = 0.035 < 0.05$），说明专项工作经费是组织成长的重要因素。二是创业基金极度匮乏。75% 的孕育期创新创业学院设立了创业基金，较成长期低 10.19%，且在具体金额方面，成长期（4172 万元）是孕育期（217.93 万元）的 19 倍，两者实力悬

殊。这与孕育期创新创业学院基金来源渠道较窄有关。除创新创业教育专项工作经费外，创业基金大部分来源于其他渠道，主要有高校内部经费分配、产学研合作收入、自筹、社会捐赠、招收海外留学生、国际教育资助、部分学生服务社会化及其他（见图4-12）。其中，高校内部经费分配及社会捐赠是大部分高校的经费来源渠道。另外，可以看出，孕育期创新创业学院在自筹方面存在一定优势，而在采取产学研合作收入、社会捐赠及其他渠道方面则明显弱于成长期。但是调查存在一定局限性，未涉及各个渠道获得的具体金额，无法分析各个渠道的实际效果。三是经费使用分配不够科学。如有13.3%的孕育期创新创业学院未将创新创业教育工作经费投入理论课程（成长期为7.41%），近三年用于大学生创业的扶持资金（与组织阶段显著相关系数为0.379，P=0.004<0.05）的均值仅为45.21万元，成长期（351.12万元）是其7.8倍。在创业基金使用方面，用于资助大学生创新创业（86.84%）、孵化师生初创企业（76.32%）、设立大学生创新创业奖助学金（76.32%）、扶持产学研项目转化落地（60.53%）及其他（7.89%）。其中孵化师生初创企业较成长期（91.67%）还存在较大差距（见图4-13），在扶持产学研项目转化落地方面也存在投入较少或无投入的问题。

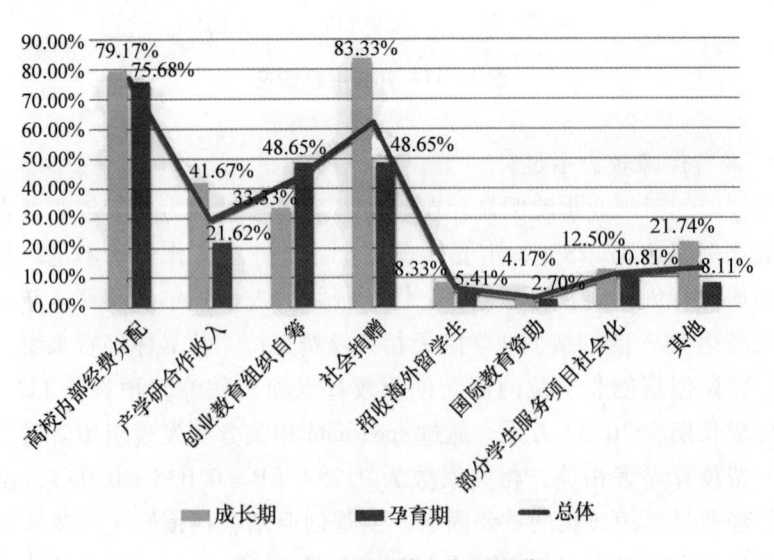

图4-12 创业基金来源渠道

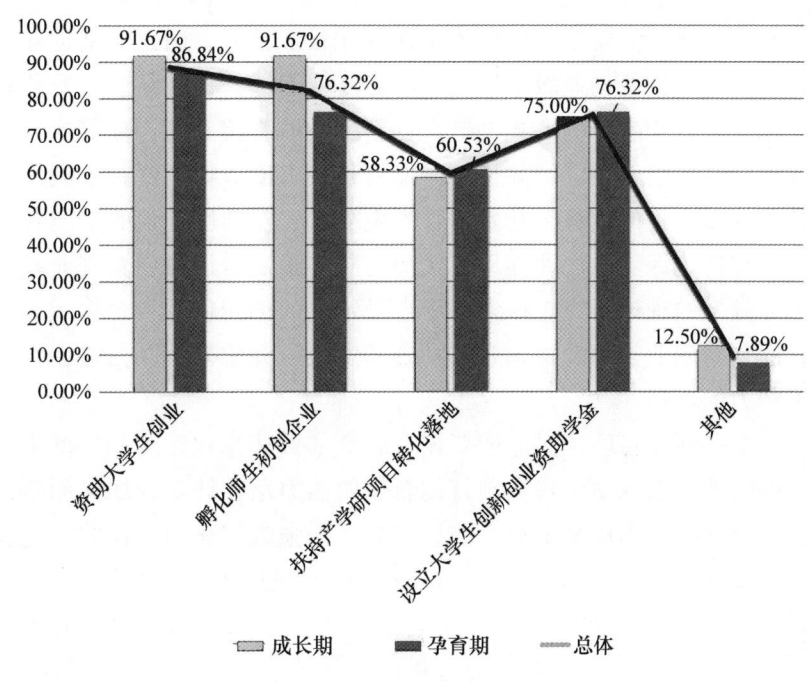

图 4 – 13　创业基金经费用途

三　数字时代促进高校创新创业学院健康成长的对策

组织必然经历从无到有、由小变大、由简及繁的蜕变。当前，中国大部分高校创新创业学院仍处于孕育期，只有少数经过摸索逐步进入了成长期。如果要促进高校创新创业教育提质增效，以使高校共同服务于创新驱动发展国家发展战略，关键在于占了绝大多数的孕育期高校创新创业学院的建设。那么，如何促进这些创新创业学院健康成长，实现从孕育期到成长期的跨越？综合以上分析，可以从以下四个方面发力，综合施策。

一是多方协力建设数字创业生态系统，促进创新创业教育组织体系化。政府、社会、高校应当充分认识到创新创业教育的重要意义，赋予其重要工作地位并纳入学校整体发展规划。首先，要设立专门的工作机构，有条件的可独立设置创新创业学院，统筹规划及推进学校创新创业教育。其次，配备专职院长（及专职副院长）等工作人员，以强有力的组织领导协调校内各学院或部门协同参与建设，获取不同组织的资源。最后，通过由基础设施治理、数字用户公民、数字创业和数字市场四个概念组成的数字创新创业生态系统①建设来促进高校创新创业教育组织的体系化。

二是着力促进创新创业教育数字课程建设。首先,确定创新创业教育目标定位,做好创新创业教学规划,以必修课和选修课相结合、专业教育和创新创业教育相融合的形式,扩大创新创业教育覆盖范围。其次,理论课程建设经费应纳入预算,并且加大课程开发力度,特别要善于利用数字时代各种线上课程的优势,开发符合学生需求、互动性较强的优质视频教学课程,与传统课堂教学课程形成优势互补。最后,加强创新创业教育和创新创业教学的理论研究,探索基于自身定位的创新创业教育模式,编写本土化的创新创业教育教材,并鼓励公开发表研究成果,以促进创新创业教育影响力的提高。

三是加强创业管理,促进创新创业教育实践体系化。其一,推进创新创业实践管理,根据学生特点制订创新创业能力培养计划,加强创新创业训练,并建立档案和成绩记载系统。其二,加强数字化的创业园、创业基地等基础设施建设,协调实验室等校内资源,与企业紧密联系,为创新创业教育与实践提供充足的场地。其三,完善创业指导服务体系,开展创业扶持、产学研项目转化等贯穿全过程的一站式服务,尤其要加强财务管理、法律咨询、专利代理等与创业高度相关的服务,帮助学生创业合法合规且健康可持续。其四,健全学分转换、弹性学制、休学创业等教学管理制度,制定创业扶持资金、奖助学金激励政策,支持学生创新创业。其五,运用数字技术创新宣传媒介,融入、渗透创新创业教育理念,促进创业氛围的形成。

四是健全保障机制,促进创新创业教育支撑体系化、数字化。随着大数据、人工智能等数字技术不断渗透并改变着创业行为和结果。首先,师资保障是前提。创新创业教育教师胜任力与创业绩效正相关。② 一方面,保障教师待遇,将创新创业教育教师纳入教师编制队伍;另一方面,加强教师数字胜任力培养,以内外部培训促进教师发展,并以完善的考核标准倒逼教师自我提升。其次,经费保障是重点。要加大创新创业教育专项工作经费投入并纳入学校年度预算,同时加强与社会特别是企业的合作,通

---

① Sussan F., Acs Z. J., "The Digital Entrepreneurial Ecosystem", *Small Business Economics*, 2017, 49 (1): 55-73.

② 黄扬杰:《高校教师胜任力与创业教育绩效研究》,《高等教育研究》2020年第1期。

过社会捐赠、产学研合作收入等方式拓宽经费来源渠道。最后，评价机制是关键。质量评价可科学有效反映创新创业教育实施现状，促进创新创业教育深化改革与完善。① 以高校、政府、社会、学生及教师等利益相关者为主体，从课程、实践、效果等多维度完善评价机制，形成闭环。

第三节　中国特色"双高计划"高职院校创新创业教育的启示

一　创新创业教育是高等职业教育改革的突破口

世界经济已经逐步从工业1.0（机械制造时代）、2.0（电气化时代）、3.0（自动化时代）到4.0（智能化时代）跨越，国家战略推动和企业自身求变促使产业数字化转型升级，也催生了一批又一批数字化产业，对人力资本提出了更高的要求，迫切需要高校培养大量具备数字素养和数字技能的专门人才。职业教育作为与产业联系最为紧密的教育类型，是服务地方区域经济发展的重要力量，近年来越发受到世界各国关注。联合国教科文组织发布了《教育行动框架2030》（*The Education 2030 Framework for Action*），促进全民终身学习和全球可持续发展。② 美国推出《加强21世纪职业和技术教育法案》（*Strengthening Career and Technical Education for the 21st Century Act*）加强职业教育投入及评估。③ 德国启动实施"职业教育4.0（Berufsbildung 4.0）"框架倡议，培育面向工业4.0的数字技术能力。④ 尽管世界各国高等职业教育存在差异，但几乎都面临着对劳动力市场需求反应迟滞、难以平衡学生和企业的需求、产教融合不够紧密及师资力量薄弱等困境，⑤ 且促进社会平等的政策导向扩大了弱势学生群体接受高等教育

---

① 黄兆信、黄扬杰：《创新创业教育质量评价探新——来自全国1231所高等学校的实证研究》，《教育研究》2019年第7期。

② Education 2030 Framework for Action to be Formally Adopted and Launched（https：//en. unesco. org/news/education-2030-framework-action-be-formally-adopted-and-launched）.

③ Strengthening Career and Technical Education for the 21st Century Act（https：//www. cbo. gov/system/files/2018–08/s3217. pdf）.

④ Berufsbildung 4.0-den Digitalen Wandel Gestalten（https：//www. bmbf. de/upload_filestore/pub/Berufsbildung_4. 0. pdf）.

⑤ Learning for Jobs（https：//read. oecd-ilibrary. org/education/learning-for-jobs_9789264087460-en）.

的机会，导致职业教育质量下降而越发在日益强调的普通教育面前黯然失色甚至"低人一等"。① 而创新创业教育是推进高等职业教育综合改革的重要突破口，能够推动高职院校教学理念与范式的创新，② 推进政产学研等利益相关者紧密结合，不断整合离散、跨界的知识实现新知识、新理论和新技术的快速迭代，③ 从而培养适应经济社会发展的创新型高技术技能人才，促进高等职业教育高质量发展。

中国经济发展迅速，产业界面临着结构优化和转型升级的巨大挑战。尽管中国拥有世界上最多的人口和劳动力，且已进入高等教育普及化阶段，但技能劳动者人口仍然严重不足。数据显示，截至 2017 年，中国技能劳动者总量 1.65 亿人，其中高技能人才 4791 万人，占比 29.03%，与德国、美国等国家（超过 40%）有较大差距。④ 2019 年，中国开启了职业教育的重大改革。1 月，《国家职业教育改革实施方案》（简称"职教 20 条"）重磅发布，指出职业教育与普通教育同等重要。2 月，《中国教育现代化 2035》发布并指出要"集中力量建成一批中国特色高水平职业院校和专业"。4 月，李克强总理在全国深化职业教育改革电视电话会议作出重要批示，指出要"着力培育发展一批高水平职业院校和品牌专业"，其后，教育部和财政部紧锣密鼓筹备中国特色高水平高职学校和专业建设计划（简称"双高计划"）遴选工作，并于 12 月公布了 197 所首轮建设单位，包括高水平学校建设高校 56 所（A 档 10 所、B 档 20 所、C 档 26 所）和高水平专业群建设高校 141 所（A 档 26 所、B 档 59 所、C 档 56 所）。"双高计划"强调进行创新创业教育，除却要求具备办学条件高于设置标准、人才培养和治理水平高等硬性条件外，还要求拥有不少于 5 项标志性成

---

① Bathmaker, A.-M., Graf, L., Orr, K., et al., "Higher Level Vocational Education: The Route to High Skills and Productivity as well as Greater Equity? An International Comparative Analysis. In C. Nägele & B. E. Stalder (Eds.), Trends in Vocational Education and Training Research", *Proceedings of the European Conference on Educational Research (ECER), Vocational Education and Training Network (VETNET)*, 2018: 53–60.

② 陈烨、贾文胜、郑永进：《高职院校创新创业教育：理性反思与模式构建》，《高等工程教育研究》2018 年第 2 期。

③ 王志梅、田启明：《高职院校基于新技术应用的创新创业教育：理念、内涵与实践》，《高等工程教育研究》2018 年第 5 期。

④ 李梦卿、邢晓：《"双高计划"背景下高等职业教育人才培养方案重构研究》，《现代教育管理》2020 年第 1 期。

果，而可供选择的 9 项标志性成果条件中有 2 项与创新创业教育密切相关，分别为近五年被评为全国就业创业典型（仅包括全国毕业生就业典型经验高校、创新创业典型经验高校、创新创业教育改革示范高校）和近五年学生在国家级及以上竞赛（包括中国"互联网＋"大学生创新创业大赛、"挑战杯"全国大学生课外学术科技作品竞赛和中国大学生创业计划竞赛等 5 类竞赛）中获得过奖励。这是因为创新创业教育是推进高等学校综合改革的突破口，是国家实施创新驱动发展战略、促进经济提质增效升级及促进高校毕业生更高质量就业创业的迫切需要。

在 2019 年李克强总理于全国两会首次提出"高职扩招"后，2020 年和 2021 年，中国超额完成高职扩招 200 万的任务。中国职业教育改革力度空前，且高校自身发展及国家普及高等教育需要导致高职院校仍呈现不断扩招趋势，高职学生规模仍将不断扩大。然而，尽管高等职业教育步入了新发展阶段，但仍存在模仿普通本科教育追求全科全能、侧重课堂教学、教材忽视实践应用等诸多问题，职业教育的特点、优势及作用未得到显现。① 作为职业教育综合改革的重要突破口，高职院校如何通过创新创业教育提高职业教育质量，促进毕业生就业以及满足经济社会发展需要，对国际社会特别是发展中国家具有重要意义。

二 "双高计划"高职院校创新创业教育绩效提升机制的假设模型

（一）创新创业教育

中国创新创业教育以 1997 年清华大学举办的全国"创业计划大赛"为标志性事件拉开序幕，至今已有 20 余年发展历史，取得了巨大成功。特别是自 2015 年始，中国各级政府密集出台政策鼓励创新创业，如将创新创业教育提升到战略高度，推动大规模建立创新创业学院等，促进了创新创业教育及其相关研究的迅猛发展。以 CNKI 数据库为例，时间选择"1997—2020 年"，得到以"创新创业教育"为主题的文献 28306 篇，其中 2015 年及以后发表的文献 25116 篇，占比 88.7%。理论研究的增长，也侧面说明了创新创业教育不是"少数人"的教育，即创新创业教育并非

---

① 杨建新：《变革创新：引领推动新时代高职教育高质量发展的第一动力》，《江苏高教》2021 年第 1 期。

狭隘地教授如何创业，而是"广谱式"地培养全体学生的创新意识、创新思维、创新精神及创业能力。① 美国最早启动创新创业教育，尽管至今仍被认为尚未完全"合法"，② 但其发展最为迅速且最为成熟，已逐步形成了集课程教学、实践教学和融合学科专业教育于一体的成熟的创新创业教育体系，③ 是世界各国争相效仿的榜样。可见创新创业教育的实施主要包括课程教育与实践教育，并在此过程中注重将创新创业教育融入专业教育。因此，本书借鉴黄兆信和黄扬杰对创新创业教育过程维度的评价，将创新创业教育分为创新创业课程、专创融合和创新创业实践三个维度。④

创新创业课程，最传统的创新创业教育方式。1947 年，哈佛大学 Myles Mace 教授就开设了《新企业管理》。经过 70 余年的发展，全世界已经有超过 3000 所高校为学生提供创新创业课程，⑤ 这些创新创业课程可以分为三种类型："关于（about）创业""为了（for）创业"以及"通过（through）创业"。"about"教授创业理论，让学生理解创业的重要性和建立创业基础知识；"for"为创业提供工具包，此两者占据主导地位；"through"即为创新创业实践，是指让学生体验真实或虚拟的创业行为，最可能培养企业家。⑥ 创新创业课程教授理论知识，提供创业工具包，让学生体验创业活动。这些都有利于普及创业知识，促进创业思想和激发创业意识。

创新创业实践。人们广泛提倡接触创新创业实践，因为创新创业教育需要连接真实的环境，⑦ 创业者需要一个缓冲期来获得被称为"隐性知识"

---

① OECD, "Evaluation of Programmes Concerning Education for Entrepreneurship", *Report by the OECD Working Party on SMEs and Entrepreneurship*, OECD, 2009.

② Jones, C. and Matlay, H., "Understanding the Heterogeneity of Entrepreneurship Education: Going Beyond Gartner", *Education + Training*, 2011, 53 (8/9): 692 - 703.

③ 夏仕武、毛亚庆:《美国创业教育体系化建设:历程及启示》,《江苏高教》2020 年第 8 期。

④ 黄兆信、黄扬杰:《创新创业教育质量评价探新——来自全国 1231 所高等学校的实证研究》,《教育研究》2019 年第 7 期。

⑤ Turner, T. and Gianiodis, P., "Entrepreneurship Unleashed: Understanding Entrepreneurial Education Outside of the Business School", *Journal of Small Business Management*, 2017, 56 (1): 131 - 149.

⑥ Robinson, S., Neergaard, H., Tanggaard, L., & Krueger, N., "New Horizons in Entrepreneurship: From Teacher-led to Student-centered Learning", *Education + Training*, 2016, 58 (7/8): 661 - 683.

⑦ Edelman, L. F., Manolova, T. S., & Brush, C. G., "Entrepreneurship Education: Correspondence Between Practices of Nascent Entrepreneurs and Textbook Prescriptions for Success", *Academy of Management Learning & Education*, 2008, 7 (1): 56 - 70.

的实践经验。① 创新创业实践通过以行动为基础的活动来获得技能、知识和心态，并能够增强创业能力和创业绩效。②

专创融合。创新创业教育已经向商学院外扩散，整合到 STEM 项目、医学院项目及人文艺术项目等。③ 专创融合至少包括松散联合、渗透嵌入、交叉整合和跨学科整合四种方式，被认为是美国创新创业教育发展的第三次浪潮。④ 专创融合可以使更多的学生得到创新创业教育，从而促进更多的学生创新创业。

（二）创新创业教育绩效

美国著名评价专家 Stufflebeam 于 1966 年提出了 CIPP 教育评价模式，包括背景（context）、输入（input）、过程（process）和结果（product）等四个方面的评价。从结果维度来讲，高校创新创业教育评价较多集中于创业意愿、创业潜力、创业率、创业数量和创业情况等。⑤ 但从实施创新创业教育的目的而言，创业并非唯一目标，选用上述指标并不能反映针对大多数人的创新创业教育的绩效。创新创业教育是整合知识和资源，帮助学习者提高创业知识、创业技能、创业精神和创业能力的重要途径，能够改变学习者创业态度和增强创业意愿，⑥ 进而促进他们选择创业，以及对创业绩效产生积极作用。⑦ 对此，一些学者立足中国实践提出 VPR 三维三级评价模型，⑧ 构建全链条式的评价体系，⑨ 均旨在促进评价的全面化、科学

---

① Buttler, D., and Sierminska, E., "Career or Flexible Work Arrangements? Gender Differences in Self-employment in a Young Market Economy", *J. Fam. Econ. Iss*, 2020, 41: 70 – 95.

② Neck, H. M. and Corbett, A. C., "The Scholarship of Teaching and Learning Entrepreneurship", *Entrepreneurship Education and Pedagogy*, 2018, 1（1）: 8 – 41.

③ Turner, T. and Gianiodis, P., "Entrepreneurship Unleashed: Understanding Entrepreneurial Education outside of the Business School", *Journal of Small Business Management*, 2017, 5（1）: 131 – 149.

④ 尹向毅、刘巍伟、施祺方:《美国高校创业教育与专业教育整合实践体系及其启示》,《高等工程教育研究》2021 年第 1 期。

⑤ Kailer, N., "Evaluation of Entrepreneurship Education at Universities", *Ibw-Mitteilungen*, 2005, 3: 1 – 11; 徐小洲:《创新创业教育评价的 VPR 结构模型》,《教育研究》2019 年第 7 期。

⑥ Handayati, P., et al., "Does Entrepreneurship Education Promote Vocational Students' Entrepreneurial mindset?" *Heliyon*, 2020, 6（11）: e05426.

⑦ Ho, M.-H. R., et al., "Impact of Entrepreneurship Training on Entrepreneurial Efficacy and Alertness among Adolescent Youth", *Frontiers in Education*, 2018, 3.

⑧ 徐小洲:《创新创业教育评价的 VPR 结构模型》,《教育研究》2019 年第 7 期。

⑨ 黄兆信、黄扬杰:《创新创业教育质量评价探新——来自全国 1231 所高等学校的实证研究》,《教育研究》2019 年第 7 期。

化。本书从"大众"而非"小众"的视角关注创新创业教育绩效,即学生在创业知识、创业精神、创业技能和创业意愿等方面的变化,以及对创新创业教育的满意度。

(三)研究假设与模型

经过多年探索与实践,高职院校创新创业教育发展迅猛,但仍多处于创新创业课程游离于专业课程之外,实践活动代替课程教学的初级阶段,创新创业教育尚未能较好地发挥作用。"双高计划"高职院校作为1400余所专科层次高等职业学校的佼佼者,学生对学校创新创业教育的评价如何,创新创业教育绩效受到哪些因素影响,又该如何提升以促进创新创业教育更好更快更高质量地发展?根据上述文献综述,本书提出三个假设:

H1:创新创业课程对创新创业教育绩效有正向影响。

H2:创新创业实践对创新创业教育绩效有正向影响。

H3:专创融合对创新创业教育绩效有正向影响。

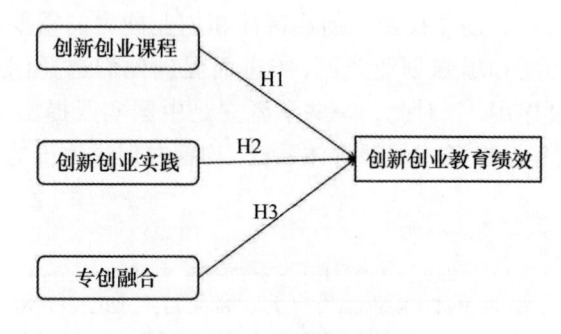

图 4-14 研究假设模型

三 "双高计划"高职院校创新创业教育绩效提升机制的研究设计

(一)研究对象

本书所使用的数据来源于2018年9月至2019年1月对全国1231所接受过创新创业教育的学生的调研,剔除无效问卷后共获得有效问卷170764份(有效占比90.87%)。基于此,根据教育部和财政部公布的197所国家"双高计划"高职院校名单,筛选出83所14075份样本。因部分高校样本较少不具代表性,剔除样本量小于30的高校,最终获得40所高校共13885份样本,基本情况如表4-10所示。

表 4-10　"双高计划"高职院校学生基本情况

项目	题项	频率	百分比（%）
性别	男	7008	50.47
	女	6877	49.53
独生子女	是	5188	37.36
	否	8697	62.64
双高类型	高水平学校建设高校 A 档	1527	11.00
	高水平学校建设高校 B 档	1076	7.75
	高水平学校建设高校 C 档	1273	9.17
	高水平专业群建设高校 A 档	616	4.43
	高水平专业群建设高校 B 档	5669	40.83
	高水平专业群建设高校 C 档	3724	26.82
地域	中国东部	11409	82.17
	中国中部	1445	10.41
	中国西部	1031	7.42
专业类别	理工类	8107	58.40
	经管类	4547	32.70
	其他类	1231	8.90
创业实践经历	是	2769	19.94
	否	11116	80.06
创业选择	是	2616	18.84
	否	11269	81.16
父母有创办企业经历	是	3582	25.80
	否	10303	74.20
高考前户口	城镇	3534	25.45
	农村	10351	74.55

（二）信度检验

本书研究创新创业教育过程维度的具体指标有 13 个。问卷采用李克特 5 点量表来测量，其中，5 代表"非常同意"，1 代表"非常不同意"。使用 SPSS25.0 进行分析，结果显示，测量指标最小值为 1，最大值为 5，样本个体有一定的差异性。此外，均值介于 3.55 和 3.80 之间，方差介于 0.836 和 0.947 之间，标准差介于 0.914 和 0.973 之间，表明样本差异性较小，评价结果一致性较好（见表 4-11）。对上述指标进行信度即内部一致性检验，修正后的项总计相关性最小值 0.789，Cronbach Alpha 值为 0.972，且各题项删除后的 Cronbach Alpha 值均小于 0.972，说明量表信度非常好（见表 4-12）。

表 4-11　创新创业教育过程维度的描述统计（均值降序排列）

创新创业教育投入机制（N=13）	最小值	最大值	均值	标准差	方差
X12 创业实践有独立的大学生创业园	1	5	3.80	0.919	0.844
X4 教师具有丰富的创新创业教育教学经验	1	5	3.72	0.948	0.899
X13 创业实践有专门的校外实践基地	1	5	3.72	0.930	0.865
X10 创业实践有专项创业基金支持	1	5	3.71	0.938	0.879
X11 学校提供一体化的创业实践服务	1	5	3.70	0.914	0.836
X2 教师授课方式多样	1	5	3.69	0.942	0.887
X7 创新创业竞赛种类多样	1	5	3.68	0.932	0.869
X6 创新创业课程内容与时代前沿趋势结合紧密	1	5	3.66	0.926	0.858
X1 创新创业教育课程类型多样	1	5	3.61	0.953	0.908
X3 教师具有创业经历	1	5	3.60	0.971	0.943
X9 创新创业竞赛项目与专业结合度较高	1	5	3.60	0.936	0.876
X8 参加的创新创业竞赛项目较容易落地	1	5	3.55	0.943	0.890
X5 创新创业课程内容与自己所学专业知识结合紧密	1	5	3.55	0.973	0.947

创新创业教育绩效共 5 个测量指标，各指标最小值为 1，最大值为 5，样本个体有一定的差异性。此外，各指标均值最小为 3.82，最大为 3.88；方差最小值为 0.761，最大值为 0.784；标准差最小值为 0.872，最大值为 0.885；表明样本差异性较小，评价结果一致性较好（见表 4-13）。对量表进行信度检验，得到修正后的项总计相关性最小值 0.892，Cronbach Alpha 值为 0.973，且各指标删除后的 Cronbach Alpha 值均小于 0.973 的结果，即量表信度非常好（见表 4-14）。

表 4-12　创新创业教育过程维度的信度分析结果

测量题项	修正后的项与总计相关性	平方多重相关性	删除项后的 Cronbach Alpha	Cronbach Alpha
X1 创新创业教育课程类型多样	0.822	0.746	0.970	0.972
X2 教师授课方式多样	0.834	0.783	0.969	
X3 教师具有创业经历	0.821	0.753	0.970	
X4 教师具有丰富的创新创业教育教学经验	0.838	0.787	0.969	
X5 创新创业课程内容与自己所学专业知识结合紧密	0.837	0.761	0.969	
X6 创新创业课程内容与时代前沿趋势结合紧密	0.874	0.801	0.969	
X7 创新创业竞赛种类多样	0.871	0.785	0.969	
X8 参加的创新创业竞赛项目较容易落地	0.846	0.752	0.969	
X9 创新创业竞赛项目与专业结合度较高	0.849	0.756	0.969	
X10 创业实践有专项创业基金支持	0.828	0.742	0.970	
X11 学校提供一体化的创业实践服务	0.860	0.805	0.969	
X12 创业实践有独立的大学生创业园	0.789	0.737	0.970	
X13 创业实践有专门的校外实践基地	0.829	0.785	0.970	

表 4-13　创新创业教育绩效的描述统计（均值降序排列）

创新创业教育绩效（N=5）	最小值	最大值	均值	标准差	方差
P2 创新创业教育有助于培养创新精神	1	5	3.88	0.878	0.771
P3 创新创业教育有助于提升创业技能	1	5	3.87	0.877	0.768
P4 创新创业教育有助于激发创业意愿	1	5	3.87	0.872	0.761
P1 创新创业教育有助于丰富创业知识	1	5	3.86	0.876	0.767
P5 对学校创新创业教育质量总体满意	1	5	3.82	0.885	0.784

（三）效度检验

对创新创业教育过程维度的各指标进行效度检验即探索性因子分析，结果显示 KMO 值为 0.966，Bartlett 检验显著性为 0.000，自由度为 78，近似卡方为 209437.312，表明量表效度较好，适宜做因子分析。在分析时，按照取"特征根＞1"的方法只能得到 1 个公因子，总方差解释只有

74.656%。因此,结合理论假设,根据吴明隆(2010)的 5 点标准,采用提取"因子固定数量＝3"的方法进行分析,总方差解释达到 84.744%。经过矩阵旋转后,将成分因子得分大于 0.5 的变量归为一个公因子,则获得 3 个公因子,分别命名为"创新创业课程""创新创业实践"及"专创融合"。具体分析结果见表 4-15。

表 4-14　创新创业教育绩效的信度分析结果

测量题项	修正后的项与总计相关性	平方多重相关性	删除项后的 Cronbach Alpha	Cronbach Alpha
P1 创新创业教育有助于丰富创业知识	0.924	0.868	0.966	0.973
P2 创新创业教育有助于培养创新精神	0.929	0.875	0.965	
P3 创新创业教育有助于提升创业技能	0.934	0.874	0.964	
P4 创新创业教育有助于激发创业意愿	0.927	0.863	0.966	
P5 对学校创新创业教育质量总体满意	0.892	0.800	0.971	

表 4-15　创新创业教育过程维度因子分析结果

测量题项	旋转后的成分矩阵[a]		
	成分		
	1	2	3
X2 教师授课方式多样	0.792		
X4 教师具有丰富的创新创业教育教学经验	0.777		
X3 教师具有创业经历	0.767		
X1 创新创业教育课程类型多样	0.753		
X12 创业实践有独立的大学生创业园		0.831	
X13 创业实践有专门的校外实践基地		0.797	
X11 学校提供一体化的创业实践服务		0.750	
X10 创业实践有专项创业基金支持		0.725	
X5 创新创业课程内容与自己所学专业知识结合紧密			0.756
X8 参加的创新创业竞赛项目较容易落地			0.728
X9 创新创业竞赛项目与专业结合度较高			0.713

续表

旋转后的成分矩阵^a

测量题项	成分		
	1	2	3
X6 创新创业课程内容与时代前沿趋势结合紧密			0.700
X7 创新创业竞赛种类多样			0.666

提取方法：主成分分析法。
旋转方法：凯撒正态化最大方差法

a. 旋转在 6 次迭代后已收敛

同理，对创业教育绩效的各指标进行效度即探索性因子分析，结果显示 KMO 值为 0.917，Bartlett 检验显著性为 0.000，自由度为 10，近似卡方为 98377.352，表明量表效度较好，适宜做因子分析。按照取"特征根 > 1"的方法得到 1 个公因子，命名为创新创业教育绩效因子，总方差解释为 90.267%，分析结果见表 4 - 16。

表 4 - 16　　　　　　　创新创业教育绩效因子分析结果

公因子方差		
	初始	提取
P1 创新创业教育有助于丰富创业知识	1.000	0.907
P2 创新创业教育有助于培养创新精神	1.000	0.912
P3 创新创业教育有助于提升创业技能	1.000	0.919
P4 创新创业教育有助于激发创业意愿	1.000	0.910
P5 对学校创新创业教育质量总体满意	1.000	0.865

提取方法：主成分分析法

四　"双高计划"高职院校创新创业教育绩效提升机制的研究结果

在上述基础上，以"创新创业教育绩效"公因子为因变量，创新创业教育过程维度的三个公因子"创新创业课程""专创融合""创新创业实践"为自变量，"创业选择""高考前户口"为控制变量进行回归分析。由于回归分析要求自变量为等距或等比变量，因此需要先将这两个控制变量转换为虚拟变量。其中,"高考前户口"以"农村"为参照组;创业选择原题项为"您毕业后最想要的打算是",选项"自主创业"作为"是",其他选项"就业""升学""其他"合并为"否",即以"否"为参照组。

Pearson 相关分析结果显示各自变量均与因变量显著相关,且回归模型通过了多重共线性检验(VIF 最小值为 1.003,最大值为 5.032)。为解决可能的异方差问题,得出更加科学的结论,采用取对数和 Robust 稳健标准误回归相结合的分析方法,具体包括两个步骤:①对自变量和因变量进行取对数处理(以 10 为底),生成新变量;②使用新变量进行 Robust 稳健标准误回归。因创新创业教育关注性别问题较为滞后,现阶段多以引导女性学习"正确"的男性创业者心态,[①] 然而能够提高男性创业绩效的创新创业教育项目并不一定对女性奏效,[②] 性别差异可能导致不同的创新创业教育需求和评价,故分性别进行分析,结果见表 4-17。三个模型的标准化回归方程分别为:

模型 1(整体):创新创业教育绩效 ≈ 0.104 × 创新创业课程 + 0.581 × 创新创业实践 + 0.124 × 专创融合 + 控制变量

模型 2(男性):创新创业教育绩效 ≈ 0.096 × 创新创业课程 + 0.568 × 创新创业实践 + 0.152 × 专创融合 + 控制变量

模型 3(女性):创新创业教育绩效 ≈ 0.112 × 创新创业课程 + 0.587 × 创新创业实践 + 0.097 × 专创融合 + 控制变量

表 4-17 创新创业教育绩效 Robust 稳健标准误回归模型分析结果

	回归系数		
	模型 1:整体	模型 2:男性	模型 3:女性
常数	0.127** (21.261)	0.120** (14.862)	0.135** (15.478)
创业选择(是&否)	0.002 (1.952)	0.005** (2.748)	0.001 (0.728)

---

① Berggren, C., "Entrepreneurship Education for Women—European Policy Examples of Neoliberal Feminism?" *European Education*, 2020, 52(4): 312-323.

② Brixiova, Z., et al., "Training, Human Capital, and Gender Gaps in Entrepreneurial Performance", *Economic Modelling*, 2020, 85: 367-380.

续表

	回归系数		
	模型1：整体	模型2：男性	模型3：女性
高考前户口（城镇＆农村）	-0.004** (-3.477)	-0.004** (-2.603)	-0.003 (-1.899)
Log10_创新创业课程	0.104** (7.525)	0.096** (4.358)	0.112** (6.884)
Log10_创新创业实践	0.581** (32.832)	0.568** (20.283)	0.587** (27.461)
Log10_专创融合	0.124** (6.998)	0.152** (5.049)	0.097** (5.212)
样本量	13885	7008	6877
R^2	0.694	0.721	0.657
调整R^2	0.694	0.720	0.656
F值	$F(5, 13879) =$ $1269.096, p = 0.000$	$F(5, 7002) =$ $720.488, p = 0.000$	$F(5, 6871) =$ $567.834, p = 0.000$
DW值	1.943	1.946	1.928
因变量：Log10_创新创业教育绩效			

注：$^*p<0.05$ $^{**}p<0.01$ 括号里面为t值。

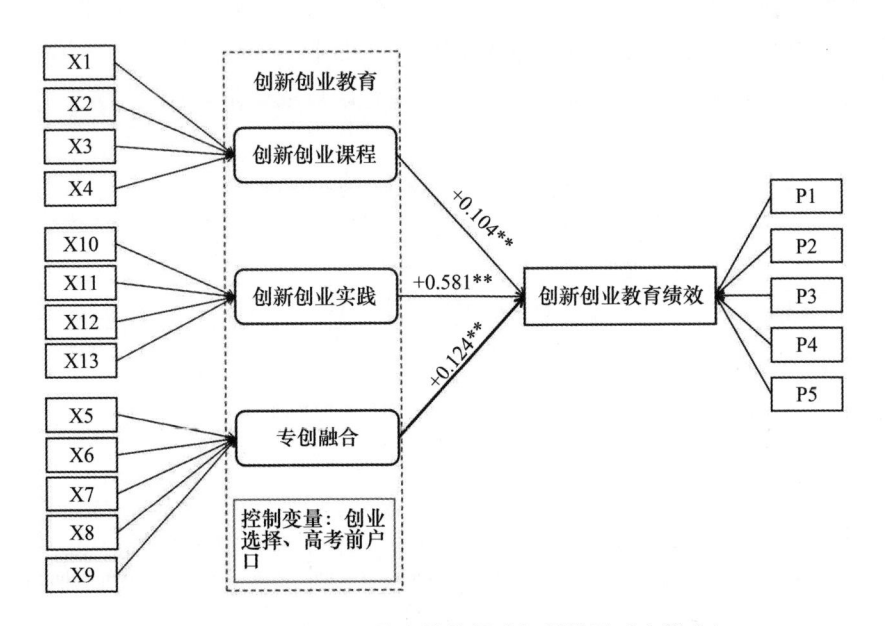

图4-15 创新创业教育绩效提升机制模型（全样本）

（一）创新创业实践是影响高职创新创业教育绩效的最主要因素

由表 4-17 可知，在整体模型（模型 1）中，创新创业实践均会对创新创业教育绩效产生显著的正向影响，且创新创业实践的回归系数（0.581）最大，专创融合次之，创新创业课程最小，即创新创业实践是影响创新创业教育绩效的最主要因素。真实的学习环境和实践导向的课程有利于培养创业认知和行为。[①] Piperopoulos 和 Dimov 通过对英国某大学 2010—2011 学年 4 门选修课的 114 名本科生和研究生进行了调查，发现实践导向课程比理论导向课程更让学生拥有自我效能感、创业热情和创业技能。[②] 这与学生自我认知一致，超过一半（52.1%）的学生认为创新创业实践最能提升他们的创业能力。进一步问及"哪种创业实践活动的帮助较大"（多选题），则"校内创业园实践"（60.6%）频次最高，"创新创业竞赛"（45.5%）、"企业管理岗位实习"（43.0%）、"创业模拟训练营"（34.8%）、"校外创办公司"（34.6%）依次排在其后（见表 4-18）。创新创业竞赛虽排名第二，却是"第一重要"冠军，可见时下创新创业竞赛受到高职院校学生认可和欢迎且超过了校内创业园实践。这点结论也可在选择"创新创业竞赛"为第一重要选项，而选择"校内创业园实践"为第二重要选项比例高达 59.8%（反之比例仅 12.4%）得到进一步加强。但就频次而言，创新创业竞赛显得还不普遍。此外，回答"没有"为第一重要的比例达到了 13.9%，说明创新创业实践缺位或效果欠佳。

表 4-18　　　　　对学生帮助较大的创业实践活动

	创新创业竞赛	校内创业园实践	校外创办公司	企业管理岗位实习	创业模拟训练营	没有
第一重要选项（%）	35.4	27.2	7.4	9.3	6.8	13.9
第二重要选项（%）	5.0	26.7	13.5	16.8	9.3	0.4
第三重要选项（%）	5.1	6.7	13.7	16.9	18.7	0.5
频次（%）	45.5	60.6	34.6	43.0	34.8	14.8

[①] Heinrichs, K., "Design and Evaluation of an Entrepreneurship Education Course: Dealing with Critical Incidents in the Post-Formation Phase", *Vocations & Learning*, 2016: 1-17.

[②] Piperopoulos, P. and Dimov, D., "Burst Bubbles or Build Steam? Entrepreneurship Education, Entrepreneurial Self-Efficacy, and Entrepreneurial Intentions", *Journal of Small Business Management*, 2015, 53 (4): 970-985.

教师指导在创新创业实践中的作用亦非常突出，认为其有助于提升专业知识和应用能力（M＝3.90，SD＝0.864）、了解学科知识的前沿动态（M＝3.89，SD＝0.869）、提升科学研究能力（M＝3.87，SD＝0.879）、提升创新创业能力（M＝3.90，SD＝0.877）及创业项目落地（M＝3.85，SD＝0.885）。但中国高校创新创业教育教师多为学生工作教师转岗而来，或为经管类背景的教师，创业能力普遍薄弱，且数量少，又基本以兼职为主。① 这也是在问及"与老师共同开展创业项目的主要障碍"时，有46.6%的学生回答"没参与"的主要原因。因此，实施创新创业教育要特别注意加强创新创业师资队伍建设。

在创业政策保障（多选题）方面，创业奖学金频次（77.3%）最高，代表该政策比较普遍，随后是无息贷款（57%）、入驻创业园（55.1%），学分互认（16.8%）则垫底。显然，政策保障力度凸显不足，特别是学分互认政策的缺失，让学生无法解决创业与课程学习的矛盾而不敢轻易尝试创业，因为时间支持对于大学生创业者十分重要。②

（二）创新创业课程与专创融合对高职创新创业教育绩效有显著正向影响

在整体模型中，创新创业课程和专创融合对创新创业教育绩效均有显著的正向影响，但回归系数相对较小，分别为0.104和0.124。这可能是高校偏重于创业实践能力培养及学生狭义地理解创新创业教育所致③。创新创业课程作为学生最普遍接受的创新创业教育方式，直接关系到人才培养的质量。然而，当前创业基础课程仍未完全普及，仅有83.6%的学生认为学校开设了创新创业课程，未上过《创业基础》的学生比例高达30%。就授课方式而言（多选题），"课堂讲授"被最多的学生视为第一重要有效方式（见表4－19），这反映了当前各高校创新创业课程教育仍以理论授课为主、其他方式为辅的现状。而"模拟实践""案例教学"虽然次于"课堂讲授"，但总频次分别高于其13%和5.3%，且交叉分析显示，选择

---

① 黄扬杰、黄蕾蕾、李立国：《高校创业教育教师的创业能力：内涵、特征与提升机制》，《教育研究》2017年第2期。

② Wang, P. and Huang, Y., "Give Me What I Want: Identifying the Support Needs of College Student Entrepreneurs", *Frontiers in Psychology*, 2020, 11: 1428.

③ 黄扬杰、吕一军：《高校创业教育的问题与对策》，《教育研究》2018年第8期。

"模拟实践"为第一重要选项的，其第二重要选项频次依次为案例教学（30.6%）、小组讨论（16.6%）、课堂讲授（13.4%）；选择"案例教学"为第一重要选项的，其第二重要选项频次依次为模拟实践（42.6%）、小组讨论（33.4%）、课堂讲授（10.4%）。可以推测出，在授课方式多元化的条件下，个性化、互动式、体验式的教学方法比传统授课模式更加有效。此外，还当注意到专题讲座与网络课程的有效性排名末尾，说明此两者发挥的作用较小，其内容建设及课程管理等方面有待加强。就考核方式而言（多选题），从表4-20中可以看出，创业模拟实战、创业项目展示和创业计划书撰写这三种考核方法已经相对较为普及，创新创业竞赛获奖和创办公司可能因其要求过高且只适用于少部分人未能得到广泛认可，而传统的普遍的理论考试评价较低则说明了该方法有效性和满意度不高。

表4-19　　　　　　　　有效的创新创业课程授课方式

	课堂讲授	模拟实践	案例教学	小组讨论	专题讲座	网络课程	其他
第一重要选项（%）	42.8	23.8	20.4	7.9	2.2	1.4	1.5
第二重要选项（%）	6.5	20.2	30.7	19.5	4.1	3.1	0.2
第三重要选项（%）	7.0	25.3	10.5	18.9	10.2	4.9	0.5
频次（%）	56.3	69.3	61.6	46.3	16.5	9.4	2.2

表4-20　　　　　　　　有效的创新创业课程考核办法

	创业模拟实战	创业计划书撰写	理论考试	创业项目展示	创新创业竞赛获奖	创办公司	其他
第一重要选项（%）	26.7	23.9	24.0	18.0	3.3	2.5	1.6
第二重要选项（%）	24.7	16.9	2.2	27.5	9.3	3.1	0.1
第三重要选项（%）	20.5	9.9	3.3	18.5	14.1	8.4	0.4
频次（%）	71.9	50.7	29.5	64.0	26.7	14.0	2.1

专业教育与创新创业教育深度融合有利于专业品牌建设，促进高校高质量内涵发展和培育创业型大学，然而当前还存在融合程度、层次与效率

不高及忽视人群差异性等问题。① 学生认为创新创业课程没有紧密联系时代前沿（46.7%：指"非常不同意""比较不同意""一般"的总占比，下同）和所学专业（52.5%），当前高校竞相角逐的创新创业竞赛种类不够多（45.8%）也没有很好地与专业结合（50.6%），更不必说创新创业竞赛项目能够顺利落地了（53.5%）。如果两者继续"各自为政"，资源、信息就会形成"孤岛"而得不到有效利用甚至造成重复投入。因此，有必要加强顶层设计，促进专创融合。

（三）先赋性因素影响高职学生对创新创业教育投入的评价

从表4-11可知，"双高计划"高职院校学生对创新创业教育投入的评价总体一般，13个指标得分最高值为3.80分，最小值为3.55分（众数均为3），说明大部分学生认为创新创业教育各方面投入有待提升。学生对创新创业教育的评价受到诸多因素影响。先赋性因素是个体与生俱来的，包括性别、家庭背景等无法改变的因素。从这方面来看，进一步使用SPSS25.0软件对创新创业教育三个维度进行独立样本T检验，发现：

一是不同性别学生对创新创业教育投入的评价存在显著差异，女生对各维度的评价均低于男生（见表4-21）。这可能与自身发展定位有关，女生毕业后主要以他雇就业和升学为主，选择自主创业的比例（12.1%）尚不足男生（25.4%）的一半，从而可能导致女生对创新创业教育的关注不如男生，如参加创业实践的女生比例（14.3%）比男生（25.5%）低11.2%，上过3门及以上创新创业课程的女生比例（8.40%）比男生（13.9%）低5.5%，最终影响女生对创新创业教育投入的感知及评价。

表4-21　不同性别学生对创新创业教育投入评价的差异性分析

检验变量	性别	数量	平均数	标准差	t值
创新创业课程	男	7008	3.71	0.93	7.08***
	女	6877	3.60	0.82	
创新创业实践	男	7008	3.75	0.91	2.10*
	女	6877	3.72	0.80	

① 彭华涛、朱滔：《"双一流"建设背景下专创深度融合模式及路径研究》，《高等工程教育研究》2021年第1期。

续表

检验变量	性别	数量	平均数	标准差	t值
专创融合	男	7008	3.65	0.91	5.79***
	女	6877	3.56	0.80	

注：*p<0.05　***p<0.001。

二是父母有创业经历的学生对创新创业教育投入的评价显著高于父母没有创业经历的学生（见表4-22），这可能是因为他们的家庭（M=3.22，SD=1.013）比其他家庭（M=2.49，SD=1.052）拥有更多的创业资源（p=0.000），创新创业教育能够帮助他们更好地了解创业、启动创业。

表4-22　父母是否创业对创新创业教育投入评价的差异性分析

检验变量	父母是否有创办企业经历	数量	平均数	标准差	t值
创新创业课程	是	3582	3.76	0.91	7.82***
	否	10303	3.62	0.86	
创新创业实践	是	3582	3.84	0.87	9.14***
	否	10303	3.69	0.85	
专创融合	是	3582	3.72	0.89	8.96***
	否	10303	3.57	0.85	

注：***p<0.001。

三是独生子女（见表4-23）、城镇户口学生（见表4-24）对创新创业教育投入的评价显著高于非独生子女和农村户口学生，同样，这两类学生也具备更多的家庭支持、社会网络等创业资源。以上与祝成林和和震（2020）对31个省28232名高职大学生的调查结果一致，性别、户口、父母是否从商等先赋性因素显著影响学生对创新创业教育的评价。[1]

---

[1]　祝成林、和震：《基于"过程—结果"的高职院校创新创业教育质量评价研究》，《南京师大学报》（社会科学版）2020年第3期。

表4-23　是否独生子女对创新创业教育投入评价的差异性分析

检验变量	是否独生子女	数量	平均数	标准差	t值
创新创业课程	是	5188	3.71	0.92	5.68***
	否	8697	3.62	0.85	
创新创业实践	是	5188	3.79	0.89	5.61***
	否	8697	3.70	0.83	
专创融合	是	5188	3.67	0.90	6.98***
	否	8697	3.57	0.83	

注：***$p<0.001$。

表4-24　不同户口学生对创新创业教育投入评价的差异性分析

检验变量	高考前户口	数量	平均数	标准差	t值
创新创业课程	城镇	3534	3.72	0.91	4.58***
	农村	10351	3.64	0.87	
创新创业实践	城镇	3534	3.79	0.89	4.75***
	农村	10351	3.71	0.84	
专创融合	城镇	3534	3.68	0.90	5.53***
	农村	10351	3.58	0.85	

注：***$p<0.001$。

（四）自致性因素影响高职学生对创新创业教育投入的评价

自致性因素是指个体通过自身努力能够获得的条件、资质和能力。学校类型和学科背景等因素能够影响学生创新创业教育满意度。[①] 不同类型"双高计划"高职院校学生对创新创业教育投入评价存在显著差异（见表4-25），高水平学校建设高校评价高于高水平专业群建设高校，这可能与其准入门槛较高有关。

---

① 郭洪芹、罗德明：《创业教育满意度及其提升策略研究——基于浙江省10所地方本科高校的实证分析》，《高等工程教育研究》2020年第5期。

表4-25　不同学校学生对创新创业教育投入评价的差异性分析

	双高类型	数量	平均数	标准差	t值
创新创业课程	高水平学校	3876	3.7174	0.87312	5.01***
	高水平专业群	10009	3.6342	0.87884	
创新创业实践	高水平学校	3876	3.8195	0.8527	7.55***
	高水平专业群	10009	3.6976	0.85372	
专创融合	高水平学校	3876	3.6828	0.8622	6.43***
	高水平专业群	10009	3.5781	0.85865	

注：***p<0.001。

分地域来看，使用方差分析，因方差不齐进行tamhane两两t检验，结果显示：东部地区高校学生对创新创业教育投入的评价显著高于中部和西部地区，中部和西部之间则没有显著差异（见表4-26）。这与东部经济发展水平高有关，良好的经济基础能够促进教育的投入，从"双高计划"高职院校数量排名便可见一斑，前四位的江苏省（20所）、浙江省（15所）、山东省（15所）及广东省（14所）都是经济大省，实力雄厚，反过来即说明中西部创新创业教育投入较为薄弱。但进一步分析发现，中西部高校学生（20.72%）选择创业高于东部学生（18.43%），也就是说，中西部高校学生受限于区域经济发展水平更容易出现就业困难而转向自主创业，① 因此更需要高质量创新创业教育。

表4-26　不同区域学生对创新创业教育各维度的评分（M±SD）及方差分析结果

	东部 (n=11409)	中部 (n=1445)	西部 (n=1031)	F	事后比较（Tamhane）
创新创业课程	3.67±0.89	3.61±0.86	3.57±0.80	8.75***	东部>中部，东部>西部
创新创业实践	3.76±0.85	3.59±0.87	3.57±0.80	24.86***	东部>中部，东部>西部
专创融合	3.63±0.87	3.51±0.83	3.48±0.77	47.30***	东部>中部，东部>西部

注：***p<0.001。

---

① Caggiano, V., Akanazu, H., Furfari, A., and Hageman, A., "Entrepreneurship Education: A Global Evaluation of Entrepreneurial Attitudes and Values (a Transcultural Study)", *Journal of Educational, Cultural and Psychological Studies*, 2016, 14: 57–81.

分专业来看,先将13个学科门类划分为理工类(理学、工学、农学、医学)、经管类(经济学、管理学)和其他类(哲学、法学、教育学、文学、历史学、艺术学、军事学)。使用单因素方差分析,因方差不齐,进行 tamhane 事后比较结果显示:理工类学生对创新创业课程和专创融合的评价和其他类学生对创新创业实践的评价均显著高于经管类学生(见表4-27)。理工类专业作为极具创新力的学科,美国高校常常依托其学科优势成立创业中心,如斯坦福大学工程学院的科技创业项目(Stanford Technology Ventures Program,STVP)。其专创融合较好,技术驱动又能极大帮助学生创建创业思维,[①] 学生评价较好无可厚非。而经管类学生选择自主创业的比例较高,对创新创业实践这一重要投入的要求也更高,故评价不及其他类学生。

表4-27 不同学科学生对创新创业教育各维度的评分(M±SD)及方差分析结果

检验变量	理工类 (n=8107)	经管类 (n=4547)	其他类 (n=1231)	F	事后比较 (Tamhane)
创新创业课程	3.69±0.89	3.61±0.86	3.64±0.85	9.94***	理工类>经管类
创新创业实践	3.74±0.87	3.71±0.83	3.78±0.85	3.78*	其他类>经管类
专创融合	3.62±0.87	3.58±0.84	3.60±0.86	3.25*	理工类>经管类

注:* $p<0.05$ *** $p<0.001$。

此外,接受过社会创业教育的学生对创新创业教育投入的评价显著高于未接受过社会创业教育的学生(见表4-28)。在社会问题日益复杂、学生多样化需求高涨的背景下,对于鼓励参与社会服务学习与公益活动的社会创业教育或者致力于关注弱势群体的创新创业教育等也应予以足够重视。国外创新创业教育成熟的大学如前文所提到的斯坦福大学和 MIT 已然将社会创业教育作为创新创业教育的重点,为国家乃至全世界解决水、能源、资源及贫穷等社会问题。然而,中国高校社会创业课程设置较少,仍

[①] Jena, R. K., "Measuring the Impact of Business Management Student's Attitude Towards Entrepreneurship Education on Entrepreneurial Intention: A Case Study", *Computers in Human Behavior*, 2020, 107: 10627.

有 24.3% 的"双高计划"高职学生表示未接受过社会创业课程学习。

表 4 - 28　是否接受社会创业教育对创新创业教育投入评价的差异性分析

检验变量	是否接受社会创业教育	数量	平均数	标准差	t 值
创新创业课程	参加	10512	3.73	0.88	16.449***
	未参加	3373	3.45	0.85	
创新创业实践	参加	10512	3.80	0.85	16.029***
	未参加	3373	3.53	0.85	
专创融合	参加	10512	3.68	0.86	19.189***
	未参加	3373	3.37	0.83	

注：***$p < 0.001$。

五　"双高计划"高职院校创新创业教育存在的问题

（一）重实践轻理论，创新创业教育形式化

这源于高校对创新创业教育的狭义理解以及显性的评价指标更加容易体现绩效。"双高计划"高职院校相比普通高职院校拥有更多的资源和支持，在创新创业课程、实践平台和创业政策等方面建设更具优势，但囿于教育理念则表现出实践强、理论弱，外强中干表面化、形式化的倾向。一是创新创业实践活动较为多元，校内创业园实践最普遍，而创新创业竞赛、企业管理岗位实习、创业模拟训练营等实践方式并不普遍，未参加实践的也不在少数。而如今开展得热火朝天的创新创业竞赛也未能有效发挥作用，越来越多的高校关注比赛的场面、规模和奖项，忽略了让学生体验真实的创业情境，对提升学生创业技能、创业意愿等的作用有限。[①] 二是创新创业课程仍未完全普及，授课方式以理论讲授为主，以学生为中心的个性化、互动式、体验式的教学方法较为欠缺，课程考核方式多样性和有效性亦有待提高，且专题讲座和网络课程建设有待加强。数字时代，网络课程建设十分重要。上一节我们已经证明了创新创业教育组织与优质网络

---

① 黎春燕、李伟铭、李翠：《我国高校大学生创业实践教育：模式、问题与对策研究》，《黑龙江高教研究》2017 年第 10 期。

视频数量显著正相关。此外，笔者阅读了中国高职高专教育网公布的大量高职院校质量年度报告，发现实践也证明了线上课程能够大幅提升学生的课程参与度、自主学习能力和创新创业技能。笔者还分析了长三角 216 所高职院校的 2021 年质量年度报告的有关数据，① 发现学生创业率与线上课程数显著相关，相关系数为 0.199（p = 0.003），即说明线上课程有助于促进高职学生创新创业。因此，有必要加强线上课程建设，为提供学生提供强大的知识库；三是创业政策保障力度不足，资金、时间及平台支持有待加强。尽管高职院校采取了一系列措施，如设立创业基金等为学生创新创业提供支持，但支持力度有限，然而高职学生主要来自农村，更需要资金支持。而政府出台的政策如休学创业、资金补贴及税收优惠等，要么更适合毕业生，要么缺乏高校的配合，如缺乏实施细则和配套措施。②

（二）创新创业教育与专业教育融合不够深入

尽管高职院校在政府大力推动下也纷纷开展创新创业教育，但并非所有高校都将其纳入战略高度，许多高校仍然停留在文件、会议及口头宣传等形式主义上，甚至未开展创新创业教育。创新创业教育实施部门往往是独立建制或挂靠在某个学院，或是领导小组制，容易与专业教育实施部门形成一个个"筒仓"，难以促进两者的融合，主要体现在：一是专业教育强调专业知识，与前沿趋势联系不紧密，跟不上创新创业教育的要求。在不断改革促进高职教育提质增效的背景下，尚有许多"双高计划"学校产教融合不够紧密，未能根据产业需求设置专业和课程，更遑论办学条件薄弱的普通高职院校仍处于较低层次的校企合作阶段，甚至缺乏与外界的联系，则必然出现教育的迟滞性；二是专业教育师资优势明显，其中，平均每所"双高计划"高职院校拥有兼职教师 411 人（N = 26），专任教师中"双师型"比例为 81.94%（N = 40），③ 但这些主要来自产业界的教师并没有得到充分利用，较少参与到创新创业教育和指导中。"专创融合"是

---

① 数据来源：中国高职高专教育网高等职业教育质量年度报告专栏 https://www.tech.net.cn/column_rcpy/index.aspx.

② 黎春燕、李伟铭、李翠：《我国高校大学生创业实践教育：模式、问题与对策研究》，《黑龙江高教研究》2017 年第 10 期。

③ 兼职教师数、"双师型"比例根据中国高职高专教育网公布的各高校 2019 质量年度报告整理得出。

高校培养创新人才、服务国家发展战略的重要途径，国务院、教育部等的多份文件也一直提出要将创新创业教育渗透进专业教育，因此有必要深化高职院校创新创业教育改革，推动创新创业教育与专业教育有机融合。

（三）创新创业教育未能兼顾不同学生的需求

随着创新创业教育的兴起，创新创业课程基本能覆盖各个层次的高校和不同专业的学生，高职院校亦是如此。但也正因为发展不够成熟，理论研究和实践均较薄弱，创新创业教育未能兼顾不同学生群体的需求。一是性别差异，男生更有意愿从事自主创业，对专创融合（$\beta = 0.152$）的需求高于女生（$\beta = 0.097$），对创新创业实践（$\beta = 0.568$）和创新创业课程（$\beta = 0.096$）的需求低于女生（β 分别为 0.587 和 0.112）（见表 4–17）。同时，女生对创新创业教育投入的评价低于男生，显示出缺乏性别方面的考量。二是家庭背景差异，独生子女、父母有创业经历及城镇学生拥有更多的创业资源，对创新创业教育的评价更好。而 70% 的高职院校学生来自农村，个人资源较难支持创业活动，更需要高校加大创新创业教育投入。三是专业差异，不同专业学生对创新创业教育的需求不同，相比理工类的创新创业课程和专创融合投入，其他类的创新创业实践投入，经管类学生的满意度较低。毋庸置疑，创新创业教育的需求已经开始走向多元化，现有的课程体系和实践体系已经越来越难以满足学生的需求，创新创业教育的升级改造刻不容缓。

（四）创新创业教育发展不平衡

"双高计划"高职院校的遴选是好中选优、优中选好，代表所覆盖的 29 个省份乃至全国的高职教育最佳水平。但从调查结果来看，各高校创新创业教育发展不平衡，存在显著差异：其一，高水平学校建设高校好于高水平专业群建设高校；其二，经济发达的东部地区高校好于经济较为落后的中部和西部高校。经济基础越好，办学条件越佳，对创新创业教育的投入也越大。然而，中部和西部学生受限于区域经济发展水平更容易出现就业困难而转向自主创业，更需要创新创业教育的支持。

六　"双高计划"高职院校创新创业教育的启示

（一）前瞻性思考"双高"建设与创新创业教育融合发展

"双高计划"采取有进有出、优胜劣汰的动态管理机制，每 5 年为一个周期分阶段建设"当地离不开,业内都认可,国际可交流"高水平高职院校。其总体目标为建强建优职业教育,最终服务国家战略和经济社会发展,这与创新创业教育的目标是一致的,从十大改革任务中也可看出"双高"建设与创新创业教育密切相关。因此,结合前文分析,"双高计划"高职院校可在两个方面发力:一是深化产教融合。产教融合是职业教育的灵魂,亦是创新创业教育的关键。建立专业动态调整机制,根据产业需求设置前沿专业和对传统专业进行数字化改造,同时树立命运共同体意识,校企深度合作共同制订人才培养方案,培养具有数字化操作能力、数字化职业素养的高素质技术技能人才。二是加强专创融合。"双高"建设的核心是高水平专业群建设,将创新创业教育融入专业群建设,以泛在的环境培养创新创业型人才。

(二) 全局性谋划创新创业教育理论教育与实践教育并重前行

尽管创新创业课程对创新创业教育绩效的影响不如创业实践大,甚至存在创新创业课程反向影响创业意愿的情况,但其有利于普及创业知识、宣传创业思想、激发创业意识以及具有非常重要的"鼓舞人心"作用。[①]因此,两者同时推进才能使创新创业教育适用于不同的教育目标和学生群体。首先,明确自身的办学目标和发展定位,结合自身优势进一步确定创新创业教育目标,加强顶层设计,做好创新创业教育规划。其次,构建分层分类的创新创业教育体系,使理论教育覆盖全体学生,实践教育惠及有创业兴趣的学生,精英教育面向选择创业的学生,形成所有人接受过创业熏陶、多数人体验过创业活动、少数人启动创业计划的创新创业教育新格局。最后,在实施创新创业教育过程中,将理论教育增强创业信心、实践教育提升创业效能的理念贯穿其中,正确区分好两者所适用的教学情境,并按照难易程度将不同形式的活动组合成"进阶式"的创新创业教育模式。

(三) 整体性推进创新创业教育教师、教材、教法"三教"数字化改革

教师是"三教"改革的关键因素,直接影响教材和教法建设。当前创新创业教育师资严重短缺,教师教育能力普遍薄弱,教材、教法具有滞后

---

① Piperopoulos, P. and Dimov, D., "Burst Bubbles or Build Steam? Entrepreneurship Education, Entrepreneurial Self-Efficacy, and Entrepreneurial Intentions", *Journal of Small Business Management*, 2015, 53 (4): 970-985.

性、单一性，亟须借助信息技术手段，更好更快地推动创新创业教育质量整体提升。首先是提高教师数字素养，建立健全相应的职前培养、在职培训、研修与实践制度，组建高水平、结构化、来源广泛的教师教学创新团队，帮助专任教师、兼职教师提升"双师"素质及创新创业教育能力，实现教师专业发展并鼓励广泛参与到创新创业教育与创业指导中来。其次是加快教材信息化建设，鼓励一线教师将学生喜爱、成效明显的创新创业课程通过编成教材等形式向校内外推广开来，校企"双主编"共同开发立足学校和区域特色、适合不同生源、能够实时更新的新型活页式和工作手册式教材，以及打造优质视频课程和网络课程资源库，实现时时可学、处处可学。最后是推动教法多元化发展，鼓励因材施教，实行启发式、讨论式、体验式等教学方法，引入大数据、云计算、AI、VR/AR 等现代教育技术促进师生、环境多维交互，打造基于数字化学习资源的个性化教学模式。

（四）战略性布局促进创新创业教育发展全面化、均衡化

首先，宏观上打破东部强、中西部弱的局面，制订东西协作计划，依托数字平台促进区域间交流互学及资源共享，通过政策倾斜扶持中西部"双高计划"高职院校发展创新创业教育。其次，中观上加强高水平专业群建设高校创新创业教育的投入，与高水平学校建设高校共同形成高等职业教育先进经验，以"领头羊"作用带动全国千所高职院校创新创业教育水平的整体提升，培养创新人才链。最后，微观上把握不同性别、专业、背景等学生群体的需求，有针对性地开展创新创业教育，如引入女性榜样促进女性创新创业教育，[①] 鼓励跨学科合作实现优势互补，政企行校通力合作，建立健全无息贷款、场地租赁、创业指导及学分互认等环境支持制度，不断丰富和完善创新创业教育体系，让学生敢闯、会创。

---

① Berggren, C., "Entrepreneurship Education for Women—European Policy Examples of Neoliberal Feminism?", *European Education*, 2020, 52 (4): 312-323.

第五章 数字时代的女性创业

第一节 中国女性创业的崛起

一 1840—1921年：女性意识的觉醒

在历经几千年的封建主义压迫下，中国女性终于迎来了新的转机。1840年，外国列强的坚船利炮打开中国的大门，阻断中国社会自然发展进程，西方思想也开始在中国传播，使古老的中华民族面临"数千年未有之大变局"。受到基督教的影响，太平天国洪秀全创立了独特的农民革命理论，形成了朴素性别平等思想。太平天国革除了一些奴役和歧视女性的制度，并开设女营，建女军；开设女馆，组织生产劳动和学习；更设立了文武女官和科举制，据统计，女官总数高达6584人。此外，《天朝田亩制度》不分性别按人口分田的规定也一定程度上体现了经济平等。然而，根深蒂固的封建主义思想、早期基督教的唯心主义和封建落后性以及旧时代农民阶级的局限性等原因致使男女平等政策并未真正完全落实，女性仅在一定区域一定程度上得到解放。随着太平天国运动的失败，女性的状态又回到了从前。

1898年，少数女性意识开始觉醒，以李润、黄谨娱为代表的为数不多的知识女性在维新思潮影响下创立了中国女学会、经正女学（后更名为中国女学堂，是中国第一所自办女校）以及《女学报》。经正女学要求孰中执事（上自教习，下至服役人）皆用女性，而《女学报》主笔共30余位，也均为女性。这意味着女性已经参与到教育事业及新闻出版行业。然而，提倡女学、争取女权、鼓励女性参政的《女学报》仅存活几个月，呼声不高，影响不大。而无论是教学方针抑或是教学内容仍以封建思想为特色的经正女学也仅存活了不到2年时间，女性解放之路依然充满障碍。

1900年，饱受半殖民地、半封建社会摧残的中国人民发起了义和团运动。女性以武装斗争、组织或参加公共集会等形式参与其中。前述经正女学虽最终失败，但女学随之日渐兴起（民办为多），女性留学亦开始发展并实现自费向公费的转变，女留学生群体不断壮大。至1907年，清政府颁布《学部奏定女子小学堂章程》《学部奏定女子师范学堂章程》，女性取得了合法的受教育权。据1909年统计，全国拥有女学堂308所，在校女生14054人。在此过程中，妇女报刊再次兴起，1902年5月至1911年12月，《女学报》《女子世界》《中国女世界》等30余种女性自主创办、自行撰稿和发行的妇女报刊相继出版发行。其中，《女子世界》发表文章提出"三自"思想至今仍颇具影响力，"三自"即：自重，克服自卑自贱的努力思想，尊重自己；自立，参加社会劳动，自谋生活，经济独立；自主，争取婚姻自由权。这些报刊与蓬勃发展的女性教育让女性接触新思想、新事物，成为具备知识和主体意识的新兴力量，为传播女权思想、推动女性解放起到了十分重要的作用，其基本路径为揭露社会残酷真相—要求女性权利—承担救国义务—团结推动妇女解放。

1905年，孙中山领导成立同盟会，革命随之成为时代潮流，并以武昌起义为起点爆发了辛亥革命。一批批女性参与到实际的武装斗争或与之相关的筹集军饷、救治伤员等工作中，如湖北青年吴淑卿致信黎元洪率先组织女子军，在汉口与清军激战告捷而名声大震。又如光复会尹锐志、尹维峻领导锐峻学社准备武装起义，后与林宗雪等人组建浙江女子国民军参与光复南京。上海医院院长张竹君发起组织赤十字救护队，女性会员54人，占比43.9%。1912年1月1日，孙中山成立中华民国临时政府后，女性把目光转向参政，并成立了女子参政同盟会，掀起了女性参政热潮。然而，唐群英等代表两次上书孙中山及参议员要求男女平等并未被采纳，以致群情激愤怒闹参议院，后虽经孙中山调解斡旋但始终无果。而后袁世凯窃取革命成果成为大总统，女性争取参政权更为艰难，袁世凯的独裁和镇压迫使女子参政同盟会解散。资产阶级女性的斗争并未涉及广大劳动女性，却使自己陷入孤立无援的处境。

然而，资产阶级女性斗争的失败并未使中国女性停止争取解放。五四运动爆发后，多地女界相继成立天津女界爱国团体、北京女学界联合会、上海学生联合会、天津女界爱国同志会、长沙女学生联合会等团体组织，号召女性同胞团结起来共同救亡图存。她们敢于反抗，如在李大钊的支持下成功驱逐阻挠女校学生运动的女高师校长方还；她们组织游行示威、罢工运动，抗议政府打击爱国运动的行为；她们组织编写刊物、街头演讲、排演话剧等宣传活动，传播爱国思想；她们组织女性学习技能，争取女性平等及妇女儿童保护。1919年6月3日，北洋军阀政府逮捕800余名爱国学生引起群情激愤，女性爱国运动更是到达高潮。中国女性的奋斗自此进入新的阶段。女性开始争取高等教育权，甘肃女学生邓春兰曾上书北京大学校长蔡元培要求增女生席、实行男女同班，但因五四运动而未能得到重视。她在自费进京求学前发表的《告全国女子中小学毕业生书》征求同志组织解除女禁引起社会注意。而后谢楚桢、王兰等人经过努力促成蔡元培开放招收女生，掀起女性教育史上的一个重大革命——男女同校。在受教育权的抗争中，女性还发起工读互助、赴法勤工俭学等运动，使中国女学生增长了见识，接受了锻炼和考验。五四运动时期，女界已经认识到思想解放（女子心理解放派，代表张若名）、受教育权（女子教育派，代表邓春兰）、参政议政（女子参政派）、婚姻家庭（改组家庭派、限制生育派、儿童公育派）是妇女解放的重要基础，但只讲改良，而未触动政治制度和经济基础，因此具有一定的局限性。在传播思想方面，女界于新文化运动至1920年创办了30余种刊物，《醒世周刊》《女界钟》《新妇女》等都是有影响力的刊物，对女权思想传播起到了非常重要的作用。

五四运动前，中国仅有少数女性拥有职业，并且集中在小学教员、保育员和医生方面。而此后，女性能够成为银行员、铁路事务员、商店店员、公司职员，甚至是教授和官吏。1920年几位女师毕业生在广州创办女子竞业商店，一年后倒闭，但这是女青年自谋职业的最早尝试。

二 1921—1978年：女性权利的发展

中国女性权利的获得与发展与中国共产党的领导密切相关。1921年7月，中国共产党在嘉兴南湖诞生，把领导女性奋斗列入议程。徐宗汉领导的女界联合会在中国共产党的领导下进行了改组，成为具有鲜明政治色彩的妇女组织。其后，女界在党的领导下通过创办妇女刊物、兴办平民学校，宣传党的思想及培养女活动分子和女干部，扩大了女性的受教育权和参政议政权。如1921年冬，中国共产党以女界联合会名义创办了第一所新型的妇女学校——上海平民女校。① 其后几年，国内也发生了以参政为要求的女权运动及反抗"男子专政"的女权运动，但目标较为狭隘及缺乏群众基础使得运动并未成功。实践证明，女性运动要与最广泛的劳动女性需求结合起来，才能筑牢群众基础。而早期女性共产党员具有很高的文化素养，她们拥有强大的组织能力和活动能力，善于发动群众参加革命斗争。

这段时期中国女性为了革命斗争而努力奋斗，尽管出现两次鼓吹"妇女回家"的思潮，但中国女性始终坚持在革命斗争的前线和后勤，用自己的方式反帝反封建，与国民党反动势力做斗争，为妇女解放、人民解放做出了无比巨大的贡献。在新民主主义革命斗争中，女性经历了国民革命时期的艰难跋涉、土地革命时期妇女的崛起、抗日战争的锻炼成长，涌现了宋庆龄、刘胡兰、赵一曼、许广平等无数有名战士，但更多的是默默牺牲的无名英雄。中国女性在中国共产党的领导下通过艰苦奋斗提升了社会地位，以一种全新的面貌站立在世界东方。新中国成立以前，"男主外，女主内"仍是家庭分工的主流模式，女性受到刻板印象、社会规范和自我认知的禁锢而极少参与社会劳动。即便有少数已婚女性得到生育外的工作，但往往是临时的和无偿的。②

新中国成立以后，执政者发起了重大变革，摧毁旧制度，创建新制度，如1950年《婚姻法》明确男女双方家庭地位平等，1954年《宪法》写入男女平等，1954年《关于发展农业合作社的决议》明确"同工同酬"，严厉批判传统分工模式及家庭制度，使得女性解放运动以燎原之势迅速展开，女性获得了受教育权、平等经济权（劳动就业、分地）、政治参与权及婚姻自主权等权利，社会地位有了很大改善。就教育方面而言，到1978年，接受高等教育、中职教育、普通中学教育和小学教育的女学生数量占比分别为24.2%、33.1%、41.5%和44.9%。③

然而新中国成立后实行社会主义改造抑制了私营经济的发展，如1956

---

① 中华全国妇女联合会妇女运动历史研究室编：《中国妇女运动历史资料》（1921—1927），人民出版社1986年版，第68—69页。

② 吴炳德、陈士慧、陈凌：《制度变迁与女性创业者崛起——来自LN家族的案例》，《南方经济》2017年第3期。

③ 江树革、费多丽：《市场化改革和性别视野下的中国女性创业》，《辽宁大学学报》（哲学社会科学版）2017年第2期。

年3月29日—4月6日，全国工商业者家属和女工商业者代表会议后，被誉为"金笔大王""金笔汤"的女性企业家汤蒂因接受社会主义改造，将辛苦创办的绿宝金笔厂实行公私合营。而后一段时间（1958—1978年）由于公有制意识形态以及"士农工商"职业排序的限制，商人的地位很低，甚至被禁止从事商业活动。因为执政党具有非常强大的意识建构和引导能力，唯有认可商业活动对社会经济发展的巨大推动力，才能建构创业合法性。① 所以，这段时间整个国家的经济活动较为低迷，女性更多地参与农业劳动、工业劳动、参政议政等社会劳动，直到改革开放才逐步放开限制，并通过区域竞争创造创业情景。②

三 1978年至今：女性创业的崛起

尽管中国共产党走向政治舞台以来为中国女性解放做了大量努力，但这个阶段的女性与男性一样，是作为阶级的整体而存在的，即只要阶级对等，女性与男性一样处于社会的中心地位。20世纪80年代以来，中国的政治经济体制改革引起了女性的就业危机和社会政治结构及社会秩序的重构，女性成为性别群体，与男性相对立。但同时也倒逼女性的权利由"母权"向"女权"转化，女性开始超出家庭和社区而向更多领域发展特别是大量活跃在经济领域，推动女性的社会地位发生质的变化。③

女性企业家群体在改革开放的春风中崛起。1978年党的十一届三中全会后，改革开放的政策开始扭转"禁止工商活动"这一局面，转向促进非公经济发展，推动个人创业以及发展创业经济生态。少数人开始从事工商副业，同时为解决返城知青就业问题而允许无业青年成为个体工商户。1980年12月11日，温州女性创业者章华妹成为第一张个体工商营业执照所有者。中国女性主要分布在农村，从事家务劳动和农业生产，她们抓住这一历史机遇，将农产品和家务劳动的"副业"（刺绣、织布、养家禽家

---

① 吴炳德、陈士慧、陈凌：《制度变迁与女性创业者崛起——来自LN家族的案例》，《南方经济》2017年第3期。

② Welter, F., "Contextualizing Entrepreneurship Conceptual Challenges and Ways Forward", *Entrepreneurship Theory & Practice*, 2011, 35 (1): 165 – 184.

③ 何萍：《中国女性主义问题与中国社会的变革——为纪念恩格斯逝世110周年而作》，《武汉大学学报》（人文科学版）2005年第6期。

畜等）变为有价值的"商品"，在市场驱动下发展规模产业，逐渐向第二产业和第三产业扩展。如吉林女状元、水稻大王蔡淑珍从几亩责任田发展到拥有百万元资产的农场主，并成立全省第一家民办研究所向女性传授技术；保定形成了以女性为主的服装、挂毯、腈纶等十大产业和十大商品市场。① 而民营经济推动城市经济的崛起又引起了"打工潮"，大量农村女性拥向城市，在工作中体悟"必须靠努力改变人生"，许多女性在学到技术后回乡创业（办厂）。还有很多女性在竞争角逐或毛遂自荐等方式中走上领导岗位，甚至是董事长或总经理。而计划生育基本国策的执行让女性获得更多的受教育权、继承权，并造就了一大批自愿或被迫认同男女平等观念的人群。这为女性创业提供了更好的社会土壤和候选人群。

到了 20 世纪 90 年代末，效益是改革的重点，劳动力剩余的弊端开始显现，此时出现了庞大的"下岗潮"。据统计，1998 年第一季度末，全国下岗职工 1010 万人，女性占比 59%。② 女性下岗和就业危机导致女性权益受到损害，经济地位和权力地位也随之下降，但大部分女性并不想妥协于现实。有调查显示，80.6% 的女性希望再就业。③ 为了解决女性的下岗失业危机，1995 年，全国妇联启动"巾帼创业行动"帮助下岗女性再就业。百年奋斗的深厚积淀，几十年参与社会发展的实力，让中国女性调适好心情选择个体经营和自主创业来应对社会风险。中国女企业家协会的调研报告显示此后女性创业的脚步加快，1993 年至 1998 年平均年增长率高达 9.8%。④ 2005 年国务院发布了《关于鼓励支持和引导个体私营等非公有制经济发展的若干意见》，对形成大众创业提供了良好条件，也促进了女性私营企业主在全体私营企业主中的比例从 2000 年的 11.1% 到 2012 年 16.4%（见图 5-1），2012 年 GEM 报告也显示中国女性创业活动率超过了 10%。⑤ 说明女性开始活跃于经济领域。

数字时代的到来为女性就业、创造财富以及影响和改变世界提供了更

---

① 唐娅辉：《中国妇女百年妇女奋斗史》，湖南师范大学出版社 1999 年版，第 233—235 页。
② 王国敏：《20 世纪的中国妇女》，四川大学出版社 2000 年版，第 365 页。
③ 王国敏：《20 世纪的中国妇女》，四川大学出版社 2000 年版，第 365 页。
④ 胡怀敏：《我国女性创业及影响因素研究》，博士学位论文，华中科技大学，2007 年。
⑤ 江树革、费多丽：《市场化改革和性别视野下的中国女性创业》，《辽宁大学学报》（哲学社会科学版）2017 年第 2 期。

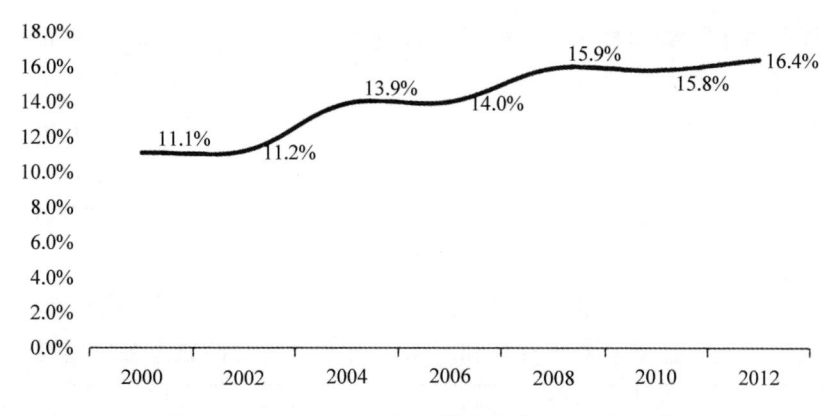

图 5-1　2000—2012 年女性私营企业家比例变化

资料来源：（江树革和费多丽，2017）。

多的机会。科技变革如洗碗机、扫地机器人、洗衣机等科技进步的产物让女性劳动力在一定程度上从繁重而烦琐的家务中解放出来。女性有更多的时间和精力参与劳动，职业趋向多元化，且不再囿于他雇就业方式，而是借着互联网的春天投身到创新创业之中。同时，互联网让工作与家庭之间的场所分割问题得到缓解，女性可以通过在家办公创业，灵活的工作时间、工作地点和工作模式，在一定程度上解决家庭与工作之间的平衡问题。与此同时，中国放眼未来，顺应时代，深入实施数字中国战略，信息资源的战略性地位不断上升，快速发展的互联网和数字经济更有效地为女性创业赋能。数字平台对女性创业者的帮助是多方面的。首先，女性创业的技术门槛明显降低，有助于女性探索更多可能性的创业路径，让更多女性能够参与到创业中。女性可以在电商平台成为一名网店店主，也可以在自媒体平台通过分享自己的生活和见解成为一名新媒体人。其次，不同于传统创业的高成本，新时期的平台创业有着明显的"轻资产"特点。不需要店面，不需要大量进货，甚至只需要注册账号就可以开始创业。再次，数字平台所提供的数字服务有助于创业者在创业过程中分析数据，扩大创业者知识和技能的边界，让创业者更及时获得数据反馈，进行调整。最后，互联网发展态势下，女性细腻的情感，对消费的洞察力，让女性在互联网领域拥有了创业优势。在"互联网+"经济形态下，创业不再困难，进入"她时代"。国务院发布的《平等 发展 共享：新中国 70 年妇女事业的发展与进步》数据显示，互联网领域创业者中女性达到55％。① 世界女性也不外乎如此，中华女子学院和阿里研究院联合发布的《2019 阿里巴巴全球女性创业就业研究报告》显示，阿里巴巴平台上女性创业者占比为49.25％，淘宝平台的女性店主 2018 年年均交易金额超过 20 万元，相比 2014 年增长超过一倍，比男性店主增幅高出三成。女性创业者们在数字经济时代基于电商平台书写着女性创业史全新的篇章。

数字经济、数字技术、数字生态不仅缩短女性创业机会识别时间，还打破空间限制，让更多农村女性和从未走出家门的女性通过数字链接实现创业。女性更注重社会目标，她们更倾向于帮助或雇用女性，而男性倾向于经济目标，两者结合能够协同促进区域经济发展。② 当前中国女性劳动参与率相对较高，高于任一收入水平国家的平均水平（见图5－2），但与许多国家仍存在差距。普华永道《2019 年女性就业指数》指出，中国若能将女性劳动参与率提高到瑞典水平，那么 GDP 可增加 4970 亿美元。联合国前秘书长潘基文在 2015 年三八国际妇女节致辞中指出：若 50％的人不能充分发挥其潜能，世界就无法 100％地实现目标。因此，鼓励女性创业对创造岗位带动就业、促进经济发展以及促进共同富裕具有重要作用。

为了促进女性创业，党和国家高度重视大众创业、万众创新的"她力量"，各项鼓励创业创新的政策措施都坚持男女平等原则。此外，还出台了很多具有针对性的特别措施来支持和鼓励女性创新创业。国务院颁布的《中国妇女发展规划纲要（2011—2020 年）》提出完善创业扶持政策，采取技能培训、税费减免、贷款贴息、跟踪指导等措施，支持和帮助妇女成功创业，并促进帮扶女大学生创业。2015 年，全国妇联下发《关于创业创新巾帼行动的意见》，引领广大城乡妇女顺应互联网新趋势，主动作为实现创业梦想。截至 2018 年年末，全国累计发放妇女就业创业小额担保贷款 3837.73 多亿元，获贷妇女 600 多万人次，创建巾帼创客空间、孵化器、创客服务平台 3200 多个，数百万妇女投身电商创业。③ 2019 年，中国

---

① 《平等 发展 共享：新中国 70 年妇女事业的发展与进步》（http：//www.gov.cn/zhengce/2019-09/19/content_5431327.htm）。

② Jennings, J. E., & Brush, C. G., "Research on Women Entrepreneurs: Challenges to (and from) the Broader Entrepreneurship Literature?" *Academy of Management Annals*, 2013, 7, 661–713.

③ 《5 年来，全球妇女峰会倡议得到全面落实》（http：//www.women.org.cn/art/2020/10/9/art_22_165097.html）。

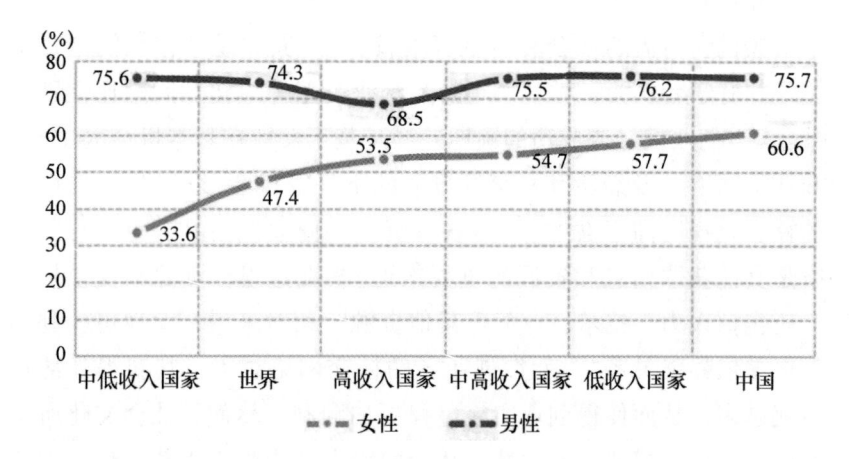

图 5-2 按收入水平和性别划分的劳动生产率（%）

资料来源：作者根据 ILO 数据库 2021 年 1 月 26 日更新的 2019 年劳动参与率绘制。

人民银行和全国妇联等单位共同发布《创新金融服务，支持妇女创业就业》的通知，以解决创业女性资金瓶颈的问题。

四 女性创业的未来

女性创业对国家社会经济发展带来了深远的影响。但是创业远未实现性别平等。当前女性创业相对男性创业仍属新兴事物，尽管女性注册的公司已经超过30%，[1] 但这一数值远不足男性的一半。究其原因，其一是文化规范带来的性别差距。性别歧视、女性偏见依然存在全球各个地区，尤其是在性别不平等、以男性为主导的国家和社会广泛存在。社会对女性的刻板印象让人们对女性的评价为女性不如男性有能力。人们认为企业家精神与男性特征相关联，这往往导致女性不愿意创业。然而事实上，女性表示她们比男性更想成为企业家。[2] 当前女性面临着诸多创业障碍，从女性

---

[1] 《〈中国女性创业报告（2018）〉发布》（https://politics.gmw.cn/2018-04/16/content_28351988.htm）。

[2] Adema W., Ali, N., Frey, V., Kim, H., Lunati, M., Piacentini, M., & Queisser, M., *Enhancing women's economic empowerment through entrepreneurship and business leadership in OECD Countries*, OECD report, 2014.

经验较少和冒险倾向较低,① 到缺乏培训机会和机构支持,以及获得认可和追求市场机会所需的社会和金融资本较少。② 其二是结构性问题带来的性别差距。有学者认为,教育、年龄和企业类型等结构性问题比性别问题更为重要。③ 创业偏好或成功的预期差异是基于女性在基本机会(如教育、就业和社交网络)及经验和社交等方面的不平等机会形成的。④ 男性在创业中的社会化程度高于女性,⑤ 对获取资金和商业机会具有重要意义。社会网络是女性获取信息和资源的重要渠道。⑥ 在这里,资源不仅包括财务资源,还包括人力、技术、业务等其他资源。相对来说,女性更少利用弱关系,更多依赖强关系。⑦ 女性创业者的社交网络越大,其获得外部资本的渠道就越多,从而使得创业实施过程更加顺利。然而,社会文化所塑造的不同性别的行为模式,使女性在社会网络发展中处于劣势地位,在获得社会资本以实施创业的过程中困难重重。例如,Hapugoda 提出,女性离开职场后会发现自己的社交网络正在恶化,哪怕离开是暂时的。

2020 年新冠肺炎疫情对女性创业造成了冲击,女性创业多集中在教育、培训、旅游、医疗、餐饮等民生领域,企业规模较小,在严格的疫情防控政策下面临着巨大压力。⑧ 但女性创业者在面对诸多困难时始终展现出坚守和担当。她们积极参与疫情防控,推进复工复产,履行社会责任,

---

① Fairlie, R. W., & Robb, A. M., "Gender Differences in Business Performance: Evidence from the Characteristics of Business Owners Survey", *Small Business Economics*, 2009, 33, 375–395.

② Thébaud, S., "Business as Plan B: Institutional Foundations of Gender Inequality in Entrepreneurship Across 24 Industrialized Countries", *Administrative Science Quarterly*, 2015, 60 (4): 671–711.

③ Coleman, S., "Access to Capital and Terms of credit", *Journal of Small Business Management*, 2000, 38 (3), 37–52.

④ Van der Zwan, P., Verheul, I., & Thurik, A. R., "The Entrepreneurial Ladder, Gender, and Regional Development", *Small Business Economics*, 2012, 39 (3), 627–643.

⑤ McAdam, M., Harrison, R. T., & Leitch, C. M., "Stories from the Field: Women's Networking as Gender Capital in Entrepreneurial Ecosystems", *Small Business Economics*, 2019, 53 (2): 459–474.

⑥ 谢觉萍、屠凤娜、王云峰:《国外女性创业文献研究与创业过程模型的构建》,《管理现代化》2016 年第 2 期。

⑦ 蔡莉、王玲、杨亚倩:《创业生态系统视角下女性创业研究回顾与展望》,《外国经济与管理》2019 年第 4 期。

⑧ 江树革:《疫情防控常态化形势下如何推进女性创业》,《中国妇女报》2020 年 7 月 21 日第 5 版。

体现出守望相助、共克时艰的家国情怀和责任担当以及坚韧执着、积极进取、主动求变的创业精神。同时，新冠肺炎疫情的冲击也带来了新的机遇，国内"云经济""宅经济"等迅猛发展，推动了电子商务、在线教育、远程办公、生物制药等行业的发展，进一步拓宽了女性创业的领域。然而，数字时代和数字技术虽然给女性创业带来了新的机遇，但是否也存在女性因为离数字化越来越远而失去了节奏呢？女性的确可以从数字化发展中受益，增加工作灵活性，减少工作限制。通过使用数字媒介平台，女性可以方便地获取和吸收新知识，使她们能够更快地获得商业和融资机会（例如众筹）。但在与数字技术有关的获取、技能和自我认知方面，女性的潜力可能没有显示出来。[1] 女性能否在百年未有之大变局的背景下抓住机遇？国家如何帮助女性通过创业实现自我价值，进而促进中华民族的伟大复兴？这是国家之问、民族之问、时代之问。

第二节　全球女性创业现状分析

全球创业观察（GEM）每两年对女性创业行为进行研究并出版报告。《2018/2019年全球女性创业报告》分析了全球59个经济体，包括两个周期搜集的数据：2017年报告的10个经济体和2018年报告的49个经济体。这些经济体被分为东亚、南亚和太平洋，欧洲和中亚，拉丁美洲，中东和北非，北美和撒哈拉以南非洲6个地理区域，并根据世界银行的人均国民总收入分类[2]分为3个国家收入水平。该报告基于创新创业生态系统研究女性创业。创新创业生态系统包括一些相互关联、相互促进创新和创业成长的要素，[3] 如有益的文化、可用的融资、人力资本的收购和开发、产品和服务的新市场，以及一系列制度和基础设施支持。[4] 创新创业生态系统是动态的，创业者和机构相互依赖、相互影响。在创新创业生态系统中，

---

[1] Dy, A. M., Martin, L., & Marlow, S., "Emancipation Through Digital Entrepreneurship: a Critical Realist Analysis", *Organization*, 2018, 25（5）: 585–608.

[2] "低收入"指的是低收入和中低收入经济体，而"中等收入"指的是中上收入经济体。

[3] Spigel, B., "The Relational Organization of Entrepreneurial Ecosystems", *Entrepreneurship Theory and Practice*, 2017, 41（1）: 49–72.

[4] Isenberg, D., "How to Start an Entrepreneurial Revolution", *Harvard Business Review*, 2010, 88（6）: 40–50.

所有的创业者都有平等的机会获得资源、参与和支持，以及获得成功的机会。然而现实情况是，生态系统因素（如区域文化）或经济背景（如国家收入水平）可能在不同程度上影响女性的看法、意图和动机、行业选择和增长愿望。① 因此《2018/2019 年全球女性创业报告》考虑了区域、国家和经济因素可能如何突出女性企业家和男性企业家之间的异同，确定了性别差距较大和性别差距正在缩小的地区和经济体，并研究了人口统计（年龄、教育）和行业分布等结构性因素如何影响女性创业。报告还探讨了女性企业家和投资者如何影响生态系统。

女性在促进全球经济发展方面所发挥的作用毋庸置疑。皮尤研究中心的分析显示：在全球 80 个国家，女性占 40%的劳动力，覆盖范围从卡塔尔的 13.4%到马拉维的 52.2%。② 有研究预测 2012 年至 2022 年，有近十亿名女性将进入全球劳动力市场。③ 此外，女性控制年消费支出超过 20 万亿美元，这个数字在未来五年将上升到近 28 万亿美元。④《2018/2019 年全球女性创业报告》带来了新的发现，供研究人员、政策制定者、教育工作者和实践者等不同受众使用，为未来的研究、政策决策和计划设计提供了基础，以此更好地促进女性创业发展。

一　全球女性创业现状：比率、动机和特征

（一）女性创业活动总量比率

从全球来看，女性总体创业活动率为 10.2%，超过男性的四分之三。低收入经济体女性创业活动率最高，为 15.5%，而高收入国家女性创业活动率仅为 8.4%。创业活动总量性别差距最小的是低收入经济体（15%），女性创业活动总量超过男性创业活动总量的 80%以上。相比之下，最大的性别差异出现在高收入经济体，女性创业活动率少于男性创业活动率的三

---

① Brush, C., Edelman, L., Manolova, T., & Welter, F., "A Gendered Look at Entrepreneurship Ecosystems", *SmallBusiness Economics*, 2018, 53 (2): 393–408.

② Fetterolf, Janell, "In Many Countries, at Least Four-in-ten in the Labor Force Are Women", *Pew Research Center*, 2017.

③ The Economist, "Economic Contribution of Women", 2012, https://www.economist.com/news/economic-and-financialindicators/21564857 (accessed November 8, 2019).

④ Silverstein, M. J., & Sayre, K., "The Female Economy". *Harvard Business Review*, 2009. https://hbr.org/2009/09/the-female-economy (accessed November 11, 2019).

分之二。

根据前述划分的六大区域来看,每个区域都存在性别差距(见图5-3),而从经济体层面看,有9个经济体的女性创业活动率与男性相同或更高。在厄瓜多尔和越南,女性的平均创业活动率比男性高出10%,显示出女性在经济和新商业领域非常活跃。在安哥拉、印度尼西亚、哈萨克斯坦、马达加斯加、巴拿马、卡塔尔和泰国,男女创业活动率均等。如图5-4所示,9个经济体的男女创业活动率都在平价线上或高于平价线,表明男女创业活动率约为1:1。其他大多数经济体低于这条线,一些经济体甚至低于1:2比率线,即女性创业的比例是男性的一半或不到一半。

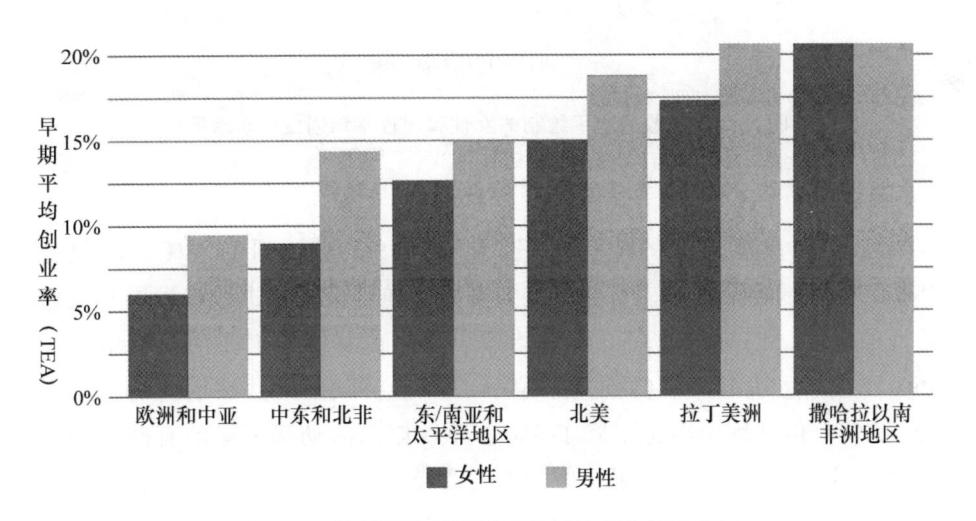

图5-3 按性别和地区划分的平均创业活动水平

资料来源:2017—2018 GEM 报告。

这些发现显示女性创业活动有所增强,因为上一份报告(调查了其中54个经济体)指出当时只有5个国家(巴西、印度尼西亚、墨西哥、菲律宾和越南)的女性创业活动率与男性持平或高于男性。进一步对比发现,总创业活动率上升了1%,而性别差异从31%下降到28%,下降了3个百分点,这说明全球整体的创业活动越发活跃,特别是女性创业活动量大幅增长。从地区层面来看,拉丁美洲地区的女性创业活动率在54个经济体中是最高的,但其创业活动率的变化是最小的。而撒哈拉以南非洲地区创业活动率变化最大,女性创业活动率从5.9%增长到9%,增幅为52.5%。

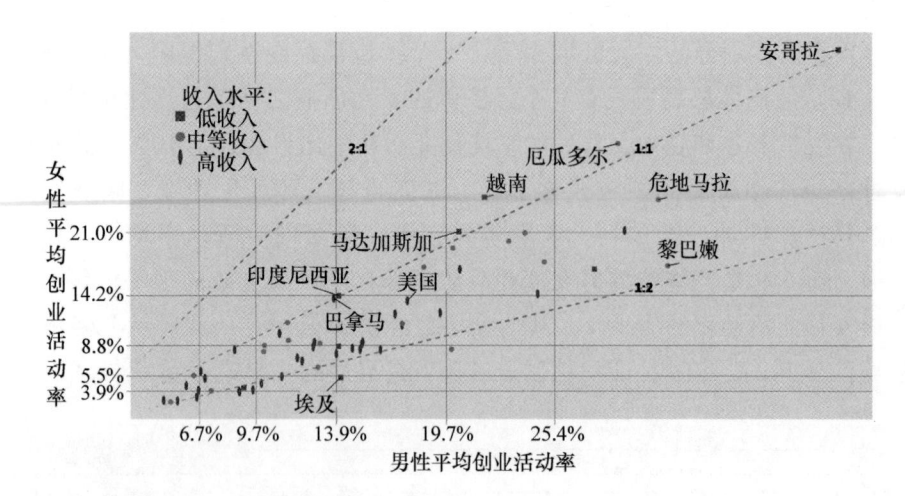

图 5-4　按收入水平绘制的女性和男性平均创业活动水平

资料来源：2017—2018 GEM 报告。

亚洲女性创业活动率的变化也很大，从 9.9% 增长到 13.4%，增幅为 35%。亚洲的创业活动率可能已达到高峰，随着经济的进一步发展和工作选择的增加，创业活动率可能开始减小。北美女性的创业活动率增加了 26%，最高可达 15%，性别差距缩小了 17%。欧洲的女性创业活动率下降了 7%，但性别差距也下降了 5%。导致创业活动率下降的有些原因对女性和男性都有影响，而另一些因性别而异。

图 5-3 显示了按性别和地区划分的平均创业活动率的变化。创业活动率最高的女性在撒哈拉以南非洲（21.8%）和拉丁美洲地区（17.3%），意味着更多的低收入地区需要女性参与创业。与区域平均水平（6%）相比，安哥拉的女性创业活动率最高，为 40.7%。环境因素可能在激励创业中发挥重要作用活动，包括劳动力参与、职业和行业性别隔离、文化和宗教信仰、政治稳定、就业选择和家庭安排。这些因素可能以不同的方式结合在一起，从而鼓励或阻碍女性创业。

（二）女性创业动机

在世界范围内，促使人们创业的主要原因有两个：其一是需求驱动，因为他们没有其他的经济支持或就业手段；其二是机会驱动，因为他们在追求商业机会。这两个原因不一定互相排斥。在大多数经济体，女性比男性更有可能出于需求性动机而创业，比男性更不可能出于机会动机而创业。数据显示，在全球范围内，27%的女性企业家为需求驱动型，而男性的这一比例为21.8%；68.4%的女性企业家为了寻求机会而选择创业，男性企业家为74%，显示了约7%的差距。

根据各个经济体的收入水平来看，对于女性来说，需求驱动型创业活动在低收入经济体中比率最高，为37%，而机会驱动型创业活动在高收入经济体中最高。这表明，一个国家的创业活动率通常会随着国民收入水平的提高而下降，需求驱动型的创业者数量可能会下降，而机会驱动型创业者可能会增加，但也有例外。各地区在需求动机和机会动机方面存在差异（见图5-5）。在北美，只有9%的女性企业家出于需求而创业，而出于追求机会而创业的比例为79%。在撒哈拉以南非洲地区，情况则完全相反，42%的女性企业家基于需求而创业，55.6%受机会驱动而创业。继北美之后，亚洲和欧洲的女性企业家机会动机最高，与男性企业家持平或接近。机会动机方面的性别差异最大的是撒哈拉以南非洲地区，女性企业家比例比男性企业家低20%以上，同时在需求动机方面也显示出最大的性别差异，女性企业家比男性企业家高64%。在拉丁美洲，需求动机在女性创业活动中也发挥了很大的作用，女性企业家将需求动机作为创业的主要动机的比例比男性企业家高40%。北美的女性企业家需求动机的比例少于男性企业家。事实上，加拿大和美国的女性企业家需求驱动性创业水平低于男性企业家，加拿大的性别差距高达50%，而美国为10%。其中加拿大女性企业家把机会作为创业的动机比男性企业家高10%，这表明女性企业家在加拿大得到了很好的支持。在美国，女性企业家将机会作为创业动机的可能性比男性创业者低10%左右。这两个收入水平相同、地理位置相同的经济体之间的差异，引发了关于环境或创新创业生态系统的有趣问题。

需求驱动型创业活动率最高的经济体（机会驱动型最低）通常拥有高水平的创业活动，这可能与低水平的机会有关。俄罗斯的需求驱动型企业家比例最高，为51.2%，女性企业家比男性企业家高60%。在其他需求比率高的经济体中，安哥拉和马达加斯加等撒哈拉以南非洲地区的经济体的突出表现是，女性因需求而创业的比率很高，而且性别差距很大。而一些欧洲经济体的创业活动水平较低，性别差距较大，需求驱动型创业活动的比例也非常低，只有不到20%的女性企业家将需求作为创业动机，但比

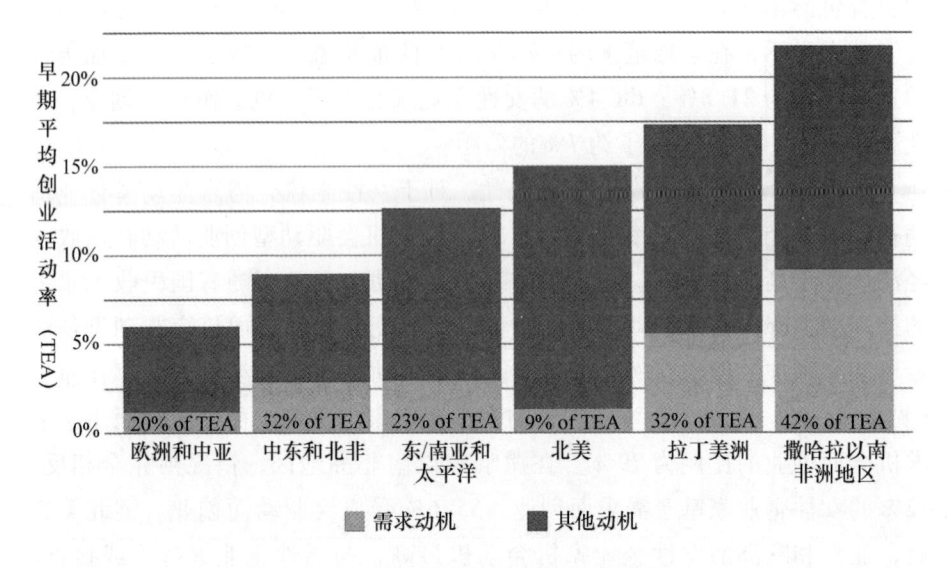

图 5-5 各地区女性企业家的创业动机

资料来源：2017—2018 GEM 报告。

男性多出 20%。欧洲经济体需求驱动的创业活动率最高，包括波黑（46.4%）、保加利亚（34.5%）和斯洛文尼亚（32.4%）。在这三个经济体中，女性企业家比男性企业家更有可能将需求作为创业动机，其中最大的差距是在波黑，女性将需求作为动机的可能性是男性的 2.5 倍。瑞典、卢森堡和波兰是欧洲地区需求驱动型创业活动率最低的国家，分别为 1.3%、4.7% 和 5.0%。塞浦路斯、瑞士和波兰机会驱动型创业的比率最高，在塞浦路斯和瑞士占 86%，在波兰更是高达 95%。

除北美以外，亚洲和欧洲的女性企业家的机会动机比率最高，这可能表明了对女性企业家精神的支持基础。报告显示有 21 个经济体的机会动机与男性相当，而只有 10 个经济体的需求动机与男性相当。其中有 8 个经济体在这两方面的动机都相当。

（三）女性创业者的特征

1. 年龄

女性和男性创业活动率最高的年龄段为 25—34 岁，分别为 13.4% 和 17.5%；35—44 岁是创业活动率第二高的年龄段，全球男性为 15.2%，女性为11.6%。创业活动率最低的是55—64岁的人，男性和女性都不到10%。几乎所有地区都是相似的，除了撒哈拉以南非洲地区的25—34岁年龄段（女性30%，男性28.1%）和18—24岁年龄段（女性24%，男性21%），以及拉丁美洲（女性25.6%，男性19.7%）的创业活动率要高得多，其他地区各年龄段创业活动率都在20%以下。根据国民收入水平分析，则最高的创业活动率出现在25—34岁的男性和女性之间，而且通常在低收入经济体。

从经济体层面来看，保加利亚和波兰的年轻女性（18—24岁）创业的增长速度是男性的两倍多，相反塞浦路斯、埃及、荷兰、瑞典、苏丹和英国这6个经济体相同年龄组的女性创业活动率不到的男性三分之一。德国和斯洛文尼亚25—34岁年龄段的男性创业活动率比女性多出三倍，波黑、埃及、希腊和斯洛伐克地35—44岁年龄段亦是如此。在意大利，45—54岁年龄段的男性创业活动率是女性的10倍，而马达加斯加、卡塔尔和阿联酋相同年龄组的女性则大大超过男性。厄瓜多尔和意大利25—34岁年龄段的女性以及巴西、中国和卡塔尔34—44岁年龄段的女性在创业方面至少比男性活跃20%。

总体而言，全球范围内35岁以下的年轻男性与女性创业最积极。低收入经济体的青年男女更倾向于创业，而高收入经济体更活跃的是老年人。这一趋势可能与动机、需求和机会有关，而且高收入经济体的老年人拥有更多的创业资源。此外，按性别、地区和国民收入水平划分的模式每年都相当一致。不同经济体的性别差异也很明显，西欧和东欧经济体（波黑、法国、德国、意大利、荷兰、波兰和斯洛伐克）的性别差异最大。卡塔尔、沙特阿拉伯和阿联酋等中东和北非国家年轻女性也呈现出创业的趋势。

2. 教育水平

一般来说，女性和男性的创业活动率都随着教育水平的提高而上升，但性别差距也往往随着教育程度的提高而扩大。在全球范围内的金融和非金融领域的其他工作机会中，女性可能基于教育水平得到比男性更高的回报。全球数据显示各年龄段女性的参与率为9%—11%，而男性为11%—16%。最大的性别差异体现为研究生教育程度女性的创业活动率是男性的三分之二。事实上，男性在各个教育水平参与创业活动的可能性更大，但撒哈拉以南非洲地区除外，此处受过研究生教育的女性的创业活动率是男性的 2.5 倍。在低收入经济体，受过研究生教育的女性的创业活动率是同等教育程度男性的 1.5 倍。从全球数据来看，低收入经济体受过高等教育的男性比女性更有可能创业，而高收入经济体男性和女性是平等的。说明教育可能是推动性别平等的伟大均衡器。

按性别划分，受教育程度与创业活动率之间存在差异。例如，保加利亚、哈萨克斯坦、俄罗斯和瑞士受过中等教育的女性参与创业的可能性是男性的 1.5 倍，爱尔兰处于此种教育水平的女性的活跃程度只有男性的五分之一，而波黑、卡塔尔、日本和黎巴嫩同等教育程度的女性根本不活跃。安哥拉、西班牙和阿联酋三个经济体在中等教育程度的创业活动率上显示出性别平等。在高等教育水平方面，只有 5 个经济体表现出同等或更好的水平（安哥拉、中国、厄瓜多尔、哈萨克斯坦和越南），而其他经济体的女性创业活动率低于男性。在波黑和埃及，女性创业活动率最低，性别差距约为 70%。有 10 个经济体（安哥拉、波黑、巴西、厄瓜多尔、德国、危地马拉、印度、印度尼西亚、俄罗斯、南非和苏丹）受过研究生教育的女性没有独立创业，而土耳其报告没有女性研究生创业，只有泰国在创业活动率上显示出性别平等。有 6 个经济体的女性创业者比例高于男性，其中最引人注目的是越南，接受过研究生教育女性的创业活动率是男性的 2.7 倍。这说明，无论国民收入水平如何，受教育程度较低的女性更有可能创业，受教育程度越高越不太可能创业，低收入经济体除外。动机、机会和需求或能解释这些差异，女性创业动机更多的是需求驱动，而在高收入和中等收入经济体，受教育程度越高的女性拥有更多的就业选择，创业积极性也会减弱。

3. 认知和联系

企业家的行动受到创业机会感知、创业技能感知、对失败的恐惧以及是否认识企业家的影响，女性企业家在以上四个方面分别呈现出以下特征：

（1）女性的创业机会感知总体较男性弱。全球女性企业家感知机会的平均水平为 63%，而北美的女性企业家为 85% 以上，中东和北非地区的女性企业家为 70% 以上，其他地区机会感知水平较低，但仍超过 55%。说明由于市场发展、基础设施和资源的差别，较发达的经济体可能会为人们提供更多的机会创建企业。总体而言,女性感知机会的水平比男性低(63.0%—66.3%);除欧洲以外,所有地区都存在性别平等,其中女性为58.9%,男性为64.3%。说明与男性企业家相比,女性企业家看到商业机会的可能性要小。但在埃及、印度、拉脱维亚、波兰、瑞士和土耳其这六个经济体中,女性比男性更容易察觉机会。

(2)女性的创业技能感知总体较男性弱。创业技能与教育水平、行业经验或创业经验有关,[1] 人们对自身掌握的创业技能的认知影响是否将创业活动付诸行动。全球范围内,人们对自身是否具备创业技能的认知程度普遍很高,远远超过75%,其中女性比例为79.8%,男性为84.2%。在欧洲、北美和撒哈拉以南非洲这三个地区,女性和男性一样认为自己拥有创业技能。然而只有5个经济体(安哥拉、阿根廷、波黑、爱沙尼亚和德国)的女性企业家对自己创业能力的认知高于男性,其中波黑的女性认为具备创业技能的比例为100%,而男性只有90%。日本的女性创业者对创业能力的认知远低于男性,性别差异高达32%。女性对自己的创业技能总体上不太自信,这很可能与认为成为一个企业家是男性的职业有关,[2] 这导致女性在创业能力上的自我效能感较低。[3]

(3)女性因失败而退缩的比例较男性高。对失败的恐惧源于企业失败后果带来的风险,它可以是社会压力(别人会怎么说)、经济压力(失去多少钱)和家庭压力(如何照顾家庭)。这与机会成本有关。在欠发达经济体,创业是出于需要动机,对失败的恐惧可能较低,而在创新经济体中,对失败的恐惧可能较高。创业者对创业能力的认知始终与创业者不为失败恐惧所吓倒的程度保持一致。全球女性创业者不会因为害怕失败而退缩的比例为67.9%,而男性创业者为72.3%。高收入经济体的男性和女性不害怕失败的比率最高,而低收入经济体的比率最低。只有两个地区(欧洲和撒哈拉以南非洲)在不因害怕失败而退缩的认知率上性别平等。

---

[1] Davidsson, P., & Honig, B., "The Role of Social and Human Capital Among Nascent Entrepreneurs", *Journal of Business Venturing*, 2003, 18 (3): 301-31.

[2] Greene, P., & Brush, C., "A Research Agenda for Women and Entrepreneurship: Identity through Aspirations, Behaviors and Confidence", *Northampton, MA: Edward Elgar Publishing*, 2018.

[3] Eddleston, K., Veiga, J., & Powell, G., "Explaining Sex Differences in Managerial Career Satisfier Preferences: The Role of Gender Self-schema", *Journal of Applied Psychology*, 2006, 91 (3): 437-56.

伊朗、马达加斯加、波兰、卡塔尔、俄罗斯和瑞典这6个经济体的女性不畏惧失败的可能性比男性高出至少5%，另有11个经济体的女性不因害怕失败而退缩的可能性比男性至少低15%。

（4）女性认识一个企业家的比例较男性小。认识一个企业家为创业者提供了一个榜样或同伴的支持，这种联系被认为是一种积极的影响。全球数据显示，女性认识一个企业家的平均水平略低，为62.8%，而男性为67.7%。不过有一半经济体的男女比例大体相当。在女性不太可能认识企业家的经济体，她们更相信这种追求不切实际，对创业技能不太自信，更容易害怕失败。在拉丁美洲及中东和北非地区，女性认识企业家的可能性略低。在克罗地亚、塞浦路斯、希腊、日本、哈萨克斯坦、卢森堡和瑞士7个经济体中，女性企业家比男性企业家更可能认识一位企业家。然而，有11个经济体的女性认识企业家的可能性至少要低15%，其中4个在拉丁美洲（巴西、哥伦比亚、危地马拉和乌拉圭），5个在欧洲（法国、意大利、拉脱维亚、斯洛伐克和斯洛文尼亚），其余3个在中东和北非地区（伊朗、埃及和阿联酋）。

二　女性创业过程：从意愿到退出

创业是一个动态的过程，个人和团队在一个连续的过程中开始、成长和退出企业。从实践和政策的角度来看，创业的所有阶段都很重要。因此需要更密切地关注那些有意愿和兴趣创业，已经把自己的事业发展到成熟但最终退出的人。成人人口调查（APS）旨在衡量和评估个体在不同阶段的创业活动，包括创业意愿、初创活动、新企业、已建立的企业和企业中止。创业意愿是指达到工作年龄的成年人在未来三年内创业的意向。初创活动代表的是那些目前正处于创业过程中，但还没有支付3个月工资的企业家。新企业计算的是3—42个月的企业，已建立的企业指42个月以上的企业。业务中断定义为在过去12个月内关闭业务。

（一）意愿：创业的起点

创业意愿、初创活动和新企业活动代表了一条进入已建立所有权的创业管道，较高的创业意图降低到很小的初创率，再降低到更小的新企业率。全球女性近三年内创业意愿的平均比率为17.6%，仅比男性低4个百分点。在不同的国民收入水平上，创业意愿的模式与创业活动相似。低收入经济体的女性创业意愿最高（37.8%），其次是中等收入经济体（21.3%）和高收入经济体（12.6%）。低收入国家的男女创业意愿比例大体相当，中等收入和高收入经济体的性别差距则高达26%。这些发现表明，女性和男性一样有很高的创业意愿，但并不是所有的意向都能转化为创业活动。

就区域而言，中东和北非地区女性的创业意愿比率最高，为36.6%，且在创业意愿方面的性别差距最小。拉丁美洲和撒哈拉以南非洲的女性意向比率也很高（接近30%），但拉丁美洲的性别差距要大得多，约为15%。欧洲女性的创业意愿最低（8.5%），性别差异最大（29%），表明该地区女性倾向于拥有或重视创业以外的其他选择。北美女性的创业意愿也较低（11.4%），性别差异较大（13%）。亚洲的性别差距与拉丁美洲相似（约为15%），但女性的意愿比例较低（18.3%）。就经济体而言，安哥拉（77.9%）、苏丹（66.5%）和埃及（57.7%）的女性创业意愿最高，这直接说明了这些经济体的工作和就业性质，新兴企业和小型企业主导着机会结构。女性创业意愿最低的是波黑、保加利亚、德国、日本和俄罗斯，这些经济体的女性创业意愿低于5%。而在俄罗斯，女性比男性更有创业意愿。

2016年至2018年，女性的创业意愿下降了19%，但性别差距也缩小了9%。除撒哈拉以南非洲外，所有区域的平均创业意愿都有所下降，欧洲和北美降幅最大。亚洲、拉丁美洲及中东和北非地区女性的创业意愿略有上升，从3%上升到5%。除北美以外，所有地区的性别差距都在缩小。

（二）行动：从初创到成熟

1. 女性初创活动比率及性别差异

从全球来看，5.5%的女性正在进行初创活动，而男性的这一比例约为7.5%。值得注意的是，性别差距从创业意愿的18%上升到初创活动的29%。就区域而言，撒哈拉以南非洲地区女性参与初创活动的比例最高（11.8%），性别差距最小（13%）。相比之下，欧洲和中东地区的女性参与初创活动的比率最低，分别为3.4%和4.1%，性别差距最大，分别为37%和38%。在低收入经济体，与总体创业活动率一致，女性初创活动的比例最高（6.5%），性别差异最小（24%）。而在高收入经济体，女性初创活动的比率最低（4.7%），性别差距最大（33%）。有5个国家（保加利亚、哈萨克斯坦、巴拿马、秘鲁和阿联酋）没有性别差距，3个国家（安哥拉、巴西和越南）的女性与男性的初创比例高于平均水平。安哥拉的女性初创活动比率最高（23.4%），而塞浦路斯最低（0.7%）。初创活动中性别差距最大（约60%）的经济体包括塞浦路斯、埃及、德国和英国。

2. 女性早期业务活动比率及性别差异

全球大约6.1%的女性活跃于3—42个月的早期创业阶段，5.5%活跃于初创阶段，17.6%有开始创业的意图。相比之下，6.1%的男性在早期创业阶段较为活跃，7.8%处于初创阶段，21.7%有创业意愿。说明女性比男性可能更容易在企业发展的初级阶段生存下来。从区域来看，撒哈拉以南非洲的女性早期活动率最高（10%），欧洲最低（2.6%）。亚洲和撒哈拉以南非洲地区显示出较小的性别差距。亚洲性别差距的U型模式最为明显，从创业意愿的14%，到初创活动的29%，再到初期企业的3%。同样的模式在各个收入水平上也很明显，特别是低收入国家，8.6%的女性参与了早期创业，而男性只有9.7%。从经济体来看，5个经济体的早期活动率性别差距不大，10个经济体的女性早期活动率比男性高。越南的女性早期活动率最高（22%），而波兰和瑞典的比率最低（0.9%）。性别差距最大的是瑞典，高达74%。

3. 女性建立企业比率及性别差异

女性拥有成熟企业的比例大约是男性的三分之二。在接受调查的59个经济体中，约6.5%的女性称自己拥有一家创办时间超过42个月的企业，而男性的这一比例为9.5%。中东和北非地区女性创办企业的比率最低（4.5%），撒哈拉以南非洲地区最高（11.3%）。亚洲女性拥有成熟企业的比例也很高（9.1%），而拉丁美洲（6.3%）、北美（5.7%）和欧洲（5.4%）则较低。中东和北非地区的性别差距最大，超过40%；亚洲和撒哈拉以南非洲的性别差距最小，分别为24%和16%。从经济体层面看，越南女性拥有成熟企业的比例最高，为26.3%，而男性只有22.9%。哈萨克斯坦和沙特阿拉伯的男性和女性拥有成熟企业的比率都很低，不到4%，而安哥拉男性和女性拥有率相当，约为15%。埃及、伊朗和阿联酋的性别差异最大，从79%到86%不等。而阿联酋女性拥有成熟企业的比率最低，不到1%。这些结果与安哥拉（75.4%）、哈萨克斯坦（65.1%）、沙特阿拉伯（92.4%）、越南（72.6%）以及埃及（22.8%）、伊朗（16.8%）和阿联酋（51.1%）的女性劳动参与率密切相关。

（三）退出：业务的终止

业务退出贯穿组织生命周期的整个阶段。事实上，新企业和小企业在许多方面更容易受到积极和消极退出事件的影响。环境条件可能使企业难以维持下去。有的经济体的创业活动可能异常活跃，有可能是人们需要创业来获得收入，也可能是他们没有能力或倾向维持而投入新的创业活动。全球 59 个被调查的经济体数据显示，女性退出业务率（2.9%）比男性（3.2%）低。与男性企业家相比，女性企业家通常以较强的生存技能而闻名，这可能是与她们对商业战略采取更为保守的方法，或者与她们能更大地容忍较低利润的行业环境有关。

低收入经济体的退出业务率最高，约为 5%，且无明显的性别差异。退出业务率随着国民收入的增加而下降，但性别差距增大，高收入经济体的退出业务率为 2.1%，性别差距为 20%。从区域上看，撒哈拉以南非洲地区的退出率最高，为 10.1%，女性退出业务率也往往比男性高得多。北美地区的女性退出率（3.8%）也高于男性（3.1%）。亚洲、拉丁美洲及中东和北非地区女性的退出率在 2.7% 至 4.7%，没有明显的性别差异。欧洲女性退出率最低，为 1.4%，比男性低得多。从经济体层面看，安哥拉报告的女性退出率（22.6%）最高，比男性多约 50%。与之相对的是，瑞士报告的女性退出率（0.3%）最低，性别差异高达 80%。这表明瑞士女性开始和管理业务可以持续很长时间。斯洛伐克和苏丹这两个经济体的退出率男女表现得大致相当，有 38 个经济体的女性退出业务率比男性低。

虽然退出业务的原因有很多，但近一半的企业表示主要原因是缺乏利润和资金。从全球来看，女性和男性倾向于报告每个原因的比率都差不多。如图 5-6 所示，约 30% 的女性在过去一年中断了一项业务，她们认为利润不足是主要原因，另有 16.2% 的女性认为资金不足。俄罗斯有三分之二的女性认为退出业务是因为缺乏利润，比男性少 10% 左右。卢森堡和美国将退出业务归咎于缺乏利润的女性比例是男性的两倍，而意大利是三倍。有 30 个经济体不太可能将缺乏利润视为退出业务的主要原因，其中越南和荷兰最甚。其他退出业务的原因包括出售/收购企业、退休、寻求其他机会或个人原因退出。即并非所有的原因都是负面的，退出业务可能只是反映了一个企业的自然生命周期过程，而非失败的迹象。如果一个社会认为避免失败是最重要的，那么就会抑制创业的发展。幸运的是，当前每一代人中都有一批有技能的、乐观的企业家，愿意冒一定的风险来创建和发展新的企业。

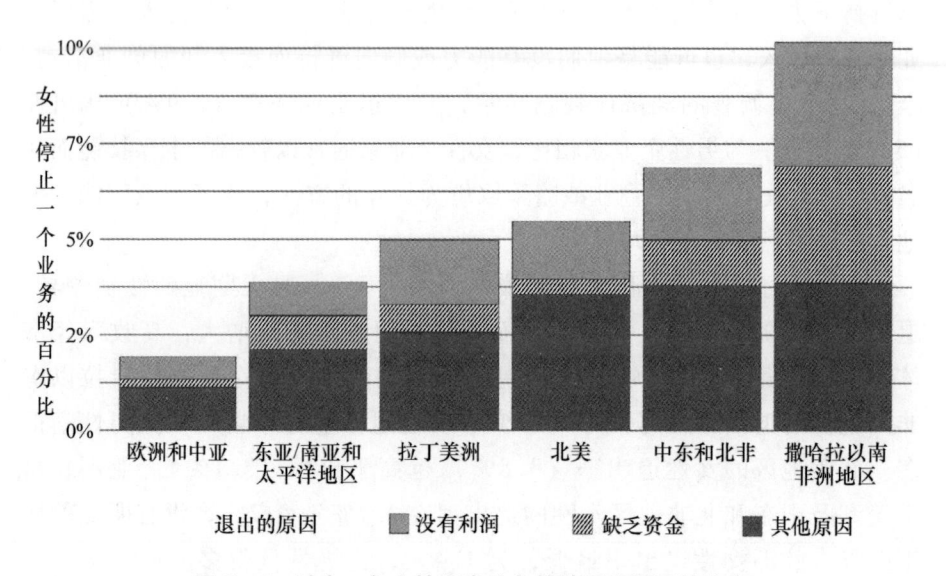

图 5-6　过去一年女性退出业务的地区和原因的比率

获得资金对女性企业家非常重要，但全球只有 16.2% 的女性以缺乏资金为由退出创业。然而女性企业家受企业特征（规模、年龄和行业部门等）和个人特征（个人信用历史）影响，在融资方面仍然面临重大障碍。虽然许多研究表明女性企业家无法获得融资是因为企业类型而不是个人，但来自股权投资界的证据表明女性确实面临歧视。在大多数收入水平，缺乏资金导致业务退出没有性别差距。低收入经济体及欧洲的女性将业务退出归咎于缺乏资金的比例比男性高 10%。拉丁美洲（7% 的性别差距）、撒哈拉以南非洲（12% 的性别差距）和北美（43% 的性别差距）的女性不太可能归咎于缺乏资金。北美地区最不可能因缺乏资金而退出业务，而亚洲及中东和北非地区的女性与男性一样，最可能因缺乏资金而退出，不过亚洲女性的这一比例是中东和北非的两倍。

在 59 个经济体中，法国和土耳其因缺乏资金而导致业务退出的女性比例最高，分别为 46.2% 和 39.2%。其中法国因缺乏资金而退出的女性几乎是男性的两倍。美国有1.9%的女性和10.7%的男性因资金不足而退出，显示了巨大的性别差距（82%）。此外，卢森堡、日本和斯洛文尼亚只有男性将缺乏资金作为退出原因。巴西（7.1%）和秘鲁（12%）因资金短缺导致退出不存在性别差异。与此同时，有28个经济体的女性比男性更可能因缺乏资金而退出创业，从沙特阿拉伯的5%到瑞士的近4.5倍不等。

三 女性企业家的表现及影响

（一）女性创业的行业与规模

创业是经济发展的重要引擎。如果企业家没有发展企业的意愿，则企业可能因为缺少在就业方面的贡献而受到不太好的评价。然而，企业家可能因为缺乏教育和扩张能力不足而无法发展企业，他们可能会让家庭成员承担无薪工作，或雇用临时工，或有意创造一份自己喜欢的工作。此种情况下，他们可能失去创造劳动力就业的机会，或错过追求更大企业或高增长企业的其他好处。然而，个体企业家其实也正在创造就业机会，也许是兼职，也许是追求短期机会（如从事特定项目或填补临时就业空缺），但能为自己创造既可养家糊口，又可平衡工作和生活的就业机会，对社会亦是一种贡献。

全球女性经营独资企业（sole proprietorships）即非雇主公司或个体户的比例为37.6%，而男性为27.8%。尽管存在性别差距，但几乎没有哪个地区的男性在经营独资企业的比例上超过女性（见图5-7）。在拉丁美洲，近一半（48.9%）的女性自我雇用，而男性是36.6%。欧洲和撒哈拉以南非洲的女性自我雇用率分别高达43.3%和45.1%，其中撒哈拉以南非洲的性别差距最大，女性是男性的两倍。自我雇用率最高的经济体是巴西，男性和女性分别为74.8%和80.8%；其次是厄瓜多尔，男性和女性分别为51.6%和62.12%；再次是西班牙，男性和女性分别为48.8%和64.5%。一般来说，拉丁美洲（墨西哥除外）和欧洲国家的自我雇用率最高，亚洲则较低。性别差距最大的经济体是安哥拉、波黑、保加利亚、中国、埃及、马来西亚和卡塔尔，女性和男性的比例分别为18.4%和1.7%。另有10个经济体的男性自我雇用比例高于女性。

那么女性企业家的雇员情况如何呢？GEM调查了员工数量为20名以

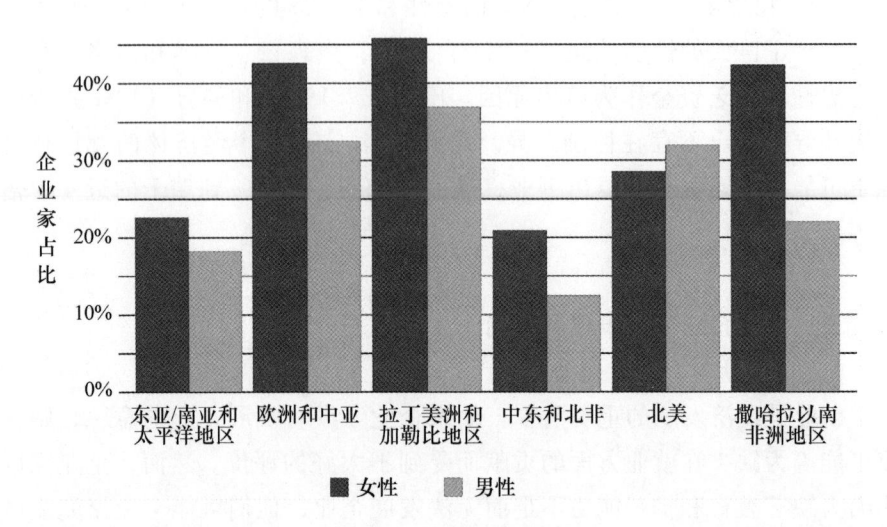

图 5-7 按性别和地区划分的没有工作的个体经营者（非雇主公司）的比例

资料来源：2017—2018 GEM 报告。

上的企业。结果显示，全球有 5% 的男性企业家拥有超过 20 名雇员，而女性企业家的这一比例仅为 2.8%。尽管中东和北非及北美地区的差距较小（2%），但没有一个地区女性拥有 20 名以上雇员的企业比例高于男性，而其他地区至少有 5%—6% 的差距。但从经济体层面来看，巴西、印度、黎巴嫩、摩洛哥和斯洛文尼亚女性拥有雇员超过 20 人的企业比例至少是男性的 5 倍。其中摩洛哥女性（14.4%）是男性（1.1%）的 13 倍，斯洛文尼亚女性（10.9%）是男性（1.1%）的 10 倍。这表明，这些经济体的女性企业家正在为就业增长做出重大贡献。当然，更多的经济体显示女性拥有超过 20 名员工的企业比例远低于男性，最少的分别是阿根廷、埃及、拉脱维亚、墨西哥、荷兰、巴拿马、沙特阿拉伯、瑞士和乌拉圭。

女性创业参与的行业也与男性存在差异。不同地区和经济体的差异如图 5-8 所示，最多的是批发/零售行业企业，超过 40%，其次依次是金融/专业/行政/消费服务、政府/健康/教育/社会服务。超过 50% 的女性活跃在批发/零售行业，而男性只有 42.6%。女性活跃在政府/健康/教育/社会服务领域的比例为 17.2%，男性为 10.1%，而在财政/专业/行政/消费服务领域，女性（13.0%）的比例略低于男性（16.9%）。在制造业和运输业中，女性的比例（11.3%）几乎与男性持平（12.9%）。性别差距最大的领域是农业和采矿业，女性占5.4%，男性占12.5%，其次是信息/通信技术（ICT），女性和男性分别为1.7%和4.9%。有12个经济体报告信息/通信技术领域没有女性企业，而克罗地亚和日本则表示女性超过10%。

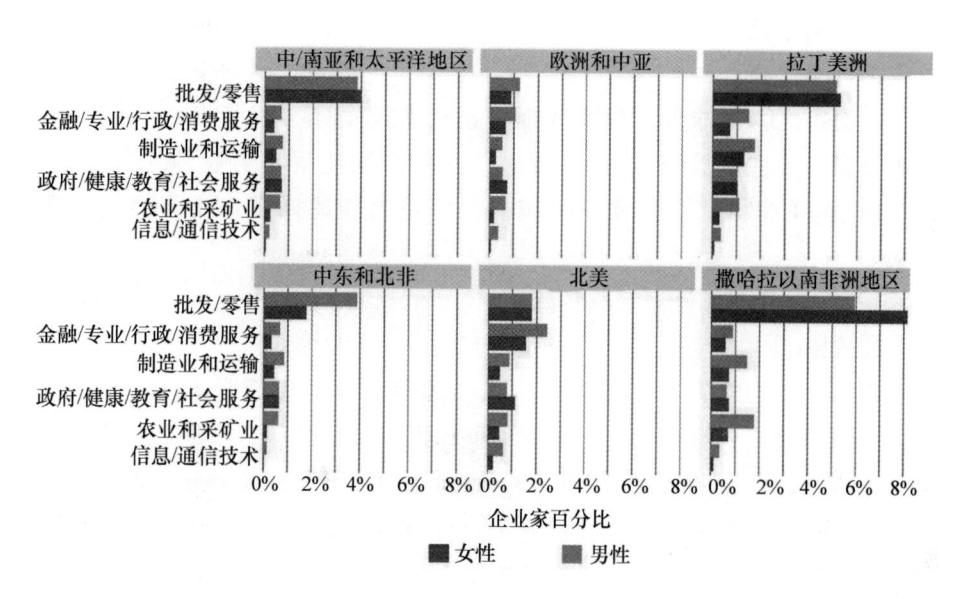

图 5-8 按性别和区域划分的企业家行业领域

从区域来看，欧洲和北美女性企业家活跃在批发/零售领域的比例相对较低，仅为亚洲、拉丁美洲和撒哈拉以南非洲的一半甚至更少。女性在政府/健康/教育/社会服务领域占主导地位，其中欧洲和北美比例最高。除中东和北非地区以外，女性在批发/零售领域也占主导地位。金融/专业/行政/消费服务领域，女性比例超过30%。制造业和运输业领域，拉丁美洲及中东和北非地区的女性较多。而农业和采矿业为男性所主导，不同区域的性别差距为3%—9%。信息/通信技术领域，则尽管北美女性参与率较高，但也仅为男性的一半。

在高收入经济体，企业家在批发/零售领域的参与度最低，比其他收入水平的经济体低近20%，但女性多于男性。同时，高收入经济体女性在金融/专业/行政/消费服务领域的比例是其他收入水平经济体女性的两倍，在制造业/运输业的比例与男性差不多。中等收入、低收入和中低收入地区的女性创业领域分布与高收入经济体大致相似。但也有例外，如中等收入经济体女性在金融/专业/行政/消费服务领域较多，低收入经济体女性在农业和采矿业也较多。在不同收入地区，女性在政府/健康/教育/社会服务领域都占主导地位，从经济体层面看，只有6个经济体女性比例低于男性，而阿根廷、克罗地亚、爱沙尼亚、法国、荷兰和波兰的女性是男性的三倍甚至更高。

总而言之，全球大多数女性企业家从事批发/零售，但这个部门也同样吸引男性。在信息/通信技术领域，女性平均比率是男性的三分之一，而政府/健康/教育/社会服务领域，女性是男性的两倍以上，性别差距最大。

（二）女性创业的影响与绩效

1. 创新性

创新代表着对客户的新鲜感，以及提供竞争对手通常无法提供的产品。创新可能受到竞争强度、新技术和知识的可用性、客户期望等因素影响。它也从企业家的角度来判断——他们认为什么是新奇和独特的。在一个国家或地区看似创新的东西，在另一个国家或地区可能已经司空见惯。创新水平随经济发展而提高，反过来创新又催化经济发展。这通常也反映了对先进知识的投资、高等教育水平、知识产权保护机构的发展以及愿意尝试新事物的成熟客户增多。

根据提供创新产品的比例来测量企业家的创新水平，则中东和北非地区的总体创新率最高，北美次之。创新率最高的经济体是阿联酋（超过60%）、卡塔尔（超过40%）、卢森堡（超过40%）和沙特阿拉伯（超过35%），而阿根廷、巴西、厄瓜多尔、危地马拉和伊朗的创新水平非常低。总体而言，女性的创新能力（12.6%）低于男性（18.7%）。在所有地区，女性的创新水平都较低，男女差距在2%—7%。女性创新水平相对较高的是加拿大、智利、印度、黎巴嫩和卢森堡。就男女差距而言，有18个经济体创新水平大致相当，18个经济体女性高于男性，其中俄罗斯女性是男性的2.1倍。另有8个经济体女性创新水平相较男性差距大，低50%以上。

2. 增长力

增长被认为是衡量企业家成功的标准。① 企业家可能会因为个人野心和偏好、业务类型或环境条件等因素寻求企业不同程度的增长。一般来说，收入较高的国家更有可能公布未来5年雇用员工的预测。GEM调查了企业对未来5年招聘6人以上的预期。结果显示，只有不到30%的人表示计划实现这一增长，但不同地区和经济体之间存在很大差异。哥伦比亚、伊朗、土耳其和阿联酋有40%以上的企业家希望扩大业务，而波黑、巴西、保加利亚、印度尼西亚和马达加斯加只有不到10%的企业家有此期望。最希望实现6名以上雇员增长的企业家分布在拉丁美洲、中东和北非及北美。伊朗、拉脱维亚、韩国和阿联酋这4个经济体的男性和女性企业家有同样的期望。不过，预期比例越高，则性别差距越大。

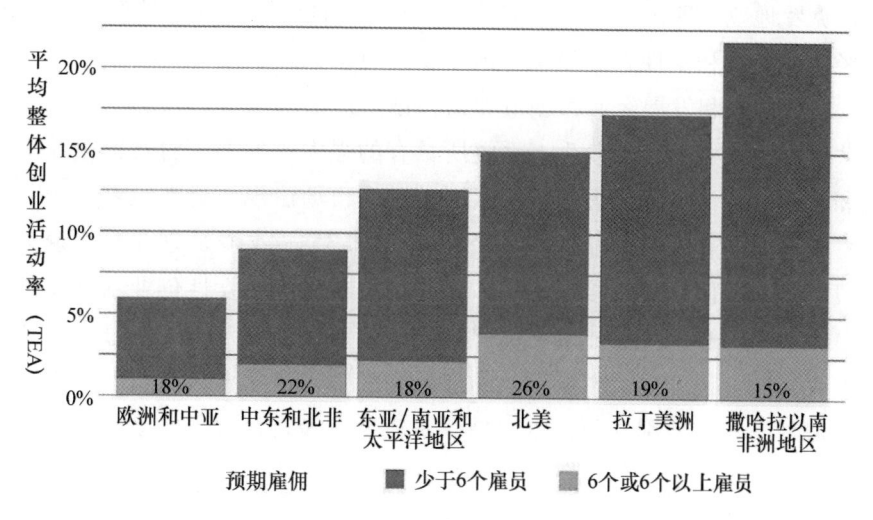

图5-9 预计未来5年雇用6名以上员工的女性企业家的比例

3. 国际化

国内市场太小或竞争太激烈，则可能会激发企业家的雄心壮志，而企业家有信心把产品卖到国外，特别是国家基础设施或监管、地理、文化等有利的环境因素则会促成他们将这一行动付诸实践。许是高收入国家有更

---

① Wiktor, R., Laguna, M., "Dimensions of Entrepreneurial Success: A Multilevel Study on Stakeholders of Micro-enterprises", *Frontiers in Psychology*, 2018, 9: 791-802.

多的渠道、技术和国际市场,企业家向国际客户销售产品的比例更高。同样,较小国家由于国内市场规模较小,国际化的程度也较高。

根据"国际业务销售额超过25%的比例"这一指标,可以得知,全球女性企业家的国际化率为26.1%,男性企业家为28.2%。高收入经济体的女性企业的国际化率较高,而中等收入和低收入经济体较低。国际化程度最高的地区是北美及中东和北非地区,均超过25%。加拿大、克罗地亚、黎巴嫩、摩洛哥和卡塔尔有超过40%的女性参与出口活动。有10个经济体的女性国际化率低于5%,其中安哥拉、厄瓜多尔和危地马拉最低,而巴西和智利没有女性参与出口。从性别差异角度来看,北美女性参与国际业务和男性相差无几,中东和北美女性国际化程度则比男性还高。具体至经济体,则阿根廷、保加利亚、俄罗斯和越南的女性国际化程度比男性高,克罗地亚、印度、日本、波兰和南非的女性国际化程度较低,另有32个经济体男性和女性企业家参与国际业务的比例大体相当。

女性创办和发展企业,创造和销售创新产品和服务以及参与国际贸易反映出女性企业家在创业生态系统所具有的强大影响力。对女性企业家影响和绩效的评价需要考虑结构因素(劳动力市场法规、资本要求)、年龄、教育和行业的影响。如前所述,25—34岁和35—44岁是创业最普遍的年龄段,男女比例均等或接近均等,说明年龄对男性和女性创业活动率的影响是相似的。被调查者中有近69%的女性和71%的男性接受过中学或高等教育,教育程度也会影响创业的启动和绩效。虽然整体百分比略低,但按区域划分存在性别差距,总体趋势表现为高等教育水平的女性创业活动率比男性低。除欧洲外,所有地区受过中等教育的女性比同等教育水平的男性更有可能创业,这许是因为女性没有其他职业选择。受教育程度较低的女性更不愿意扩张业务,而受教育程度较高的女性许是由于正规教育为其提供了管理组织的技能和知识①而更具扩张的信心。

四 女性创业的结论与启示

全球创业生态系统与女性创业相互影响。生态系统通过文化因素、融

---

① Chrisman, J. J., Bauerschmidt, A., Hover, C. W., "The Determinants of New Venture Performance: An Extended Model", *Entrepreneurship Theory and Practice*, 1998, 23 (1): 5-29.

资可用性、人力资本、市场和基础设施支持来影响总体创业活动率。结果显示，只有9个经济体在创业活动率上体现出性别平等，但较过去几年有所增加。然而区域差异依然很大，中东和北非地区女性的创业意愿率比欧洲高24%。高收入经济体的女性创业意愿不高，因为她们有更多工作的选择。生态系统因素有助于促进创业机会感知，但女性通常对自身能力不够自信，更加恐惧失败，且更不可能认识企业家。文化因素和政策举措影响人们对创业的认同，女性和男性都认为创业地位很高，是一个很好的职业选择。生态系统的影响还会通过融资、合格劳动力和其他资源的可获得性影响商业形式和企业增长。女性更有可能经营独资企业，拥有更少的员工，且对企业扩张意愿不高，这可能是生态系统在某种程度上抑制了创业过程和绩效，如没有合适的网络来获得资金或合格的员工。

女性创业对生态系统也产生了深远的影响。除了女性创办、维持和发展企业的整体影响，有14个经济体的女性拥有更大的企业的比例比男性高，有24个经济体的女性更可能具有创新精神。女性企业家也具有创新性和国际化，这对经济和生态系统会带来就业、贸易和经济发展的影响。还有，女性作为投资者向企业家（包括家庭成员和邻居）提供资金，则有助于发展和维持家庭企业和社区。

此外，人口统计（年龄、教育）和行业分布/隔离等结构性因素以复杂的方式影响着不同区域、经济体和国民收入水平的女性的创业精神。不同年龄的男性和女性总体创业活动率通常差别不大（有些地区例外）。教育可能是重要的影响因素，如研究生教育导致女性总体创业活动率较低。产业位置是推动企业发展和业绩的关键因素。女性更有可能从事批发/零售行业或政府/健康/教育/社会服务行业。这些行业往往具有较低的进入壁垒、较低的利润率和较高的失败率，会制约企业可持续性发展和创业绩效。农业/采矿业和信息/通信技术业存在较大的性别差距，男性是女性的两倍，且有16个国家没有女性企业家。这表明行业方面存在严重的性别壁垒。

对此，《2018/2019年全球女性创业报告》给出了三个建议：首先是解决企业家是"什么"和"谁"的刻板印象，即将企业家扩大到更具包容的视角，而非继续强调过去的模式。其次是改变对创业的认知，缺乏资金只是企业家的重要担忧而非创业失败的主要原因，企业退出可能是缺乏盈利能力、出售企业和退休等原因造成的。最后是相互学习建立企业和创新创业生态系统的最佳方法。性别比较并非为了将"男性数字"作为目标，而是从数据中学习，结合社会、文化、政治和经济背景，为发展一个适合所有人的生态系统提供指导。

第三节　高校女性创新创业教育的新趋势

彼得·德鲁克认为人们可以通过学习获得创业能力，Colin & Jack 认为可以通过创新创业教育培养学生的创业意识、创业思维、创业技能等创业综合素质。西方一些创新创业教育集大成者正是秉持这样的观点，如麻省理工学院认为创业是一门可教授的手艺。① 创新创业教育的逻辑起点是培养人，本书聚焦于女大学生对创新创业知识与技能、创业意愿与创业精神等方面的满意度评价，分析高校女性创新创业教育的现状与趋势，而后围绕创新创业课程、创新创业实践、创新创业教学和创新创业教师这四个方面，结合优秀高校的具体实践来阐述如何深化新时代中国高校创新创业教育改革以培养符合时代需求的女性创新创业人才。

一　女大学生创新创业教育评价分析

数据选取课题组于 2018 年 9 月至 2019 年 1 月，通过问卷星（通过 IP 限制，问卷限一台设备，如手机、电脑等只作答一次）和访谈形式面向全国 31 个省（自治区、直辖市）1231 所高校的学生所展开的创新创业教育评价调研。调查共回收有效问卷 170764 份，其中女大学生样本为 107734 份（不包括 2018 级本、专科新生），其基本信息见表 5－1。其中，在校本科及专科女大学生共占比 94.5%，已毕业的女大学生仅占比 5.5%，且多数为毕业三年内。学生专业涉及较为全面，包括哲学、文学、管理学、经济学、教育学、医学等（见图 5－10）。学校层级涵括"双一流"高校、普通本科院校、独立学院、民办院校及高职大专院校。

---

① Entrepreneurship is a Craft That Can be Taught（https://entrepreneurship.mit.edu/）.

表5-1　　　　受调查女大学生基本情况（N=107734）

项目	题项	频率	百分比（%）
民族	汉族	100140	93.0
	少数民族	7594	7.0
在校本科生	二年级	34950	32.4
	三年级	21127	19.6
	四年级	10944	10.2
	五年级	843	0.8
在校专科生	二年级	23349	21.7
	三年级	10579	9.8
已毕业	1年及以内	3512	3.3
	2—3年	1631	1.5
	4—5年	444	0.4
	6年及以上	337	0.3
拟毕业去向	就业	54523	50.6
	升学	43147	40.0
	自主创业	8417	7.8
	其他	1647	1.5
亲属创业经历	有	23940	22.2
	无	83794	77.8
高考前户口	城镇	36048	33.5
	农村	71686	66.5
学校类型	"双一流"高校	6698	6.2
	普通本科院校	53999	50.1
	独立学院	7085	6.6
	高职大专院校	30274	28.1
	民办院校	9678	9.0

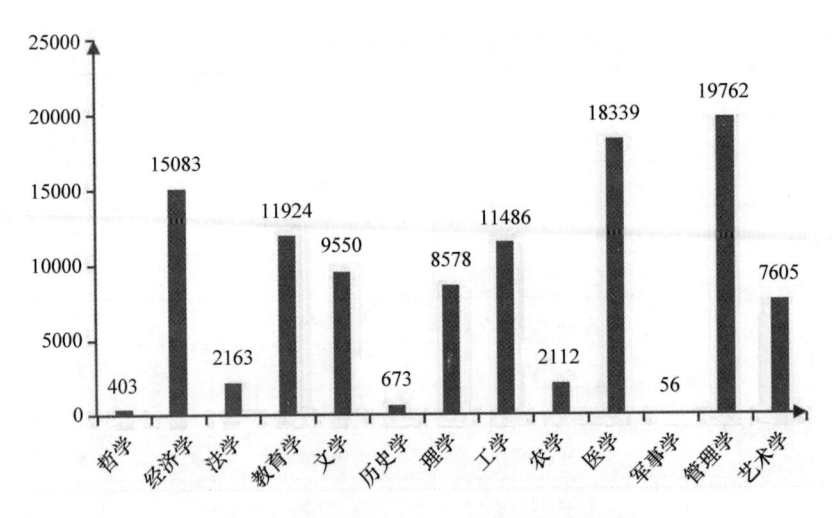

图 5-10 受调查女大学生学科分布情况

(一) 高校女大学生创新创业教育满意度总体概况

从表 5-2 中数据可知，全国 107734 名女大学生对高校创新创业教育满意度总体评价良好。61.1% 的女大学生对"创新创业教育有助于丰富创业知识"感到满意（选择"比较同意"或"非常同意"，下同），3.8% 感到不满意（选择"比较不同意"或"非常不同意"，下同）；61.6% 对"创新创业教育有助于培养创新精神"感到满意，3.7% 感到不满意；61.2% 对"创新创业教育有助于提升创业技能"感到满意，3.9% 感到不满意；61.2% 对"创新创业教育有助于激发创业意愿"感到满意，3.9% 感到不满意；54.6% 对学校创新创业教育质量的总体满意度评价较好，5.5% 感到不满意。

进一步对高校创新创业教育满意度总体评价进行描述性统计，具体数据如表 5-3 所示。调查数据表明，各维度平均得分都在 3.5 分以上，处于中等偏上水平，从高到低依次是培养创新精神（M=3.79）、丰富创业知识（M=3.78）、提升创业技能（M=3.78）、激发创业意愿（M=3.78）、质量总体满意（M=3.66），表明高校创新创业教育对培育女大学生创新精神、激发女大学生创业意愿、传授女大学生创业知识和培养女大学生创业技能发挥了重要贡献。

表5-2 高校创新创业教育满意度总体评价（N=107734）

	创新创业教育有助于丰富创业知识		创新创业教育有助于培养创新精神		创新创业教育有助于提升创业技能		创新创业教育有助于激发创业意愿		对学校创新创业教育质量总体满意	
	频率	百分比（%）	频率	百分比（%）	频率	百分比（%）	频率	百分比（%）	频率	百分比（%）
（1）非常不同意	1102	1.0	1190	1.0	1090	1.0	1067	1.0	1570	1.5
（2）比较不同意	3049	2.8	2925	2.7	3084	2.9	3072	2.9	4296	4.0
（3）一般	37825	35.1	37363	34.7	37573	34.9	37688	35.0	42997	39.9
（4）比较同意	42649	39.6	42509	39.5	42790	39.7	42724	39.7	38923	36.1
（5）非常同意	23109	21.5	23828	22.1	23197	21.5	23183	21.5	19948	18.5
（1）+（2）	4151	3.8	4115	3.7	4171	3.9	4139	3.9	5866	5.5
（4）+（5）	65758	61.1	66337	61.6	65987	61.2	65907	61.2	58871	54.6

表5-3 高校创新创业教育总体评价描述性统计

	N	极小值	极大值	均值	标准差
创新创业教育有助于丰富创业知识	107734	1.0	5.0	3.78	0.85
创新创业教育有助于培养创新精神	107734	1.0	5.0	3.79	0.85
创新创业教育有助于提升创业技能	107734	1.0	5.0	3.78	0.85
创新创业教育有助于激发创业意愿	107734	1.0	5.0	3.78	0.85
对学校创新创业教育质量总体满意	107734	1.0	5.0	3.66	0.87

（二）"双一流"建设高校女大学生创新创业教育满意度评价现状

从表5-4可知，在"双一流"建设高校创新创业教育满意度评价方面，有67.62%的女大学生认为创新创业教育有助于丰富创业知识，有4.36%的女大学生不认同这一观点，另外有28.02%的女大学生认为一般。由此可见，在丰富创业知识方面，女大学生的总体满意度较高，学校开展的创新创业教育能有效提高女大学生的创业知识，从而为女大学生后续的创业行动奠定理论基础。

表5-4 创新创业教育有助于丰富创业知识

评价	人数	百分比（%）
非常同意	1628	24.31
比较同意	2901	43.31
一般	1877	28.02
比较不同意	207	3.09
非常不同意	85	1.27

从表5-5可知，有68.11%的女大学生认为创新创业教育有助于培养创新精神，有4.14%的女大学生不认同这一观点，另外有27.75%的女大学生认为一般，可见在培养创新精神方面，女大学生的总体满意度较高，学校开展的创新创业教育能有效提高女大学生的创新精神，从而为女大学生后续的创业行动提供创新保障。

表5-5 创新创业教育有助于培养创新精神

评价	人数	百分比（%）
非常同意	1665	24.86
比较同意	2897	43.25
一般	1859	27.75
比较不同意	192	2.87
非常不同意	85	1.27

从表5-6可知，在结果评价方面，有67.63%的女大学生认为创新创业教育有助于提升创业技能，有4.76%的女大学生不认同这一观点，另外有27.61%的女大学生认为一般，可见在提升创业技能方面，女大学生的总体满意度较高。学校开展的创新创业教育能有效提高女大学生的创业技能，让女大学生掌握有助于创业实践的技能，有助于提升女大学生的创业意愿。

表5-6　　　　　　　创新创业教育有助于提升创业技能

评价	人数	百分比（%）
非常同意	1637	24.44
比较同意	2893	43.19
一般	1849	27.61
比较不同意	231	3.45
非常不同意	88	1.31

从表5-7可知，在结果评价方面，有67.29%的女大学生认为创新创业教育有助于激发创业意愿，有4.62%的女大学生不认同这一观点，另外有28.08%的女大学生认为一般，可见在激发创业意愿方面，女大学生的总体满意度较高。学校开展的创新创业教育能有效提高女大学生的创业意愿，让女大学生感受到创业的魅力。

表5-7　　　　　　　创新创业教育有助于激发创业意愿

评价	人数	百分比（%）
非常同意	1647	24.59
比较同意	2860	42.70
一般	1881	28.08
比较不同意	224	3.34
非常不同意	86	1.28

（三）普通本科院校女大学生创新创业教育满意度评价现状

从创新创业教育对创业知识的丰富作用角度来看，来自普通本科院校的女大学生中，有21.29%的女大学生认为创新创业教育对丰富创业知识的作用明显；有40.69%的女大学生认为创新创业教育对丰富创业知识具有良好的推动作用；有34.00%的女大学生认为创新创业教育对丰富创业知识具有一定的推动作用；有4.02%的女大学生认为创新创业教育对丰富创业知识的作用十分有限（见表5-8）。相关监测数据表明，创新创业教育是丰富女大学生创业知识的重要手段之一。因此，普通本科院校需要继续加强创新创业教育课程的建设,并合理地设计课程内容,从而通过创新创业教育的实施过程,实现与普通本科院校女大学生创业知识的交互与共享,为女大学生真实的创业实践夯实知识基础。

表 5-8　　　　　　　　创新创业教育有助于丰富创业知识

评价	人数	百分比(%)
非常同意	11498	21.29
比较同意	21974	40.69
一般	18360	34.00
比较不同意	1596	2.96
非常不同意	571	1.06

从创新创业教育对创新精神的培养角度来看,有22.03%的女大学生认为创新创业教育对培养创新精神的作用明显;有40.58%的女大学生认为创新创业教育对培养创新精神具有良好的推动作用;有33.44%的女大学生认为创新创业教育对培养创新精神具有一定的推动作用;有3.95%的女大学生认为创新创业教育对培养创新精神的作用十分有限(见表5-9)。

表 5-9　　　　　　　　创新创业教育有助于培养创新精神

评价	人数	百分比(%)
非常同意	11895	22.03
比较同意	21914	40.58
一般	18059	33.44
比较不同意	1561	2.89
非常不同意	570	1.06

从这一角度来看,相关监测数据同样肯定了学校开展创新创业教育对女大学生创新精神培养的作用。因此,普通本科院校应该继续坚持开展创新创业教育,并以创新创业教育为手段,实现对普通本科院

校女大学生创新精神的培养和提升,进而促进创业意愿的提升和创业构思的生成。

从创新创业教育对创业技能的提升角度来看,有21.38%的女大学生认为创新创业教育对提升创业技能的作用明显;有40.83%的女大学生认为创新创业教育对提升创业技能具有良好的推动作用;有33.65%的女大学生认为创新创业教育对提升创业技能具有一定的推动作用;有4.14%的女大学生认为创新创业教育对提升创业技能的作用十分有限(见表5-10)。从这一角度来看,学校开展创新创业教育的必要性再次被普通本科院校的调查和监测数据所证实。基于此,普通本科院校学校有必要不断丰富创新创业教育相关课程的内容,有针对性地开展创业技能教育的相关课程,进而提升普通本科院校女大学生的创业技能,从而促进女大学生创业实践的顺利开展。

表5-10 创新创业教育有助于提升创业技能

评价	人数	百分比(%)
非常同意	11543	21.38
比较同意	22048	40.83
一般	18171	33.65
比较不同意	1653	3.06
非常不同意	584	1.08

从创新创业教育对创业意愿的激发角度来看,有21.45%的女大学生认为创新创业教育对激发创业意愿的作用明显;有40.76%的女大学生认为创新创业教育对激发创业意愿具有良好的推动作用;有33.72%的女大学生认为创新创业教育对激发创业意愿具有一定的推动作用;有4.08%的女大学生认为创新创业教育对激发创业意愿的作用十分有限(见表5-11)。从这一角度来看,普通本科院校的调查和监测数据肯定了创新创业教育对创业意愿激发的重要作用,今后普通本科院校可以进一步强化学校的创新创业教育,并以此为契机,不断激发女大学生的创业意愿。

表 5-11　　　　　　　　创新创业教育有助于激发创业意愿

评价	人数	百分比（%）
非常同意	11581	21.45
比较同意	22011	40.76
一般	18207	33.72
比较不同意	1646	3.05
非常不同意	554	1.03

（四）民办高校和独立学院女大学生创新创业教育满意度评价现状

从表 5-12 可以看出，民办高校和独立学院中女大学生对创新创业教育在知识习得方面的评价是，非常认同其知识学习作用的有 3611 人，占比 21.54%；比较同意其知识学习作用的有 6558 人，占比 39.12%；认为其与创业知识学习没有关联的有 5939 人，占比 35.43%；认为其未能实现创业知识学习的有 463 人，占比 2.76%；认为十分缺乏有效的知识供应的有 192 人，占比 1.15%。总的来看，大部分女大学生认同创新创业教育对于创业基本知识、理论的学习有所帮助。

表 5-12　　　　　　　　创新创业教育有助于丰富创业知识

评价	人数	百分比（%）
非常同意	3611	21.54
比较同意	6558	39.12
一般	5939	35.43
比较不同意	463	2.76
非常不同意	192	1.15

从表 5-13 可以看出，民办高校和独立学院中女大学生对创新创业教育在培养创新精神上的态度如下，3688 人明确认为其培养了自身的创新精神，占比 22.00%；6495 人认为其对培养创新精神存在作用，占比 38.75%；5929 人没有关注其对创新精神的培养作用，占比 35.37%；451 人不认为创新创业教育培养了创新精神，占比 2.69%；200 人认为创新创

业教育未能实现创新精神的提升。总体来说，女大学生们普遍认同创新创业教育对创新精神的培养功能。

表 5-13　　　　　　　　创新创业教育有助于培养创新精神

评价	人数	百分比（%）
非常同意	3688	22.00
比较同意	6495	38.75
一般	5929	35.37
比较不同意	451	2.69
非常不同意	200	1.19

从表 5-14 可以看出，有 3595 名女大学生认为创新创业教育有助于提升创业技能，占比 21.45%；6586 名女大学生认为创新创业教育对创业技能提升有帮助，占比 39.18%；5965 名女大学生对创新创业教育与创业技能的内在关联有所关注，占比 35.58%；456 名女大学生不认为创新创业教育能提升个体的实际创业能力，占比 2.72%；有 179 名女大学生认为创新创业教育根本不能提供有效的创业技能学习。从中可以看出，大部分女大学生认为创新创业教育对于外显类创业素养的培养具有明显成效。而且相比于知识学习，有更多的女大学生认同创新创业教育在技能培养上的助益作用。

表 5-14　　　　　　　　创新创业教育有助于提升创业技能

评价	人数	百分比（%）
非常同意	3595	21.45
比较同意	6586	39.18
一般	5965	35.58
比较不同意	456	2.72
非常不同意	179	1.07

从表 5-15 可以看出，民办高校和独立学院中女大学生对创新创业教

育激发创业意愿的功能的态度是：3573 人十分认可创新创业教育对创业意愿的激发作用，占比 21.31%；6586 人认为创新创业教育对激发创业意愿开启创业有一定作用，占比 39.29%；5975 人没有明显感觉到创新创业教育对创业意愿的激发功能，占比 35.64%；447 人不认同创新创业教育对创业意愿的激发作用，占比 2.67%；182 人非常不认可创新创业教育能激发个体的创业意愿，占比 1.09%。由上可知，在创业意愿激发方面，大部分女大学生是认同创新创业教育这一功能的。而且相较于对创业精神的培养，女大学生们更认同创新创业教育对创业意愿这一隐性创业素养的促进作用。

表 5-15　　　　　创新创业教育有助于激发创业意愿

评价	人数	百分比（%）
非常同意	3573	21.31
比较同意	6586	39.29
一般	5975	35.64
比较不同意	447	2.67
非常不同意	182	1.09

（五）高职大专院校女大学生创新创业教育满意度评价现状

从创新创业教育对创业知识的丰富作用角度来看，高职大专院校女大学生评价如下：21.05% 认为创新创业教育对丰富创业知识的作用明显；37.05% 认为创新创业教育对丰富创业知识具有良好的推动作用；38.48% 认为创新创业教育对丰富创业知识具有一定的推动作用；2.59% 认为创新创业教育对丰富创业知识的作用十分有限；0.84% 认为创新创业教育对丰富创业知识没有作用（见表 5-16）。

从创新创业教育对创新精神的培养角度来看，高职高专女大学生评价如下：21.73% 认为创新创业教育对培养创新精神的作用明显；37.01% 认为创新创业教育对培养创新精神具有良好的推动作用；38.04% 认为创新创业教育对培养创新精神具有一定的推动作用；2.38% 认为创新创业教育对培养创新精神的作用十分有限；0.84% 认为创新创业教育对培养创新精神没有作用（见表 5-17）。

表 5-16　　　　　　　创新创业教育有助于丰富创业知识

评价	人数	百分比（%）
非常同意	6372	21.05
比较同意	11216	37.05
一般	11649	38.48
比较不同意	783	2.59
非常不同意	254	0.84

表 5-17　　　　　　　创新创业教育有助于培养创新精神

评价	人数	百分比（%）
非常同意	6580	21.73
比较同意	11203	37.01
一般	11516	38.04
比较不同意	721	2.38
非常不同意	254	0.84

从创新创业教育对创业技能的提升角度来看，高职高专女大学生评价如下：21.21%认为创新创业教育对提升创业技能的作用明显；37.26%认为创新创业教育对提升创业技能具有良好的推动作用；38.28%认为创新创业教育对提升创业技能具有一定的推动作用；2.46%认为创新创业教育对提升创业技能的作用十分有限；0.79%认为创新创业教育对提升创业技能没有作用（见表 5-18）。

表 5-18　　　　　　　创新创业教育有助于提升创业技能

评价	人数	百分比（%）
非常同意	6422	21.21
比较同意	11281	37.26
一般	11588	38.28
比较不同意	744	2.46
非常不同意	239	0.79

从创新创业教育对创业意愿的激发角度来看,高职高专女大学生评价如下:21.08%认为创新创业教育对激发创业意愿的作用明显;37.22%认为创新创业教育对激发创业意愿具有良好的推动作用;38.40%认为创新创业教育对激发创业意愿具有一定的推动作用;2.49%认为创新创业教育对激发创业意愿的作用十分有限;0.81%认为创新创业教育对激发创业意愿没有作用(见表5-19)。

表5-19　　　　　　　创新创业教育有助于激发创业意愿

评价	人数	百分比(%)
非常同意	6382	21.08
比较同意	11267	37.22
一般	11625	38.40
比较不同意	755	2.49
非常不同意	245	0.81

总体而言,创新创业教育对丰富高职大专院校女大学生的创业知识、培养女大学生的创业精神、提升女大学生的创业技能、激发女大学生的创业意愿等都发挥了积极的作用,这与职业教育促进学生就业、个人职业生涯全面发展具有高度的一致性。

二　高校女大学生创新创业教育具体实践

当前女性的受教育程度持续提升,本专科生和研究生中的女性比例均超过一半,女性在全社会就业人员中占比为43.1%,其中女企业家占企业家总数的30%,女性创业者在互联网领域的占比高达55%。[1] 女性以昂扬的斗志展现巾帼不让须眉的风采,但女性的就业创业领域相比男性依然较为狭窄,随着高等教育的普及化,毕业生规模大幅增长,女大学生面临的

---

[1] 黄晓薇:《高举习近平新时代中国特色社会主义思想伟大旗帜　团结动员各族各界妇女为决胜全面建成小康社会实现中华民族伟大复兴的中国梦而不懈奋斗》(http://www.women.org.cn/art/2018/11/5/art_ 946_ 159086. html)。

就业创业问题越发严峻。习近平总书记指出"青年是国家和民族的希望，创新是社会进步的灵魂，创业是推动经济社会发展、改善民生的重要途径"。深化创新创业教育变革，形成新的人才培养质量观，造就一批具有创新精神、创业意识和创新创业能力的女大学生，既是着眼当下解决女大学生就业难问题的必然选择，也是放眼未来培养中华民族伟大复兴建设者和接班人的必然要求。本书围绕创新创业课程、创新创业实践、创新创业教学和创新创业教师这四个方面，结合优秀高校的具体实践来阐述如何深化新时代中国高校创新创业教育改革以培养符合时代需求的女性创新创业人才。

（一）创新创业课程

1. 面向全体学生开设高质量的新生研讨课、学科前沿、创业基础等必修课和选修课。如杭州师范大学以创业学院为主导、二级学院为主体，分层分级实施创新创业教育，构建了"必修+选修""通识平台课+嵌入式专业课+行业精英课程"三层级、多向融合的创新创业教育课程体系，并实行学分制管理，努力提升应用型人才培养质量。清华大学面向全体学生开设了高质量的新生研讨课和学科前沿课程，重点打造了一批专创融合的特色示范课程，建设具备创新性和挑战性的创新创业教育优质课程，初步建成创新创业教育优质课程 20 门。

2. 打造创新创业教育专门课程模块，自主建设创新创业教育在线开放课程，打造一批专创融合的特色示范课程。复旦大学发挥文、理、医、工综合性高校的优势，要求每个院系在全校创新创意创业必修环节开设专项课程，鼓励院系邀请有创新创业指导或从业经验的校内教师联合产业界的杰出人士联合授课，并带领学生到行业企业实施调研，形成调研报告，加深对行业的认识。南京大学建设平台课、行业课、嵌入式专业课等创新创业课程。截至目前，南京大学已建设平台课、行业课和专业嵌入课三类创新创业课程共计 322 门，累计开设创新创业课程 810 门次，覆盖校内学生超 4 万人次，学生覆盖率达 100%。

3. 自主编写创新创业教育相关教材，建立案例库。大连理工大学建设创新创业教育优质在线开放课程，按照"创意、创新、创业"三创融合的理念，遵循创意驱动创新、创新引领创业，将创意、创新、创业融为一体，倡导学生"做中学、学中思、思中创"，建设了以"创新教育基础与实践""创造性思维与创新方法"为代表的 10 余门国家级和升级精品资源共享课程。中华女子学院管理学院成立了就业与创业教研室，负责全校的职业与创业课程的建设开发，在初步确立女大学生职业发展与就业、创新创业课程的综合培养目标的基础上编写了《女性创业学》《女性职业生涯管理》等教材，填补了女性职业与创业教材的空白。

4. 因人因地制宜，开设具有女性特色和地方特色的女性创新创业课程。首先，可以适当开设诸如"性别学概论""女性理论发展史"等讲述女性理论发展的选修课程，通过这些课程促使女大学生学习先进的社会性别理论，肯定女性在社会中的主体地位，培养女性主体独立意识。如厦门大学于 2006 年成立了"妇女/性别研究与培训基地"积极开展女大学生创就业学术研究，其"先进性别文化进校园系列讲座"有效地传播了先进性别文化，为女大学生创业就业营造了积极的文化氛围。其次，根据女性身心特点，增设"女性创业理论与实务""女性创业学""创业女性领导力"等更贴切、契合、实用的女性创新创业课程，有针对性地培养女大学生的创业意识和提高创业能力。再次，开设"女性创业心理""女性创业者心理资本与创业发展"等创业心理健康教育课程，帮助女大学生了解自己、培养创业心理品质，增强创业耐挫性。最后，结合高校所属地方特色，开设地方特色女性创新创业课程。如温州高校可以紧密结合"女温商精神"，通过经典女温商案例分析、观看女温商创业影视剧、邀请女温商企业家进课堂等多种形式更好地培养企业家精神。

(二) 创新创业实践

1. 建设多样化创新创业实践平台

包括高校自建及与外部共建创新创业实践平台，如大学生创业园、创新创业实训基地、创业孵化园、众创空间、科技园、校企联合实验室、创新创业活动中心等。华东理工大学在创新创业实践平台建设方面就颇具特色，形成了 LCS（Lab + Club + Shop）实践培养机制。华理特色包含三个方面：一是课内课外相结合。课内鼓励教师科研项目转化课内实验项目，提升学生解决复杂工程问题的能力；课外建立三级创新平台，校内各类实验室（Lab）向学生开放，开展创新实践项目，举办各类科技创新、创业计划、创意设计等专题竞赛。二是校内校外相结合。校内依托众创空间、勤工助学基地等，开展创业培训指导；校外开展产学研合作，企业设立双创实践联合研发中心。三是线上线下相结合。线上依托校内"创梦园"网站,开展创新创业课程培训,利用校外"道器网"进行线上模拟,通过众筹栏目开展演练。线下培育学科特色类的创新创业社团(Club),为学生开展创新创业项目提供重要基地,同时依托科技园创业孵化基地,推进科技型创业企业(Shop)的孵化和培育。华东理工大学实现了专业实践教育和创新创业教育平台的有效衔接。

其他高校为女大学生创新创业实践也做了不少尝试,如温州理工学院在6000平方米的众创空间里,专门设立十几个女大学生创业工作室以鼓励女大学生投身创业领域。该校还开办了微商班、花艺班等8个女性创业项目实战班,结合"女性职业与修养""女大学生创业实务"等11门女性创新创业教育课程,通过"女性素质教育+创业技能培养"的双重训练,促进女大学生全面提升创业能力。同时,与温州市妇女联合会合作,实施"巾帼创业支持行动",搭建教育培训、资金扶持、项目对接、基地创建、导师引领、示范带动"六大平台"帮扶女大学生创业。中华女子学院与北京黄梦仙谷旅游开发有限公司共同打造了"校地企合作共推女大学生就业创业实践基地建设",让女大学生了解创业艰辛,在创业实践基地学以致用。东北大学积极构建了前后孵化器协同培养机制:以学生创新创业基地为前孵化基地,培养学生创新精神、创业能力;以东北大学科技园为后孵化器,开展市场化经营,规模化拓展。同时整合政府、企业资源,倾力支持学生创新创业工作;充分利用校友企业资源,设立创新创业基地以及创新创业基金,为广大学生创新创业提供了充足的资金、设备和智力支持。

2. 开展普惠性创新创业实践活动

电子科技大学从学院、学校、国家(国际)三个层面开展创新创业教育实践活动,使之惠及更广泛的学生,形成浓厚的创新创业氛围。其具体措施是:加强和推进"大学生创新创业训练计划""重大科技竞赛课程化建设"等创新实践训练;开展"E学堂""E训营""E创帮"等创业实践训练;举办"创新创业金融路演"创新创业活动;鼓励学生积极参与"创青春""挑战杯""互联网+""亚太大学生机器人大赛"等国家级、国际性学科竞赛等。数字时代,高校可以结合数字化技术打造"创业课堂+模拟创业实验"的教育形式,通过软件虚拟创业、ERP沙盘模拟、仿真训练等实训方法模拟创业过程,让女大学生以创业者的身份了解创业相关政策法规和创办企业的流程，熟悉企业的经营管理与运作，提升女大学生创业真实体验。高校还可以利用实践周组织学生到女性创办的企业参观学习，在实地参观企业园区、办公区、仓库、会议厅的过程中了解企业发展史、企业创始人的创业经历以激发女大学生的创业意识，培养企业家精神。

高校在开展创新创业实践活动过程中，要引导学生树立崇高的职业理想，树立正确的就业观和创业观，把自己对未来创业的期望与社会的需要、现实的可能结合起来，与时代同向，与国家同步。如西北大学发挥学科优势和专业特色，有针对性地组织项目师生赴老区、贫困地区一线，开展"精准扶贫""科技支农""乡村振兴""红色寻访""追赶超越""志愿服务"等系列社会实践活动。教育部自 2017 年启动的"青年红色筑梦之旅"活动，5 年来累计已有 300 余万名大学生、58.3 万个创新创业项目，对接农户近 150 万户、企业 4 万余家，签订合作协议 4 万余项，在脱贫攻坚、乡村振兴、红色文化传播等领域做出了积极贡献。① 高校应鼓励学生以"互联网+"创业大赛为契机，通过创新创业实践扎根中国大地了解国情民情，用青春书写无愧于时代、无愧于历史的华彩篇章，为实现中华民族伟大复兴的共同理想努力奋斗。

3. 打造一站式创新创业服务体系

第四章第二节以浙江的 81 所高校为例探讨了高校创新创业服务体系建设情况，结果显示创新创业指导服务体系还不完善，创业经费扶持、公司注册、财务管理、法律咨询、专利代理、物业管理、特色项目培训及其他服务方面均有待提高。大学生缺乏社会经验，不懂经营之道，需要专业机构或人士提供支持与帮助才能更好地创业，因此需要高校完善创新创业服务体系。北京市女企业家们联合建立了"女大学生创业就业社会化云服务平台"，为北京市女大学生创就业提供实时信息共享和有效的扶持与服务，帮助女大学生创业就业。

高校还可在政府的支持和妇联的引导下协同企业定期开展女大学生专项创新创业大赛，女大学生创业团队将创业想法或已有的创业项目作为创业计划书参赛，由高校创新创业教师与女企业家们担任大赛评委与导师，

---

① 王海涵：《第七届中国国际"互联网+"大学生双创大赛"青年红色筑梦之旅"启动》（https://s.cyol.com/articles/2021-06/11/content_DW6Olec3.html）。

地方企业担任嘉宾,给予创业项目指导与建议,甚至直接投资或扶持有前景的项目。如温州理工学院建立了一支以女性创业典型、女性企业高管、女性科技工作者、女性知识分子等为主体的专家顾问团队,并与温州市妇联共同建立了浙江省内首个女子创业学院,为投身创新创业潮流的女性提供"精准服务"。该学院以女性为对象构建线上线下支持、便捷高效的创新创业服务体系,探索建立创业免费培训教育、一站式创业辅导、互联网创业实践等创新创业共享模式,实现了女性创新创业教育和产业的有机结合。政府和妇联也可借此机会宣传女性创业优惠政策,鼓励媒体积极报道,将创业大赛的作用发挥到极致。

(三)创新创业教学

1. 推进教学方法和教学模式创新

一是鼓励使用多样化教学方法,如复旦大学教师广泛使用启发式、讨论式、参与式、体验式等教学方法,不少课程不仅有校外专家授课,还会深入企业和园区,体会创业精神。如中华女子学院和北京女性协会合作以论坛和讲座的形式为女大学生提供就业创业指导;电子科技大学探索项目制,其新工科创新性金课"工程创新与设计"以产品研发到产品运行的生命周期为载体,以"研究导向型"教学方法让学生主动学习、自主学习。二是积极推广小班化教学、混合式教学、翻转课堂,构建线上线下相结合的教学模式。如电子科技大学持续推进教育教学改革,着力构建"以学为中心"的研究型教学体系,推进翻转课堂、混合式学习等"互联网+教育"教学模式改革,运用大数据分析技术,分析不同学生学习需求和规律,培养学生自主学习和终身学习能力,为学生自主选择创新创业路径奠定基础。三是改革考核内容和方式,探索实施非标准答案考试等。中山大学以能力培养为导向改革考试考核内容和方式,探索实施非标准答案考试,强调过程评价与总结性评价相结合,根据课程特点,以提问、讨论、作业、论文、实验报告等多种形式,考查学生自主学习及运用知识分析解决问题能力。近年来,全校开设课程的非标准答案考试率呈现总体稳步提升趋势。

2. 设立专门的创新创业教育教改立项,支持教师开展教学改革探索

如南开大学大力支持教师开展教学改革探索,加强创新创业教育教改立项,近三年来共设立创新创业教改项目9项,资助经费共计26.3万元。其鼓励教师以有效教学模型组织教学,通过"大班授课、小班讨论"、师

生互动、翻转课堂、同伴指导等多种形式，构建课堂内师生共同体，实现"讲一练二考三"的教学效果。同时，高校可鼓励在校教师结合本校女大学生创业实况与创新创业教育发展需求积极申报各级各类科研项目、发表学术论文，有兴趣有能力的教师还可据此研发案例、模拟软件甚至发表专著，推动女大学生创新创业教育的发展。

3. 开展创新创业教育学术交流与探索

常态化举办学术研讨会、专场学术会议、学术讲座等多种形式的女性创业及女大学生创新创业教育研究的学术活动，同一区域高校定期交流心得与经验，将最新的学术动态与科研成果反应和运用到实践中去，以理论研究支撑女大学生创新创业教育实践发展。如厦门大学多次联合两岸高校开展"女大学生创新创业与职业发展"为主题的学术研讨会，分享各地、各校女大学生创业现状，交流女性创新创业教育先进理论，共同探讨如何帮扶女大学生创业就业问题，为女大学生创业就业研究者搭建了交流平台，促进社会各界对女大学生创业就业的关注与思考。

（四）创新创业教师

1. 建立创新创业教育专兼职教师队伍

充分考虑女大学生实际需求，对内挖掘女性创业、女性学和女性心理学等方面教师，为女大学生提供有针对性的创新创业教育。对外与政府、企业或社会组织（如女企业家协会）合作，引入女企业家、专业人士、投资者等作为创业导师，为创业女生提供帮助和指导。清华大学建立了由校内专业教师、辅导人员和创业导师组成的专兼结合的创新创业教育教师队伍。支持各专业教师讲授创新创业类课程，指导学生创新创业实践，包括大学生创新创业训练计划、各类科技赛事以及创新创业团队的指导，将指导工作计入教师工作量。此外，学校还邀请校外创业者、企业家、投资家、创客导师等400余人担任兼职导师，为创新创业的学生提供指导和帮助，建立创新创业导师库，制定创新创业导师管理规范。中华女子学院管理学院双创教育团队与北京市女企业家协会合作，建设了一支结构互补的高素质的校内外专家团队"北京市女企业家帮助女大学生就业和创业讲师团"，并联合首都7所高校组织面向女大学生的现场讲座，助推女大学生创新创业教育发展。厦门大学研究生会女生部的女性发展学堂亦是由厦大知名学者、企业家、慈善团体人士以及学生代表人士组成，其宗旨和目的在于帮助女大学生更客观地认识自我、培养自立自强的独立女性精神及提升女性的价值认知和修养。女企业家们"学姐""校友"的身份不仅弱化了创业女大学生与女企业家之前的距离感，也让她们通过交流对话平台获得更多的经验与建议。

2. 健全创新创业教育教师培养机制

杭州师范大学加强创新创业教育师资队伍建设，2015—2020年先后开展了阿里巴巴商学院总裁班培训、首届未来领导力训练营等培训。同时，学校积极组织教师参加省创业导师培训项目，五年间共计有110名教师参加了培训，为其落实人才培养方案，开展创业课程教学奠定了基础。东北大学成立创新创业教育专家委员会，以大视野规划指导创新创业教育，实施动态调整的管理导师、专业导师、企业导师共同指导的三导师制度。选送优秀教师到行业企业挂职锻炼及参加专业化培训，大大提升教师创新创业能力和教学能力。此外，高校还可组织创新创业教育教师到创业典型院校参观学习，通过论坛、会议等形式组织高校教师交流借鉴经验。

3. 完善创新创业教育教师考核机制

电子科技大学设置了"首席教授"和"教学骨干"等本科教学关键岗位，覆盖专业建设、课程建设、实验教学、创新创业教学等本科教学关键环节，设立"教学特殊津贴"，并建立关键岗位考核机制，将考核结果与专业技术职务评聘、岗位等级晋升相结合，打造骨干教学队伍。

新时代中国高校在建设过程中全面贯彻党的教育方针，落实立德树人根本任务，坚持创新引领创业、创业带动就业，主动适应经济发展新常态，并依托中国国际"互联网+"大学生创新创业大赛，建立了立足于第一、第二、第三课堂的以赛促创、以赛促教、以赛促学和政产学研用协同发展的高校创新创业教育体系，打造了富有活力的高校创新创业生态系统。但也应看到，高校创新创业教育仍然存在许多不足，特别是女性创新创业教育更为薄弱，现有的教育模式更适合男性。高校要从课程、实践、师资及教学等方面进行改革，有针对性地为女大学生提供细致、贴切、符合女性心理与实际的创新创业教育，帮助她们在创业领域发挥性别优势。

第六章 数字时代的社会创业

第一节 全球社会创业研究现状

随着科学技术日益推动社会进步,作为一种解决社会问题的全新范式,社会创业对解决市场与政府失灵而造成的全球社会问题起了巨大作用,能够平衡经济、社会、环境三者之间的关系。近些年来,学术界不断拓展社会创业内涵与外延,使其成为一个热门的研究课题。其原因可归纳为两点,其一为国际社会需要促使社会创业成为一个普遍存在的现象,国内外的许多领域都对此有贡献。① 其二为发达国家政府在普遍削减开支的情况下,利用社会创业为各级研究领域提供了大量资金。② 然而全世界在定义社会创业及其边界上仍缺乏普遍共识,社会创业理论落后于实践。③

截至 2020 年 12 月 31 日,以 "社会创业" 为主题词搜索知网数据库,共检索得到文献 2673 篇。其中 2001 年至 2020 年相关博硕士学位论文有 230 篇,期刊有 905 篇,并呈不断增长态势(见图 6-1)。同时以 "social entrepreneur*"(*为截词符)为主题检索 Web of Science 数据库,得到社会创业相关的外文文献已有 5356 篇。从数据结果可以看出,国际上关于社会创业的论文最早发表于 20 世纪 50 年代,但相关研究文献增长缓慢,2000 年以前文献占比仅为 5.30%,近 20 年来才开始快速增长(见图 6-

---

① Dacin, P. A., "Social Entrepreneurship: A Crtique and Future Directions", *Organization Science*, 2011, 22 (5): 1203-1213.

② Susan Mueller, Jennifer Walske, Jeffrey, A, "What's Holding Back Social Entrepreneurship Removing the Impediments to Theoretical Advancement", *Journal of Social Entrepreneurship*, 2015, 6 (3): 245-256.

③ Dacin, P. A., Matear, "Social Entrepreneurship: Why We don't Need a New Theory and How We Move Forward from Here", *Academy of Management Perspectives*, 2010, 24 (3): 37-57.

2),进而成为创业学中一个重要且有影响力的研究议题。① 对比国内外文献数量,则显示出国内研究相对较为薄弱。21 世纪以前,国内学者对社会创业这一领域涉足尚浅,基本没有关于这一方面的文献出版,直到 2004 年才发表了第一篇期刊论文《时势造英雄:现代化大业呼唤一代创业新人》。这篇文章指出青年应站在时代发展的前沿,将个人创业融入社会创业,做与时俱进的创业新人。说明社会创业当时已是时代的需求和前沿。社会创业在欧洲及美国形成较早且发展迅速,总结国外研究成果对于中国社会创业的发展具有重要意义。因此基于国外文献,以社会创业的内涵、动因与结果评价以及社会创业教育为分析框架,探索社会创业研究新趋势。

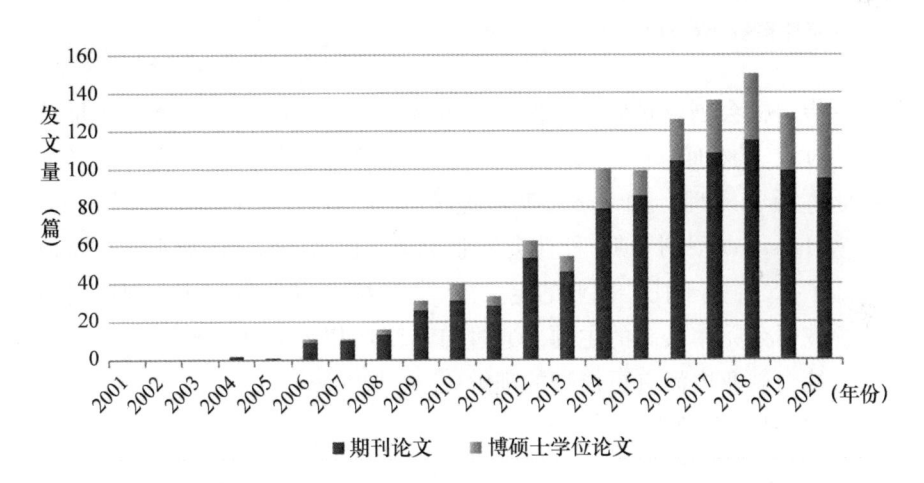

图 6-1 2001—2020 年国内出版的社会创业期刊以及博硕士学位论文量

资料来源:中国知网。

一 社会创业相关内涵比较

不同学者为社会创业提出了各种内涵,社会创业是创新性地创造社会价值的活动,它可以发生在商业与非营利性组织以及公共部门之中或之间。②

---

① 王佳桐、胡敏、朱甜甜、施永川:《国际社会创业研究现状、热点及趋势——基于 VOSviewer 的科学知识图谱分析》,《安徽行政学院学报》2019 年第 6 期。

② Austin J., "Social and Commercial Entrepreneurship: Same, Different, or Both?", *Entrepreneurship Theory and Practice*, 2006, 30 (1): 1-22.

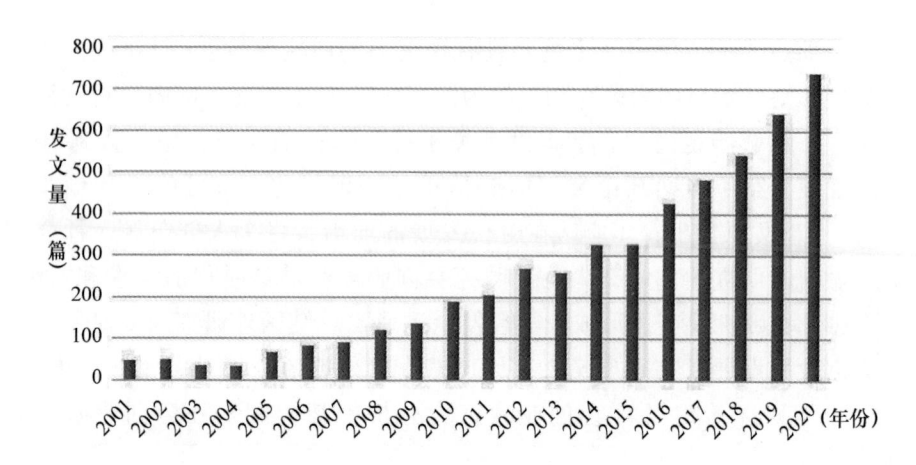

图 6-2 2001—2020 年国外出版的社会创业期刊论文量

资料来源：Web of Science。

有学者指出社会创业是创新性使用和组合资源来促进社会变革和满足社会需要的过程。① 然而对社会创业的内涵仍旧是众说纷纭。有学者对社会创业的内涵进行了梳理，如 Dacin 等整理了 37 种有代表性的社会创业定义，Bacq 和 Janssena 罗列了 12 种社会创业定义，而 Aliaga-Isla 和 Huybrechts 更是统计了 45 种关于社会创业的定义。② 文献统计也显示，社会创业的内涵是该领域研究频率最高的主题。通过与其密切相关的几个概念的辨析，有助于对社会创业内涵有更清晰的理解。

（一）社会创业与公司社会创业

公司社会创业是创业的一种具体类型，被视为公司创业和社会创业的结合。萨蒂亚吉特·马宗达（Satyajit Majumdar）指出社会创业是一个"本质上有争议的概念"。③ 此外，社会创业没有明确的结构维度的普遍支持，这使得它很难"根据对结果有相关影响的关键特征捕获分析单元的异质性"。④

---

① Mair J., "Social Entrepreneurship Research: A Source of Explanation, Prediction, and Delight", *Journal of World Business*, 2006, 41 (1): 36–44.
② 徐虹、张妍、翟燕霞:《社会创业研究回顾与展望》，《经济管理》2020 年第 11 期。
③ Choi, N., Majumdar, S., "Social Entrepreneurship As an Assentially Contested Concept: Opening a New Avenue for Systematic Future Research", *Journal of Business Venturing*, 2014, 29: 363–376.
④ Foss, N. J., Saebi, T., "Fifteen Years of Research on Business Model Innovation: How Far Have We Come, and Where Should We Go?", *Journal of Management*, 2017, 43: 200–227.

关于社会创业应限于中小型企业，还是也可用于追求经济和社会价值创造的老牌大公司，也没有达成协议。① 为了解决这个问题，一些学者提出了CSE 一词，指大型企业的社会创业行为，即公司社会创业行为。那么公司社会创业与社会创业有何区别呢？一方面要厘清公司创业与公司社会创业的区别。公司创业的目的是在于通过新产品的开发、新业务或新市场的开发，以满足社会需要、推动社会变革为根本归宿的创新与资源整合过程。而公司社会创业是指企业或者大公司通过商业化或市场化手段创造社会价值、解决社会问题、培育和孵化社会企业或社会项目的创业活动。② 两者关注焦点有所不同。另一方面是厘清社会创业与公司社会创业的区别。社会创业是指社会创业者（个体）为行为主体，以满足社会需要、推动社会变革为根本归宿的创新与资源整合过程。③ 公司社会创业的个体是身处企业内部、得到组织资源支持的个体，与一般意义上的社会创业者有所不同。

（二）社会创业与商业创业

社会创业几乎成为与商业创业同等重要的社会经济学名词。首先，与商业企业家类似，社会企业家参与创业活动，如机会识别、开发、资源调动和创新，以创建"一个新的企业或以创新的方式管理一个现有的组织"来实现他们的社会使命。④ 其次，要解释社会创业与商业创业的区别，最相关的核心区别在于价值创造和价值获取，社会企业家的主要动机是为社会创造价值，而不是获取价值。⑤ 因此，商业创业需要寻求新的价值获取机会，或者开发一个改进的服务，或者改变操作程序来降低活动的成本。而社会创业关注具有显著正外部性的被忽视的问题，采取行动寻求问题的解决方案，而后往往影响政府制定立法，使其合法化并支持其创新。最后，社会创业与商业创业机会获取不同，奥斯丁·詹姆斯（Austin James）

---

① Zaefarian, R., "A Corporate Social Entrepreneurship Approach to Market-Based Poverty Reduction", *Emerging Markets Finance and Trade*, 2015, 51 (2): 320 - 334.

② Ghauri, P., Rose, E. L., Tasavori M., "Internaton Lisation of Service Firms through Corporate Social Entrepreneurship and Networking", *International Marketing Review*, 2016, 31 (6): 576 - 600.

③ Mair J., "Social Entrepreneurship Research: A Source of Explanation, Prediction, and Delight", *Journal of World Business*, 2006, 41 (1): 36 - 44.

④ Tina Saebi, "Social Entrepreneurship Research: Past Achievements and Future Promises", *Journal of Management*, 2019, 45 (1): 70 - 79.

⑤ Santos, F. M., "A Positive Theory of Social Entrepreneurship", *Journal of Business Ethics*, 2012, 111 (3): 335 - 351.

等认为商业创业倾向于关注突破性和新的需求,而社会创业往往注重于通过创新的方式更有效地服务于基本的和长期的需求。

(三) 社会创业与非营利组织

非营利组织是社会创业的补充方式。大多数学者认为社会企业家研究起源于非营利部门对社会问题的重视,通常涉及慈善视角的观点。因此,厘清营利、非营利、公益之间的关系有助于更好地理解社会创业。2013 年《中国非营利组织法专家建议稿》认为,"非营利是指组织不具有营利的宗旨或目的;组织主要从事非营利事业,不具备明显的利润分配机制"。因此,营利与非营利的关键构成是"利润"。而公益与非营利是相互交叉的;公益事业可采用营利、非营利组织形态;非营利可适用于公益与自益事业。社会创业可以指在非营利性部门或营利性部门具有社会目标的创新活动,如社会公益事业、社会合作社、企业社会责任项目,或最常见的跨部门混合营利性和非营利性方式。① 事实证明,非营利企业在开发创新商业模式以服务单一地点的少量客户方面是有效的。但是,依靠慈善捐款的非营利公司不太可能接触到世界各地数十亿生活在贫困中的个人。② 所以,社会创业的出现在一定程度上突破了非营利组织的局限性。

(四) 社会创业与社会企业

社会企业的概念在不同的地理位置、不同的文化和不同的时间点都有不同的理解。早在 2002 年构建的"社会企业图谱",描绘了企业纯慈善式和纯营利式二元结构,而社会企业则是介于两者之间的混合式企业。奥斯丁·詹姆斯(Austin James)等人指出社会企业是跨越非营利、商业或政府部门的,社会企业的特征是目标的同时性、实践的二重性和结果的两面性。第一,"社会企业"概念最早源于英国。以英国的概念作为讨论基础,"社会企业是一个商业组织,利润所得不是为了股东或所有者的利益最大化而是用于对社会目标的支持性投资或直接投资到社区当中"。第二,"社会企业"这一新型组织形式在国外早已成为研究热点,在美国最常见的方法,它将社

---

① Sascha, Olinsson, "Social Entrepreneurship-Committing Theory to Practice", *Journal of Social Entrepreneurship*, 2017, 8 (2): 225 – 247.

② Joshua, K., "An Institutional Perspective on the Social Outcome of Entrepreneurship: Commercial Microfinance and Inclusive Markets", *Journal of International Business Studies*, 2016, 47: 951 – 967.

会企业视为商业上可持续的组织,与其他供应商竞争,销售商品和/或提供服务。第三,欧洲大陆的一种方法,将社会企业视为从各种来源获得收入的"混合"组织,并与政府合作,在福利混合经济中提供商品和服务。①

通过对社会企业、公司社会创业、商业创业、非营利组织相关概念的理解对研究社会创业的内涵有较大启示。因为社会创业被视为一种"在人们对非营利、政府和自愿解决方案的传统模式信心日渐式微之际,全方位的解决方案应运而生。"② 社会创业是一个创业活动集中在解决社会问题和创造社会价值,可有效缓解可持续发展的问题,如过度的贫富差距、缺乏资源,而且在某种程度上可以解决政府、市场和公共福利部门的"三重失败"。③

目前学术界现有的研究一般从社会创业的特征、影响因素来诠释社会创业的内涵,从各学者的定义中可以看出社会创业包含和表达的共同要素有:社会问题、社会需求、社会变革、社会价值、商业手段、创新性、经济利益。因此,本书总结社会创业的内涵:社会创业是基于为解决社会需求及社会问题为目的,运用一系列方式而产生社会变革,最终产生持续不断的社会影响从而实现社会价值的过程。

二 社会创业的动因

社会创业的动因是一个受到诸多复杂因素交叉影响的过程。由于社会创业的复杂性,社会创业的动因也难以细致划分,结合上述对社会创业内涵分析,通过多维度视角,此处主要阐述影响社会创业个体层面的动因。威妥玛·邹指出个体层面的文献主要关注学者对创业活动的动机、参与和偏好。④《全球创业观察(GEM)2017/2018 中国报告》指出中国创业活动的结构特征,创业动因以机会型为主。此外,创业者的受教育程度与创业

---

① Francesca Calò, Simon Teasdale, Cam Donaldson, "Collaborator or Competitor: Assessing the Evidence Supporting the Role of Social Enterprise in Health and Social Care", *Public Management Review*, 2018, 20 (12): 1790 – 1814.

② Sader, N., R. Kleinhans, and M. Van Ham, "Entrepreneurial Citizenship in Urban Regeneration in the Netherlands", *Citizenship Studies*, 2019, 23 (5): 442 – 459.

③ Wang, W., "Can Sense of Opportunity Identification Efficacy Play a Mediating Role? Relationship Between Network Embeddedness and Social Entrepreneurial Intention of University Students", *Frontiers in Psychology*, 2019, 10.

④ Zou, B., "Who am I? The Influence of Social Identification on Academic Entrepreneurs's Role Conflict", *International Entrepreneurship and Management Journal*, 2019, 15 (2): 363 – 384.

动因显著相关，2017 年未受过正式教育或受教育程度为小学的创业者中，创业动因是机会型创业的占据 25%，而这一比例在本科及以上学历创业者中为 81.8%。这从侧面说明中国高等学校 20 多年的创新创业教育取得了较大成功，在受教育人数、覆盖面、教育形式、政策支持力度等已处于国际领先地位，但社会创业教育有待加强。[①] 亚历山大·纽曼利用社会认知理论研究自我效能的个体层面动因，包括工作经验、教育与培训、榜样的存在以及个体差异，以及企业和宏观层面的动因，如企业特征、文化和制度环境。基于个体层面的动因由社会创业者自身因素引起，如社会创业者的个人特质、性别差异、社会创业者创业意愿以及创业行为的产生、社会创业者愿景等因素。

（一）基于社会创业者个人特质的动因

社会创业者旨在寻求创新和可持续的解决办法，以面对与贫困有关的以及世界财富分配所造成不平等的问题。[②] 鉴于此，很多研究者认为，社会创业者具有典型的"利他主义"倾向。具有自主性、竞争性和冒险精神的企业家更有可能获得创业资金，而且获得资金的速度也更快。研究表明社会创业者往往有较强的同情心和亲社会动机，个体层面社会创业者的心理动因，比如责任感、互利性、奉献精神也可能成为潜在的创业动因。有学者指出，与传统商业企业追求利润最大化和个人效用最大化的动机不同，社会创业更需要创业者的同情心。因此，一个有价值的社会创业者可以提供建设性思想和动机，努力使社会达到和谐的状态。

（二）基于创业者性别差异的动因

史蒂文·布里格通过对来自 43 个国家的 15000 多名企业家的抽样调查发现，人力赋权提升了企业家为其企业选择社会导向的意愿，同时增强了企业活动中性别对亲社会性的影响。[③] 根据一项研究结果，美国女性创业活动比率较低的主要原因是对女性创业行为的两步抑制，即社会规定的性

---

① 黄扬杰、吕一军：《高校创业教育的问题与对策》，《教育研究》2018 年第 8 期。
② Macke, J., "Where do We Go from Now? Research Framework for Social Entrepreneurship", *Journal of Cleaner Production*, 2018, 183: 677-685.
③ Brieger, S. A., et al., "Prosociality in Business: A Human Empowerment Framework", *Journal of Business Ethics*, 2019, 159 (2): 361-380.

别角色似乎抑制了女性进入企业的意愿，也削弱了她们按照自己的意愿行事的倾向。① 女性的决策受到家庭成员尤其是配偶的影响，而这些家庭内部的动态导致了创业成果中的性别差异。② 性别化进程限制了女性创办高增长企业的动机和机会，在创业和投资阶段的不同阶段造成了女性和男性之间的巨大差距。③ 但是，研究表明由性别差异化而来的性别角色和刻板印象使女性更倾向于将创造社会和环境价值目标置于经济价值目标之上。在创业动机方面，研究表明，大多数女性企业家的动机是平衡工作和家庭之间的关系，而人们的动机是增加收入和提高社会地位。④ 研究分析男性在考虑自主创业时更倾向于强调经济因素的作用，如经济状况、获得信贷。相比之下，女性更注重社会因素，如工作和生活的平衡、灵活的工作、身为人母照顾孩子以及获得尊重的问题。⑤

（三）基于社会创业者创业意愿以及创业行为的动因

社会创业的创业意愿形成是一个多阶段的过程，社会创业者的创业动因也受多因素的影响。有学者从马来西亚吉兰丹地区随机选取310名千禧一代的定量数据研究创业意愿和创业前行为，结果证实了创业态度、主观规范和感知行为控制对创业意愿及创业前行为的间接影响。⑥ 根据一项越南1600名青少年创业意愿的因素调查，运用计划行为理论建立了一个概念框架，结果显示，越南青少年的创业意愿与成功与挑战欲望、创业态

---

① Shinnar, R. S., et al., "Entrepreneurial Intentions and Start-ups: Are Women or Men More Likely to Enact Their Intentions?", *International Small Business Journal-Researching Entrepreneurship*, 2018, 36 (1): 60 – 80.

② Friedson-Ridenour, S. and R. S. Pierotti, "Competing Priorities: Women's Microenterprises and Household Relationships", *World Development*, 2019, 121: 53 – 62.

③ Hmieleski, K. M., "The Yin and Yang of Entrepreneurship: Gender Differences in the Importance of Communal and Agentic Characteristics for Entrepreneurs' Subjective Well-being and Performance", *Journal of Business Venturing*, 2019, 34 (4): 709 – 730.

④ Xie, X., "Female Technology Entrepreneurs: Resource Shortages and Reputation Challenges -a View of Institutional Support", *International Entrepreneurship and Management Journal*, 2018, 14 (2): 379 – 403.

⑤ Ribes-Giner, G., "Domestic Economic and Social Conditions Empowering Female Entrepreneurship", *Journal of Business Research*, 2018, 89: 182 – 189.

⑥ Mahmood, T. M. A. T., et al., "Predicting Entrepreneurial Intentions and Pre-Start-Up Behaviour among Asnaf Millennials", *Sustainability*, 2019, 11 (18).

度、行为控制知觉、创业经验、创造力呈正相关。① 大量的研究文献表明，感知自我效能是创业心态的核心，也是创业行动的有力指标。自我效能在创业领域尤其重要，因为创业决策是在一个高度动态、复杂和极不确定的环境中做出的，涉及高度的个人风险、压力和努力。研究发现，创业者自我效能感已经成为创业研究中一个关键的心理建构，使创业动机、创业意愿、创业行为和创业绩效会受到影响，是创业培训和创新创业教育的重要目标成果。② 自我效能信念一直与人们参与创业的意愿联系在一起，由此引入下面基于愿景的动因。

（四）基于社会创业者愿景的动因

愿景被定位为社会创业者的一个关键能力，在激励和指导行为发起和实现变革方面发挥重要的作用。③ 愿景被视为企业家和社会企业家参与问题的感知、问题的发现和解决的核心。社会创业者作为"社会变革的代理人"其愿景就是造福于社会公益或创造社会价值。社会创业者志在改变世界或以某种方式改善世界，通常被理解为受利他主义或人文主义的影响，即超越利益最大化的以道德为基础的目标或愿景。④ 社会创业的过程通常被解释为从某种最初的愿景开始，并最终实现一个结果。根据一项调查研究，在采取行动之前，愿景并不一定要完全成形。⑤ 随着时间的推移，行为也可以产生愿景，而初步愿景并不是社会创业者取得成功的先决条件。同时愿景可以经过深思熟虑导致某种有针对性的行动，也可以是突发性地产生某种行动的结果。这表明创业行为和绩效结果并不是一个明确愿景的结果。⑥

---

① Nguyen Anh, T., et al., "Factors Affecting Entrepreneurial Intentions Among Youths in Vietnam", *Children and Youth Services Review*, 2019, 99: 186 – 193.

② Newman, A., "Entrepreneurial Self-efficacy: A Systematic Review of the Literature on Its Theoretical Foundations, Measurement, Antecedents, and Outcomes, and an Agenda for Future Research", *Journal of Vocational Behavior*, 2019, 110: 403 – 419.

③ Brush, C. G., "Pioneering Strategies for Entrepreneurial Success", *Business Horizons*, 2008, 51: 21 – 27.

④ Dees, J. G., "The Meaning of 'Social Entrepreneurship'", *Retrieved February*, 2012, 24.

⑤ Sandra Waddock, Erica Steckler., "Visionaries and Way Finders: Deliberate and Emergent Pathways to Vision in Social Entrepreneurship", *Journal of Business Ethics*, 2016, 133: 719 – 734.

⑥ Reid, S. W., et al., "Blazing New Trails or Opportunity Lost? Evaluating Research at the Intersection of Leadership and Entrepreneurship", *Leadership Quarterly*, 2018, 29 (1): 150 – 164.

社会创业是一个复杂的多阶段动态演化过程,分析社会创业不同角度的动因有助于相关研究者进一步加深对社会创业的理解,并促进社会创业不断发展。本书认为社会创业过程是一个探索和实践反复循环的过程,即社会创业者首先产生一个想法,然后制订可实施方案,最后付诸实践,或者社会创业者在社会实践过程中创造性地产生新想法并去探索实践中可带来的价值。在这过程中,探索后实践失败是难以预料的,因此,成功的社会创业者会再次进行新的探索与实践,不同的是这是更高层次的社会创业过程。

三 社会创业的结果评价

国外对社会创业的评价研究仍然处于探索阶段,国内的主题和相关研究也十分罕见。之所以在社会创业研究中对社会层面的影响和评价较少,一个原因是创业和管理相关领域有长期的研究传统,主要关注个人、团体和组织层面的现象和结果。[1] 因此,社会创业研究者缺乏调查组织外、社区或社会层面的研究经验。另一个原因是社会创业计划的影响很难衡量,测量无实用价值的技术成果和实质性进展现象不易货币化,导致社会创业结果评价研究仍然相当有限。[2] 将国外经典的绩效评价模式与中国社会创业组织的具体情况相结合并提出理论分析框架应该是目前中国社会创业结果评价研究中的当务之急。结果评价也称为影响力评价或总结性评价,是对社会创业的绩效和成果产出进行评定,应该包括客观性评价指标和主观性评价指标。

(一)主观性指标:幸福感

创业研究通常强调公司层面的成果,如增长和绩效。然而人们追求创业是出于个人的、特殊的原因。近年来,对幸福的关注已经转移到了创业研究的前沿,开始将幸福感作为重要的创业成果进行研究。例如 JVB 期刊有关社会创业者对社会创业幸福感主观评价的研究。约阿基姆·温森特等

---

[1] Walsh, J. P., "Social Issues and Management: Our Lost Cause Found", *Journal of Management*, 2003, 29 (6): 859–881.

[2] Smith, B. R., "Different Types of Social Entrepreneurship: The Role of Geography and Embeddedness on the Measurement and Scaling of Social Value", *Entrepreneurship and Regional Development*, 2010, 22 (6): 575–598.

从瑞典2011年的GEM调查中选取了1837名有代表性的个体来测试,结果表明创业活动带来的幸福感在很大程度上来自他们给予组织和行使权力的自由和机会,这反过来又提高了个人的学习能力和能力,并帮助他们与他人建立更有意义的关系。[1] 还有研究发现,内在动机有助于幸福感,而外在动机与幸福感无关。一项从原始的纵向调查数据中抽取了186名英国企业家证明了亲社会动机损害了生活满意度,因为它增加了压力水平,同时也表明,在工作中感受到的自主性有助于企业家减少对他们个人生活满意度的压力诱导作用。[2] 研究结果表明,在创始CEO中,创造力通过个人工作契合度与女性的主观幸福感和绩效呈正相关,而团队合作倾向通过个人工作契合度与男性的主观幸福感和绩效呈正相关。[3]

(二)客观性指标:可持续性发展和创新性

2015年GEM指出社会创业的一个新兴主题是衡量社会影响,企业家们需要评估他们是否是"步入正轨"或需要调整组织模式中的一些活动或流程。杰弗里·谢等通过实证证明,通过单一或合并维度来评估社会企业绩效会导致不准确的结果。社会企业的组织绩效测量应该有两个维度,即财务绩效和社会绩效。[4] 有学者确定了社会企业经济和社会绩效的主要指标:一是社会企业家的领导力、管理能力、经营态度等个人因素;二是制度因素即政府财政支持和制度支持;三是包括组织结构、治理结构、组织文化、领导力、凝聚力、组织战略等组织因素;最后,绩效还受到环境因素的驱动,如与利益相关者的关系网络、社会支持和政府的非金融支持。[5] 社会创业不仅要满足组织自身的基本需求,而且要给社会公众、社会甚至

---

[1] Shir, N., et al., "Entrepreneurship and Well-being: The Role of Psychological Autonomy, Competence, and Relatedness", *Journal of Business Venturing*, 2019, 34 (5): 58 – 75.

[2] Kibler, E., et al., "Can Prosocial Motivation Harm Entrepreneurs' Subjective Well-being?", *Journal of Business Venturing*, 2019, 34 (4): 608 – 624.

[3] Hmieleski, K. M., "The Yin and Yang of Entrepreneurship: Gender Differences in the Importance of Communal and Agentic Characteristics for Entrepreneurs' Subjective Well-being and Performance", *Journal of Business Venturing*, 2019, 34 (4): 709 – 730.

[4] Cheah, J., A. Amran, and S. Yahya, "External Oriented Resources and Social Enterprises' Performance: The Dominant Mediating Role of Formal Business Planning", *Journal of Cleaner Production*, 2019, 236.

[5] Shin, C., "How Social Entrepreneurs Affect Performance of Social Enterprises in Korea: The Mediating Effect of Innovativeness", *Sustainability*, 2018, 10 (8).

是国家带来经济利益以及社会价值。

因此，社会创业结果评价的客观性指标应有可持续性发展指标和创新性指标，其中可持续发展指标有经济、社会、环境三个维度。经济可持续性可分为三个因素，即"获得的结果""遵守法律义务"和"管理"。衡量社会可持续性的项目分为四个因素："利益相关者""企业形象""人权"和"人力资源"。环境可持续性具有一维结构。[①]

首先，经济层面是因为社会创业可持续发展的最基本方面就是它的经济性。社会企业的社会绩效或经济绩效，对社区产生积极的社会和经济影响，或具有商业可持续性的财务或经济可行性。任何一项社会创业都必须实时考察具体运行情况，具体包括社会创业所能创造的经济价值。因此，我们需要在获得经济或金融财富和提高社会生活质量之间取得有效的平衡。如果没有创造金融财富的动机和机会，一些人可能会放弃创业活动。同时，如果不注意其社会的需要，社会创业者就无法为共同的利益做出贡献，最终会损害自己和社会的利益。

其次，社会层面指企业要将员工和整个社会的利益与遵循道德准则开展业务的目标结合起来。社会层面的可持续发展条件包括人类、环境和经济福利的三个方面，这有助于或限制了社会可持续发展的目标。它们构成了社会企业家目标的基础，透过社会经济福利，达至人类及环境福祉。[②]环境方面是指公司对自然系统的影响，社会创业应当对全球性问题如气候变暖等提供创新性解决方案。社会创业者应该对企业的发展方向有一个清晰的愿景，需要对经济、社会和环境这三者的可持续性做出全面贡献。通过让企业战略性地参与可持续实践，在可持续发展的三个领域寻求竞争力和效率，从而平衡企业经营活动的经济、社会和环境影响。[③]

最后是社会创业的创新性指标，创新这一概念最早是由熊彼特提出，即创新者使用一个打破现有产品和服务，建立新产品和新服务等过程。创

[①] Sarango Lalangui, P., J. Alvarez-Garcia, "Sustainable Practices in Small and Medium-sized Enterprises in Ecuador", *Sustainability*, 2018, 10 (6).

[②] Muralidharan, E. and S. Pathak, "Sustainability, Transformational Leadership, and Social Entrepreneurship", *Sustainability*, 2018, 10 (2).

[③] Perrini, F., Russo, A., "CSR Strategies of SMEs and Large Firms: Evidence from Italy", *Journal of Business Ethics*, 2007, 74: 285–300.

新不仅被视为社会企业家解决社会和环境问题的机制,而且是一个国家在全球范围内提高经济和社会福利竞争力的驱动力。有学者指出现有的科技指标并不能有力地预测社会企业创新,在审查和评估社会企业创新的影响时,指标应该超越传统的科学和技术指标,如研发投资和科学、技术、工程和数学劳动力。[1] 社会创业的创新性也应为全球经济压力、科学知识和技术复杂性的指数级加速增长以及新的消费者需求和期望提供动力和机会,并将思想、技术和过程以新的方式应用于获得竞争优势和创造价值。

四 社会创业与社会创业教育

日益突出的社会和公众的服务需求要求大学生利用自身所学为社会和公众解决问题,及在此过程中实现商业价值和社会价值的双赢。[2] 美国北卡罗莱纳大学学生凯利·福格尔曼(Kelly Fogelman)推行的"饥饿午餐"(Hunger lunch)项目的初心是为尼加拉瓜一家孤儿院儿童提供营养,辛德胡拉·茜提内尼(Sindhura Citineni)积极响应并与团队成立了"营养国际化"(Nourish International)将其转化为可持续企业,以帮助解决世界性饥饿问题。[3] 社会创业在回应现代社会的挑战中扮演了一个核心角色,它的出现意味着创业不再局限于它的经济功能,而是昭示着以创业推动社会变革时代的来临。[4] 它的出现也明显增加高校在解决社会问题时所产生的影响。

社会创业者是社会创业启动和组织最核心的行动者,其素质与知识能力结构对于创业项目的成败、创业组织相关机构的运作以及发展起着至关重要的作用。每个人生来就是创业者,能够通过终身学习掌握和提升相应的创业特征以开发特殊的创业特性。[5] 社会创业教育能够强化这一理念,

---

[1] Monroe-White, T. and S. Zook, "Social Enterprise Innovation: A Quantitative Analysis of Global Patterns", *Voluntas*, 2018, 29 (3): 496 – 510.

[2] 李远熙:《社会创业:大学生创业教育的新范式》,《高等教育研究》2015 年第 3 期。

[3] [美]霍尔登·索普、巴克·戈尔茨坦:《创新引擎 21 世纪的创业型大学》,赵中建、卓泽林、李谦、张燕南译,上海科技教育出版社 2018 年版,第 62—64 页。

[4] Luke Belinda & Vien Chu., "Social Enterprise Versus Social Entrepreneurship: An Examination of the 'Why' and 'How' in Pursuing Social Change", *International Small Business Journal*, 2013, 31 (7): 764 – 784.

[5] J. Dees, J. Emerson, P. Economy, "Enterprising Nonprofits: a Toolkit for Social Entrepreneurs", *Academy of Management Learning & Education*, 2001.

它除了要求学生掌握企业创办所需的知识和技能，还需要着重培养学生的社会责任感，引导学生关注社会现实问题，从而使创业行为兼具获利性与公益性。因此，社会创业教育在培养目标、师资要求、课程建设等方面有别于一般的商业创业教育。① 美国是社会创业理论的提出和实践先驱，其社会创业教育始于20世纪80年代，但当时并未受到教育界的过多关注和重视，随着社会创业活动的发展及相关培训需求的增加才得到发展。很多研究型大学都成立了社会创业研讨会，并催生了一些微小却重要的项目和企业。中国高校社会创业教育则可以追溯到2006年湖南大学的"滴水恩社会创业协会"，经过十几年的发展，现已进入了转型阶段，但仍存在社会创业教育意识不强、价值失衡等问题。社会创业教育的发展道阻且长，需要更多的理论研究与实践。

五 结论与展望

社会创业为解决全球性的社会问题做出了努力，并有望为解决中国新时代的社会矛盾贡献更多的力量。本书首先根据相关国外文献，通过与社会创业内涵密切相关的社会创业、非营利组织、商业创业、社会企业的比较分析，厘清各内涵间的区别与联系。其次基于个体层面的动因如社会创业者的个人特质、性别差异、社会创业者创业意愿以及创业行为的产生、社会创业者愿景来分析不同的社会创业动因。再次梳理了社会创业结果评价，分别是可持续发展性、经济性和创新性三个维度，为后续相关研究者提供了较系统的概念框架。最后提出了社会创业教育，为社会变革培养社会创业者。当然本书也仍存在几点不足。第一，没有对比审视不同情境下的社会创业从而发现社会创业的普遍规律。第二，社会创业结果评价有待进一步的指标体系开发、测量量表的构建以及量化的数据分析。

创业是一个动态的、不确定的过程，它随着时间的推移而发生，涉及对未来的决策。我们无法评估制度和个人行为是如何随着时间的推移而共同演变的，也无法评估今天的新企业在未来是否会成功。因此，对于社会创业的研究是一个长期的过程，需要学者们花费几年甚至是几十年的时间。后续的研究可以探索不同国家背景、地区背景下的社会创业案例，社

---

① 黄兆信、黄扬杰：《社会创业教育：内涵、历史与发展》，《高等教育研究》2016年第8期。

会创业视为一种多层次的现象，由不同分析层次之间相互作用的因素驱动，文化和国家背景可能是重要因素，但很少直接测试，因为几乎所有的研究都集中在一个国家或文化。创业研究的焦点从过程型转向长期绩效型，需要有规范的框架来指导企业家应该如何行动，以获得这样的结果。其次，现有研究强调个体特征和动机，而忽略了企业家所处的社会环境，从情境进一步辨析其创业活动的形式、层次和阶段。最后，本书主要以理论分析为主，后续研究可开展定量的实证分析，关注社会创业绩效的测量，应用指标体系的开发、测量量表的构建以及量化的数据分析社会创业无形的价值。

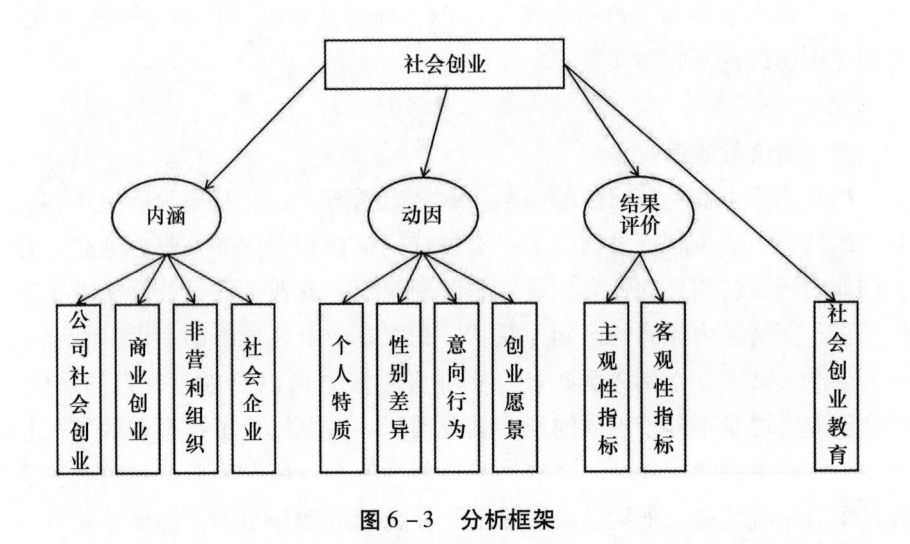

图 6-3 分析框架

第二节 数字时代大学生社会创业能力影响因素研究

高校对学生创业具有非常重要的促进作用，[①] 因此，越来越多的国家

[①] Astebro, T., Bazzazian, N., & Braguinsky, S., "Startups by Recent University Graduates and Their Faculty: Implications for University Entrepreneurship Policy", *Research Policy*, 2012 (41), 663-677.

和高等教育机构开始关注创新创业教育并对其进行大量投资。[1] 中国自2014年起颁布一系列有关创新创业的文件鼓励"大众创业、万众创新",并大力投资高校创新创业教育,以激发人们的创业热情。[2] 政府的推动取得了明显的成效,全球创业观察表明,中国的创业活动率在过去几年持续上升。

　　Ely认为高校的新角色是教育学生认识到可持续发展的重要性,[3] 其职责之一是培养有责任的公民和领导者,使他们能够为社会问题提出解决方案。[4] 然而,在高等教育中实施可持续社会创新仍然存在障碍和挑战,[5] 提升大学生的社会创业能力或是一种策略。社会创业能力是高等教育中必备的能力,[6] 但以往的研究大多聚焦于创新创业教育对商业创业能力的作用,[7] 研究社会创业能力的很少。此外,大量研究强调创新创业教育能够直接影响大学生创业能力,[8] 但也有研究从社会心理学的角度发现创业认知在能力提升中起着至关重要的作用。[9] 尽管人们对这一领域的兴趣日益

---

[1] Brush, C. G., Duhaime, I. M., Gartner, W. B., Stewart, A., Katz, J. A., Hitt, M. A., Alvarez, S. A., Meyer, G. D., and Venkataraman, S., "Doctoral Education in the Field of Entrepreneurship", *Journal of Management*, 2003 (29): 309-331.

[2] Wang, C., Mundorf, N., & Salzarulo-McGuigan, A., "Entrepreneurship Education Enhances Entrepreneurial Creativity: The Mediating Role of Entrepreneurial Inspiration", *The International Journal of Management Education*, 2021: 100570.

[3] Ely, A. V., "Experiential learning in 'Innovation for Sustainability' An Evaluation of Teaching and Learning Activities (TLAs) in an International Masters Course", *International Journal of Sustainability in Higher Education*, 2018 (19): 1204-1219.

[4] Agustina, T., Budiasih, Y., Ariawan, E. K., & Gorovoy, S. A., "Role of Social Entrepreneurship in Business Management", *Journal of Critical Reviews*, 2020 (7): 257-262.

[5] Ávila, L. V., Leal Filho, W., Brandli, L., Macgregor, C. J., Molthan-Hill, P., Özuyar, P. G. and Moreira, R. M., "Barriers to Innovation and Sustainability at Universities around the World", *Journal of Cleaner Production*, 2017 (164): 1268-1278.

[6] García-González, A., & Ramírez-Montoya, M. S., "Social Entrepreneurship Competency in Higher Education: An Analysis Using Mixed Methods", *Journal of Social Entrepreneurship*, 2020: 1-19.

[7] Hahn, D., Minola, T., Bosio, G., & Cassia, L., "The Impact of Entrepreneurship Education on University Students' Entrepreneurial Skills: A Family Embeddedness Perspective", *Small Business Economics*, 2020 (55): 257-282.

[8] Wang, C., Mundorf, N., & Salzarulo-McGuigan, A., "Entrepreneurship Education Enhances Entrepreneurial Creativity: The Mediating Role of Entrepreneurial Inspiration", *The International Journal of Management Education*, 2021: 100570.

[9] Chaston, I., & Sadler-Smith, E., "Entrepreneurial Cognition, Entrepreneurial Orientation and Firm Capability in the Creative Industries", *British Journal of Management*, 2012 (23): 415-432.

浓厚，但对成功的社会企业家如何塑造能力以及需要具备哪些能力却知之甚少。因此，本书旨在探究创新创业教育在大学环境下提高大学生社会创业能力的过程。

性别视角是社会企业研究分析中的一个重要考虑因素。然而，在大量的创业研究中，往往仅将性别作为控制变量，① 没有意识到创业存在性别差异。实际上，女性在商业创业中的存在感更弱，在社会创业中的参与度与男性相似。② 因为社会创业较商业创业往往更强调亲社会行为，较少与大胆、冒险行为联系，而女性更具备与之相关的关心他人③和人性化④等特质。因此，本书考虑到预期结果可能会受到性别的影响，故而加入了性别要素的研究。

创业是很复杂的活动，大学生创业不仅受学校创新创业教育的影响，也受到政府的影响。随着数字时代的到来，政府数字化改革迫在眉睫。政务新媒体新平台日益成为政务服务的新渠道，人们可以通过这些平台了解创业相关政策、信息，从而感知到创业机会；另外，电子政府极大地简化审批流程，提高办事效率，优化营商环境，⑤ 提供给大学生一个更加开放、包容的创业环境。因此，本书也考虑政府数字化改革对大学生社会创业活动的影响。

本书构建了一个框架，分析创新创业教育、性别、数字化政府对社会创业能力的影响。结果显示，创业在创新创业教育与大学环境中的社会创业能力起着完全中介作用；在政府数字化改革和社会创业能力中起部分中介作用；此外，创业认知遮掩了女性在社会创业能力方面的优势。这一贡

---

① Civera, J. N., Bó, M. P., & López-Muñoz, J. F., "Do Contextual Factors Influence Entrepreneurship? Spain's Regional Evidences", *International Entrepreneurship and Management Journal*, 2021 (17): 105 – 129.

② Gupta P., Chauhan S., Paul J., et al., "Social Entrepreneurship Research: A Review and Future Research Agenda", *Journal of Business Research*, 2020 (113): 209 – 229.

③ Diana, M., & Steven, A., "Practice rather than Preach: Cultural Practices and Female Social Entrepreneurship", *Small Business Economics*, 2020: 1 – 21.

④ Clark Muntean, S., Ozkazanc-Pan, B., "Feminist Perspectives on Social Entrepreneurship: Critique and New Directions", *International Journal of Gender and Entrepreneurship*, 2016 (8): 221 – 241.

⑤ Kumar, T. V., *E-governance for Smart Cities. In E-governance for Smart Cities*, Singapore: Springer, 2015, pp. 1 – 43.

献有助于解决高等教育中的创新创业教育如何提高大学生的社会创业能力，又加强了社会认知理论的应用。此外，定量数据分析加深了对政府数字化改革背景下创业认知的中介作用、性别的遮掩作用的理解。因此，本书丰富了理论研究，对教育工作者、研究人员和国家政策制定者具有一定的参考价值。此处以大学生社会创业者为研究对象，文中提及的社会创业能力、社会创业者的创业能力、大学生社会创业能力均指同一概念。

一 理论基础与研究假设

（一）社会创业与社会创业能力

社会创业是一种使用商业手段解决社会问题的新兴创业方式，[1]尽管社会创业越来越受到人们的关注，[2]但其定义仍然存在争论，主要分为3种不同的流派：①社会目标派：坚持社会目标的唯一性；[3]②社会优先派：赞成商业逻辑但坚持社会逻辑优先；[4]③双元均衡派：双重逻辑应当走向平衡。[5]综上而言，无论何种定义，社会创业都囊括了聚焦社会问题的"社会"维和强调创新型商业模式的"创业"维。因此，本书遵循普遍接受的定义：坚持经济效益与社会效益并以社会效益为主的一种新型的创业形式。

当前所有学科领域对社会创业技能的要求越来越高，高等教育应培养学生掌握社会创业能力。[6]社会创业能力汲取了不同学科和个人经验的

---

[1] Bhatt, B., Qureshi, I., & Riaz, S., "Social Entrepreneurship in Non-munificent Institutional Environments and Implications for Institutional Work", *Insights from China. Journal of Business Ethics*, 2019（154）：605 – 630.

[2] Mair, J., & Marti, I., "Social Entrepreneurship Research: A Source of Explanation, Prediction, and Delight", *Journal of World Business*, 2006（41）：36 – 44.

[3] Chan, C. H., Chui, C. H. K., Chan, K. S. T., & Yip, P. S. F., "The Role of the Social Innovation and Entrepreneurship Development Fund in Fostering Social Entrepreneurship in Hong Kong: A Study on Public Policy Innovation", *Social Policy & Administration*, 2019（53）：903 – 919.

[4] Stevens, R., Moray, N., & Bruneel, J., "The Social and Economic Mission of Social Enterprises: Dimensions, Measurement, Validation, and Relation", *Entrepreneurship Theory and Practice*, 2015（39）：1051 – 1082.

[5] Fosfuri, A., Giarratana, M. S., & Roca, E., "Social Business Hybrids: Demand Externalities, Competitive Advantage, and Growth Through Diversification", *Organization Science*, 2016（27）：1275 – 1289.

[6] García-González, A., & Ramírez-Montoya, M. S., "Social Entrepreneurship Competency in Higher Education: An Analysis Using Mixed Methods", *Journal of Social Entrepreneurship*, 2020：1 – 19.

知识,[1] 但目前学术界对此没有一个普适的定义。Bacigalupo 等将能力定义为成功完成一项工作所必需的知识、技能和态度。[2] 而创业是一套知识和技能的混合体,其基础是个人和组织的价值观和态度的反映,[3] 因此该定义对社会创业能力也同样适用。本书参考 Miller 的研究,认为社会创业能力包括创业知识、创业技能和创新精神三要素。

(二) 性别和社会创业能力

纵观全球,男性创业者要比女性创业者多。2020/2021 *Global Entrepreneurship Monitor* 女性创业报告显示,全球女性创业活动总量平均比例是男性创业活动总量比例的四分之三。一直以来,创业活动被认为是由男性主导的领域,[4] 男性具有的侵略性、冒险性、创新性等特征与创业活动高风险性、高不确定性等特征相适配,[5] 而女性具有的保守、对失败的容忍度更低的特征与创业者特征背道而驰。在创业的过程中,女性往往遇到的障碍更多,[6] 这些都导致了女性创业者总体比例较低。社会企业的数量也存在性别差异,虽然男性多于女性,但在社会创业环境中,女性创业者占总人数的比例远高于商业创业环境。[7] Dickel 和 Eckardt 进行的一项涉及 601 名学生的研究证实了这一点:女性往往更希望创办社会企业而不是商业企业。如前所述,社会创业往往与亲社会行为联系而较少与大胆的行为和冒险联系,女性更倾向于关心他人、更人性化和更加重视创造社会价值,从而表现出对社会问题的高积极性,也更有信心和能力处理社会问题。因此,本书提出以下假设:

H1:性别影响社会创业能力。

---

[1] Tecnológico de Monterrey. , *Competencias Transversales. Una Visión Desde El Modelo Educativo Tec*21, México: Monterrey, Nuevo León, 2019.

[2] Bacigalupo, M., Kampylis, P., Punie, Y., and Van den Brande, G., *Entre Comp: The Entrepreneurship Competence Framework*, Luxembourg: Publication Office of the European Union, 2016.

[3] Dees, J. G., *The Meaning of Social Entrepreneurship*, 1998.

[4] Garg, S., & Agarwal, P., "Problems and Prospects of Woman Entrepreneurship-a Review of Literature", *Journal of Business and Management*, 2017 (19): 55-60.

[5] Petra Dickel & Gordon Eckardt, "Who Wants to be a Social Entrepreneur? The Role of Gender and Sustainability Orientation", *Journal of Small Business Management*, 2021 (59): 196-218.

[6] Dickel, P., & Eckardt, G., "Who Wants to be a Social Entrepreneur? The Role of Gender and Sustainability Orientation", *Journal of Small Business Management*, 2021 (59): 196-218.

[7] Hechavarria, Diana M., et al., "Are Women More Likely to Pursue Social and Environmental Entrepreneurship?." *Global Women's Entrepreneurship Research*, Edward Elgar Publishing, 2012.

(三) 数字政府建设和社会创业能力

随着 5G、大数据、区块链等数字技术的不断发展，使得公民、企业、政府等不同主体打破传统边界，在广泛互联的基础上不断共享创新，促成了主体之间前所未有的连接能力，形成了全新的生产和生活关系。数字化成为当前全球发展的最强驱动力之一。为顺应数字化潮流，各国政府都在寻求公共行政方式转型即推进数字政府建设以提高自身的经济竞争力。① 此时，劳动者的创新、创造力、创业精神尤为重要。② 有关于葡萄牙城市的一个案例研究表明，政府需要通过提高技术化水平及改善数字管理系统来参与到数字化时代中，同时采取一系列有效措施例如建立多方合作的社会网络以及识别有利的创业机会等，鼓励当地的创业精神。③ 政府提供的支持可以营造一种环境来提高创业者的创业能力。④ 具体而言，数字化催生了许多创业机会，数字平台为大学生的创业就业提供了更多路径，人们可以通过这些平台了解创业相关政策、信息，从而感知到创业机会；另外，数字政府建设能极大地简化审批流程，提高办事效率，优化营商环境；同时，这些平台通过对典型企业家的宣传，在一定程度上会激发人们的创业意识，培养创业能力。基于以上分析，本书提出以下假设：

H2：数字政府建设正向影响大学生社会创业能力。

(四) 创新创业教育和社会创业能力

学术界对创新创业教育的兴趣始于 20 世纪 70 年代初，当时很少有学校对学生开展创新创业教育，⑤ 少数仅有的学校也只针对商科、管理类学生。⑥ 随着创业将知识和技术更新迭代，为缓解全球经济压力、解决社会

---

① Vanova, V., Poltarykhin, A., Szromnik, A., Anichkina, O., "Economic Policy for Country's Digitalization: A Case Study", *Entrepreneurship and Sustainability Issues*, 2019 (7): 649 – 661.

② David Holford W., "The Future of Human Creative Knowledge Work within the Digital Economy", *Futures*, 2019 (105): 143 – 154.

③ Rodrigues, M., & Franco, M., "Digital Entrepreneurship in Local Government: Case Study in Municipality of Fundão, Portugal", *Sustainable Cities and Society*, 2021: 103 – 115.

④ Mmakgabo Justice Malebana, "Knowledge of Entrepreneurial Support and Entrepreneurial Intention in the Rural Provinces of South Africa", *Development Southern Africa*, 2017 (34): 74 – 89.

⑤ Landström, Hans, Benner, Mats, "Entrepreneurship Research: A History of Scholarly Migration", *Historical Foundations of Entrepreneurship Research*, 2010: 15 – 45.

⑥ Vázquez-Burgete, José Luis, Ana Lanero, Agota Giedre Raisiene, and María Purificación García., "Entrepreneurship Education in Humanities and Social Sciences: Are Students Qualified to Start a Business?", *Business: Theory and Practice*, 2012 (13): 27 – 35.

和环境问题等作用显现，越来越多的国家、高等教育机构意识到创新创业教育的重要性，并对其进行大量投资，①创新创业教育的范围从商学院拓展到所有性质的学校。②很快，创新创业教育被引入中国并处于不断探索与快速发展阶段，③现已形成了集创新创业课程、创新创业师资、创新创业竞赛、创新创业实践、创业政策等项目于一体创新创业教育体系。

Ely 提出大学的新角色是教育学生认识到可持续发展的重要性。④高校承担着人才培养、科学研究、社会服务等重要使命。为此，各高校积极开展创新创业教育，培养学生的创业能力，不断为社会输送创业人才，从而促进社会的发展。⑤创新创业教育能够从根本上注重培养已经准备好采取实际行动且有能力的企业家，⑥其所体现出的多样性有助于激发学生学习创业知识和技能的兴趣。⑦课程是学校教育目标、教育价值体现、教学大纲实施的主要载体，是学校教育的核心要素。⑧而创新创业课程作为创业人才培养的重要载体，在创业知识传授和创业能力培养方面发挥着不可替代的作用。

---

① Brush, C. G., Duhaime, I. M., Gartner, W. B., Stewart, A., Katz, J. A., Hitt, M. A., Alvarez, S. A., Meyer, G. D., and Venkataraman, S., "Doctoral Education in the Field of Entrepreneurship", *Journal of Management*, 2003 (29): 309 – 331.

② Kuratko, D. F., "The Emergence of Entrepreneurship Education: Development, Trends, and Challenge", *Entrepreneurship Theory and Practice*, 2005 (29): 577 – 597.

③ Jiang, H., Xiong, W., & Cao, Y., "Research on the Mechanism of Entrepreneurial Education Quality, Entrepreneurial Self-efficacy and Entrepreneurial Intention in Social Sciences, Engineering and Science Education. Eurasia Journal of Mathematics", *Science and Technology Education*, 2017 (13): 3709 – 3721.

④ Ely, A. V., "Experiential Learning in 'Innovation for Sustainability' An Evaluation of Teaching and Learning Activities (TLAs) in an International Masters Course", *International Journal of Sustainability in Higher Education*, 2018 (19): 1204 – 1219.

⑤ Barba-Sánchez V., Atienza-Sahuquillo C., "Entrepreneurial Intention among Engineering Students: The Role of Entrepreneurship Education", *European Research on Management and Business Economics*, 2018 (24): 53 – 61.

⑥ Akhmetshin, E. M., Romanov, P. Y., Zakieva, R. R., Zhminko, A. E., Aleshko, R. A., & Makarov, A. L., "Modern Approaches to Innovative Project Management in Entrepreneurship Education: A Review of Methods and Applications in Education", *Journal of Entrepreneurship Education*, 2019 (22): 1 – 15.

⑦ Iwu, C. G., Opute, P. A., Nchu, R., Eresia-Eke, C., Tengeh, R. K., Jaiyeoba, O., & Aliyu, O. A., "Entrepreneurship Education, Curriculum and Lecturer-competency as Antecedents of Student Entrepreneurial Intention", *The International Journal of Management Education*, 2019 (19): 100295.

⑧ Li Y., Shen W., Lv Y., "Quality Evaluation of Entrepreneurship Education in Chinese Medical Colleges: From the Perspective of Student Cognition", *Frontiers in Psychology*, 2020 (11): 1093.

Shahverdi 等认为尽管社会创业课程比较新，但高校已经开始更加关注社会创业课程，并将其作为培养学生创业技能和向学生灌输社会责任的一种手段。[1] Thomsen 等则提出通过社会创业课程让学生有机会参与解决社会问题。[2]

创新创业教育师资队伍是制约创业教育质量的关键。如果创新创业教育缺乏高水平师资队伍，则质量便缺乏根本保障。[3] Ogunleye 指出，教师的创业技能可以帮助学生树立信心、激发创造力，甚至有助于解决创业过程中的各类挑战与困难。[4] San-Martín 等也通过实证比较发现，具备特定知识和技能的创新创业教师会被学生视作创业榜样，从而显著提高学生的创业意愿、认知和能力，最终提高大学生创业的成功率。[5]

丰富多彩的创新创业竞赛能有效激发大学生投入社会创业的热情。[6] 学者 Ndou 的研究指出，创新创业竞赛能够让大学生参与基于行动的学习环境，识别和评估机会，并通过创新研究、沟通合作等方式培养实践能力。[7] Pardo-Garcia 等也发现，创新创业竞赛促进了学生协作、职业道德和社会技能的发展，并为其提供了一个愉快的竞争环境。[8]

基于以上分析，本书提出以下假设：

H3：创新创业课程正向影响大学生社会创业能力。

H4：创新创业师资正向影响大学生社会创业能力。

---

[1] Shahverdi, M., Ismail, K., & Qureshi, M. I., "The Effect of Perceived Barriers on Social Entrepreneurship Intention in Malaysian Universities: The Moderating Role of Education", *Management Science Letters*, 2018 (8): 341-352.

[2] Thomsen, B., Muurlink, O., & Best, T., "Backpack bootstrapping: Social Entrepreneurship Education through Experiential Learning", *Journal of Social Entrepreneurship*, 2019 (1): 1-27.

[3] Ding Y. Y., "The Constraints of Innovation and Entrepreneurship Education for University Students", *Journal of Interdisciplinary Mathematics*, 2017 (20): 1431-1434.

[4] Ogunleye B. O., *Science Teachers' Knowledge, Attitudes and Skills as Determinants of Classroom Practices in Entrepreneurship Education in Senior Secondary Schools in Lagos*, Nigeria, 2019.

[5] San-Martín, P., Fernandez-Laviada, A., Perez, A., & Palazuelos, E., "The Teacher of Entrepreneurship as a Role Model: Students' and Teachers' Perceptions", *The International Journal of Management Education*, 2021 (19): 100358.

[6] Gupta P., Chauhan S., Paul J., et al., "Social Entrepreneurship Research: A Review and Future Research Agenda", *Journal of Business Research*, 2020 (113): 209-229.

[7] Ndou V., "Social Entrepreneurship Education: A Combination of Knowledge Exploitation and Exploration Processes", *Administrative Sciences*, 2021 (11): 112.

[8] Pardo-Garcia C., Barac M., "Promoting Employability in Higher Education: A Case Study on Boosting Entrepreneurship Skills", *Sustainability*, 2020 (12): 4004.

H5: 创新创业竞赛正向影响大学生社会创业能力。

(五) 创业认知的中介作用

创业认知是人们用来评估、判断或决定机会评估、风险创造和成长的知识结构,[①] 是创业者的心理过程。[②] GEM 报告将自我效能感、社会网络、机会感知和对失败的恐惧合称为"认知与联系"。此后,众多学者根据 GEM 的界定,将自我效能感、社会网络、机会感知及对失败的恐惧等整合成创业认知维度来研究创业。[③] 本书根据前人的研究,以自我效能感、创业机会感知、社会网络三个指标来表示创业认知。在创业语境中,自我效能感指的是相信自己有能力创业,[④] 是一种相信自己能成功担任创业者角色的信念。[⑤] 创业机会感知是预测个人创业能力的重要指标,[⑥] 也有人认为机会与创业者的自身认知密不可分,并且来源于这种认知。[⑦]

现有研究大多集中于政府政策对创业的作用,很少研究数字政府建设与创业的关系。如政府政策能够提高创业者的认知能力,对于其识别与利用创业机会有积极影响,从而推动其做出更富有创造力的创业选择。[⑧] 政府应提高创业者对政府支持方案的认识以及创业机会的有效利用。[⑨] 此外,与政府政策的功能相似,数字政府建设政府提供的支持可以营造良好的商

[①] Mitchell, R. K., Busenitz, L., Lant, T., McDougall, P. P., Morse, E. A., & Smith, J. B., "Toward a Theory of Entrepreneurial Cognition: Rethinking the People Side of Entrepreneurship Research", *Entrepreneurship Theory & Practice*, 2002 (27): 93–104.

[②] Baron, R. A., "The Cognitive Perspective: a Valuable Tool for Answering Entrepreneurship's Basic 'Why' Questions, *Journal of Business Venturing*, 2004 (19): 221–239.

[③] Boudreaux, C. J., Nikolaev, B. N., & Klein, P., "Socio-cognitive Traits and Entrepreneurship: The Moderating Role of Economic Institutions", *Journal of Business Venturing*, 2019 (34): 178–196.

[④] McGee, J. E., Peterson, M., Mueller, S. L., & Sequeira, J. M., "Entrepreneurial Self-efficacy: Refining the Measure", *Entrepreneurship Theory and Practice*, 2009 (33): 965–988.

[⑤] Chen, C. C., Greene, P. G., & Crick, A., "Does Entrepreneurial Self-efficacy Distinguish Entrepreneurs from Managers?", *Journal of Business Venturing*, 1998 (13): 295–316.

[⑥] Stuetzer, M., Obschonka, M., Brixy, U., Sternberg, R., & Cantner, U., "Regional Characteristics, Opportunity Perception and Entrepreneurial Activities", *Small Business Economics*, 2014 (42): 221–244.

[⑦] Sarason, Y., Dean, T., & Dillard, J. F., "Entrepreneurship as the Nexus of Individual and Opportunity: A Structuration View", *Journal of Business Venturing*, 2006 (21): 286–305.

[⑧] Stenholm, P., Acs, Z. J., & Wuebker, R., "Exploring Country-level Institutional Arrangements on the Rate and Type of Entrepreneurial Activity", *Journal of Business Venturing*, 2013 (28): 176–193.

[⑨] Mmakgabo Justice Malebana, "Knowledge of Entrepreneurial Support and Entrepreneurial Intention in the Rural Provinces of South Africa", *Development Southern Africa*, 2017 (34): 74–89.

业环境来提高创业者的创业能力。①

　　创新创业教育被认为是增强创业意愿、提高创业能力的关键工具，对学生的创造力提升产生积极影响，② 接受创新创业教育的学生在机会识别、自我效能、创造性解决问题等方面表现更佳。③ 高校创新创业课程有助于学生塑造创业态度和行为，④ 提高学生的创业效能，⑤ 进而培养学生充分利用创业专业知识的能力。

　　除了创新创业课程，创新创业教师同样对学生的创业认知和创业能力产生影响，以榜样形式和教学方法作用于学生。研究指出，以企业家榜样的身份存在的创新创业教师能有效提升学生的创业意愿。⑥ 该研究使用焦点小组访谈的方法对参与创新创业教育课程的师生进行调查。结果显示，多数学生认为创新创业教师能提高自我认知，消除创业的障碍和恐惧。同时，参加创新创业课程的学生十分重视与教师的互动模式，希望教师成为他们的良好沟通者和鼓励者。创新创业教师为学生提供互动学习体验，磨炼学生创业所需的技能，培养学生的沟通技巧、团队协作能力。⑦

　　创新创业竞赛是创业支持系统的重要组成部分，是推动创业活动的强大力量。⑧ 虽然上述研究表明创新创业课程、创新创业师资与创业认知相关，

---

① Mmakgabo Justice Malebana, "Knowledge of Entrepreneurial Support and Entrepreneurial Intention in the Rural Provinces of South Africa", *Development Southern Africa*, 2017 (34): 74 – 89.

② Wang, C., Mundorf, N., & Salzarulo-McGuigan, A., "Entrepreneurship Education Enhances Entrepreneurial Creativity: The Mediating Role of Entrepreneurial Inspiration", *The International Journal of Management Education*, 2021: 100570.

③ Okolie, U. C., Igwe, P. A., Ayoola, A. A., Nwosu, H. E., Kanu, C., & Mong, I. K., "Entrepreneurial Competencies of Undergraduate Students: The Case of Universities in Nigeria", *The International Journal of Management Education*, 2021 (19): 100452.

④ Dou, X., Zhu, X., Zhang, J. Q., & Wang, J., "Outcomes of Entrepreneurship Education in China: A Customer Experience Management Perspective", *Journal of Business Research*, 2019 (103): 338 – 347.

⑤ Wardana, L. W., Handayati, P., Narmaditya, B. S., Wibowo, A., & Suprajan, S. E., "Determinant Factors of Young People in Preparing for Entrepreneurship: Lesson from Indonesia", *The Journal of Asian Finance, Economics, and Business*, 2020 (7): 555 – 565.

⑥ San-Martín, P., Fernandez-Laviada, A., Perez, A., & Palazuelos, E., "The Teacher of Entrepreneurship as a Role Model: Students' and Teachers' Perceptions", *The International Journal of Management Education*, 2021 (19): 100358.

⑦ Bauman, A., & Lucy, C., "Enhancing Entrepreneurial Education: Developing Competencies for Success", *The International Journal of Management Education*, 2021 (19), 100293.

⑧ Fichter, K., & Tiemann, I., "Impacts of Promoting Sustainable Entrepreneurship in Generic Business Plan Competitions", *Journal of Cleaner Production*, 2020 (267): 122076.

但有学者认为创新创业竞赛比创新创业教育课程更能提高学生的创业认知水平，通过创新创业竞赛，学生的风险思维和自我效能感得以提升。① 另一方面，创新创业竞赛对学生的风险评估能力和机会警觉程度的提高有更显著的作用；② 此外，学校组织竞赛有助于营造良好的创业文化氛围，从而潜移默化地增加学生对创业的认知，通过增强创业认知进而培养创业能力。③

综上所述，本书提出以下假设：

H6：创业认知在性别与社会创业能力之间起中介作用。

H7：创业认知在数字政府建设与社会创业能力之间起中介作用。

H8：创业认知在创新创业课程与社会创业能力之间起中介作用。

H9：创业认知在创新创业师资与社会创业能力之间起中介作用。

H10：创业认知在创新创业竞赛与社会创业能力之间起中介作用。

根据以上假设，本书建立研究理论模型，如图6-4所示。

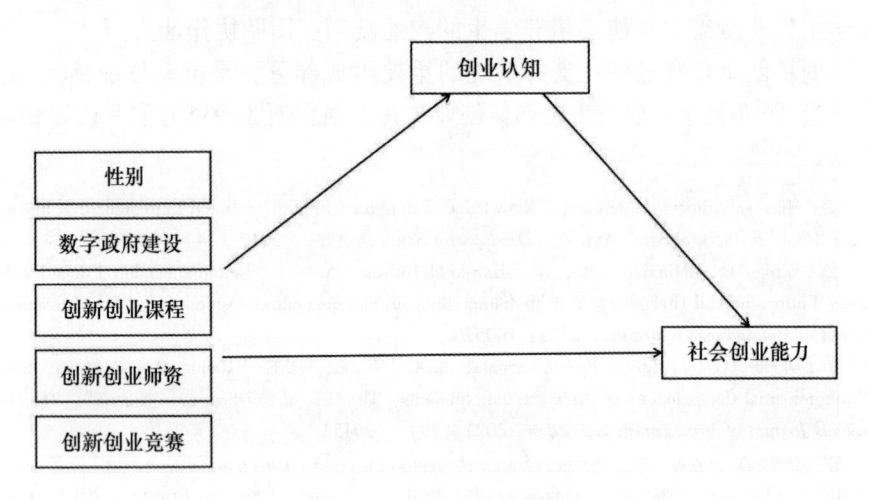

图6-4 研究的理论模型

---

① Din, B. H., Anuar, A. R., & Usman, M., "The Effectiveness of the Entrepreneurship Education Program in Upgrading Entrepreneurial Skills among Public University Students", *Procedia-Social and Behavioral Sciences*, 2016 (224): 117-123.

② Cui, J., Sun, J., & Bell, R., "The Impact of Entrepreneurship Education on the Entrepreneurial Mindset of College Students in China: The Mediating Role of Inspiration and the Role of Educational Attributes", *The International Journal of Management Education*, 2021 (19): 100296.

③ Cant, C. C., "Entrants and Winners of a Business Plan Competition: Does Marketing Media Play a Role in Success?", *Journal of Entrepreneurship Education*, 2016 (19): 98.

二 研究设计

（一）问卷设计及数据来源

本书依托国家社科基金重点项目面向全国 31 个省（自治区、直辖市，未包括港澳台）1231 所高校的接受过创新创业教育的在校本专科学生和毕业生展开的调研，从中将"创办公益创业工作室"的学生筛选出来，得到 20134 份样本，样本描述性统计如表 6-1 所示。男生为 9003 名，占比 44.7%，女生为 11131 名，占比 55.3%。汉族学生 18756 名，占比 93.2%，

表 6-1   样本描述性统计（N=20134）

	变量	频率	百分比（%）
性别	男	9003	44.7
	女	11131	55.3
民族	汉族	18756	93.2
	少数民族	1378	6.8
专业	哲学	191	0.9
	经济学	2571	12.8
	法学	391	1.9
	教育学	1548	7.7
	文学	1186	5.9
	历史学	204	1.0
	理学	2042	10.1
	工学	4391	21.8
	农学	484	2.4
	医学	2503	12.4
	军事学	41	0.2
	管理学	3094	15.4
	艺术学	1488	7.4
生源户籍	城镇	7168	35.6
	农村	12966	64.4

续表

	变量	频率	百分比（%）
高校类型	"双一流"高校	1720	8.5
	普通本科院校	9608	47.7
	独立学院	1356	6.7
	高职大专院校	5619	27.9
	民办高校	1831	9.1

少数民族学生1378名，占比6.8%。按专业划分，则哲学191名，占0.9%；经济学2571名，占12.8%；法学391名，占1.9%；教育学1548名，占7.7%；文学1186名，占5.9%；历史学204名，占1.0%；理学2042名，占10.1%；工学4391名，占21.8%；农学484名，占2.4%；医学2503名，占12.4%；军事学41名，占0.2%；管理学3094名，占15.4%；艺术学1488名，占7.4%。按生源户籍分，城镇户口学生7168名，占35.6%，农村户口学生12966名，占64.4%。调研的学生来自不同类型的高校，范围涵盖了"双一流"建设高校、普通本科院校、独立学院、高职大专院校和民办高校，其中普通本科院校涉及9608名学生，占比最高（47.7%），其次是高职大专院校，学生5619名，占比27.9%，"双一流"建设高校有1720名，占比8.5%，独立学院有1356名，占比6.7%，民办高校有1831名，占比9.1%。

（二）研究变量及指标体系构建

本书从丰富创业知识、培养创新精神、提升创业技能三个方面来测量大学生的社会创业能力。对于影响社会创业能力的因素主要从性别、数字政府建设、创新创业教育三个方面研究，其中性别设置为虚拟变量，"1"代表男性，"0"代表女性；数字政府建设采用中国电子信息产业发展研究院（赛迪研究院）发布的《2019年中国数字经济环境指数》的数据，由政务新媒体、政务网上服务、政务数据资源三个二级指标，八个三级指标构成；创新创业教育包含创新创业课程、创新创业师资、创新创业竞赛，均来自问卷。其中，创新创业课程由"创新创业教育课程类型多样""创新创业课程内容与自己所学专业知识结合紧密""创新创业课程内容与时代前沿趋势结合紧密"三个题项测度；创新创业师资由"教师授课方式多样""教师具有创业经历""教师具有丰富的创新创业教育教学经验"三个题项测度;创新创业竞赛由"创新创业竞赛种类多样""参加的创新创业竞赛项目较容易落地""创新创业竞赛项目与专业结合度较高"三个题项测度。创业认知作为中介变量,也来自问卷,由"自身拥有足够的知识、技能和经历去创业""同学或朋友在过去一年内开始创业""所在地创业机会总体良好"三个题项测度。

本书探究自变量(性别、数字政府建设、创新创业课程、创新创业师资、创新创业竞赛)——中介变量(创业认知)——因变量(社会创业者的创业能力,简称 SEEC)的关系。

(三)信度效度分析

研究所用的问卷量表需要进行信效度检验。对于信度,可以用 Cronbach's Alpha 值来反映,利用 SPSS25.0 软件得到结果见表 6-2,创新创业课程量表的 Cronbach's Alpha 值为 0.881,创新创业师资量表的 Cronbach's Alpha 值为 0.905,创新创业竞赛量表的 Cronbach's Alpha 值为 0.895,创业认知量表的 Cronbach's Alpha 值为 0.747,社会创业能力量表的 Cronbach's Alpha 值为 0.924,均大于 0.7。对于效度,利用探索性因子分析来进行,利用 SPSS25.0 软件得到结果见表 2,创新创业课程量表、创新创业师资量表、创新创业竞赛量表、创业认知量表、社会创业能力量表的 KMO 值分别为 0.732、0.753、0.750、0.689、0.764,说明变量的偏相关性较强;同时,计算得到 Bartlett 统计量的近似卡方值均显著,说明变量间相关系数矩阵不太可能是单位阵,彼此之间存在相关关系;各量表的题项与量表形成因子的对应关系跟研究预期一致,因子载荷值都在 0.5 以上,无跨因子现象。

进一步用验证性因子分析对信效度探讨,使用 AMOS24.0 软件得到分析模型,模型的整体适配度指标(overallmodelfit)符合标准,模型效果较优,即绝对适配度指数:RMR = 0.020(<0.05),RMSEA = 0.055(<0.08),GFI = 0.968(>0.9),AGFI = 0.953(>0.9);增值适配度指数:CFI = 0.980(>0.9),NFI = 0.980(>0.9),TLI(NNFI) = 0.974(>0.9),IFI = 0.980(>0.9),RFI = 0.974(>0.9);简约适配度指数:PCFI = 0.747(>0.5),PGFI = 0.646(>0.5),PNFI = 0.747(>0.5)。验证性因子分析所得结果如表 6-3 所示,创新创业课程三个

表 6-2　Cronbach's Alpha 值和探索性因子分析（N = 20134）

量表	题项	Cronbach's Alpha 值	KMO 值	Bartlett 球形检验	因子载荷值
创新创业课程	创新创业教育课程类型多样	0.881	0.732	33578.981***	0.870
	创新创业课程内容与自己所学专业知识结合紧密				0.913
	创新创业课程内容与时代前沿趋势结合紧密				0.915
创新创业师资	教师授课方式多样	0.905	0.753	39085.000***	0.907
	教师具有创业经历				0.917
	教师具有丰富的创新创业教育教学经验				0.925
创新创业竞赛	创新创业竞赛种类多样	0.895	0.750	36103.559***	0.909
	参加的创新创业竞赛项目较容易落地				0.916
	创新创业竞赛项目与专业结合度较高				0.903
创业认知	自身拥有足够的知识、技能和经历去创业	0.747	0.689	13989.828***	0.831
	认识的同学或朋友在过去一年内开始创业的				0.797
	所在省的创业机会总体良好				0.820
SE 创业能力	丰富创业知识	0.924	0.764	46033.568***	0.934
	培养创新精神				0.934
	提升创业技能				0.927

注：*p < 0.1；**p < 0.05；***p < 0.01。

测量项的标准化因子载荷值分别为 0.816、0.852、0.873，创新创业师资三个测量项的标准化因子载荷值分别为 0.866、0.865、0.885，创新创业竞赛三个测量项的标准化因子载荷值分别为 0.866、0.866、0.851，创业认知三个测量项的标准化因子载荷值分别为 0.729、0.645、0.743，社会创业能力三个测量项的标准化因子载荷值分别为 0.903、0.899、0.884。所谓的标准化因子载荷值是因子（潜变量）到测量项（显变量）的标准化回归系数，因子载荷值越大，代表因子对测量项的解释能力越强，因子载荷值介于 0.50 和 0.95 之间，且均显著（每个因子的第一个题项不报告显著性），说明测量项与因子间有着较好的测量关系，研究效度较好。利用标准化因子载荷值可以计算组合信度（compositereliability，CR），创新创业课程的组合信度是 0.884，创新创业师资的组合信度是 0.905，创新创业竞赛的组合信度是 0.896，创业认知的组合信度是 0.749，社会创业能力的组合信度是 0.924，均大于 0.7，信度较好。同样可以利用标准化因子载荷值计算平均方差抽取量（averagevarianceextracted，AVE），其是表示收敛效度的指标，创新创业课程的 AVE 是 0.718，创新创业师资的 AVE 是 0.761，创新创业竞赛的 AVE 是 0.741，创业认知的 AVE 是 0.500，社会创业能力的 AVE 是 0.802，均大于等于 0.5，收敛效度较好。

表 6-3　　　　　　　　　验证性因子分析（N = 20134）

因子（潜变量）	测量项（显变量）	标准化因子载荷值	P	组合信度 CR 值	平均方差抽取量 AVE 值
创新创业课程	创新创业教育课程类型多样	0.816	—	0.884	0.718
	创新创业课程内容与自己所学专业知识结合紧密	0.852***	0.000		
	创新创业课程内容与时代前沿趋势结合紧密	0.873***	0.000		
创新创业师资	教师授课方式多样	0.866	—	0.905	0.761
	教师具有创业经历	0.865***	0.000		
	教师具有丰富的创新创业教育教学经验	0.885***	0.000		
创新创业竞赛	创业竞赛种类多样	0.866	—	0.896	0.741
	参加的创业竞赛项目较容易落地	0.866***	0.000		
	创业竞赛项目与专业结合度较高	0.851***	0.000		
创业认知	自身拥有足够的知识、技能和经历去创业	0.729	—	0.749	0.500
	认识的同学或朋友在过去一年内开始创业的	0.645***	0.000		
	所在省的创业机会总体良好	0.743***	0.000		

续表

因子 （潜变量）	测量项 （显变量）	标准化因子 载荷值	P	组合信度 CR 值	平均方差 抽取量 AVE 值
SE 创业 能力	丰富创业知识	0.903	—	0.924	0.802
	培养创新精神	0.899 ***	0.000		
	提升创业技能	0.884 ***	0.000		

注：* $p < 0.1$；** $p < 0.05$；*** $p < 0.01$。

综上所述，量表具有较好的信效度。

（四）共同方法偏差检验

共同方法变异（common method variance，CMV）是指使用同种测量工具会导致特质间产生虚假的共同变异，由共同方法变异产生的偏差称为共同方法偏差（commonmethodbias，CMB）。① 若存在严重的共同方法偏差则会影响到研究结果的准确性，因此需要对其进行检验。采用控制非可测潜在方法因子的办法检验共同方法偏差，在验证性因子分析模型的基础上，将所有题项作为方法因子的指标，建立新的模型，输出相关整体适配度指标，绝对适配度指数：RMR = 0.030（＜0.05），RMSEA = 0.050（＜0.08），GFI = 0.975（＞0.9），AGFI = 0.959（＞0.9）；增值适配度指数：CFI = 0.985（＞0.9），NFI = 0.984（＞0.9），TLI（NNFI） = 0.978（＞0.9），IFI = 0.985（＞0.9），RFI = 0.978（＞0.9）；简约适配度指数：PCFI = 0.703（＞0.5），PGFI = 0.609（＞0.5），PNFI = 0.703（＞0.5），与原模型相比变化幅度并不大，因此，本数据不存在严重的共同方法偏差。

三　研究过程

（一）研究模型

中介效应是研究自变量对因变量的影响时，是否会先通过中介变量，即是否有自变量通过中介变量影响因变量这样的关系。以自身创业实践、

---

① 汤丹丹、温忠麟：《共同方法偏差检验：问题与建议》，《心理科学》2020 年第 1 期。

毕业打算、家庭创业经历三个变量为控制变量，性别、数字政府建设、创新创业课程、创新创业师资、创新创业竞赛为自变量，社会创业能力为因变量，创业认知为中介变量构造中介效应分析模型。在进行中介效应分析时，采用因果逐步回归检验法，使用分层回归进行研究。通常构造三个方程，方程1：自变量（X）和因变量（Y）的回归分析 $Y = cX + e_1$，目的为得到总效应 c 值；方程2：自变量（X）和中介变量（M）的回归分析 $M = aX + e_2$，目的是得到中间效应过程值 a；方程3：自变量（X）、中介变量（M）和因变量（Y）的回归分析 $Y = c'X + bM + e_3$，目的是得到直接效应 c' 值，以及中间效应过程值 b。需要对系数进行检验，首先检验系数 c，如果 c 不显著，则 Y 与 X 相关不显著，停止中介效应分析，如果 c 显著则继续检验；然后依次检验 a、b，如果都显著，则为中介效应，再检验 c'，如果 c' 显著，则为部分中介效应模型，c' 不显著，则为完全中介效应模型（温忠麟，叶宝娟，2014）。[①] 系数 a 和 b 的乘积 ab 即等于中介效应，直接效应 c' 和中介效应 ab 之和等于总效应 c。在检验中介效应时，还可以采用乘积系数检验法，通常用 Bootstrap 抽样，检验 ab 的95%置信区间是否包括数字0，如果说95%置信区间不包括数字0，则说明具有中介作用，如果说95%置信区间包括数字0，即说明没有中介作用。

利用 SPSS25.0 得到三个方程的回归结果，如表6-4所示。所得到的三个方程分别如下：

社会创业能力 = 0.002 + 0.043 × 自身创业实践 + 0.039 × 毕业打算 + 0.030 × 家庭创业经历 - 0.063 × 性别 + 0.014 × 数字政府建设 + 0.158 × 创新创业课程 + 0.177 × 创新创业师资 + 0.415 × 创新创业竞赛；

创业认知 = -0.229 + 0.259 × 自身创业实践 + 0.252 × 毕业打算 + 0.295 × 家庭创业经历 + 0.092 × 性别 + 0.051 × 数字政府建设 + 0.249 × 创新创业课程 + 0.089 × 创新创业师资 + 0.130 × 创新创业竞赛；

社会创业能力 = 0.012 + 0.032 × 自身创业实践 + 0.028 × 毕业打算 + 0.018 × 家庭创业经历 - 0.067 × 性别 + 0.012 × 数字政府建设 + 0.148 × 创新创业课程 + 0.173 × 创新创业师资 + 0.409 × 创新创业竞赛 + 0.043 × 创业认知。

---

① 温忠麟、叶宝娟：《中介效应分析：方法和模型发展》，《心理科学进展》2014年第5期。

表6-4　　　　　　　　　回归方程结果（N=20134）

自变量 \ 因变量	方程1：社会创业能力			方程2：创业认知			方程3：社会创业能力		
	系数	T	P	系数	T	P	系数	T	P
截距	0.024***	3.622	0.000	-0.068***	-8.216	0.000	0.027***	4.121	0.000
性别	-0.054***	-5.405	0.000	0.152***	12.260	0.000	-0.061***	-6.136	0.000
数字政府建设	0.015***	3.131	0.002	0.060***	9.809	0.000	0.013**	2.535	0.011
创新创业课程	0.161***	13.653	0.000	0.270***	18.368	0.000	0.148***	12.459	0.000
创新创业师资	0.176***	18.384	0.000	0.085***	7.128	0.000	0.172***	17.962	0.000
创新创业竞赛	0.417***	40.782	0.000	0.144***	11.311	0.000	0.410***	40.042	0.000
创业认知	—						0.049***	8.615	0.000
R^2	0.514			0.246			0.516		
F值	$F(5, 20128) = 4264.942$, $p = 0.000$			$F(5, 20128) = 1310.200$, $p = 0.000$			$F(6, 20127) = 3579.417$, $p = 0.000$		

注：*$p<0.1$；**$p<0.05$；***$p<0.01$。

（二）总效应检验

表6-4方程1是自变量（性别、数字政府建设、创新创业课程、创新创业师资、创新创业竞赛）对因变量（社会创业能力）的回归结果，R^2值为0.514，意味着性别、数字政府建设、创新创业课程、创新创业师资、创新创业竞赛可以解释社会创业能力的51.40%变化原因。对模型进行F检验时发现模型通过F检验（F=4264.942，p=0.000<0.01）。性别的回归系数值为-0.054，并且呈现出0.01水平显著性（t=-5.405，p=0.000<0.01），意味着性别会对社会创业能力产生显著的影响，且女性的社会创业能力更强，假设H1成立。数字政府建设的回归系数值为0.015，并且呈现出0.01水平显著性（t=3.131，p=0.002<0.01），意味着数字政府建设会对社会创业能力产生显著的正向影响关系，假设H2成立。创新创业课程的回归系数值为0.161，并且呈现出0.01水平显著性（t=13.653，p=0.000<0.01），意味着创新创业课程会对社会创业能力产生显著的正向影响关系，假设H3成立。创新创业师资的回归系数值为0.176，并且呈现出0.01水平显著性（t=18.384，p=0.000<0.01），意味着创新创业师资会对社会创业能力产生显著的正向影响关系，假设H4

成立。创新创业竞赛的回归系数值为 0.417，并且呈现出 0.01 水平显著性（t=40.782，p=0.000<0.01），意味着创新创业竞赛会对社会创业能力产生显著的正向影响关系，假设 H5 成立。

（三）中介效应检验

上述方程 1 可以看出各自变量对因变量的总效应均显著。对于方程 2，性别的回归系数值为 0.152，并且呈现出 0.01 水平显著性（t=12.260，p=0.000<0.01），意味着性别会对创业认知产生显著的正向影响关系。数字政府建设的回归系数值为 0.060，并且呈现出 0.01 水平显著性（t=9.809，p=0.000<0.01），意味着数字政府建设会对创业认知产生显著的正向影响关系。创新创业课程的回归系数值为 0.270，并且呈现出 0.01 水平显著性（t=18.368，p=0.000<0.01），意味着创新创业课程会对创业认知产生显著的正向影响关系。创新创业师资的回归系数值为 0.085，并且呈现出 0.01 水平显著性（t=7.128，p=0.000<0.01），意味着创新创业师资会对创业认知产生显著的正向影响关系。创新创业竞赛的回归系数值为 0.144，并且呈现出 0.01 水平显著性（t=11.311，p=0.000<0.01），意味着创新创业竞赛会对创业认知产生显著的正向影响关系。

对于方程 3，性别的回归系数值为 -0.061，并且呈现出 0.01 水平显著性（t=-6.136，p=0.000<0.01），意味着性别会对社会创业能力产生显著的影响。数字政府建设的回归系数值为 0.013，并且呈现出 0.05 水平显著性（t=2.535，p=0.011<0.05），意味着数字政府建设会对社会创业能力产生显著的正向影响关系。创新创业课程的回归系数值为 0.148，并且呈现出 0.01 水平显著性（t=12.459，p=0.000<0.01），意味着创新创业课程会对社会创业能力产生显著的正向影响关系。创新创业师资的回归系数值为 0.172，并且呈现出 0.01 水平显著性（t=17.962，p=0.000<0.01），意味着创新创业师资会对社会创业能力产生显著的正向影响关系。创新创业竞赛的回归系数值为 0.410，并且呈现出 0.01 水平显著性（t=40.042，p=0.000<0.01），意味着创新创业竞赛会对社会创业能力产生显著的正向影响关系。创业认知的回归系数值为 0.049，并且呈现出 0.01 水平显著性（t=8.615，p=0.000<0.01），意味着创业认知会对社会创业能力产生显著的正向影响关系。

综合三个方程，可以得到中介效应的检验结果，如表 6-5 所示。从

表6-5的结果可以看出,除性别外,其他的四条路径的 c、a 和 b 均显著,并且 Bootstrap 抽样计算得到的 95% 置信区间均不包括数字 0,这说明具有中介效应,而且 c' 显著,为部分中介效应,即创业认知在数字政府建设与社会创业能力之间起到部分中介作用,假设 H7 成立;创业认知在创新创业课程与社会创业能力之间起到部分中介作用,假设 H8 成立;创业认知在创新创业师资与社会创业能力之间起到部分中介作用,假设 H9 成立;创业认知在创新创业竞赛与社会创业能力之间起到部分中介作用,假设 H10 成立。

表6-5 中介效应检验结果(N=20134)

项	总效应 c	a	b	ab 中介效应	ab (95% BootCI)	c' 直接效应	检验结论
性别→创业认知→社会创业能力	-0.054***	0.152***	0.049***	0.007	0.003—0.005	-0.061***	遮掩效应
数字政府建设→创业认知→社会创业能力	0.015***	0.060***	0.049***	0.003	0.002—0.004	0.013***	部分中介
创新创业课程→创业认知→社会创业能力	0.161***	0.270***	0.049***	0.013	0.010—0.017	0.148***	部分中介
创新创业师资→创业认知→社会创业能力	0.176***	0.085***	0.049***	0.004	0.002—0.005	0.172***	部分中介
创新创业竞赛→创业认知→社会创业能力	0.417***	0.144***	0.049***	0.007	0.004—0.009	0.410***	部分中介

注:*,$p<0.1$;**,$p<0.05$;***,$p<0.01$。95% BootCI 表示 Bootstrap 抽样计算得到的 95% 置信区间。效应占比计算公式为 $|ab/c|$。

(四)性别的遮掩效应

在表6-5中,性别→创业认知→社会创业能力这条路径呈现出遮掩效应，假设 H6 不成立。创业认知遮掩了女性在社会创业能力方面的优势，即女性具有更高的社会创业能力，但创业认知遮掩了其优势。相比于男性，女性更适合社会创业，她们更可能成为社会企业家。① 可能的原因是性别差异带来的心理和行为上的差异，相对于男性，女性一般更富有同情心、同理心，② 更倾向于关心他人，③ 从而敏锐地感知到其他人的困境。所以，女性可能更容易在创业过程中发现社会问题，④ 并希望通过自己的能力去解决。⑤ 然而，受传统的性别刻板印象的影响，女性风险承受能力差，高风险、高不确定性的创业活动一般由更富有冒险精神、更强势的男性主导。⑥ 另外，本书构成创业认知的三个题项参考 GEM 报告，由于目前创业活动主要还是由男性主导，那么，女性认识的创业者往往没有男性认识的多，获得关键资本的途径也就有限。⑦ 再者，女性在创业过程中往往面临更多的障碍与挑战，⑧ 如：天生母职⑨、性别刻板印象⑩、技能障碍⑪、传

---

① Diana, M., & Steven, A., "Practice rather than Preach: Cultural Practices and Female Social Entrepreneurship", *Small Business Economics*, 2020: 1 – 21.

② Clark Muntean, S., Ozkazanc-Pan, B., "Feminist Perspectives on Social Entrepreneurship: Critique and New Directions", *International Journal of Gender and Entrepreneurship*, 2016 (8): 221 – 241.

③ Diana, M., & Steven, A., "Practice rather than Preach: Cultural Practices and Female Social Entrepreneurship", *Small Business Economics*, 2020: 1 – 21.

④ Hechavarria, Diana M., et al., "*Are Women More Likely to Pursue Social and Environmental Entrepreneurship?*." *Global Women's Entrepreneurship Research*, Edward Elgar Publishing, 2012.

⑤ Rosca, E., Agarwal, N., & Brem, A., "Women Entrepreneurs as Agents of Change: A Comparative Analysis of Social Entrepreneurship Processes in Emerging Markets", *Technological Forecasting and Social Change*, 2020 (157): 120067.

⑥ Petra Dickel & Gordon Eckardt, "Who Wants to be a Social Entrepreneur? The Role of Gender and Sustainability Orientation", *Journal of Small Business Management*, 2021 (59): 196 – 218.

⑦ Carter, S., & Rosa, P., "The Financing of Male-and Female-owned Businesses", *Entrepreneurship & Regional Development*, 1998 (10): 225 – 242.

⑧ Chen, C. C., Greene, P. G., & Crick, A., "Does Entrepreneurial Self-efficacy Distinguish Entrepreneurs from Managers?", *Journal of Business Venturing*, 1998 (13): 295 – 316.

⑨ Brush, C. G., A. D. Bruin, and F. Welter., "A Gender-aware Framework for Women's Entrepreneurship", *International Journal of Gender & Entrepreneurship*, 2009 (1): 8 – 24.

⑩ Wu, J., Li, Y., & Zhang, D., "Identifying Women's Entrepreneurial Barriers and Empowering Female Entrepreneurship Worldwide: A Fuzzy-set QCA Approach", *International Entrepreneurship and Management Journal*, 2019 (15): 905 – 928.

⑪ Zizile, T., & Tendai, C., "The Importance of Entrepreneurial Competencies on the Performance of Women Entrepreneurs in South Africa", *Journal of Applied Business Research*, 2018 (34): 223 – 236.

统文化[①],这使女性的创业行为受到质疑与排斥。因此,创业认知遮掩了其优势。

四 结论与建议

(一) 结论

本书支持假设 H1、H2、H3、H4、H5、H7、H8、H9 和 H10,拒绝假设 H6,研究假设验证结果见表 6-6。

表 6-6　　　　　　　　研究假设检验结果汇总

	研究假设	验证结果
H1	性别影响大学生社会创业者创业能力	成立
H2	数字政府建设正向影响大学生社会创业者创业能力	成立
H3	创新创业课程正向影响大学生社会创业者创业能力	成立
H4	创新创业师资正向影响大学生社会创业者创业能力	成立
H5	创新创业竞赛正向影响大学生社会创业者创业能力	成立
H6	创业认知在性别与大学生社会创业者创业能力之间起中介作用	遮掩
H7	创业认知在数字政府建设与大学生社会创业者创业能力之间起中介作用	成立
H8	创业认知在创新创业课程与大学生社会创业者创业能力之间起中介作用	成立
H9	创业认知在创新创业师资与大学生社会创业者创业能力之间起中介作用	成立
H10	创业认知在创新创业竞赛与大学生社会创业者创业能力之间起中介作用	成立

(二) 理论意义

本书在政府数字化改革的背景下探究了创新创业教育对社会创业能力的影响机制,构建了一个将性别、数字政府建设、创新创业教育(创新创业课程、创新创业师资、创新创业竞赛)、创业认知和社会创业能力联系起来的研究模型。该模型通过对 20134 名创办公益创业工作室的中国大学生进行实证调查,揭示了三大理论意义。

[①] Ghouse, S., McElwee, G., Meaton, J., & Durrah, O. "Barriers to Rural Women Entrepreneurs in Oman", *International Journal of Entrepreneurial Behavior & Research*, 2017 (23): 998-1016.

首先是检验了创新创业教育和社会创业能力关系模型,检验得到了创新创业课程、创新创业师资、创新创业竞赛对创业认知和社会创业能力的促进作用,揭示了创新创业教育不仅能直接增强大学生的社会创业能力,而且可以通过创业认知间接促进,明确了创业认知在创新创业教育和社会创业能力中的部分中介作用。

其次是扩展了关于创业中性别影响的讨论,结论显示了性别从创业认知到创业能力这条路径存在遮掩效应,女性具有更高的社会创业能力,但创业认知遮掩其优势。这正验证了前人的研究:女性企业家对社会问题有很高的积极性,她们往往更容易受到对她们有直接影响的社会问题的启发而成为社会企业家,因为女性更倾向于关心他人。然而,相对于男性而言,女性在创业过程中面临着更多的障碍和挑战,例如性别刻板印象、传统文化习俗、社会资本的获取的有限性等,导致整个环境对女性创业不太友好,创业认知方面就成了遮掩。

最后还引入中国数字经济发展指数(DEDI),在创业活动中切入数字视角,在政府数字化改革背景下探究数字政府建设对大学生社会创业能力的影响,有助于弥补数字创业生态系统研究中仍然稀缺的定量研究。在社会创业能力中结合政府数字化指数,探究政府数字化改革与大学生社会创业的关系。

(三)管理意义

本书对大学生、高校以及与大学生创业活动相关的政府机构也有重要的管理意义。

首先,高校需要加大创新创业教育体系改革力度,推动创新创业教育课程建设、师资队伍建设、创新创业竞赛建设。以往的研究表明创新创业教育课程内容与时代前沿结合不够、创新创业教育师资不专业、创新创业竞赛落地率低。因此,高校应该根据不同专业学生的特点,开设内容丰富、符合时代前沿的创新创业课程,在创新创业教育中注重培养学生们的人文主义、社会责任感;同时加强与政府、社会之间的联系,签订合作协议,使优秀的创新创业项目产生经济效益、社会效益,推动社会可持续发展。总之,高校必须重视创新创业教育并将之贯穿人才培养全过程。

其次,大学生应接受学校的创新创业教育,主动学习创业理论且将理论应用于创新创业竞赛和创新创业实践,在过程中总结经验,学习更多的技能，不断提高创新创业能力。此外，大学生在日常生活中应利用数字平台多关注社会问题，提高社会责任感，关注经典创业案例、典型创业人物等创业相关信息，学习成功创业者的特质。

最后，政府应加大对大学生创业扶持力度，同时加强数字化服务建设，简化审批流程，提高办事效率，优化营商环境，使创业环境更加开放、包容。另外，政府可以利用数字平台宣传与大学生创业相关的政策信息，或在政府数字平台上设置专门的大学生创新创业信息平台，依托政府数字化平台实现创新创业教育资源的整合与共享，多措并举促进大学生创新创业。

（四）研究不足与未来展望

本书在创业活动中切入数字视角，首次探究了数字政府建设与大学生社会创业的作用关系，也指出了创新创业教育对大学生社会创业能力的作用路径，并提出了提高大学生社会创业能力的解决方案。但目前的研究还存在一些局限性，需要在今后的研究中加以完善、解决。首先，单纯采用了定量研究方法，缺乏对研究对象的深入研究，之后可以对相关对象进行访谈，结合案例研究等定性研究方法，也可以考虑目前学术界提倡的 QCA 研究方法考察因素组合影响效应，深入理解触发大学生高社会创业能力所需要的前因条件。其次，虽然样本量大、覆盖范围广，但采用的是横截面数据，无法观测异质性，未来可以加强对时序追踪数据的收集。最后，虽然从以往研究和现实情况推测了女性具有更高的社会创业能力，但创业认知遮掩其优势的原因：相比于男性，创业女性面临更大的障碍与挑战。然而，创业活动是动态的，随着数字时代的到来，女性创业面临的障碍与挑战更加多元。因此，未来可以探究数字时代女性创业具体面临哪些障碍与挑战。

第三节 高校社会创业教育的新趋势

随着科技革命与产业变革纵深发展，大数据、区块链、人工智能与云计算诞生并催生了数字产品、数字服务以及数字创业商业模式等数字经济，数字时代随之到来，以提供便捷的公共服务、扩大就业和促进经济增长等方式造福社会。有研究表明，数字化程度高的国家对社会创业的需求较小，反之则不然，数字化程度低限制了国家治理水平，更需要社会创业增强国民福祉。① 然而各国推动数字革命力度不一，国家之间数字化水平参差不齐，有限的政府力量无法有效解决复杂的社会问题，必须发挥市场的作用共同解决如全球贫困、环境污染、性别冲突、教育分配不公等包容性发展的社会问题。社会创业便是这股市场力量的有力倡导者和实践者。相比传统慈善，社会创业更具市场效率和可持续性。社会创业能够为社会发展、经济平稳运行、政府治理、市场调节提供另样的方式和手段，弥补政策规制和市场调节手段的不足，从而平衡经济、社会、环境三者之间的关系。未来的创业将更加关注社会创业，特别是发展中国家或者制度薄弱的国家。② 但社会创业也因其混合驱动，存在社会问题向机会转化的高壁垒、资源获取的高成本、跨部门合作利益的难协调以及社会影响力的难测度等一系列难题，导致社会问题解决方案无法大规模复制。社会创业在当前遇到的种种挑战也足以说明未来社会创业教育所将面临的难题，作为社会创业人才培养机构的高校如何克服这些难题，尤其是依托数字时代所流行的信息技术手段来促进更好地开展社会创业教育是突破社会创业挑战。总之，社会创业教育拥有公益性抑或社会担当为主的道德理念，对于国家和经济社会发展是非常重要的，是增进人民福祉的重要因素。社会创业教育作为一种崭新的教育形态，未来可能表现出以下新发展趋势。

首先，社会创业教育体系不断完善。中国的高校社会创业教育相较美国、英国、日本等国家起步略晚，2009 年以清华大学、浙江大学、湖南大学为代表的高校方开展社会创业教育实践和研究，但党的十八大以来受到政府的政策鼓励已形成了社会创业教育的良好氛围。如教育部在中国"互联网+"创新创业大赛上单列"青年红色筑梦之旅"赛道，5 年来累计已有 58.3 万个创新创业项目，在脱贫攻坚、乡村振兴、红色文化传播等领域做出了积极贡献。③ 随着社会创业教育地位的增长，认识到社会创业教

---

① Torres, P., Augusto, M., "Digitalisation, Social Entrepreneurship and National Well-being", *Technological Forecasting and Social Change*, 2020, 161, 120279.

② Van Gelderen, M., et al., "Entrepreneurship in the Future: A Delphi Study of ETP and JBV Editorial Board Members", *Entrepreneurship Theory and Practice*, 2021, 45 (5): 1239-1275.

③ 《第七届中国国际"互联网+"大学生双创大赛"青年红色筑梦之旅"启动》（https://s.cyol.com/articles/2021-06/11/content_DW6Olec3.html）。

育重要性的高校会越来越多，相应地，这些高校将开设更多的课程，配套政策也将逐步确立起来，社会创业教育在高等教育生态系统中的生态位将逐步扩大，其竞争力和影响力也将走向强化。高校将不断加大创新创业教育体系改革力度，推动社会创业教育课程建设，根据学生特点，开设内容丰富、符合时代前沿的社会创业课程，在创新创业教育和专业教育中注重培养学生们的人文主义、社会责任感。同时加强师资队伍建设、创新创业竞赛建设、创新创业实践建设等，产生更多更优秀的创新创业项目，并使之产生经济效益和社会效益，推动社会可持续发展。

其次，社会创业教育范围更加广泛。创新创业教育自商学院向其他学院扩展，作为分支的社会创业教育亦同样如此。如斯坦福商学院建立的社会创新中心（CSI）基于管理类核心课程，采取以人为本、系统思考及跨学科方法面向全校培养引领全球社会和环境变化的学生。社会创业是基于不同专业共同完成的，需要创业者通过与其他组织或机构合作共同解决社会问题，即满足特定社会群体的需求，针对特定社会问题提出解决方案及设计创新产品和服务。[①] 因此，社会创业教育终将从局部拓展至高校，还将带动全校不同学科的合作，这种跨学科的合作是高校攻克科研难题和培养综合性人才的一条重要渠道。如伦敦大学金匠学院开设的国际硕士项目，联合其他学院开设社会企业发展沿革、数字平台应用、政策分析与应用等技能型、操作性的社会创业课程作为商业创业课程的补充。未来的创业可能更加强调社会创业，越来越多的创业者需要社会创业教育，从而导致社会创业教育还将向高校外扩展，横向向不同职业、不同性别、不同种族等人群覆盖，纵向向中小学学生、老年人等延伸，以更好地适应经济社会发展需要。

再次，利益相关者积极参与社会创业教育。创新创业教育实践性很强，而社会创业教育的实践性有过之而无不及。社会创业教育关注的是社会问题，自然离不开来源于和穿行于社会问题之中的非营利组织、政府和社区。未来的创业者、投资者、公司、政府和社会其他组织可能会超越地理位置缔结伙伴关系共同解决气候、人类物种存续、灾难等社会和环境问题。[②] 由于

---

① 黄兆信、李炎炎：《社会创业教育的理念与行动》，《教育研究》2018 年第 7 期。
② Van Gelderen, M., et al., "Entrepreneurship in the Future: A Delphi Study of ETP and JBV Editorial Board Members", *Entrepreneurship Theory and Practice*, 2021, 45 (5): 1239 - 1275.

社会和环境挑战需要大公司的力量，企业内部社会创业将变得普遍而重要。近年来，利益相关者参与高校社会创业教育的积极性越来越高，为高校开展社会创业教育打通了与社会之间的隔阂，为高校带来更多的智力与社会实践机会。

最后，社会创业教育彰显数字特色。数字技术的蓬勃发展将全球带入一个基于知识和流动的数字经济新时代，[1] 以低成本、快速度的方式打造创业低门槛，为社会企业带来更多发展机会，并基于数字社会创业模式解决资金分配、环境保护、卫生健康等社会问题和现实需求。Tilson 等人（2010）将数字化（digitalisation）定义为"将数字化技术应用于更广泛的社会和制度环境，使数字技术成为基础设施的社会技术过程"。[2] 数字技术成为基础设施，而数字技能将成为普遍技能。未来的学生应具备这种符合时代发展需求的信息素养和数字素养，方能充分利用信息技术助力社会创业。因此，未来的高校在开展社会创业教育过程中会将数字技术和内容融入教育教学及研究实践等加强学生信息素养和数字素养的养成，会充分利用数字化的可供性、生成性、自组织和跨边界性，实现学生在社会创业教育学习过程中对社会机会的快速识别、社会资源的充分利用，促使学生成为数字社会创业者，即致力于推动社会创业的数字化转型以提高解决社会问题的效率，具备社会问题机会转化能力与亲社会动机。[3]

---

[1] Nambisan, S., Lyytinen, K., Majchrzak, A., & Song, M., "Digital Innovation Management: Reinventing Innovation Management Research in a Digital World", *MIS Quarterly*, 2017, 41 (1), 223-238.

[2] Torres, P., Augusto, M., "Digitalisation, Social Entrepreneurship and National Well-being", *Technological Forecasting and Social Change*, 2020, 161, 120279.

[3] 刘志阳、赵陈芳、李斌：《数字社会创业：理论框架与研究展望》，《外国经济与管理》2020 年第 4 期。

第七章 未来的创业和创新创业教育

第一节 2030 年的创业

一 2030 年创业的研究

2030 年的创业是怎样的？Van Gelderen，M. 等对国际领先的两本期刊《商业创业》（JBV）和《创业理论与实践》（ETP）的 175 名编辑和编辑评审委员会成员进行了调查，并运用了德尔菲法（Delphi）对 2030 年的创业进行了预测。① 德尔菲法通常用于预测未来，是从个人贡献的专家那里获得集体意见，② 特点是匿名性、迭代、受控反馈和群体反应的统计聚合，适用于不适合基于历史数据进行传统定量预测的复杂问题，③ 因此，在高度复杂环境或快速展开的具有严重不确定性的情况下使用是非常有价值的。④ 德尔菲法通常有两轮，第一轮允许被调查者自由地识别和阐述自己认为重要的问题，第二轮则是由专家组对这些问题进行评估。该研究通过德尔菲法最终识别出 990 个一阶编码，分为 24 个不同的主题 93 个预测，代表被调查者对 2030 年的创业相关主题的整体理解。需要注意的是，仅有 8% 的被调查者为非西方国家人员，因此研究可能更反映了西方的观点。

---

① Van Gelderen, M., et al., "Entrepreneurship in the Future: A Delphi Study of ETP and JBV Editorial Board Members", *Entrepreneurship Theory and Practice*, 2021, 45 (5): 1239 – 1275.
② Landeta, J., & Barrutia, J., "People Consultation to Construct the Future: A Delphi Application", *International Journal of Forecasting*, 2011, 27 (1): 134 – 151.
③ Rowe, G., & Wright, G., "The Delphi Technique as a Forecasting Tool: Issues and Analysis", *International Journal of Forecasting*, 1999, 15 (4), 353 – 375.
④ Winkler, J., & Moser, R., "Biases in Future-oriented Delphi Studies: A Cognitive Perspective", *Technological Forecasting and Social Change*, 2016, 105 (2), 63 – 76.

(一) What：创业是怎样的

该维度包括"创业不会改变"（YC1）、"创业重要性"（YC2－YC4）和"创业知识与培训"（YC5－YC8）3个主题8个预测（见图7－1）。

创业可能会因其动因、目标、环境和模式而改变，但从根本上来说，创业不会改变。学者们认为如果将创业定义为识别、评估和利用机会来产生解决现存问题的方案，那么创业的本质不会改变的可能性①为73%（SD=28%），到2030年，人们依旧会通过引入一系列可持续的新活动来解决问题。在创业的重要性方面，总共有3个预测，"企业家心态（发现和利用机会）将被公众广泛接受，成为一种普遍的生活原则"（M=56%，SD=25%）、"企业家精神将是应对重大挑战的主要途径"（M=54%，SD=25%）和"创业将成为边缘化人群生存的主要方式"（M=54%，SD=25%），所有预测的可能性都超过50%，说明创业是重要的，这可能与零工经济的兴起、创业成为日常、创业人群的多样化、企业变得更具创业精神及发展中国家的创业增长有关。而当创业变得日益重要和普遍，其将作为一种职业更像20世纪的管理职业化、系统化和结构化（M=42%，SD=22%），人们将获得更好的专业知识和洞察力，关于创业的哪些具体方面可以学习，哪些是不可以改进的（M=59%，SD=21%）。这就需要国家和社会加强创新创业教育，到2030年，创新创业教育将比今天开始得更早，在中小学教育中变得普遍（M=69%，SD=18%），而创新创业教育将以更多样化的方式提供给不同人群，例如弱势群体（M=66%，SD=21%）。在关于"创业是什么"的预测中，创业职业化、系统化和结构化的可能性是最低的，而其他8个预测的可能性都超过了50%，最高达到了73%，标准差为18%—28%，说明专家组存在一定的分歧。

(二) Who：谁在创业

该维度包括"零工经济"（YC9－YC12）、"每个人每天创业"（every-day-everyone entrepreneurship）（YC13－YC15）、"人口统计学"（YC16－YC24）、"企业创业"（YC25－YC27）、"支配两极分化"（YC28－YC31）、"投资者—金融"（YC32－YC35）、"财富分配不均"（YC36－YC41）、

---

① 每位专家用0—100的百分比来表示每个预测的可能性，0%意味着完全不可能，100%完全可能，50%意味着发生或不发生的可能性相等。如果无法提供估计值，则将答案框留空。

YC1: 到2030年，创业的本质（识别、评估和利用机会来产生解决现存问题的方案）将保持不变　73 / 28

YC2: 到2030年，企业家心态（发现和利用机会）将被公众广泛接受，成为一种普遍的生活原则　56 / 25

YC3: 到2030年，企业家精神将是应对重大挑战的主要途径　54 / 25

YC4: 到2030年，创业将成为边缘化人群生存的主要方式　54 / 25

YC5: 到2030年，创业作为一种职业将更像20世纪的管理：职业化、系统化和结构化　43 / 22

YC6: 到2030年，人们将会有更好的专业知识和洞察力，关于创业的哪些具体方面可以学习，哪些不可以改进　59 / 21

YC7: 到2030年，创业教育将比今天开始得更早，在中小学教育中变得普遍　69 / 18

YC8: 到2030年，创业教育将以更多样化的方式提供给不同人群，例如弱势群体　66 / 21

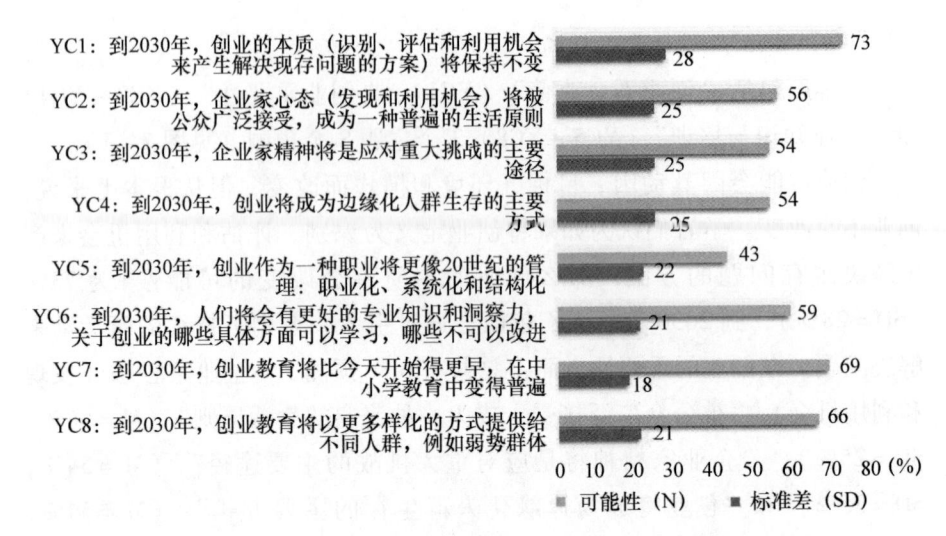

■ 可能性（N）　■ 标准差（SD）

图 7-1　关于"2030 年的创业是什么"的预测

"政府"（YC42 - YC45）共 8 个主题 37 个预测，可能性均值为 41%—66%，标准差为 19%—29%。

1. 零工经济（见图 7-2）

在 990 个一阶编码中，有 70 个涉及零工经济，是继"创业不会改变"主题（79 个）之后的第二大类别。数字技术和社交媒体将使自由职业者的增加成为可能，但自由职业者不完全代表创业，他们可能是被迫以自由职业者而不是雇员的身份签约。专家预测，到 2030 年，零工经济将成为西方大多数劳动人口的主要赚钱方式（M = 42%，SD = 22%），"副业一代"已经出现，他们有稳定收入来源但同时拥有副业或经营一家或多家小型企业（M = 56%，SD = 22%），在这些人中，兴趣使然人群的比例将会增加（M = 52%，SD = 24%）。越来越多的人以创业的形式测试想法，可能是为了好玩，也可能是为了利润，又或者两者兼有之。此外，一些国家、地区或城市将引入全民基本收入（Universal Basic Income，UBI）（M = 41%，SD = 25%），这可能也会导致"副业一代"的增加。零工经济的兴起将使以员工数量衡量企业规模变得没有意义，而许多企业可能会因为解决某个问题被创办，在问题得到解决后被解散。

2. 每个人每天创业（见图 7-3）

前已述及，到 2030 年，发现和利用机会将成为一项普遍的生活原则

YC9：到2030年，零工经济将成为西方大多数劳动人口的主要赚钱方式 42 / 22

YC10：到2030年，"副业一代"已经出现——在有稳定收入来源的同时经营一家或多家小型企业，或者只是副业 56 / 22

YC11：到2030年，一些国家、地区或城市将引入全民基本收入（UBI） 41 / 25

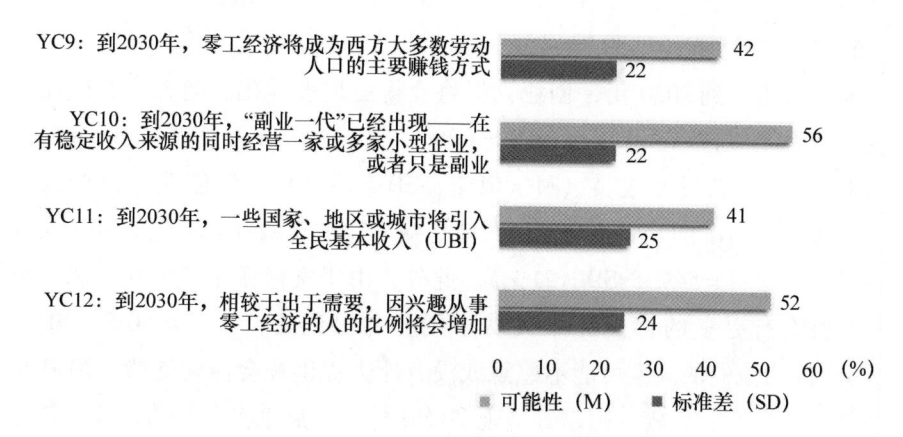

YC12：到2030年，相较于出于需要，因兴趣从事零工经济的人的比例将会增加 52 / 24

■ 可能性（M）　■ 标准差（SD）

图7-2　关于"零工经济"主题的预测

（YC2），因此，创业将融入工作、育儿或社区服务等日常（M=48%，SD=29%）。这将导致员工和企业家、工作和非工作之间的界限变得模糊。"每天每个人"创业将得到各种技术（社交媒体、互联网平台，包括众筹、无代码软件、SAAS、区块链）的支持以及现有的创业知识的推动。因此，技术和知识的民主化将使个人发现、创造、利用机会进行创新和解决问题（M=46%，SD=27%），甚至可能解决社会面临的重大挑战。也有受调查者提出，到2030年，每个人每天创业将比高增长的创业更加吸引媒体和研究的关注（M=42%，SD=24%）。然而，在"每个人每天创业"这个主题，专家预测的可能性相对较低，并且存在较大的分歧。

YC13：到2030年，创业（看到机会并采取行动）将融入工作、育儿或社区服务等日常 48 / 29

YC14：到2030年，技术和知识的民主化将赋予西方国家所有人识别和利用机会、解决问题的能力和创新的能力 46 / 27

YC15：到2030年，比起高增长的创业，"每个人每天"创业将吸引更多媒体和研究关注 42 / 24

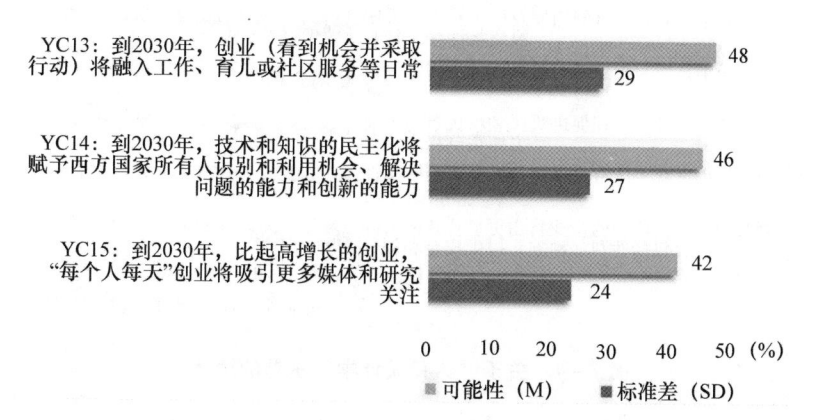

■ 可能性（M）　■ 标准差（SD）

图7-3　关于"每个人每天创业"主题的预测

3. 人口统计学（见图7-4）

研究指出，到2030年，创业人群将变得更加多样化。绝大多数国家在创业方面的性别差距将缩小（M=60%，SD=21%），女性（M=65%，SD=19%）、少数民族成员（M=61%，SD=19%）从事创业将比今天普遍，出现这种情况的其中一个原因可能是众筹比常规融资渠道更有利于女性和少数族裔（M=54%，SD=21%）。此外，由于气候变化和争夺资源的战争，预计会有更多的移民和难民从事创业并得到支持（M=50%，SD=21%），因为他们的国家可能不愿意或没有能力提供社会福利支持。2030年的创业者除性别、种族、国籍等呈现多样化外，年龄也将向两端延伸。随着人口老龄化的加剧，国际社会正在积极采取包容性创业政策以保障老年人平等创业权利和促进国家经济社会健康发展，① 因此，预计会有更多的老年企业家（M=64%，SD=21%）和天使投资者（M=58%，SD=21%），这些老年人拥有知识和资源，渴望保持活跃和参与。而18周岁或18周岁以下的年轻人将更多地参与创业活动（M=56%，SD=21%），因为创新创业教育和培训将纳入中小学教育。

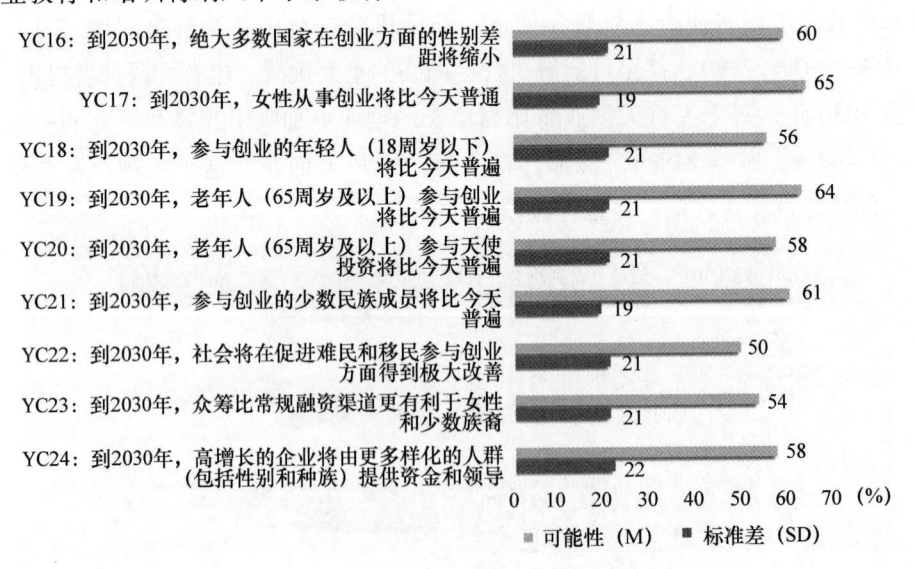

YC16：到2030年，绝大多数国家在创业方面的性别差距将缩小　60　21
YC17：到2030年，女性从事创业将比今天普通　65　19
YC18：到2030年，参与创业的年轻人（18周岁以下）将比今天普遍　56　21
YC19：到2030年，老年人（65周岁及以上）参与创业将比今天普遍　64　21
YC20：到2030年，老年人（65周岁及以上）参与天使投资将比今天普遍　58　21
YC21：到2030年，参与创业的少数民族成员将比今天普遍　61　19
YC22：到2030年，社会将在促进难民和移民参与创业方面得到极大改善　50　21
YC23：到2030年，众筹比常规融资渠道更有利于女性和少数族裔　54　21
YC24：到2030年，高增长的企业将由更多样化的人群（包括性别和种族）提供资金和领导　58　22

■ 可能性（M）　■ 标准差（SD）

图7-4　关于"人口统计学"主题的预测

① 李华晶、朱萌、侯闪闪：《欧盟与OECD老年创业政策及其对我国的启示》，《中国人力资源开发》2019年第4期。

4. 企业创业（见图 7-5）

环境和社会挑战将使企业创业变得更加普遍和重要。到 2030 年，现有的企业组织将比现在更具创业精神（M = 60%，SD = 21%），员工通常也会被期待表现出企业家精神（M = 61%，SD = 21%），因为他们可能需要创新创业精神来保住工作。预计未来大企业将通过收购初创公司来保持创新（M = 59%，SD = 20%），如此则可以降低风险、资源和竞争。同样地，打算创办高增长企业的企业家将变得不那么雄心勃勃，转而寻求创办可以迅速出售给大公司的专业企业（见下文 YC89）。

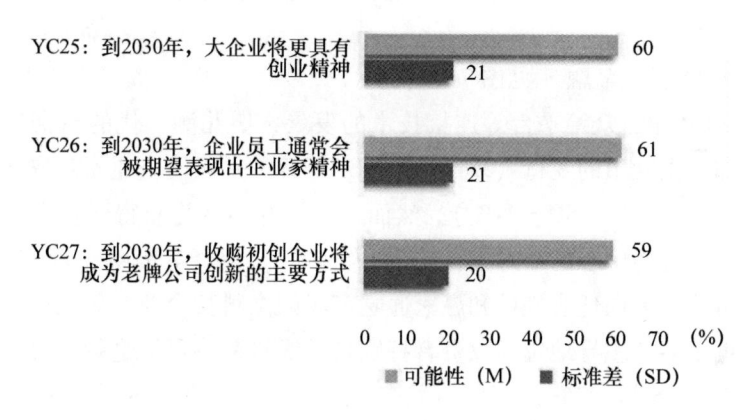

YC25：到2030年，大企业将更具有创业精神　60　21
YC26：到2030年，企业员工通常会被期望表现出企业家精神　61　21
YC27：到2030年，收购初创企业将成为老牌公司创新的主要方式　59　20

可能性（M）　　标准差（SD）

图 7-5　关于"企业创业"主题的预测

5. 支配两极分化（见图 7-6）

到 2030 年，相对较少的极具实力和盈利能力的创业企业与相对较多的个人权力和利润有限的创业主体之间的分化将日益加剧（M = 57%，SD = 20%），大型平台如亚马逊（Amazon）将更优于传统零售商而主导创新领域。大科技公司的实力也将增强（M = 65%，SD = 20%），这可能影响初创企业成为瞪羚企业（M = 42%，SD = 19%），因为很多"蛋糕"已经流向了几家占主导地位的大型公司。而全球大型企业的壮大可能会日益威胁到国家主权和个人隐私（M = 54%，SD = 23%）。因此，高增长企业能否以及如何创造一个更具包容性社会的问题将变得越来越重要，应对社会和环境挑战的社会企业将会增多，以致创业究竟是"成为精英"还是改善整体福祉将变得越来越不明朗。

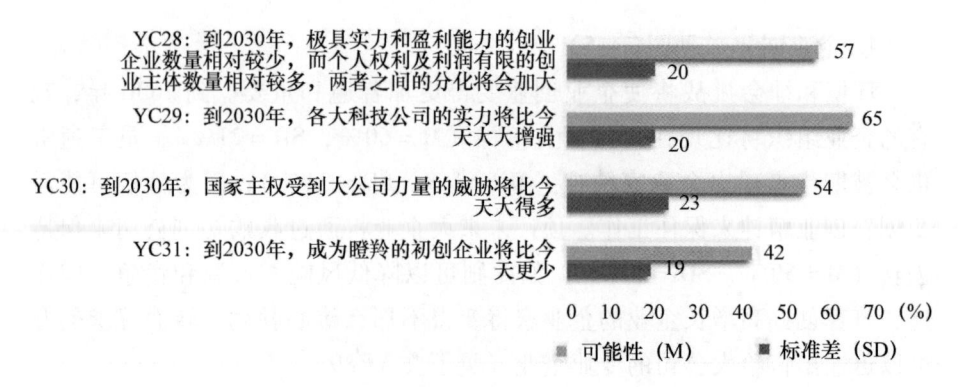

YC28：到2030年，极具实力和盈利能力的创业企业数量相对较少，而个人权利及利润有限的创业主体数量相对较多，两者之间的分化将会加大	57 / 20
YC29：到2030年，各大科技公司的实力将比今天大大增强	65 / 20
YC30：到2030年，国家主权受到大公司力量的威胁将比今天大得多	54 / 23
YC31：到2030年，成为瞪羚的初创企业将比今天更少	42 / 19

■ 可能性（M）　■ 标准差（SD）

图 7-6　关于"支配两极分化"主题的预测

6. 投资者—金融（见图 7-7）

到 2030 年，众筹平台等连接技术的发展、婴儿潮一代的财富传递及加密货币和首次硬币的发行（M=47%，SD=25%）将使企业家获取资金的渠道增加（M=46%，SD=24%）。然而，人们并不认为获得融资会变得更容易，以消费者为中心的众筹平台并不一定主导早期资本市场（YC77），大多数资本可能将流向适合规模和赢家通吃市场的高科技企业，导致成功的大型企业占据更多的主导地位。投资者特别是超级富豪将可能进行有目的的投资（M=59%，SD=22%），利用财富来影响他们所喜爱的社会和技术发展（M=55%，SD=24%）。因此，影响力投资将大幅增加。

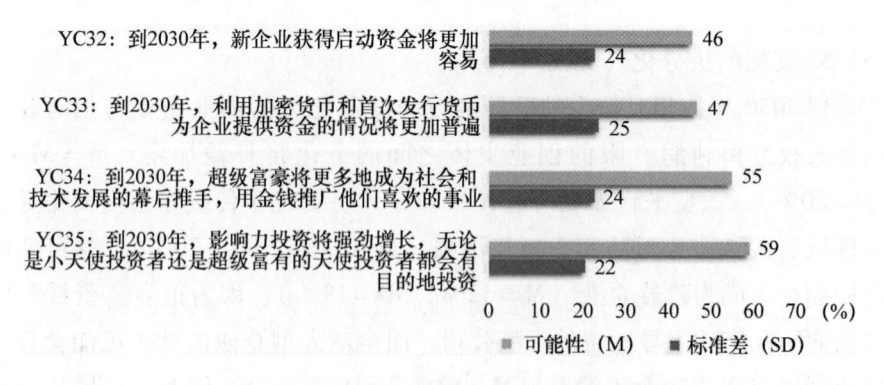

YC32：到2030年，新企业获得启动资金将更加容易	46 / 24
YC33：到2030年，利用加密货币和首次发行货币为企业提供资金的情况将更加普遍	47 / 25
YC34：到2030年，超级富豪将更多地成为社会和技术发展的幕后推手，用金钱推广他们喜欢的事业	55 / 24
YC35：到2030年，影响力投资将强劲增长，无论是小天使投资者还是超级富有的天使投资者都会有目的地投资	59 / 22

■ 可能性（M）　■ 标准差（SD）

图 7-7　关于"投资者—金融"主题的预测

7. 财富分配不均（见图 7-8）

到 2030 年，绝大多数国家的收入和财富不平等可能进一步加剧（M=

66%，SD = 23%），但创业造成该结果的可能性相对较低（M = 49%，SD = 24%），除非有一部分企业家和投资者继续大规模扩张他们的财富。事实上，创业作为一种平衡力量将使更多的人在参与零工经济创业或日常创业。创业可能会因对个人和社会的负面影响受到更多的关注（M = 52%，SD = 24%），如企业家和大公司因财富分配不均而受到更多的诋毁（M = 53%，SD = 25%）。专家组并不认为国家会重新引入社会主义进行补救（M = 42%，SD = 24%），但各国政府可能在通过确保社会稳定及促进消费需求以得到企业支持的前提下，采取对全球企业和超级富豪征税来实现收入再分配。而政府行政手段的干预可能使企业家和企业的逃税问题将得到一定缓解（M = 51%，SD = 25%）。

YC36：到2030年，绝大多数国家的收入和财富不平等将进一步加剧　66　23
YC37：到2030年，创业将成为造成收入和财富不平等的主要原因　49　24
YC38：到2030年，创业对个人和社会的负面影响将受到更多关注　52　24
YC39：到2030年，企业家和企业将发现逃税变得更加困难　51　25
YC40：到2030年，西方国家的企业家和大公司将因财富而受到更多的诽谤　53　25
YC41：到2030年，将有几个国家重新引入社会主义　42　24

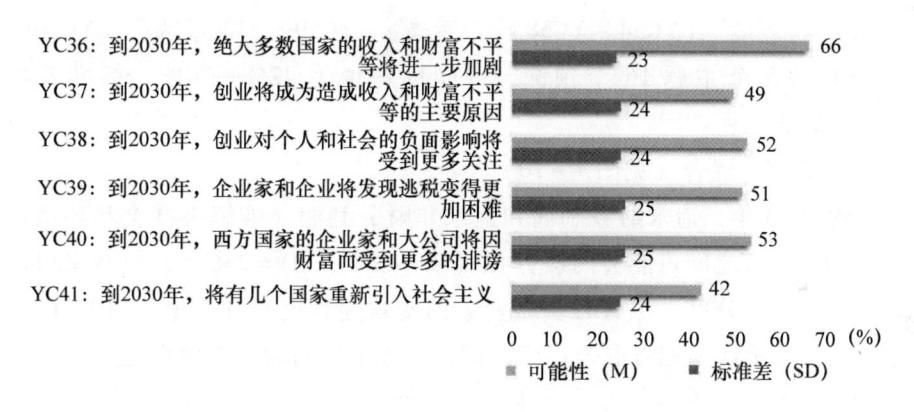

■ 可能性（M）　■ 标准差（SD）

图7-8　关于"财富分配不均"主题的预测

8. 政府（见图7-9）

到2030年，政府将大力推动服务于政治、军事或意识形态利益的创业活动（M = 49%，SD = 22%），如针对社会和环境问题的重大创新解决方案（YC89），对企业家的经营方式可能会产生深远影响（M = 50%，SD = 24%）。虽然政府干预可能对创业产生负面影响，但中国国家驱动和支持的创新将继续扩大甚至主导全球许多行业（M = 50%，SD = 21%）。然而保护主义和民族主义的进一步扩张（M = 57%，SD = 20%）将使这一预测不太可能成为现实。

（三）Why：为什么创业

该维度包括"利润—混合"（YC46 - YC48）、"社会创业"（YC49 -

关于"政府"主题的预测:

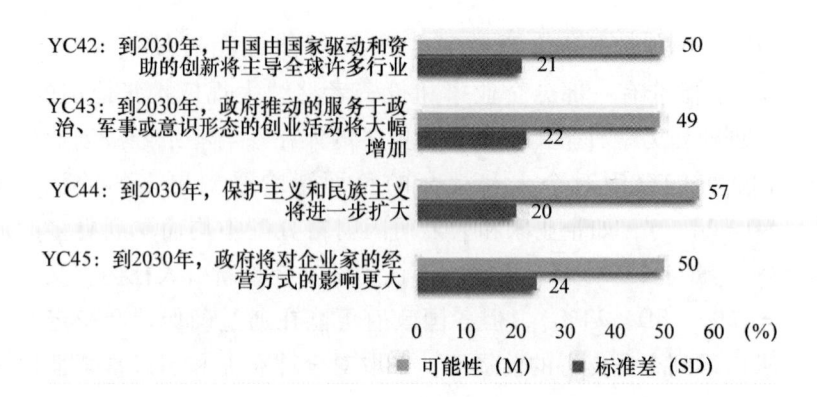

- YC42：到2030年，中国由国家驱动和资助的创新将主导全球许多行业 — 50 / 21
- YC43：到2030年，政府推动的服务于政治、军事或意识形态的创业活动将大幅增加 — 49 / 22
- YC44：到2030年，保护主义和民族主义将进一步扩大 — 57 / 20
- YC45：到2030年，政府将对企业家的经营方式的影响更大 — 50 / 24

图7-9　关于"政府"主题的预测

YC52）、"环境"（YC54－YC58）、"幸福"（YC59）、"必需品"（YC60－YC61）共5个主题16个预测，可能性均值为42%—70%，标准差为20%—27%。

1. 利润—混合（见图7－10）

到2030年，追求财务利润和追求非财务利润（如解决社会和环境挑战）的企业家之间可能会两极分化（M＝42%，SD＝23%），但专家组的意见存在较大分歧。尽管社会企业家的受欢迎程度预计会增加（YC49），但专家组并不认为拥有混合目标（即在做好事的同时把事做得好）将成为新常态，大公司依然主要关注利润，至少和当前一样（M＝65%，SD＝21%）。而包括个体户在内的企业家将面临更高的要求以衡量和报告社会、环境和财务方面的绩效（M＝52%，SD＝27%）。

- YC46：到2030年，追求财务利润的企业家和追求三重底线的企业家之间将出现明显的两极分化 — 42 / 23
- YC47：到2030年，包括个体户在内的所有企业家都将面临更高的要求，以衡量和报告社会、环境和财务方面的绩效 — 52 / 27
- YC48：到2030年，大公司将主要关注利润，至少和今天一样 — 63 / 25

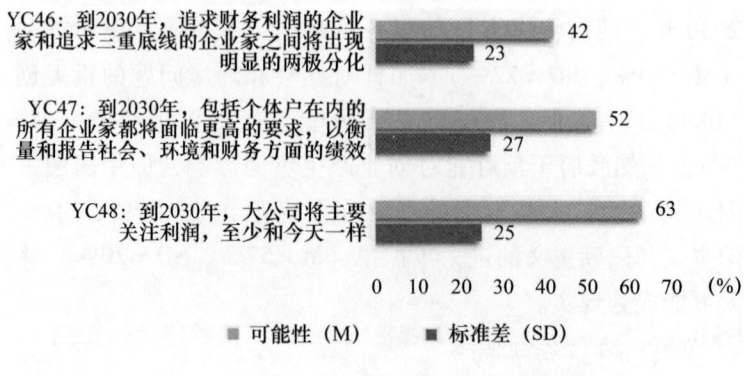

图7-10　关于"利润—混合"主题的预测

2. 社会创业（见图 7-11）

到 2030 年，受益于不断加强的创新创业教育，新一代创业者将具备从事社会生产的数字技能和意愿，当世界面临一系列环境和社会问题，越来越多的新一代创业者将致力于解决这些问题而成为社会企业家（M=65%，SD=21%）。然而，社会创业并不会变得如此之强大，以至于创业的社会回报将使私人回报相形见绌（M=42%，SD=20%），但有可能超越以前的非政府组织和非营利模式（M=52%，SD=24%）。人们可能会因为对社会创业的失败、弱点或缺点有更加深入的了解而不愿意成为社会企业家（M=45%，SD=21%），因此，对于制度薄弱的国家，社会创业取代国家提供公共服务的可能性不高（M=45%，SD=21%）。

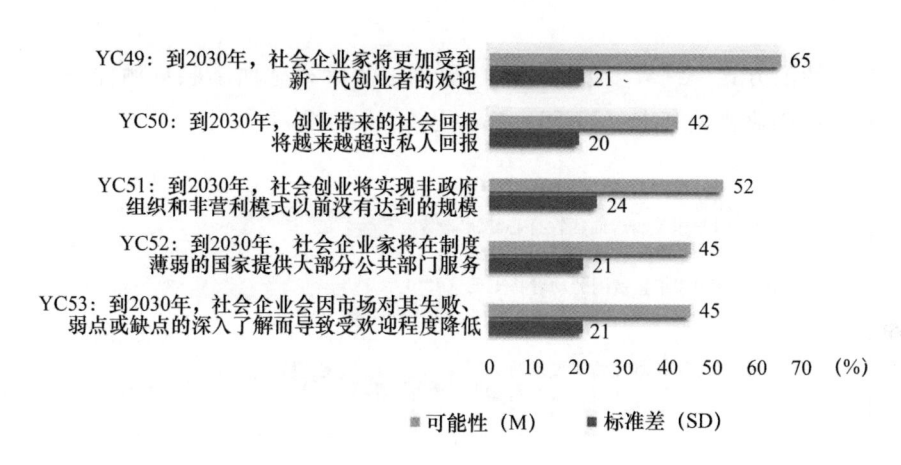

图 7-11 关于"社会创业"主题的预测

3. 环境（见图 7-12）

到 2030 年，许多企业家将专注于应对气候变化和环境退化。初创企业、公司将和政府联手来努力解决环境问题（M=65%，SD=22%），从而使关注可持续发展成为主流（M=70%，SD=22%）。严重的环境灾难将使创业活动更加关注人类物种的生存（M=50%，SD=27%），从而催生专门从事即时生存和灾难应对的新行业（M=57%，SD=27%），而企业家的参与或能成功解决几个气候变化和可持续性问题（M=47%，SD=26%）。

4. 幸福感（见图 7-13）

到 2030 年，企业家认为创业是一种自我实现、工作与生活平衡和高

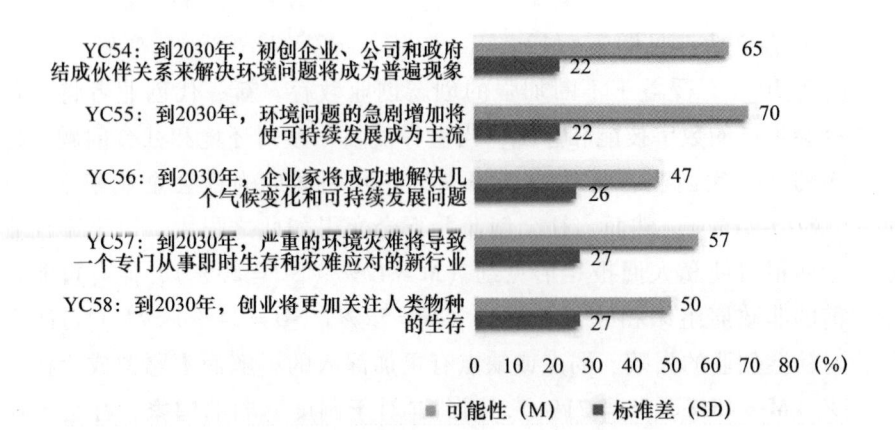

图 7-12 关于"环境"主题的预测

质量生活的方式。绝大多数企业家将更加注重幸福感而不愿意牺牲身心健康来换取创业相关需求（YC59，M=49%，SD=22%）。

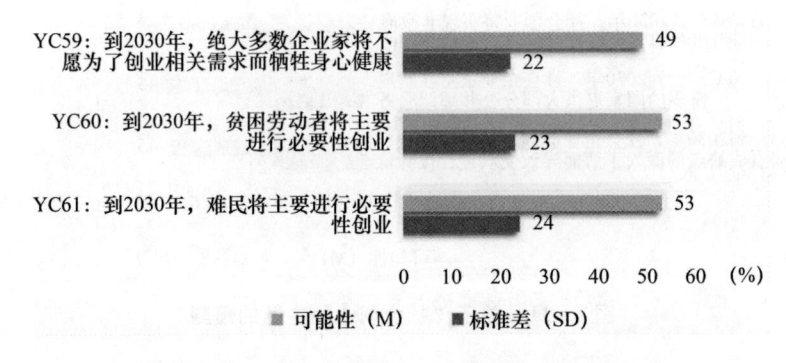

图 7-13 关于"幸福感""必要性"主题的预测

5. 必要性（见图 7-13）

到 2030 年，财富和收入不平等的加剧将使生存型创业企业的数量增加，特别是贫困劳动者（YC60，M=53%，SD=23%）和难民（YC61，M=53%，SD=24%）更有可能加入这一行列。但专家组认为，这并不是人工智能或自动化导致人们失业造成的。

（四）Where：在哪里创业

该维度包括"位置"（YC62-YC65）、"发展中国家"（YC67-YC69）、"行业"（YC70-YC73）共 3 个主题 12 个预测，可能性均值为

33%—66%，标准差为21%—28%。

1. 位置（见图7-14）

随着数字技术的普及，地理位置的重要性可能会降低，与此同时，全球各地的产品和服务将越来越相似（M=58%，SD=23%）。这可能导致绝大多数人希望增加能够提供人际交往和真实性的、本地化的、个性化的和社区化的创业活动（M=66%，SD=21%）。创业也可能发生在媒体和研究人员不太受关注的地方，例如偏远社区（M=60%，SD=23%），也有可能因为环境问题，而将创业活动定位在更遥远的地球之外，从事太空的探索和开发（M=51%，SD=26%）。

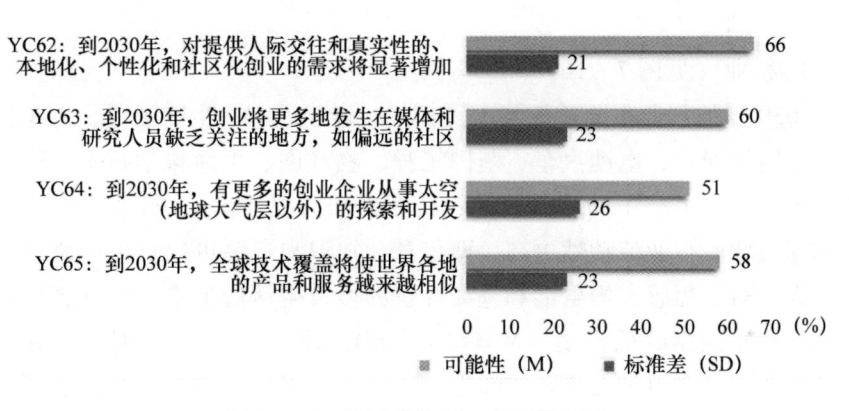

图7-14 关于"位置"主题的预测

2. 发展中国家（见图7-15）

到2030年，发展中国家的人口规模以及经济和社会增长的潜力将使其创业更具优势，发展中国家的突破性创新可能超过发达国家（M=51%，SD=23%）。有部分受调查者认为发展中国家不仅会因必要性创业而闻名，还会因可持续增长模式而闻名（M=41%，SD=25%）。中国作为最大的发展中国家，尽管面临着经济下行的压力，但未来可能超越美国而占据全球科技企业的主导地位（M=51%，SD=26%），原因之一为政府在支持和推动科技创业。国家制度是否支持创新创业对创业活动的影响是深远的，如俄罗斯的创业可能是在不公平竞争的背景下孤立存在的。专家认为，独裁政权能够找到有效的方法让创业在其经济中发挥作用的可能性较低（M=46%，SD=25%）。

YC66：到2030年，发展中国家的突破性创新将超过发达国家　51／23

YC67：到2030年，发展中国家将因必要创业和可持续增长模式而闻名　41／25

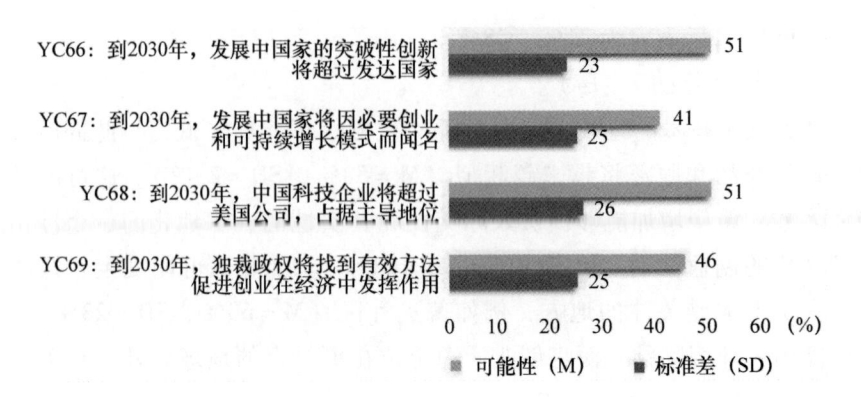

YC68：到2030年，中国科技企业将超过美国公司，占据主导地位　51／26

YC69：到2030年，独裁政权将找到有效方法促进创业在经济中发挥作用　46／25

■ 可能性（M）　■ 标准差（SD）

图 7-15　关于"发展中国家"主题的预测

3. 行业（见图 7-16）

2030 年的创业主要基于技术（例如，增强现实、生物工程、生物信息技术、网络安全、电动汽车、基因工程、物联网、生命科学技术、医疗卫生技术、食品生产中的精确发酵、机器人和监控技术），行业将变得越来越相互关联，行业流动性更高，即信息、知识和资源可以自由地跨行业流动。人们对幸福感、慢生活和逃离拥挤的城市生活的追求，也许会促使更多的企业家提供娱乐活动（M = 42%，SD = 25%），而为应对社会和环境问题会使创业者更加关注可持续发展，从而出现一种名为危机创业或灾难创业的新形式（M = 55%，SD = 28%）。然而，创业代替国家提供公共福利的这一可能性很小（M = 33%，SD = 21%），有更多的企业家愿意为富人特别是 1% 的超级富豪服务（M = 44%，SD = 25%）。

（五）How：怎么创业

该维度包括"数字技术"（YC74 - YC77）、"人工智能/自动化"（YC78 - YC85）、"速度"（YC86 - YC89）、"协作—伙伴"（YC90 - YC91）和"客户理解"（YC92 - YC93）共 6 个主题 20 个预测，可能性均值为 30%—68%，标准差为 19%—27%。

1. 数字技术（见图 7-17）

数字化将为企业家提供更多的接入、连接和实时情报，对创业的作用会得到加强。未来的 B2C、B2B、C2B 和 B2G 市场将探索从家用产品到基础设施的各种平台。由于平台构建的数据池可能主导创新版图，那么像苹果提供的平台是促进创业还是抑制创业？德尔菲法的研究结果是促进创业

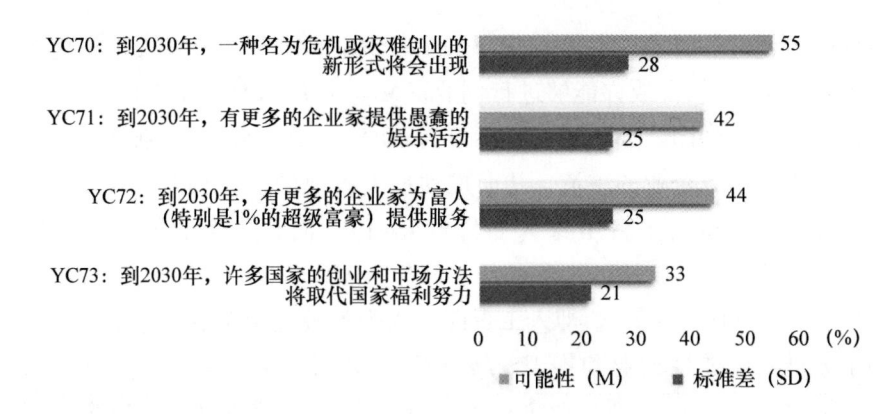

图 7-16 关于"行业"主题的预测

的可能性（M=54%，SD=20%）高于抑制创业的可能性（M=34%，SD=22%）。那么数字技术是否能够增加融资渠道呢？专家组认为以消费者为中心的众筹平台主导早期资本市场的可能性（M=48%，SD=20%）较低。与此同时，发展中国家将成为实施共享经济模式的主要场所的可能性（M=47%，SD=19%）也不高。

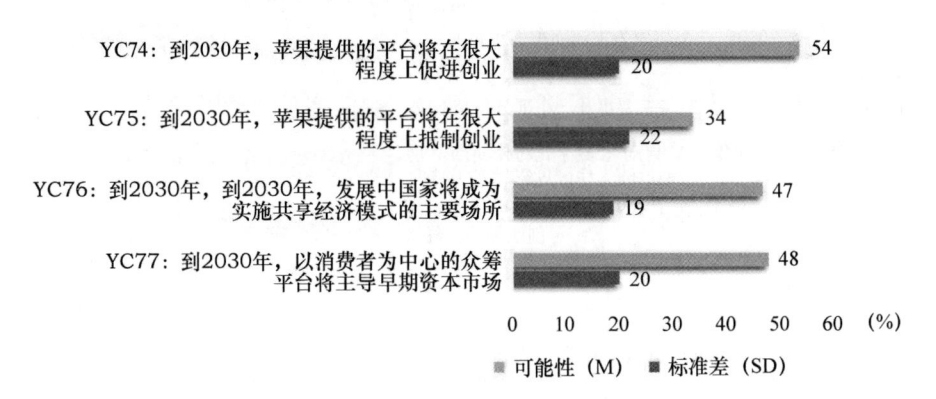

图 7-17 关于"数字技术"主题的预测

2. 人工智能（AI）/自动化（见图 7-18）

人工智能在一阶编码中占比 6.36%，属于 990 个一阶编码的第三大主题。到 2030 年，人工智能将取代许多以前由企业家执行的信息处理、判断和角色等功能，或者至少帮助企业家更好地执行这些任务（M=47%，SD=25%）。人工智能和自动化将促进企业家劳动专业化，从而专注于创造性、协调性和社会性任务（M=52%，SD=24%）。未来人工智能和机器学习（ML）软件或许能够进行创业（M=48%，SD=27%），但人工智能被承认为初创团队成员的可能性仅为30%（SD=24%）。那么人工智能是否会成为所有企业的主流，从而推动世界各地的创业热潮，或者仅有益于人工智能支持的平台本身（如科技公司），而让小企业的"蛋糕"变小？专家组支持第一个立场（M=58%，SD=26%）多于第二个立场（M=44%，SD=25%），即人工智能将成为各种类型企业广泛应用，并推动个人进入必要性创业和零工经济（M=44%，SD=24%）。但人工智能和自动化可能会让初创企业创造的工作岗位大幅减少（M=43%，SD=23%），甚至有可能出现企业家被他们创造的创新所取代的情况。

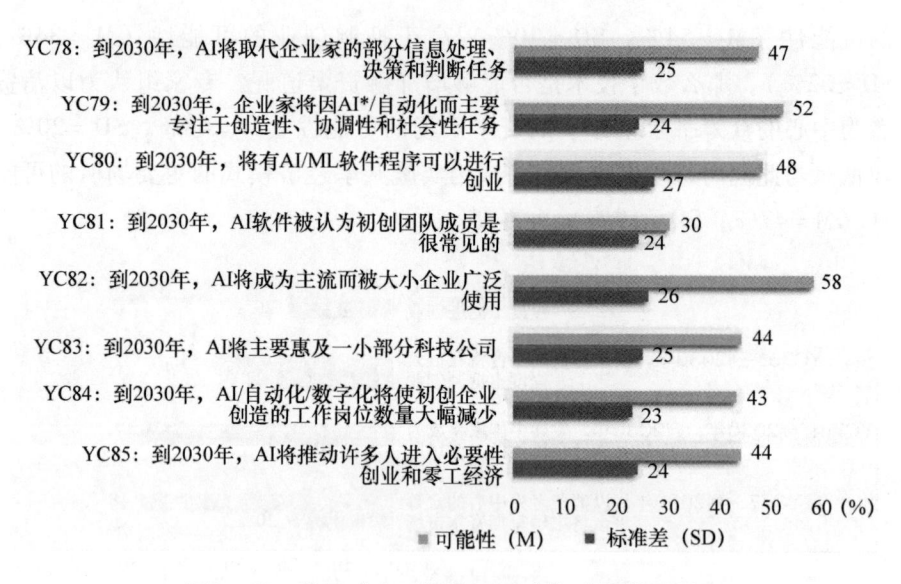

YC78：到2030年，AI将取代企业家的部分信息处理、决策和判断任务 —— 47 / 25
YC79：到2030年，企业家将因AI*/自动化而主要专注于创造性、协调性和社会性任务 —— 52 / 24
YC80：到2030年，将有AI/ML软件程序可以进行创业 —— 48 / 27
YC81：到2030年，AI软件被认为初创团队成员是很常见的 —— 30 / 24
YC82：到2030年，AI将成为主流而被大小企业广泛使用 —— 58 / 26
YC83：到2030年，AI将主要惠及一小部分科技公司 —— 44 / 25
YC84：到2030年，AI/自动化/数字化将使初创企业创造的工作岗位数量大幅减少 —— 43 / 23
YC85：到2030年，AI将推动许多人进入必要性创业和零工经济 —— 44 / 24

■ 可能性（M）　■ 标准差（SD）

图7-18　关于"人工智能/自动化"主题的预测

3. 速度（见图7-19）

到2030年，技术创新的加速将导致信息获取速度加快、全球竞争力增强以及消费者日益不耐烦而引起时间窗口崩溃，从而促进产品和服务的更新迭代加快（M=66%，SD=21%）。虚拟现实、人工智能和其他数字技术将允许快速而廉价的实验，使产品设计和客户反馈周期更快、更有效，未来的Zara和H&M等公司可能每周都会有新系列。因此，适应性、速度和敏捷性将成为创业成功的关键（M=68%，SD=21%）。企业将更多地关注核心竞争力，从而推动外包和零工经济。但这种加速可能会让很多组织不适应，与技术创新配套的相关政策法规的滞后可能会带来更突出的商业化延迟（M=43%，SD=22%），教育机构如商学院也可能因为变革的速度和性质超出现有理论的掌握而感到沮丧。不断加快的步伐不仅适用于公司的流失，也适用于成功的退出，成功的初创公司很快就会被出售（M=57%，SD=22%），创业者会将目标转移到创建下一家企业，因此，连续创业者可能会增多。

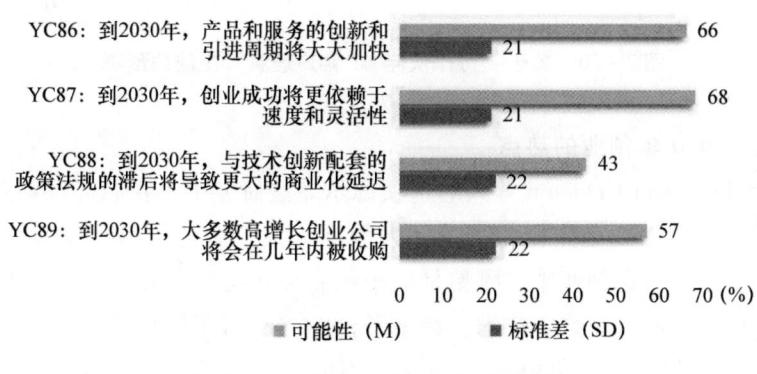

YC86：到2030年，产品和服务的创新和引进周期将大大加快　66　21
YC87：到2030年，创业成功将更依赖于速度和灵活性　68　21
YC88：到2030年，与技术创新配套的政策法规的滞后将导致更大的商业化延迟　43　22
YC89：到2030年，大多数高增长创业公司将会在几年内被收购　57　22

■ 可能性（M）　■ 标准差（SD）

图7-19　关于"速度"主题的预测

4. 协作伙伴（见图7-20）

到2030年，创业领域将会有更多利益相关者的结盟，企业、投资者将和政府一起合作解决全球重大挑战（M=63%，SD=19%），尤其是提供专业数字产品或服务的初创公司需要确保其产品或服务与现有的创新生态系统保持一致，这会促使初创企业和企业之间的合作进一步增加。加之千禧一代是合作的一代，到2030年，创业将会是集体的而非个人的（M=54%，SD=23%）。

5. 客户理解（见图7-20）

到2030年，即使是最小的企业也能广泛使用金融、信息和技术工具（M=66%，SD=21%）。然而，人工智能让创业缺乏温度，有受调查者强调了同理心和情商（EQ）的重要性，人们渴望具有人际联系和社区化的创业活动（YC62）。因此，创业者的竞争优势将越来越多地取决于以用户为中心和客户理解（M=66%，SD=19%）。

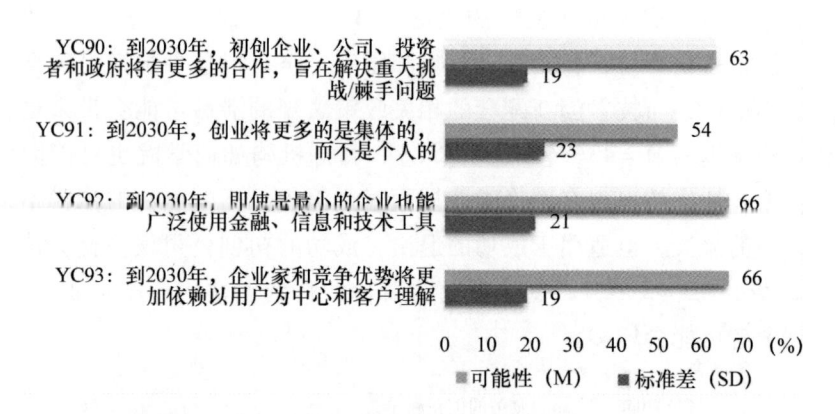

```
YC90: 到2030年，初创企业、公司、投资
     者和政府将有更多的合作，旨在解决重大挑    63
     战/棘手问题                          19

YC91: 到2030年，创业将更多的是集体的，   54
     而不是个人的                        23

YC92: 到2030年，即使是最小的企业也能     66
     广泛使用金融、信息和技术工具          21

YC93: 到2030年，企业家和竞争优势将更     66
     加依赖以用户为中心和客户理解         19

        0  10  20  30  40  50  60  70 (%)
           ■可能性 (M)    ■标准差 (SD)
```

图 7-20 关于"协作伙伴""客户理解"主题的预测

二 2030 年创业的热点

在 Marco van Gelderen 等人的这项德尔菲法研究中，我们可以看到未来的创业与技术创新是紧密相关的，大数据、人工智能、AR/VR 等数字技术将被广泛应用到创业中，哪怕是极小的企业也会广泛使用金融、信息和技术工具（YC92）。数字技术、数字平台的兴起将不断推动共享经济和零工经济发展壮大。到 2030 年，创业可能成为一种常态，即每个人每天在工作、育儿或社区服务等日常生活中创业（YC13）。下面将从大数据、人工智能、共享经济和元宇宙这几个热点领域来阐述 2030 年的创业是怎样的。

（一）大数据

大数据本身是一个比较抽象的概念，除了表示数据量的庞大的字面意思，还体现多样性、高速性、价值性和真实性等特点。[1] 具体而言，大数据涵盖了互联网行为产生的一系列数据，包括生产者和用户的偏好和意图，以及与非传统结构相关的数据。[2] 大数据的出现，不仅颠覆了传统的数据管理方式，也促进人们数据思维的发展。数据的产生是广泛的，在海量的数据中提取所需的信息的过程是复杂的。随着数据分析技术的发展，

---

[1] 孟小峰、慈祥：《大数据管理：概念、技术与挑战》，《计算机研究与发展》2013 年第 1 期。
[2] Ma H., Lang C., Liu Y., et al, "Constructing a Hierarchical Framework for Assessing the Application of Big Data Technology in Entrepreneurship Education", *Frontiers in Psychology*, 2020 (11): 55-68.

人们能够便捷有效地获取分析结果，并将其应用在现实生活中以创造巨大的经济效益和社会价值。如今，大数据已经一定程度上融入经济社会发展各领域的要素、资源、动力、观念，① 被应用在电子商务、金融、制造、交通、社保、智慧医疗、教育等诸多领域，为人们的日常生活和企业的运营管理提供服务和帮助。对于企业来说，大数据是一种战略资产，可以为企业运营提供大量信息，提高效率，节约成本，增强战略决策能力和竞争力。② 同时，大数据技术通过构建高质量、多功能的教育平台在教育创新中发挥着重要作用。一方面，大数据技术可以把握创新创业教育的重点以完善现有的教育模式；另一方面，学生学习和掌握大数据技术有利于新企业的管理和发展。③

国家对大数据资源的开发和利用逐渐成为一种趋势。2014 年，"大数据"首次被写入政府工作报告；2015 年，国家正式提出实施国家大数据战略；2018 年，习近平总书记在致国际大数据产业博览会的贺信中指出，把握好大数据发展的重要机遇，秉持新发展理念，围绕建设网络强国、数字中国和智慧社会，全面实施国家大数据战略，助力中国经济从高速增长转向高质量发展；2021 年，"十四五"规划将大数据作为数字经济重点产业之一，"推动大数据采集、清洗、存储、挖掘、分析、可视化算法等技术创新，培育数据采集、标注、存储、传输、管理、应用等全生命周期产业体系，完善大数据标准体系"。随着国家大数据政策的推动和大数据技术的发展，传统的商业模式将不断被改写，大数据相关领域的创业机会也会大量涌现。

然而大数据的崛起也让人们面临众多挑战。在社会创业方面，大多数创业者仅关注解决技术和业务问题，缺乏利用大数据的潜力来寻找创新的社会解决方案；大量收集与利用个人数据的企业的崛起，倒逼国家完善法律法规体系保护个人数据的隐私权和使用权，这些政策法规直接决定了数

---

① 《中国信通院解读："十四五"规划里的大数据发展》，http://dsj.guizhou.gov.cn/zwgk/xxgkml/zcwj/zcfg/202103/t20210315_ 67195878. html，2022 年 1 月 25 日。

② Shamim, S., et al., "Role of Big Data Management in Enhancing Big Data Decision-making Capability and Quality among Chinese Firms: A Dynamic Capabilities View", *Information & Management*, 2019 (6): 1–12.

③ Aleksandra Klanja-Milievi, M. Ivanovi, and Z. Budim Ac, "Data Science in Education: Big Data and Learning Analytics", *Computer Applications in Engineering Education*, 2017 (25): 1066–1078.

据的流动、分享以及数据产业的发展;① 而如何使大数据技术深度融入、优化和完善传统的创新创业教育,促进创业者和新企业的可持续发展仍然是一个重要议题。总之,随着大数据和相关技术的飞速发展,未来的创业除了会涉及技术层面,还将会涉及道德、社会和生态等诸多领域。

(二) 人工智能

当学者们讨论未来的创业或创业研究时,总是与人工智能联系起来。② "人工智能"一词最早在 1956 年出现,由麦卡锡提出,并被定义为"制造智能机器的科学和工程"。③ 自这一概念提出之后,人工智能领域通常被分成两个不同的维度去讨论,分别为人本主义角度和理性主义角度。大多数研究者将人工智能(AI)定义为"能够学习执行通常需要人类智能的任务的机器或计算机系统"。研究者将人工智能解释为一种理性思考和理性行为的系统,或者两者都有,与人类智能相似。④ 因此,常用来模拟人类智能的技术,如深度学习、符号机器学习、语音识别、图像识别、统计分析等,都可以被归类为人工智能技术。一般来说,人工智能分为两种形式:"强人工智能"和"弱人工智能"。⑤ "强人工智能"是指能够达到或超过人类智能的行为方式,而"弱人工智能"则指在特定问题领域能够模拟人类智能的行为方式。后者是当今世界上最常用的人工智能形式,当人们讨论人工智能技术时,通常指的是"弱人工智能"。

人工智能是一种交互的信息交流方式,是社会的便捷支持渠道。人工智能的明显潜力在于通过将人工智能整合到追求创新的组织中,创造出一种更系统的方法。现在,人工智能正在改变人们与技术互动的方式,如帮助用户执行简单和复杂的任务,改善商业运营模式,医疗服务,提升灾害

---

① 程啸:《论大数据时代的个人数据权利》,《中国社会科学》2018 年第 3 期。
② Chalmers, D., MacKenzie, N. G., & Carter, S., "Artificial Intelligence and Entrepreneurship: Impli-Cations for Venture Creation in the Fourth Industrial Revolution". *Entrepreneurship Theory and Practice*, 2020, 19 (1), 104225872093458.
③ Borges, Afs, et al., "The Strategic Use of Artificial Intelligence in the Digital Era: Systematic Literature Review and Future Research Directions", *International Journal of Information Management*, 2020 (17): 102225.
④ Fosso Wamba S., et al., "Are We Preparing for a Good AI Society? A Bibliometric Review and Research Agenda", *Technological Forecasting and Social Change*, 2021 (164): 120482.
⑤ Kaplan A., Haenlein M., "Rulers of the World, Unite! The Challenges and Opportunities of Artificial Intelligence", *Business Horizons*, 2020 (1): 37 – 50.

预测和管理能力及智慧城市建设等。人工智能（AI）正在迅速改变社会的方方面面，越来越被视为解决可持续性发展等复杂社会问题的机会。

人工智能中的有效教育模式和学习策略可以用于识别学习者的风格和偏好，也是影响学习结果和安全性的关键因素。在过去的几十年里，许多与人工智能相关的教育项目在全球各个应用领域推出，如科学和数学教育。我们可以观察到人工智能研究范式的明显转变，从遗传算法、机器学习和模糊集，到深度学习和卷积神经网络。未来几年，应用这些技术的人工智能研究数量有望增加。

一些学者认为，随着人工智能领域的快速发展，未来有望实现"人类水平的人工智能"。人类所能达到的思维水平会被人工智能所超越，出现人类智能与人工智能的融合。不过，尽管人工智能在解决问题上有着巨大的潜力，但在应用到实际中仍存在一些问题，如在具体方式上使用人工智能相关的知识技能还有所欠缺，未来在教育方面需要进一步加强。此外，同样不可忽视的是，人工智能的发展也会带来一系列问题，如伦理与法制问题、经济效益问题、公平与安全问题等。当前人工智能的研究在学术界有很大的吸引力，但是研究发展方向并不明晰，而且有不少学者表达了对人工智能未来会取代大部分人类工作的担忧，现实是越来越多的人会选择使用人工智能系统。那么，该如何利用人工智能促进就业创业呢？关于人工智能，还有很多问题需要解答，未来还需更多研究者来进一步探索。

（三）共享经济

共享经济涉及的资源"共享"及高效使用的内在理念已存在较长的时间，甚至可以追溯到远古时代，强调与近亲家庭成员和朋友之间进行的分享。[1] 共享可能是一种古老的做法，但云计算、现代信息、移动互联、大数据等新兴技术的运用赋予了共享经济的新经济形态。美国社会学教授 Marcus Felson 和 joel Spaeth 于 1978 年首次提出"共享经济"（sharing economy）这一概念，至今已超过 40 年了，但我们对共享经济的切身体验却主要发生在最近几年。2011 年，随着爱彼迎（Airbnb）和优步（Uber）的巨大成功，共享经济引起广泛关注并成为热门话题。在此背景下，Munoz 和

---

[1] Belk R., "You are What You Can Access: Sharing and Collaborative Consumption Online", *Journal of Business Research*, 2014 (8): 1595-1600.

Cohen 将共享经济定义为"一个能够在个人和组织之间实现商品和服务的中间交换,旨在提高效率和优化社会中未利用的资源的社会经济系统。"①

新兴的共享经济概念跨越多个学科,包括人类学、消费者行为、经济学、地理学、创新、法学、管理学、营销学、心理学、社会学、可持续性、旅游和交易等。② 共享经济是一种人们参与一系列活动的现象,包括物物交换、借贷、租赁、交易、交换和运输。③ 在共享经济下,人们寻求的是资源的使用价值,而不是资源的自身价值。共享经济模式改变了人们传统消费理念,资源利用率也相应提高。当前,共享经济的发展已经涉足多个行业,出现了共享单车、共享汽车、共享充电宝等多种形式。

在中国,作为近年来新兴的经济模式,共享经济已经很好地适应了当前的经济环境并得到了快速发展,为人们的生活提供了很多便利。2021年2月19日,国家信息中心发布的《中国共享经济发展报告(2021)》显示,2020年,中国共享经济市场交易约为33773亿元,同比增长约2.9%。报告指出,2020年共享经济参与者人数约为8.3亿人,其中服务提供者约为8400万人,同比增长约7.7%;平台企业员工数约631万人,同比增长约1.3%。④ 这是自2016年始,政府在战略层面营造良好的政策环境积极推动共享经济发展的成果,⑤ 中国因此成为全球共享经济创新发展的主阵地和示范区。

从历史规律来看,新事物的出现总会伴随争议。风险控制、法律监管缺失、信用体系与信息安全管理、技术创新升级等问题严重影响了共享经济的可持续发展。虽然共享经济存在着诸多缺陷,但就其发展历程,共享经济尚未达到成熟,在中国各项鼓励、监管等政策的贯彻落实、日新月异的科技加持下,共享经济有望到达新高度。

---

① Muñoz, P., & Cohen, B., "Mapping out the Sharing Economy: A Configurational Approach to Sharing Business Modeling", *Technological Forecasting and Social Change*, 2017(125): 21-37.

② A. Acquier, T. Daudigeos, J. Pinkse, "Promises and Paradoxes of the Sharing Economy: An Organizing Framework", *Technological Forecasting and Social Change*, 2017(125): 1-10.

③ Y. Heo, "Sharing Economy and Prospects in Tourism Research", *Annals of Tourism Research*, 2016(58): 166-170.

④ 国家信息中心:《中国共享经济发展报告(2021)》,2021年2月19日。

⑤ 孙瑜晨:《互联网共享经济监管模式的转型:迈向竞争导向型监管》,《河北法学》2018年第10期。

（四）元宇宙

元宇宙一词的英文名是 Metaverse，字面意思是超越宇宙，实际指互联网未来迭代，打破现实生活中各种局限，借助元宇宙概念去开发一个虚拟的共享空间，从而创造一种新的文明与共识，相当于是所有虚拟世界、增强现实和互联网的总和。元宇宙是对现实的扩充，并且能不断地给人类赋能。元宇宙是整合多种新技术而产生的新型虚实相融的互联网应用和社会形态，它基于扩展现实技术提供沉浸式体验、基于数字孪生技术生成现实世界的镜像、在区块链技术支撑下搭建经济体系，将虚拟世界和现实世界在经济、社交、身份系统上密切融合，并允许用户进行内容生产和世界编辑。

元宇宙的产业链包括七部分，分别是：体验、发现平台、创作者经济、空间计算、去中心化、人际交互和基础设施。体验指游戏、社交软件、音乐平台等；发现平台指用户从何处获取这些体验；创造者经济包括设计工具、动画系统、货币化技术等；空间计算包括3D引擎、手势识别、空间映射和人工智能等；去中心化包括如何将生态系统的大部分转移到无权限、分散式和更民主的结构中；人机交互包含从移动设备到VR/AR再到高级触觉和智能眼镜等未来技术；基础设施则包括半导体、材料科学、云计算和电信网络等。元宇宙产业链的核心在于永续性、实时性、多终端、独立的经济体系、可连接性、可创造性等。

作为一种新模式，元宇宙具备厚实的技术根基：以5G作为通信基础、以云计算作为算力基础、以拓展现实、机器人、脑机接口作为虚实界面、以人工智能为生成逻辑、以数字孪生为世界蓝图、以区块链为认证机制。现阶段元宇宙生态系统逐渐成熟，其支撑技术得到多维度拓展。美国、日本的元宇宙产业势头较猛。以Roblox公司为例，作为一家提供游戏创作以及游戏上线的平台，Roblox于2021年3月上市，成为元宇宙概念的第一股，同时也将元宇宙概念带进投资者视野。同年7月，Facebook成立元宇宙团队，并宣布于5年内转型为元宇宙公司。作为日本首创的元宇宙平台，Mechaverse致力于为用户提供展开发布会、虚拟音乐会等活动的机会。国内的元宇宙行业同样发展较快，腾讯、字节跳动、网易等企业正在逐步推动完善元宇宙产业布局。

当前元宇宙产业处于不断发展的阶段。对于元创业者而言，需要具备哪些条件呢？美国学者康纳尔曾提到，在元创业时代，成功并非一条直线，而是利用线将点连接在一起。元创业者需积极参与、贡献独特的价值，通过加强与社群的联系，将各个点连接起来。① 这既是对元创业者的挑战，也是对元宇宙产业的挑战。

第二节 数字时代大学生的就业创业能力

互联网时代的到来和发展给世界带来翻天覆地的变化，从谷歌、亚马逊到脸书、推特，发达国家的发展不断地引领着大多数发展中国家走向信息化和数字化时代。如今，"互联网+"数字经济时代继续打开就业的"新天地"，催生"互联网+生鲜""互联网+教育""互联网+医疗"等数字经济新业态以及新就业岗位、新就业方式，形成以数字基础设施、数字用户治理、数字创业、数字市场为四大要素的数字创业生态系统。人与人、人与企业的关系已逐渐转变成数字关系，形成各个节点之间的持久性连接。② 同时，企业通过网络关系、SNS 数字用户档案等以低成本、高效益方式维护社会关系，获取更多社会资本收益。③

数字时代召唤创新创业人才。如成功的软件开发和应用需要创办者具备大胆、自信、速度、专注、战略性思维的创业精神以及以顾客为导向、以服务为中心的服务意识。④ 大学生作为促进社会经济长足发展的主干力量，面临着世界快速发展和转变带来的日益激烈的竞争和不稳定的就业市场等就业创业新形势，他们需要最大限度地发挥自身潜力和技能适应时代发展需求。⑤ 国外于 1947 年就开始探索创新创业教育，经过 70 余年的发展，全社会联动形成了浓厚的创新创业文化氛围，培养了一大批适应时代

---

① C. J. 康纳尔：《元创业：成功创业新范式》，同济大学出版社 2021 年版，第 284 页。

② Sussan F., Acs Z. J., "The Digital Entrepreneurial Ecosystem", *Small Business Economics*, 2017, 49 (5): 1–19.

③ Claudia, Smith, J., et al., "Embracing Digital Networks: Entrepreneurs' Social Capital Online", *Journal of Business Venturing*, 2017.

④ Cohen, Matthew Jared, "Entrepreneurship in the Digital Age", *Syracuse University Honors Program Capstone Projects*, 2010, 368.

⑤ HEA: Embedding Employability in the Curriculum: Enhancing Students' Career PlanningSkills (www.heacademy.ac.uk).

发展的创新创业人才，推动国家经济社会发展。

创新创业教育注重培养学生的就业和创业双重能力。大学生所需就业技能主要包括一般技能、专业技能和人际交往能力。一般技能指发现问题、解决问题的能力，专业技能是拥有专业知识和专业技术、组织能力、实践能力等，人际交往能力为团队合作、客户沟通、人际关系等能力。部分学者将就业技能划分为显性技能（涉及技术的能力）和隐性技能（团队工作、沟通能力）两种形式。[1] 工业和高等教育委员会的调查显示，雇主雇用研究生时最重视的不是所学专业知识的丰富程度，而是其领导力、创新思维、实践能力和工作经验等。[2] 世界变化日新月异，研究者们对大学生就业创业能力做出更加深入思考和探究。大数据、云计算、5G、终端等信息通信技术具备多样性、数字性、迅速快捷等特点，其正促进传统经济的转型、资本主义社会向知识型社会的过渡。因此，不仅应注重大学生就业技能的提升，更应加强大学生创业能力的培养，如创新、想象力、组织、谈判、应变能力等，这些都是数字时代所需的重要能力。[3]

当前中国同时面临着大学毕业生创历史新高、就业形势严峻的大难题以及加快创新型国家建设的强任务。为解决就业问题，推动"双创"发展，我们需要认识到大学生就业创业能力的缺乏、高校创新创业教育的不足、社会组织与企业联动的缺失等问题，多方面完善大学生就业创业能力培育机制，将培养大学生就业能力和创业能力相结合，更大程度上获取就业创业双效应成果，促进社会经济不断向前发展。[4] 首先，高校作为培养大学生就业创业能力的中心基地，应充分认识自身教育理念滞后、创新创业教育与专业教育不相融、理论与实践脱节等问题，加强引导高校领导对创新创业教育的重视，结合自身地方经济特色设置多样的创新创业课程，注入"兼职教师""双师型"教师等师资力量，引入案例教学等新颖的教学方法，培养学生自主独立性，增强批判意识、问题意识、创业意识、洞

---

[1] Sewell P., Pool L. D., "Moving from Conceptual Ambiguity to Operational Clarity: Employability, Enterprise and Entrepreneurship in Higher Education", *Education + Training*, 2010, 52 (1): 89-94.

[2] CIHE: Talent Fishing: What Businesses Want from Postgraduates (www.cihe.co.uk).

[3] Pappas M. A., Drigas A. S., Papagerasimou Y., et al., "Female Entrepreneurship and Employability in the Digital Era: The Case of Greece", *Journal of Open Innovation: Technology, Market, and Complexity*, 2018.

[4] 陈国政:《国外大学生就业扶持政策对我国的启示》,《上海经济研究》2011年第3期。

察力和决策力，达到提升创业就业能力的目的。① 其次，政府和企业应积极创设良好的创业就业环境，从"供给侧"视角出发，设立更多教育发展基金资助大学生创新创业项目和创新创业竞赛活动，将创业能力提升与风险企业相结合，合理分配布局资源供学生进行创新创业实践，提升其动手操作、表达沟通、交往合作、专业实践等能力。② 同时，有研究表明教育类、理财类、游戏类等 App 的使用能有效提升大学生的团队协作能力、创新能力、理财能力、信息获取能力、计划和执行能力等。③ 因此，大学生应利用数字化时代创造的网络教育平台实现自主学习，提升自主性学习能力，利用互联网实现自我能力的进步与发展。

数字时代、互联网 2.0 是人性化、灵活化的，以自由开放的姿态为大学生创新创业注入新的活力，带来新的学习和实践机会，同创新创业之间相互作用、共生演进。④ 在宽松化和多样化的学习氛围中，我们可以利用现有成果获取有效信息、培养创业就业能力。同时，通过高校、政府、企业、社会组织等机构的共同联合，从创业理念、课程设置、实践教学、风险投资等方面进行创业就业的基础教育和复合型教育，将就业能力与创业能力培养相结合，拥有敬业精神的同时满怀创业激情，具备进取心和团队意识，培养发散性思维和综合性能力，持续培育适应时代发展的拥有创业精神、专业技能、职业技能的创业就业能力的复合型人才，推动数字化时代持续向前发展。

一　就业创业能力文献综述

（一）创业能力形成：先天赋有派和后天养成派

先天赋有派认为创业能力是一种先天能力。这一派学者提出创业能

---

① 邹春霞：《创新创业能力培养视角下大学生就业指导探析》，《教育与职业》2018 年第 14 期。
② 刘佳、许华伟：《"供给侧"改革视野下大学生就业创业能力培养》，《继续教育研究》2017 年第 1 期。
③ 金星彤、王祯：《移动应用程序（APP）使用对大学生就业创业能力培养的影响——基于全国 50 所高校的调查》，《中国大学生就业》2015 年第 17 期。
④ Rui Ma, Kai Wang, "The Effectiveness Research of Innovation and Entrepreneurship Education of College Students Based on the 'Internet Plus' Era", *Advances in Social Science, Education and Humanities Research*, 2016, 85.

力的不同是由个体遗传基因差异所决定的,而与工作生活环境关系不大。① Georgvon 等人通过实证得出结论:创业成功与否与基因差异的相关度在60%左右,且基因差异通常与机会识别差异相关。在创业能力的定义上,这些学者认为创业能力指企业家采取行动的质量,可能受到特征和认知的双重影响但又超越它们,因为它们代表了可观察和可衡量的知识、行为、态度和技能,直接与创业结果有关。② 个体特有的认知能力等先天能力可以帮助创业者识别机会、聚集资源,进而转变为创业能力,开创企业。③ 在创业和中小企业研究中,创业者的人口背景、心理和行为特征,以及他们的技能和技术诀窍往往被认为是对企业绩效影响最大的因素。④ Raab 等提出,执行力和解决问题的能力是创业型人才必备的素质,也是决定创业企业组织链条的完整长度和企业经营效率的关键要素。⑤ 各类实证研究显示,创业者的特性(毅力和激情)将会增加创业者的资源获取能力,创业者具有较高的自我效能可以提高其冒险能力,⑥ 成就动机与创业能力及其创业绩效之间存在显著正向关系,⑦ 此外,Mitchel 和 Rowley 证明了女性创业者在关系能力和组织能力上比男性创业者更有优势。

后天养成派学者关注的是创业学习和创新创业教育。⑧ 这一派学者认

---

① Nicos Nicolaou et al. , "Is the Tendency to Engage in Entrepreneurship Genetic?", *Management Science*, 2008, 54 (1): 167 – 179

② Bird, B. , "Toward a Theory of Entrepreneurial Competency", in Advances in Entrepreneurship Firm Emergence & Growth. Ed. J. Katz. Greenwich, CT: JAI Press, 1995, 52 – 72.

③ Alvarez, S. A. and Busenitz, L. W. , "The Entrepreneurship of Resource-based Theory", *Journal of Management*, 2001, 27 (6): 755 – 75.

④ Mitchelmore S. , Rowley J. , "Entrepreneurial Competencies: A Literature Review and Development Agenda", *International Journal of Entrepreneurial Behaviour & Research*, 2010, 16 (2): 92 – 111

⑤ Raab G. , etc. , "Entrepreneur Potential: An Exploration Study on Business Students in the U. S. and Germany", *Journal of Business and Management*, 2005, 11 (2): 71 – 88.

⑥ Krueger, N. F. and Dickson, P. R. , "How Believing in Ourselves Increases Risk taking: Perceived Self-effificacy and Opportunity Recognition", *Decision Sciences*, 1994, 25 (3): 385 – 400.

⑦ Austin J. , Stevenson H. H. , Weiskillern J. , "Social Enterprise Series No. 28 – – Social Entrepreneurship and Commercial Entrepreneurship: Same, Different, or Both?", *Harvard Business School Working Paper*, 2003.

⑧ Gibb, A. A. , "In Pursuit of a New Enterprise and Entrepreneurship Paradigm for Learning: Creative Destruction, New Values, New Ways of Doing Things and New Combinations of Knowledge", *International Journal of Management Reviews*, 2002, 4 (3): 233 – 69.

为创业能力是不断努力和学习的结果,[1] 在这个过程中对出现的新知识和新技能进行不断的学习与获取,并与创业实际相结合,从而对创业行为产生影响。[2] 创业者是可以培养的,正规教育和培训学习、体验式学习对创业能力的提升具有积极影响。[3] 有研究指出有些能力容易学习,而有些关键能力只能在实践中习得。[4] 创业学习的本质是经验学习,[5] 经验学习不同于课堂教授,其变化能显著影响创业能力的变化,在这种学习方式下,与竞争对手的合作学习对创业能力的提高有正向影响,自主学习途径的变化频率有助于提高组织协调能力、控制能力、领导力,网络学习有助于提高风险承担能力。[6] 近些年,随着大学生初创企业失败的数量不断增加,为学生提供创业实践机会和模拟体验成了大学生创业能力发展过程中需要面对的严峻挑战。[7] 不同于管理能力,创业能力有助于对创新创业教育领域进行定义。教育是个人发展的重要来源,并且随着时间推移,如果教育被成功运用,它就可以成为个人能力的基础。[8] 高校创新创业教育课程资源对于通过让大学生参与到领导创业团队和项目中来,对发展提升自身的创业领导力具有很大的作用。[9] 创新创业课程可以量身定做以培养学生的特

---

[1] Drucker, P. F., "Innovation and Entrepreneurship: Practice and Principles", *Heinemann, London*, 1985.

[2] Deakins D., Freel M., "Entrepreneurial Learning and the Growth Process in SMEs", *Learning Organization an International Journal*, 1998, 5 (3): 144 – 155.

[3] Hao Jiao, dt ogilvie,, Yu Cui, "An Empirical Study of Mechanisms to Enhance Entrepreneurs' Capabilities through Entrepreneurial Learning in an Emerging market", *Journal of Chinese Entrepreneurship*, 2010, 2 (2): 196 – 217.

[4] Histrich, R. D. and Peters, M. D., "Entrepreneurship: Starting, Developing and Managing a New Enterprise", 1998.

[5] Deakins, D. and Freel, M., "Entrepreneurial Learning and the Growth Process in SMEs", *The Learning Organization: An International Journal*, 1998, 5 (3): 144 – 55.

[6] Hao Jiao, dt ogilvie,, Yu Cui, "An Empirical Study of Mechanisms to Enhance Entrepreneurs' Capabilities through Entrepreneurial Learning in an Emerging Market", *Journal of Chinese Entrepreneurship*, 2010, 2 (2): 196 – 217.

[7] Rinne M. B., Miilunpalo S. I., Heinonen A. O., "Evaluation of Required Motor Abilities in Commonly Practiced Exercise Modes and Potential Training Effects among Adults", *Journal of Physical Activity & Health*, 2007 (2): 203 – 14.

[8] Morris M. H., Webb J. W., Fu J., et al., "A Competency-based Perspective on Entrepreneurship Education: Conceptual and Empirical Insights", *Journal of Small Business Management*, 2013.

[9] Plumly L. W., Marshall L. L., Eastman J., et al., "Developing Entrepreneurial Competencies: A Student Business", *Journal of Entrepreneurship Education*, 2008 (11): 17 – 28.

定能力,如理论与经验学习相结合,不仅提供理论,而且允许学生以有意义的方式利用这些理论知识,进而发展学生的创业能力。[1]

(二)创业能力发展:动态发展和静态发展

学者们将能力区分为"稳定"能力和"动态"能力。[2] "稳定"能力,如天生能力和情绪稳定,是相对固定的,可能会限制一个人发展一项技能的潜力。"动态"能力指可以获得和发展的能力,如自我效能、特定知识或压力管理技能,受学习和发展过程的影响,可以通过培训和实践来提高,[3] 同样也会随着练习而增强,如果没有足够的练习,能力则会随着时间而下降。

Li 和 Ding 指出创业能力是一个动态的概念,可以加强或削弱,而创业学习可以使之得到增强。[4] 学习是使创业行为得以实施的动态过程,创业能力是在学习、生活、组织管理过程中对机会进行识别与利用时发展的。尽管越来越多的公共政策强调创新创业教育——这种正规教育对刺激创业和成功创业至关重要,但如何在工作生活中开发创业能力还有待探讨。[5]

静态能力主要受"稳定"性较高因素影响。创业能力由深深扎根于一个人的性格、个性、态度、社会角色和自我形象以及可以在工作中或通过培训和教育获得的技能、知识、经验组成。[6] 通常来说,创业能力是与企业家精神紧密相关的概念,它不仅是通常理解的能力,还包含了技能、价

---

[1] Morris M. H., Webb J. W., Fu J., et al., "A Competency-based Perspective on Entrepreneurship Education: Conceptual and Empirical Insights", *Journal of Small Business Management*, 2013.

[2] Leiba-O'sullivan, S., "The Distinction between Stable and Dynamic Cross-Cultural Competencies: Implications for Expatriate Trainability", *Journal of International Business Studies*, 1999, 39 (4): 709 – 725; Tannenbaum, S. I., and G. Yukl, "Training and Development in Work Organizations", *Annual Review of Psychology*, 1992, 43: 399 – 441.

[3] Bergevoet, R. H. M., and C. Van Woerkum, "Improving the Entrepreneurial Competencies of Dutch Dairy Farmers through the Use of Study Groups", *Journal of Agricultural Education and Extension*, 2006, 12 (1): 25 – 39.

[4] Li, P. S. and Ding, D. H., "The Match between Entrepreneur Capabilities and Their Function", *Economic Management*, 2006, 23 (1): 13 – 18.

[5] Rae, D. and Carswell, M., "Towards a Conceptual Understanding of Entrepreneurial Learning", *Journal of Small Business and Enterprise Development*, 2001, 8 (2): 150 – 8.

[6] Man, T. W. Y. and Lau, T., "The Context of Entrepreneurship in Hong Kong", *Journal of Small Business and Enterprise Development*, 2005, 12 (4): 464 – 481.

值观等多种要素,是这些要素的一种综合状态,对新创企业的绩效和成长有显著影响。① 此外,社会、经济、文化等因素会影响创业能力,尤其是宗教、家庭、年龄、技术教育与培训、工作经验。②

在数字化创业的背景下,以往二元对立的观点遭到瓦解,数据与技术既是有待开发的,又是不断更新的,如何最大化发挥先天因素的优势,利用后天因素提升大学生就业创业能力是时代课题。

二 大学生就业创业能力的影响因素

创业是就业的最高形式。大学生就业创业能力是创新创业教育的目标之一,在国内受到了来自学界、业界等的广泛关注。在中国高等教育大众化的浪潮下,新冠肺炎疫情给大学生就业带来了巨大挑战与干扰,但同时也释放出大量新的创新创业机会。③ 与以往生存驱动型就业创业相比,新的就业创业更受机会拉动,④ 但这对大学毕业生的综合素质与能力提出了更加严格的要求。大学生就业创业能力的影响因素是来自各个方面的,总体来看呈现出四"多"特点,即多层面、多理论、多视角和多学科。

第一,社会的不同层面对大学生就业创业能力的影响各异。在国家层面,政策的影响力能带动学生创业政策感知能力的培养,⑤ 经济环境、行业特征、市场竞争等因素对大学生就业创业能力提出了更高的要求。⑥ 在社会层面,传统文化与经济体制逐渐导致大学生形成一种强大的传统习惯,传统的经济体制也制约着大学生进一步创新求变的思想枷锁。⑦ 在学校层面,有形实践与无形师资是培养大学生就业创业能力的基本着力点,⑧

---

① Agbim K. C., Ayatse F. A., Oriarewo G. O., "Entrepreneurial Learning: a Social and Experiential Method of Entrepreneurship Development among Indigenous Female Entrepreneurs in Anambra State, Nigeria", *International Journal of Scientific and Research Publications*, 2013, 6 (3): 50 – 53.
② Nair, K. R. and Pandey, A., "Characteristics of Entrepreneurs: An Empirical Analysis", *The Journal of Entrepreneurship*, 2006, 15: 48 – 57.
③ 梅伟惠:《大学生要增强哪些本领》,《光明日报》2020 年 12 月 22 日第 13 版。
④ 刘敢新、李华:《以创业带动大学生就业的策略分析》,《重庆大学学报》(社会科学版) 2008 年第 3 期。
⑤ 巫蓉:《"双创"背景下大学生创业能力的培养》,《黑龙江高教研究》2017 年第 8 期。
⑥ 王艳:《案例教学视角下的大学生创业能力培养》,《江苏高教》2018 年第 4 期。
⑦ 杨延朋:《基于互联网 + 的大学生创新创业能力培养策略研究》,《山东社会科学》2016 年第 S1 期。
⑧ 巫蓉:《"双创"背景下大学生创业能力的培养》,《黑龙江高教研究》2017 年第 8 期。

教育与社会实际的拟合度高低影响着在这种环境下教育培育出来的大学生能否满足"互联网+"时代对人才的需要。① 在学生个人层面,其内部心理因素如就业创业动机与态度、能力与性格等都影响着学生对于就业创业的价值取向与判断,② 学生就业创业价值取向在其创业意愿与能力的发展上扮演着非常重要的角色,③ 功利化的价值取向、低职业认知力与岗位适应力导致就业创业能力低下。④

第二,从不同理论出发分析大学生就业创业能力的影响因素不一。特质论认为遗传基因、家庭背景、受教育程度、人力资本、地域因素等是影响大学生就业创业能力的主要因素。⑤ 机会论认为主要因素包括先前经验、个人认知、学习风格、创业警觉性等。⑥ 管理论则认为组织特征、外界环境、创业学习等外部与后天因素促进或制约着大学生就业创业能力的形成与发展。⑦

第三,不同视角看大学生就业创业能力有不同洞见。⑧ 从资源视角看,创业能力是创业者在创业活动中掌握的各种有形或无形资源,包括资金、设备、信息、技术及声誉等,这是支持创业活动顺利展开的资源基础。从机会视角看,创业机会的发掘是创业的重要基础,感知创业机会的存在是运用和整合资源以创造潜在利润空间、提升机会感知能力的关键前提。

第四,不同学科大学生就业创业能力影响因素有所不同。教育科学强调创新创业教育的影响,创新创业教育普及率与受重视程度高低、课程设置与教学方式是否合理、双师型教师是否缺位等都影响着大学生能否以创业带动就业的实践。⑨ 系统论强调环境对能力的影响,其观点是创业能力

---

① 杨延朋:《基于互联网+的大学生创新创业能力培养策略研究》,《山东社会科学》2016年第S1期。
② 王艳:《案例教学视角下的大学生创业能力培养》,《江苏高教》2018年第4期。
③ 沈姣:《志愿服务视角下大学生就业创业能力提升策略》,《继续教育研究》2015年第8期。
④ 梁瑞华:《依托"两方法一平台"提升大学生就业竞争力》,《中国高等教育》2014年第8期。
⑤ 尹苗苗、蔡莉:《创业能力研究现状探析与未来展望》,《外国经济与管理》2012年第12期。
⑥ 张玉利、王晓文:《先前经验、学习风格与创业能力的实证研究》,《管理科学》2011年第3期。
⑦ 张立平:《大学生创业基本能力形成与创业环境关系研究》,硕士学位论文,东北师范大学,2011年。
⑧ 尹苗苗、蔡莉:《创业能力研究现状探析与未来展望》,《外国经济与管理》2012年第12期。
⑨ 辜胜阻、洪群联:《对大学生以创业带动就业的思考》,《教育研究》2010年第5期。

是创业者个体与创业环境互动的产物，创业能力的发展是在一定的创业环境中进行的，创业环境对个体创业能力的形成具有很大影响。[1] 心理科学从心理与认知视域看，强调个人的心理资本、人力资本、社会资本对大学生就业创业能力的影响。[2] 政治经济学则认为以时间价值、技术价值、经济价值、信息价值为核心的服务价值对提升大学生创业机会把握、关系胜任、创新创造、组织管理、承诺学习等能力均具有正向影响。[3] 新闻学认为创业能力受到媒体影响，如通过激发大学生创业意识提高机会能力，通过搭建大学生创业平台提高团队能力，通过指引大学生创业方向提高资源能力，而发展大学生信息收集能力、信息分辨能力以及信息传播能力对提高新媒体从业能力具有重要影响。[4]

以上主要分析了传统发展模式下大学生就业创业能力的影响因素，本书基于数字化时代的发展特征，拥抱数字化要求，重新审视传统习惯，在求变中探索数字时代大学生就业创业能力的影响因素，并提出就业创业能力的指标构成。

三 大学生就业创业能力的指标构成

（一）就业能力的指标构成

1. 国外关于就业能力的指标构成

大学生就业能力构成指标与就业能力概念发展相适应，随其概念不断丰富而发展。国外对于大学生就业能力构成指标的研究起步早，起初学者研究侧重个人特质和外部因素两部分。21世纪之后，经济社会不断发展，工作也变得更加灵活，学者对有关大学生就业能力的界定融入了个人的主动性、创新性等方面，研究视角也从关注劳动者的"可转化的就业能力"转向个人发展计划、终身学习等方面，将求职者的职业认同和职业实践与

---

[1] 张立平：《大学生创业基本能力形成与创业环境关系研究》，硕士学位论文，东北师范大学，2011年。

[2] 吴能全、李芬香：《创业者心理资本、人力资本与社会资本对其创业能力的影响研究——基于结构方程模型的分析》，《湖南大学学报》（社会科学版）2020年第4期。

[3] 马志强、李钊、李国昊、金玉成：《高校创业服务价值对大学生创业能力的影响——基于大学生创业动机的调节作用》，《预测》2016年第4期。

[4] 陈国军：《新媒体时代高校大学生创业能力培养：要素整合的视角》，《现代教育管理》2018年第2期。

劳动力市场的动向以及经济、社会的整体发展情况紧密连接在一起，致使大学生就业能力的构成要素更加宽泛。[①] 梳理文献（见表7-1），可将大学生就业能力构成概括为：①基本能力（如听说读写能力、学科知识能力、沟通能力等）；②个人素质（如诚实自信、承受压力、负责、自我批判的能力等）；③通用技能（如团队合作能力、人际交往能力、创新能力及适应能力等）；④高级能力（如领导力、管理力等）。

表7-1　　　　国外学者和机构关于就业能力构成的描述

学者或机构	就业能力构成
Saunders	①学科知识：如知识的广度和深度，知识的应用能力等；②核心技能：计算机技能和听说读写的能力等；③个人品质：如诚实正直和主动性等
Kumari	①基本的学术能力，如阅读和写作能力等；②个人素质，如自信、诚实、正直、自我激励及自我管理；③高级能力，如领导能力、计划和管理能力
加拿大会议员会（CBC）	①基本技能：沟通、管理信息、运用数字、思考解决问题；②个人管理技能：展示、负责、适应性、持续学习、安全工作；③团队技能：与他人一起工作，参与项目任务
美国培训和开发协会（ASTD）	①基本技能：阅读、写作和计算；②沟通技能：听、说；③适应能力：问题解决能力、创造性思考；④自我发展技能：自尊、动力、目标设定和职业生涯规划；⑤群体交往技能：人际关系技能、团队工作能力和协调能力；⑥影响能力：理解组织文化、分享领导能力
英国高等教育质量理事会（HEQC）	①批判性（或者分析性）思维能力；②应对复杂问题的普遍能力；③有效的沟通能力，包括言语和书面；④与别人结为伙伴，有效地展开工作；⑤独立完成工作，特别在执行研究项目和准备终身学习的时候；⑥毕业生应该以本领域的道德意识成为自我评判、具有反思性的实践者，并且能够有效地在更为广泛的社会领域中，与别的学科展开互动

资料来源：V. Saunders, K. Zuzel, "Evaluating Employability Skills: Employer and Student Perceptions", *Bioscience Education*, 2010, 15（1）：1-15；Rajani Kumari, "Fuzzified Expert System for Employability Assessment", *Procedia Computer Science*, 2015, 62（8）：99-106；Harvey, Lee, "Defining and Measuring Employability", *Quality in Higher Education*, 2001, 7（2）：97-109；Carnevale, A. P., Gainer, L. J., Meltzer, "Workplace Basics: The Essential Skills Employers Want", *San Francisco: Jossey Bass*, 1990.

与此同时，国外学者还通过建构不同维度的大学生就业能力模型，进

[①] Hillage J., Pollard E., "Employability: Developing a Framework for Policy Analysis", *DfEE Research Report*, 2005, 85.

一步解释就业能力构成要素之间的动态关系，其中，较有影响力的模型有Jackson的二维就业能力迁移模型、Fugate的三维就业能力启发模型、Knight和Yorker的四维就业能力USEM模型和Pool和Sewell的多维就业能力"Career EDGE"模型，这些模型从不同角度揭示不同构成要素之间相互联系相互作用的机制。具体而言，二维结构主要是基于辩证法思想进行研究，三维结构侧重对大学生个人发展和社会需求进行探索，而四维结构、多维结构则是对三维结构的细化。总的来说，欧美等发达国家已经建立较为完善的大学生就业能力模型，例如Fugate等在早期研究的基础上提出包括对待工作变化的开放性、工作和职业生涯韧性、工作和职业生涯前摄主动性、职业生涯动机和工作认同在内的5个维度，并设计开发出就业能力倾向性测量量表（DME，a dispositional measure of employability）。

2. 国内关于就业能力的指标构成

分析大学生就业能力的要素和结构是研究大学生就业能力的基础，与国外相比，国内在就业能力方面的研究起步晚，特别是就业能力构成方面的理论探讨和可操作的实践指导框架的研究，国内外的差距就更大。近年来，通过比较各国的研究结果，国内学者基于国外不同的结构维度进行了深入的研究。郑晓明基于辩证思维将就业能力的构建元素上分为个人的智力因素与非智力因素，其认为智力因素是个体生存发展的"硬件"，而非智力因素是个体生存与发展的"软件"，二者相辅相成，缺一不可。① 史秋衡和文静基于"USEM"模型对大学生就业能力构成进行分析。② 李良成基于"Career EDGE"模型识别大学生就业能力关键要素。③ 施炜从促进人的全面发展和社会需求的角度形成了大学生就业能力提升的"个人—高校—社会"三位一体的框架，④ 具体见表7-2。概括起来，大学生就业能力构成可概括为专业能力、通用能力（或称一般职业技能）和个人特质三部分，其中，大学生的专业能力和职业认同、就业认知等个体心理因素对大

---

① 郑晓明：《"就业能力"论》，《中国青年政治学院学报》2002年第3期。
② 史秋衡、文静：《中国大学生的就业能力——基于学情调查的自我评价分析》，《北京大学教育评论》2012年第1期。
③ 李良成：《就业能力关键构成要素模型下的高校人才培养》，《江西社会科学》2015年第4期。
④ 施炜：《普通高校本科毕业生就业能力提升对策的研究》，博士学位论文，中国矿业大学，2012年。

学生就业能力有重要影响。①

表 7-2　　　　　　　国内学者关于就业能力构成的描述

学者	就业能力构成
郑晓明	①智力因素：智商（IQ）；②非智力因素：情商（EQ）
史秋衡和文静	①学科理解力：学习方法、专业基本理论；②技能：专业实践操作技能；③个人特质：人际交往能力、分析问题和解决问题的能力；④元认知：学习兴趣、价值观与世界观等方面评估大学生就业能力
李良成	①专业技能；②通用技能；③情商；④职业发展学习；⑤工作经验；⑥自我效能
施炜	①求职应聘能力；②专业能力；③人际关系能力；④自我发展能力；⑤情绪调适能力

尽管国内学者从不同的学科视角（如管理学、心理学和教育学等）进行研究与探讨，但大多数的研究仍存在照搬欧美国家的相关理论或量表，研究结果脱离中国的具体国情和文化背景，造成实践价值的不足的情况。②所以，研究不仅要从多学科、多维度和多方法等方面进行探讨，还需要分析当前中国具体经济、社会、文化等环境状况，在具体中国语境下分析当前大学生就业能力现况，探讨适合中国大学生生存与发展的就业能力构成要素。例如，史秋衡和王芳以 USEM 模型和自行研制的"国家大学生学情调查研究"模型集数据库（NCSS）为基础，根据中国大学生的特点编制了本土化的就业能力量表，分析了中国本科生的就业能力现状及发展趋势进行分析并提出相应对策和建议；龚勋和蔡太生从心理学的视角探讨大学生个体差异，对大学生就业能力的基本要素进行分析，并从教育学的视角提出破题之策，这些值得我们学习和借鉴。

---

① 龚勋、蔡太生：《大学生就业能力：要素、结构与培育路径》，《江苏高教》2018 年第 1 期；史秋衡、王芳：《我国大学生就业能力的结构问题及要素调适》，《教育研究》2018 年第 4 期；高艳、乔志宏：《大学生就业能力结构及其内部关系：质的研究》，《中国青年研究》2016 年第 11 期。

② 龚勋、蔡太生：《大学生就业能力：要素、结构与培育路径》，《江苏高教》2018 年第 1 期。

(二) 创业能力的指标构成

1. 国外关于创业能力的指标构成

关于创业能力的构成研究，国外进行了大量的定量、定性研究。创业能力构成与创业能力的概念一脉相承。首先，国外学者从不同角度对创业能力进行概念界定，在此界定的基础上，不同学者对创业能力构成进行了探讨，研究成果主要集中在英美等发达国家，具体如表7-3所示。国外学者对创业能力构成的研究是多元的，注重以解决实际问题为重点，近年来多探讨中小企业的管理者能力与企业的发展、绩效、人力资本等方面的关系和影响。全球创业观察（GEM）认为创业能力包括创办企业的能力、对机会的捕捉能力以及整合资源的能力。Chandler & Jansen 等研究发现优秀的创业者在管理能力、组织能力、人际交往能力、技术技能方面都具有较高的自我评价。[①] 在此基础上，Baum 开发了25个能力量表，包括知识、认知能力、自我管理、行政管理、人力资源、决策技能、领导力、机会识别和机会发展等9个类别，他还提出了另一个类别——组织技能（包括人际关系和管理实践）。[②] 有关大学生创业能力构成的研究中，美国巴布森学院形成了较为完善的结构体系，他们以培养学生创业能力为目标开展一系列创新创业教育活动。欧盟也认为创业能力是终身学习、工作和生活的核心关键能力，并先后于2016年、2018年发布《创业能力框架》[③] 和《Entre Comp 的实践：创业能力框架应用指南》[④]，将 Entre Comp 创业能力模型作为指导欧盟推广和实施创新创业教育的中心工具[⑤]。Entre Comp 模型集创业能力核心要素、创业能力学习进展、创业能力结果矩阵于一体，在欧

[①] Chandeler, G. N. and Jansen, E. J., "Founder's Self-assessed Competence and Venture Performance", *Journal of Business Venturing*, 1992, 7 (3): 223-236.

[②] Baum, J. R., "The Relationship of Traits, Competencies, Motivation, Strategy and Structure to Venture Growth", PhD dissertation, University of Maryland, 1994.

[③] Bacigalupom, Kampylisp, Puniey, et al., "EntreComp: The Entrepreneurship Competence Framework", *Luxembourg: Publications Office of the European Union*, 2016.

[④] Mccallume, Weichtr, Mmcmullanl, et al., "Entre Comp into Action-get Inspired, Make it Happen: Auserguide to the European Entrepreneurship Competence Framework", *Luxebourg: Publications Office of the European Union*, 2018.

[⑤] Support for the Implementation of the Entrepreneurship Competence Framework (http://ec.europa.eu/easme/en/section/cosme/cos-entrecomp-2018-3-01-support-implementation-entrepreneurship-competence-framework).

盟高校中得到了广泛的认可，推进创新创业教育的深入发展。

表 7-3　　　　　国外学者和机构关于创业能力构成的描述

学者或机构	创业能力构成
Jeffry A. Timmons	①形成创业文化的技能：人际沟通和团队工作的技能；领导技能；帮助、督导和矛盾管理技能；团队工作和人员管理技能；②管理或技术才能：行政管理；法律和税收；市场营销；生产运作；财务；技术管理
Chandler 等	①识别出可利用的机会；②驱动企业完成从创建到收获的整个过程；③概念性能力：协调组织内所有的兴趣、利益和活动的能力；④人力能力；⑤政策性能力；⑥使用特定领域内的工具和技术的能力
Edwards	①个人特质；②蒙面技能，即人的潜能；③知识、技能、潜力和态度；④元认知学习能力
美国巴布森学院	①创新创意能力，包括具有新构想、新创意；②机会能力，包括识别机会、问题确认与解决；③组建创业团队的能力；④营销能力，包括辨认市场、进入市场、维持及增加市场等；⑤创业融资能力，包括决定现金需求、辨认资金来源及种类等；⑥领导力，包括感召团队、企业策划、政府关系等；⑦管理成长中企业的能力，包括建立企业愿景、招募人才、组织与监控实施、处理危机等；⑧商业才智，包括价格功能、利润及风险的辨识
欧盟	Entre Comp 创业能力模型：①创业能力核心要素从三个层次、三个领域阐明了创业能力的内涵与结构；②创业能力学习进展反映了学习者在创业学习中能力提升的过程，描述了创业能力发展过程中的八个能力级别及相应标准；③创业能力结果矩阵呈现了创业能力模块在不同学习进展级别上的预期学习结果

资料来源：［美］杰弗里·蒂蒙斯：《创业者》，周伟民译，华夏出版社 2001 年版；Chandler, G. N. and Jansen, E. J., "Founder's Self-assessed Competence and Venture Performance", *Journal of Business Venturing*, 1992, 7 (3): 223-236; Edwards, M., "Disentangling Competences: Inter-relationships on Creativity, Innovacation and Entrepreneurship", *Thinking Skills and Creativity*, 2015 (16): 27-39; Mccallume, Weichtr, Mmcmullanl, et al., "Entre Comp into Action-get Inspired, Make it Happen: Auserguide to the European Entrepreneurship Competence Framework", *Luxebourg: Publications Office of the European Union*, 2018; Babson Rentreprenurship Program (http://www.bason.edu/enterprise-education-programs/entrepreneurship-program/Pages/custom-programs.aspx).

2. 国内关于创业能力的指标构成

中国学者在借鉴国外已有研究成果的基础上，对创业能力的构成提出了许多有价值的观点，具体如表 7-4 所示。学者们对于创新创业能力的结构研究多数都是基于特定的群体、特点的活动需求在创业能力研究的基础上，借鉴国外学者的理论、方法而进行的，已经形成了一定规模，但一方面由于中西方文化的巨大差异，仍需加强研究以形成具有中国特色的创新创业能力构成理论；另一方面尚未形成官方统一的创业能力构成体系，致使对中国大学生创业能力评价没有客观的标准。中国高校创新创业教育经过二十多年的发展取得一定的成就，但受各方因素的影响，发展仍相对缓慢，仍面临许多困境，完善大学生创业能力构成体系有助于推进中国创新创业教育进一步发展。

表 7-4　　　　　　　　国内学者关于创业能力构成的描述

学者	创业能力构成
王辉等	机会把握力、创业坚毅力、关系胜任力、创业原动力、创新创造力、实践学习力、资源整合力七个维度构成
杨道建	将大学生创业能力划分为机会发掘能力（ODC）、组织管理能力（OMC）、战略决策能力（SDC）、资源整合能力（IRC）、创新创造能力（ICC）、和挫折承受能力（SBC）6 个维度
高桂娟	对创业能力概念的推演以及对大学生创业能力构成的分析，构建由专业能力、方法能力与社会能力组成的大学生创业能力的三维结构图
薛永斌	大学生要创业成功应具备七种能力，包括：识别机会能力、整合资源能力、筹融资能力、利用环境政策能力、市场营销能力、管理能力、组织领导能力
刘畅	将大学生创业能力核心要素设定为个体特质、知识、技能，机会开发能力，管理经营能力，专业知识应用能力，创新能力和团队合作管理等六个维度
程玮	提出大学生创业能力六维模型，该模型由创业领导者能力、创新创业技能、创业者人格特质、职业通用技能、职业基本素养和创业团队成员必备能力六个维度 32 项要素构成，后期将创业能力结构模型优化为 6 个维度 28 项要素构成，模型更简洁，维度命名修正后更为合理

资料来源：王辉、张辉华：《大学生创业能力的内涵与结构——案例与实证研究》，《国家教育行政学院学报》2012 年第 2 期；杨道建、赵喜仓、陈文娟、朱永跃：《大学生创业培养环境、创业品质和创业能力关系的实证研究》，《科技管理研究》2014 年第 20 期；高桂娟、苏洋：《大学生创业能力的构成：概念与实证》，《高教发展与评估》2013 年第 3 期；薛永斌：《大学生创业能力培养与提升策略研究——基于创业教育生态系统构建》，《学术论坛》2016 年第 7 期；刘畅：《大学生创业能力培养机制的实证研究》，《新疆师范大学学报》（哲学社会科学版）2017 年第 3 期；程玮：《大学生创业能力结构模型的建构》，《黑龙江高教研究》2017 年第 5 期；程玮：《大学生创业能力结构模型的修正与测评指标体系建构》，《创新与创业教育》2020 年第 3 期。

四 小结

就业是民生之根本，创业是就业之源泉。近年来，大学生的就业和创业问题成为社会各界关注的焦点。2021 年高校毕业生规模达到 909 万，同比增加 35 万人。2022 届高校毕业生预计 1076 万人，同比增加 167 万人，增量增幅均为历年之最。现如今，在新冠肺炎疫情、经济下行、经贸摩擦等不利因素冲击下，大学生就业形势只会更加严峻。与此同时，人类社会已进入到数字时代，以云计算、大数据、人工智能、物联网、5G 移动互联为代表的新一轮信息技术变革在加速经济、社会及公共服务数字化转型的同时，不断冲击着传统的就业创业观念，大学生被鼓励在数字经济、平台经济等多个领域灵活就业以适应新产业新业态新模式。[①] 这些都对大学生的就业创业能力提出了全新的要求。因此，准确把握好就业创业能力的影响因素以及指标构成，有利于高校综合施策更加有效地提高大学生就业创业能力，从而培养时代所趋、民族所需、人民所盼的人才。

第三节 数字时代创新创业教育教师的
能力重构与提升

2018 年 9 月国务院印发了《关于推动创新创业高质量发展打造"双创"升级版的意见》，提出了打造"双创"升级版的八个方面政策措施。提高人才培养质量，加快推动创新创业发展升级，离不开创新创业教育教师的关键作用。而教师的能力强弱很大程度上决定了创新创业教育质量的好坏。然而缺乏大量强能力的创新创业教育师资是当前高等学校在创新创业教育现实开展过程中遇到的主要障碍。[②] 因此基于全国 12596 名教师的实证研究主要解决两个问题：创新创业教育教师能力构成结构如何？其能力提升的影响因素又是什么，基于因素和能力间作用机理的能力提升对策又是什么？

---

① 叶雨婷：《2022 届高校毕业生首破千万》，《中国青年报》2021 年 11 月 22 日第 4 版。
② 黄扬杰、吕一军：《高校创业教育的问题与对策》，《教育研究》2018 年第 8 期。

一 文献综述

(一) 能力理论

能力的英文表述主要有 Ability、Competence、Skills 等。Ability 主要用于人，指思考、行动、创建等方面；Competence 指胜任或称职某项工作的能力，包括专业技能、知识、态度等；Skills 指经过后天训练而获得的技能，本书中的创新创业教育教师的"能力"一词接近 Competence 的含义，是一种广义的，包括创业的态度、知识、技能等全面的胜任力或者核心能力。现有文献能力概念界定主要有特质论、行为论两种。首先，从特质论来看，特质（trait）是决定个体行为的基本特性，是人格的有效组成元素。该视角中的能力的概念主要是从"心理品质"和"认知能力"来界定。如"心理品质说"认为能力包括竞争素质、心理适应性、责任感、自信心、处事风格等方面。"认知能力说"认为能力就是以认知活动为中心所表现出来的能力，包括记忆力、创造力、观察能力、思维能力等方面。[1] 其次，从行为论来看，即包含了诸多与行为相关的各种能力元素，如识别和把握机会、整合资源、提出创意、实施革新、组建创业团队、经营管理等多种能力。韩庆祥等指出所谓能力，是人的综合素质在现实行动中表现出来的正确驾驭某种活动的实际本领、能量，是实现人的价值的一种有效方式。[2] 越来越多的学者运用能力理论去研究大学和教师。如大学的能力建设[3]、教师的核心能力[4]以及高校创新创业教育教师的能力建设[5]。

(二) 创新创业教育教师能力概念与构成结构

欧盟从特质论角度对"创业型教师"的基本内涵进行了描述，共归纳了 10 个特点，包括需要热爱自己的事业，需要具备乐观、积极向上的精

---

[1] 高树昱、邹晓东：《工程科技人才创业能力培养机制的实证研究》，《高等工程教育研究》2015 年第 1 期。
[2] 韩庆祥、雷鸣：《能力建设与当代中国发展》，《中国社会科学》2005 年第 1 期。
[3] 宣勇：《大学能力建设：新时代中国高等教育面临的重大课题》，《高等教育研究》2018 年第 5 期。
[4] 王光明等：《教师核心能力的内涵、构成要素及其培养》，《教育科学》2018 年第 4 期。
[5] 沈健：《高校教师创新创业教育能力建设——江苏的理解、实践与构想》，《中国高等教育》2015 年第 17 期。

神等。美国著名创业研究学者 Shane 认为机会探索和开发能力是创业个体重要的两方面能力。Alvareza 和 Busenitzb 认为创业能力就是一种重新整合资源的能力。[①] Schelfhout 等确定了一种以行为为导向和以教育为目的的创业能力测量工具，提出创业能力的子能力可进一步细分为 21 个行为指标，学校可利用该工具来培养学生的创业能力。[②] 欧盟从"创业型教师"的行动特征归纳出了三个方面：一是"创业型教师"要善于倾听并能从谈话中寻找好的创意；二是要积极主动，善于向他人推销自己好的创意；三是要把培养学生创造、成长和学习的热情作为目标。[③]

综上，创新创业教育教师能力是指高校创新创业教育教师顺利完成其相关工作所需要的态度、知识和技能三个方面的综合素质。[④] 其构成包括态度、知识、创业技能三个一级指标。具体又包括创业认同、创业意志、创业精神、教育学相关知识、教师本学科专业知识、风险投资知识、创业相关知识、教学组织技能、创业实践指导技能、机会识别技能、机会开发技能和管理运营技能等 12 个二级指标。

（三）创新创业教育教师能力提升影响因素

近年来，学者们呼吁通过制度创新等措施建设专家化创新创业教育师资队伍，推动和促进中国高校创新创业教育的专业化发展进程，[⑤] 并提出了建立创业教育学科、开设专业学位教育、设置专任教职、建立激励机制、打破体制流动障碍、完善生态系统[⑥]等策略。在这些研究成果基础上，本课题组基于数十位创新创业教育专家的访谈，如徐小洲、王占仁、梅伟惠等，认为创新创业教育教师能力提升的影响因素主要有内因和外因两大维度共 17 个二级指标。内因主要包括专业培

[①] Alvarez S. A., Busenitz L. W., *The Entrepreneurship of Resource-based Theory*, Springer Berlin Heidelberg, 2007: 207-227.

[②] Schelfhout W., Bruggeman K., Maeyer S. D., "Evaluation of Entrepreneurial Competence through Scaled Behavioural Indicators: Validation of an Instrument", *Studies in Educational Evaluation*, 2016, 51: 29-41.

[③] 王占仁、常飒飒：《欧盟"创业型教师"教育研究》，《比较教育研究》2017 年第 6 期。

[④] 黄扬杰等：《高校创业教育教师的创业能力：内涵、特征与提升机制》，《教育研究》2017 年第 2 期。

[⑤] 徐小洲、张敏：《创业教育的观念变革与战略选择》，《教育研究》2012 年第 5 期。

[⑥] 黄兆信、王志强：《高校创业教育生态系统构建路径研究》，《教育研究》2017 年第 4 期。

训、新型教学、创业实践三个一级指标。外因主要包括创业文化氛围、政策保障两个一级指标。

总的来说，高校创新创业教育进一步升级过程中必须加强教师能力的内涵建设，现有的文献仍存在两点不足：一是研究方法以定性分析为主，样本量也较小，缺乏全国性的调查与量化实证研究；二是研究内容上：①偏宏观与泛泛而谈，缺乏个体层面的操作性和针对性，没有打开创新创业教育教师的能力"黑盒子"。②创新创业教育教师个体能力结构与影响因素间的作用机理也没有深入研究，致使很多创新创业教育师资队伍建设策略效果不佳。同时大量的创新创业教育教师个体一方面有强烈的成长和价值实现需求，另一方面却与花费了大量时间金钱投入的各类培训项目存在着不成正比等现象。因此基于全国12596名教师的问卷调查，通过方差分析、回归分析等实证探究创新创业教育教师的能力构成维度及其提升影响因素，对解决当前高校创新创业教育开展过程中最主要的专业化创新创业教育师资短缺问题有重要意义。

二 研究设计

（一）研究对象

课题组于2018年9月15日至2019年1月18日，通过问卷星和访谈形式面向全国共调研高校596所，涉及除宁夏外的30个省（自治区、直辖市），共回收问卷13120份，剔除因答卷时长过短、填写无效校名等原因造成的无效问卷524份，获得有效问卷12596份，占比96.01%。《教师卷》调查对象及要求为：与创新创业教育相关的领导干部、行政人员和专业老师。具体包括以下几类：①各类创新创业课的任课教师（选修和必修课）；②学生各类创新创业竞赛的指导师，创业园、科技园等学生创业项目的指导师，指导学生创新创业科研项目、创新实验、发表论文等指导老师；③校内各级创新创业管理人员（含校领导、学院部门领导及其他创新创业管理人员）；④学校和二级学院的教学管理人员、思政工作者（学工、团委、辅导员等），以及人事处、后勤管理人员等；⑤从事创新创业教育科研的老师；⑥从事自主创业的教师等。

表 7-5　　　　　　　样本教师基本情况（N = 12596）

项目	题项	频率	百分比%
性别	男	5498	43.6
	女	7098	56.4
教师年龄	30 周岁及以下	4927	39.1
	31—35 周岁	2953	23.4
	36—40 周岁	2643	21.0
	41 周岁及以上	2073	16.5
最高学位	学士	2447	19.4
	硕士	6800	54.0
	博士	1843	14.6
	其他	1506	12.0
所在学校类型	"双一流"高校	1241	9.9
	普通本科院校	6067	48.2
	独立学院	891	7.1
	高职大专院校	3278	26.0
	其他（民办等）	1119	8.9

（二）量表信效度检验

本书所使用的教师卷是基于国内外期刊文献，比较分析现有的各类创新创业教育调查问卷，并结合多位有丰富经验的创新创业教育教师的深度半结构访谈分析综合设计而成。课题组成员经过数十次的探讨，在问卷的初稿生成后，发放给几位创新创业教育领域的长江学者以及专门研究创新创业教育的学者或行政人员帮忙修改完善，然后课题组将试测问卷投放至全国各类高校合计 98 所进行试测，初步验证问卷题项的信度效度，以及是否足够解释本课题的理论假设模型等，并在此基础上进一步修改完善。最后逐项修改，形成最终问卷，并制作成在线问卷发放。

信度检验的方法是，计算各测量项的修正后的项总计相关性（Corrected Item—Total Correlation），即 CITC，其值若小于 0.5 则删去指标；同时计算克朗巴哈 α 系数，若 α 系数 ≥ 0.7，说明指标可靠性是可以接受的。创新创业教育教师能力构成结构量表指标 CITC 最小值为 0.692，克朗巴哈

α系数为0.952,且表中删除各观测变量后的克朗巴哈α系数值都比原量表的α值小,说明该量表具有较高的信度。同理,对创新创业教育教师能力提升影响因素的量表指标进行信度检验,克朗巴哈α系数为0.966,CITC最小值为0.704,说明该量表也具有较高的信度。

效度检验的方法是探索性因子分析,创新创业教育教师能力构成结构与提升影响因素的量表进行KMO和Bartlett检验,结果显示KMO均大于0.7;Bartlett球体检验的显著性概率均为0.000,表明数据具有相关性,即适宜做因子分析。对创新创业教育教师能力结构之态度属性、知识属性、技能属性三个维度以及影响因素之专业培训、新型教学、创业实践、创业文化氛围、政策保障五个维度分别做探索性因子分析也均得到较好结果,此处不再赘述。

三 研究结果

(一) 现状分析

1. 创新创业教育教师能力构成结构基本情况

结合样本教师的实际经历,对高校创新创业教育教师的能力构成五分制量表做出评价,5分代表非常重要,1分代表非常不重要(结果如表7-6所示)。样本教师认为"教师具备较强的创业实践指导技能"是能力结构里较为重要的指标,均值为4.12分。

表7-6　创新创业教育教师能力构成结构基本情况

能力结构	二级指标	均值	标准差
态度属性	C1 教师对创新创业教育总体上较为认同	3.92	0.877
	C2 教师个人坚韧的创业意志	3.96	0.894
	C3 教师具备较强的创业精神	4.01	0.879
知识属性	C4 教师具备丰富的教育学相关知识	3.97	0.853
	C5 教师具备丰富的创业相关知识	4.07	0.842
	C6 教师具备丰富的所学学科专业知识	4.05	0.871
	C7 教师具备丰富的风险投资知识	3.97	0.846

续表

能力结构	二级指标	均值	标准差
技能属性	C8 教师具备较强的教学组织技能	4.04	0.842
	C9 教师具备较强的创业实践指导技能	4.12	0.838
	C10 教师具备较强的创业机会识别技能	4.11	0.853
	C11 教师具备较强的创业机会开发技能	4.06	0.849
	C12 教师具备较强的管理、运营和协调项目技能	4.10	0.894

2. 创新创业教育教师能力提升影响因素基本情况

同理，结合样本教师实际经历，对创新创业教育教师能力提升因素量表做出评价。样本教师认为"鼓励教师把专业课程和创新创业教育深度融合""营造氛围浓厚的创新创业文化"是能力提升影响因素里最为重要的指标，均值为4.16分。而"在职前教师教育中重视创新创业教育"是得分最低的指标，均值为3.98分。

表7-7　　　创新创业教育教师能力提升影响因素基本情况

影响因素	二级指标	均值	标准差
专业培训	M2 鼓励教师参加创业师资培训	4.15	0.830
	M5 在职前教师教育中重视创新创业教育	3.98	0.849
	M17 为创业教师专业发展做科学的职业生涯规划	4.08	0.817
新型教学	M4 鼓励教师把专业课程和创新创业教育深度融合	4.16	0.828
	M7 注重采用主动学习和体验式学习的教学方法	4.13	0.821
	M18 重视教师的创新创业教育理论与实践研究	4.11	0.809
创业实践	M6 鼓励教师到中小企业进行挂职锻炼	4.04	0.865
	M13 教师原有的创业经验	3.99	0.828
	M14 创建全省或全国的创业教师关系网络交流群	3.99	0.838
创业文化氛围	M10 明确教师在创新创业教育中的角色	4.15	0.806
	M11 挖掘并树立教师成功创新创业典型	4.06	0.846
	M12 营造氛围浓厚的创新创业文化	4.16	0.825

续表

影响因素	二级指标	均值	标准差
政策保障	M8 学校完善创新创业教育教师评聘和绩效考核标准	4.10	0.861
	M9 学校完善科技成果创业收益分配机制	4.12	0.825
	M15 为离岗创业教师重返岗位提供政策保障	4.08	0.835
	M16 为离岗创业教师的职称晋升提供政策支持	4.08	0.843
	M19 设计政策为教师指导学生创业或实践提供时间保障	4.15	0.809

(二) 创新创业教育教师能力构成与提升影响因素回归分析结果

1. 创新创业教育教师总体能力的相关及回归分析结果

创新创业教育教师总体能力与提升影响因素的相关分析结果见表 7-8，显示可以进一步回归。

表 7-8　　创新创业教育教师总体能力的相关分析结果

	专业培训	新型教学	创业实践	创业文化氛围	政策保障
皮尔逊相关	0.754	0.751	0.702	0.719	0.735
显著性	0.000	0.000	0.000	0.000	0.000

再通过多元回归分析结果汇总如表 7-9 所示，即创新创业教育教师总体能力提升的影响因素作为自变量与教师总体能力构成的多元相关系数 R 为 0.791，多元相关系数的平方为 0.626，F 值为 4208.685，达到 1% 的显著性水平，依次显示专业培训（$\beta = 0.252$，$p < 0.001$）、新型教学（$\beta = 0.234$，$p < 0.001$）、政策保障（$\beta = 0.131$，$p < 0.001$）、创业文化氛围（$\beta = 0.124$，$p < 0.001$）以及创业实践（$\beta = 0.107$，$p < 0.001$）对创新创业教育教师总体能力的提升有显著影响，方程整体拟合效果较好。从标准系数 β 也可看出，五个因子均显著，且均为正向。

由于主要采用的是多元线性回归，为了保证得出较科学的结论，必须检验回归模型是否存在多重共线性、序列相关和异方差三大问题。本模型的多重共线性问题主要采用容差（Tolerance）和方差膨胀因子（VIF）两个指标来检验。表 7-9 显示本模型基本不存在多重共线性问题。本书使用的是截面数据,不需要进行序列相关检验。通过观察标准化残差的散点图是否有明显变化规律,结果亦发现不存在异方差问题。

表 7-9 创新创业教育教师总体能力回归分析摘要

预测变量		模型一			容差	VIF
		β	标准误	t 值		
(常量)			0.005	0.000	0.185	5.411
专业培训		0.252	0.013	19.866***	0.184	5.439
新型教学		0.234	0.013	18.393***	0.264	3.795
创业实践		0.107	0.011	10.073***	0.221	4.520
创业文化氛围		0.124	0.012	10.657***	0.178	5.619
政策保障		0.131	0.013	10.101***	0.185	5.411
回归模型摘要	DW	2.001				
	F 值	4208.685***				
	R^2	0.626				

注:因变量:创新创业教育教师总体能力(即同时包含三个维度);

*,**,*** 分别表示在 10%、5% 和 1% 的水平上显著。

2. 创新创业教育教师能力构成与影响因素间的作用机理

创新创业教育教师能力结构之态度属性、知识属性、技能属性三个维度以及影响因素之专业培训、新型教学、创业实践、创业文化氛围、政策保障五个维度分别通过相关、回归和模型检验后,结果显示如图 7-21 所示。

(三)不同类型创新创业教育教师能力差异分析

通过假定方差齐性时 LSD 检验和未假定方差齐性的 Tamhane's T2 检验:

1. 男女教师在总体能力、知识属性和技能属性上有显著差异

实证结果显示女性创新创业教育教师在总体能力（$F=4.347$，$p=0.037$）、知识属性（$F=8.231$，$p=0.004$）和技能属性（$F=8.704$，$p=0.003$）上在 5% 显著性水平均要显著强于男性教师,在态度属性（$F=1.242$，$p=0.265$）上与男性教师无显著差异。当今社会,由于女企业家

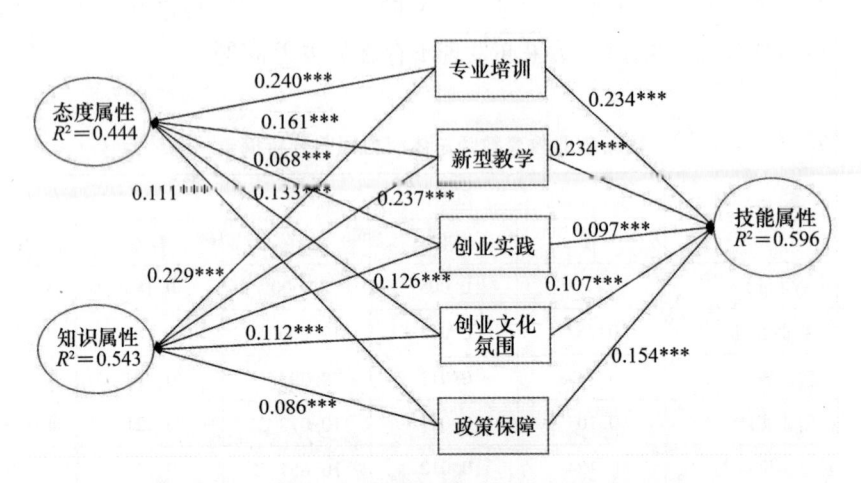

图 7-21　创新创业教育教师能力三维度回归实证结果

的人数远远少于男企业家，学者们对创业行为中性别差异的存在已经给予了相当多的关注①，因此往往会提倡加强对女性创业的支持，但在创新创业教育教师能力视角下，本课题组结果显示在保障女性教师能力提升的同时，更应当加强对男性教师在知识属性和技能属性上的支持。

2. 不同年龄段创新创业教育教师在能力维度均存在显著差异

实证发现在创新创业教育教师的总体能力维度：在5%显著性水平，"31—35周岁"年龄段的教师要显著高于其他年龄段的教师。即创新创业教育教师的总体能力增长曲线，在第二个年龄段"31—35周岁"达到顶峰，然后在"36—40周岁"段回落并趋于平稳，"36—40周岁"段和"41周岁及以上"段则无显著差异。进一步分析其差异，发现"31—35周岁"年龄段的教师：在态度属性上要比"30周岁及以下""36—40周岁"段的教师显著高；在知识属性上与其他年龄段均有显著差异；在技能属性上仅比"30周岁及以下"的教师显著高。因此应根据不同年龄段人才的特点制定高水平创新创业教育教师培养的职业生涯路径，并提供相应的能力提升平台，健全相关激励机制和评价机制，从而更有效地培养和管理创

---

① Minniti, Maria, "Female Entrepreneurship and Economic Activity", *European Journal of Development Research*, 2010, 22 (3): 294-312.

新创业教育教师。

3. 不同类型高校创新创业教育教师在能力维度存在显著差异

实证显示,在5%显著性水平,"双一流"建设高校的创新创业教育教师在总体能力维度上要显著高于独立学院,与其他类型高校差异不明显。普通本科院校的创新创业教育教师在总体能力上则要显著低于高职大专院校的教师,与其他类型高校差异也不明显。高职大专院校的创新创业教育教师在总体能力维度上,除与"双一流"建设高校差异不明显外,均要显著高于普通本科院校、独立学院等其他类型的高校。这一定程度上说明当前中国高校创新创业教育教师能力水平还参差不齐。进一步剖析样本教师数据发现,样本教师在学位上以硕士学位(54%)为主体,博士学位的教师只有14.6%;在从事创新创业教育工作年限上,39.5的教师是"2年及以内",26.2%的教师是"3—5年",两者累计65.7%,说明大部分创新创业教育教师还是新手;在教师类型上,辅导员等学生工作的教师占比35.3%,其次依次是非创业领域的专业教师(24%)、创业领域的专业教师(16%)。因此,总的来说,中国创新创业教育教师中专任教师太少,对兼任教师的培养和重视程度又不够,专业性太弱。[①]

四 对策建议

提高人才培养质量,加快推动创新创业发展升级,加强创新创业教育教师的能力建设是关键。而创新创业教育教师能力提升受宏观、中观、微观等内外因的影响,实证显示,影响因素之专业培训、新型教学、创业实践、创业文化氛围、政策保障五个维度均回归显著,说明总体理论假设较好。因此高校创新创业教育教师能力提升对策有以下六点。

1. 从战略高度把创新创业教育教师能力建设视为系统工程,着重加大专业培训广度和深度

从战略高度认识到创新创业教育教师能力建设的重要性,是一个系统工程,认识到双创升级绝不是应对经济发展新常态、解决就业压力的权宜之计,而是新时代赋予中国大学的历史责任。实证显示做好专业培训、新

---

① 黄兆信、黄扬杰:《创新创业教育质量评价探新:来自全国1231所高校的实证》,《教育研究》2019年第7期。

型教学、政策保障、创业文化氛围以及创业实践等工作对创新创业教育教师总体能力的提升均有显著影响。其中"专业培训"的回归系数为0.252，排第一位。说明创新创业教育教师能力的提升最主要的还是靠加大创新创业教育师资专业培训广度和深度。即指标"M2 鼓励教师参加创业师资培训、M5 在职前教师教育中重视创新创业教育、M17 为创业教师专业发展做科学的职业生涯规划"也均通过了实证验证。国内学者谢雅萍、黄美娇的研究得出类似的结论：她们对小微企业创业者的实证研究指出创业者能力是决定创业能否成功的核心要素，创业学习则是发展能力的关键。① 专业培训一方面要抓对教师的培训需求，弄清楚是教师态度上不愿意还是知识技能上有所欠缺？另一方面，学校的教师发展中心等管理部门要提供更专业化的支持，尤其是在"互联网＋"时代，如何设计出一套精准匹配创新创业教育教师专业化发展需求的培训方案，开展基于互联网新技术等的专业化培训，值得深入研究。

2. 专创融合，采用新型教学模式，鼓励重视理论研究

实证显示，在创新创业教育教师总体能力提升影响因素中"新型教学"的回归系数为0.234，排在第二位。构成指标为"M4、M7、M18"：第一，鼓励教师把专业课程和创新创业教育深度融合。借鉴国外经验，中国高校既可根据自身特色和具体情况，考虑在全校层面选择磁石、辐射或混合等合适的模式，把专业教育、通识教育、创新创业教育等进一步深入融合，也可致力于在创业转型的各类学科组织、学院中设置专门的创新创业教育教职、专门的职称晋升序列来促进融合。② 第二，当今世界正进入以系统网络生态为特征的创新3.0时代。因此要注重采用主动学习和体验式学习的教学方法，为创新3.0时代育才。③ 第三，鼓励教师加强创新创业教育理论研究。这对教师自身的职业可持续发展和高校双创人才培养质量的提升均有重要意义。自1999年到2019年年初，知网显示中国以"创新创业教育"为主题的期刊论文发表总量达到了31500多篇。尤其对"双

---

① 谢雅萍、黄美娇：《社会网络、创业学习与创业能力——基于小微企业创业者的实证研究》，《科学学研究》2014年第3期。

② 黄扬杰、邹晓东：《学科组织学术创业力与组织绩效关系研究》，《教育研究》2015年第11期。

③ 《现代大学要为创新3.0时代育才》（http://www.sohu.com/a/142258115_260616）。

一流"研究型大学而言，要形成高水平的人才培养体系，须把"科研—教学—学习连接体"的构建及其成效作为重要指标。① 除此之外，样本教师学位上以硕士学位（54%）为主体，博士学位的教师只有 14.6%；因此学校还有创造更多的条件鼓励创新创业教育教师攻读博士学位。

3. 科学规划职业生涯，完善创新创业教育教师评聘考核机制，支持离岗创业，让教师有时间有意愿全身心投入

样本教师在从事创新创业教育工作年限上，39.5%的教师是"2 年及以内"，即大部分创新创业教育教师处于职业生涯早期。而知识技能型员工职业生涯早期的工作满意度对离职倾向具有显著的负向预测效应。② 样本教师对所在学校的创新创业教育现状评价满意度最低的是师资的数量、专兼结合、科学的绩效考核、职称评聘机制等内容。因此要科学地规划创新创业教育教师的职业生涯，完善教师评聘考核机制，支持离岗创业，让教师有时间有意愿全身心投入到双创事业中去。实证显示，在创新创业教育教师能力提升影响因素中"政策保障"的回归系数为 0.131，排第三位，共 5 个指标 M8、M9、M15、M16、M19。Rasmussen 的研究结论指出，有效的政策和行动还应该是多层次和持续的，这些政策应该被嵌入到高校和教师的各个层次中去，如大学管理者、研究团队、产业界伙伴等各层次。③ 因此要充分听取教师的意见，满足教师最基本的需求，进一步落实相关政策保障。

4. 树立创新创业教育教师成功典型，营造浓厚的创新创业文化氛围

一方面，"营造氛围浓厚的创新创业文化"是能力提升影响因素里均值最高的选项。另一方面，"创业文化氛围"的回归系数为 0.124，构成指标为 M10、M11、M12。因此高校要创新人才引进机制，积极聘请国内外各界优秀创新创业高层次人才到学校兼职或任教，树立成功榜样典型，通过"大师+团队、高端平台+团队"等灵活模式来带动创新创业教育师

---

① 张学文：《"更高水平的人才培养体系"需要怎样的质量评价观？——基于排行性评价视角的哲学省思》，《华东师范大学学报》（教育科学版）2019 年第 4 期。

② 李宪印等：《职业生涯早期员工的工作满意度、组织承诺与离职倾向关系研究》，《中国软科学》2018 年第 1 期。

③ Rasmussen E., Borch O. J., "University Capabilities in Facilitating Entrepreneurship: A Longitudinal Study of Spin-off Ventures at Mid-range Universities", *Research Policy*, 2010 (39): 602-612.

资队伍的建设,从而营造浓厚的创新创业文化氛围。

5. 加强与产业界以及同行的交流合作,积累创业实践经验

由于大多数高校教师足不出象牙塔,以及繁重的教学科研压力,创新创业教育教师普遍存在着实践能力"短板"。① 实证也显示"创业实践"的回归系数为 0.107。构成指标为 M6 鼓励教师到中小企业进行挂职锻炼、M13 教师原有的创业经验、M14 创建全省或全国的创业教师关系网络交流群。因此,可通过加强与产业界以及同行的交流合作、健全制度引导创新创业教育教师参加创业实践、改变"论文主义"的评价导向、提倡师生共创等方式促进教师积累创业实践经验,从而提高创新创业人才培养质量。

6. 创新创业教育教师要根据自身特点差异化提升能力

创新创业教育教师能力有态度、知识和技能三维度,回归分析实证显示影响因素的五个维度均在1%水平显著。但能力构成的三维度在具体影响因素的权重上有所不同:态度属性的提升依次依靠专业培训、新型教学和创业文化氛围等;知识属性的提升则依次依靠新型教学、专业培训和创业实践等;技能属性的提升则又依次依靠专业培训、新型教学和政策保障等。不同类型的创新创业教育教师在能力各维度上也均有所差异。因此创新创业教育教师可根据自主发展目标、自身特点差异化来提升能力。

第四节 未来的创新创业教育

社会进步与技术发展会使现有的一些工作被机器人所取代,也会催生出一批未知的行业和岗位。如前所述,技术发展、社会变革和环境问题等将促使政府、企业和社会团结协作,带动更多的人参与到创业活动中,女性、少年人、老年人、少数民族成员、贫困劳动者及难民等弱势群体创业可能变得更加普遍。企业将期望员工表现出创业精神,从而使自身具备更强的创业精神以应对社会挑战。未来的创业可能变得职业化、系统化和结构化,促使创业者学习更多的创业知识和技能。因此,可持续发展需要创新创业教育,让每个学生都能成为富有创造精神、敢于将想法付诸实践、

---

① 刘华海:《高校创新创业教育:青年教师实践"短板"与应对》,《科研管理》2017 年第 S1 期。

具有价值取向的个体。

未来，创新创业教育的覆盖率将大大增加，而将不再局限于部分高校，横向覆盖所有事业单位、企业、高校、科研院所等机构，纵向覆盖人才成长全部教育过程，包括小学、中学、本科乃至终身学习阶段。儿童前额叶皮质仍在发育，拥有更多的时间学习、学得更快。[①] 而成年人虽然不善于学习和吸收新信息，但过去积累的知识、经验以及成熟的心智可以帮助他们更好、更快地理解和长期保持创业知识和技能，[②] 他们能够更好地利用学习技巧，控制动机和结果，获得更好的效率和效果。对于孩子们来说，创业并非创新创业教育想要获得的结果，在学习中获取其他重要知识和技能才是首要的。因此，更成熟的创新创业教育的目的不再拘泥于授予学生有关创业的知识及技能以培养学生的创新创业能力，而在于从根本上激发学生的创新思维和创业精神，侧重于提升对象的创新素养，即对象需要拥有敢于推陈出新、敢于冒险的精神。这就要求创新创业教育培养学生感知环境、分析社会经济发展趋势和捕捉机会的能力，整合资源、利用网络和有效利用各种方法解决问题的能力，尤其是开拓性思考与实践的能力。创新思维与创新创业教育不仅会渗透在中小学课程教学中，还会渗透在高校各个学科专业课程与教学体系中，成为人才培养的重要评价指标，即创新创业课程和专业课程深度融合将成为未来创新创业教育发展的必然趋势，从而推动创新创业教育学科定位专业化进程，在高校内部形成自成一体的创新创业教育学科专业体系。

实践是创新创业教育体系建设中无法忽略的重要一环。对内，学校创新创业教育会摆脱理论化教学方式，在师资力量、教学过程、社团活动、社会实践等环节中提高实践水平，为学生提供现实生动且具有挑战性与参考价值的创业指导及基于行动的体验学习。对外，学校寻求与企业、园区、政府、科研院所的深入合作，搭建产学研一体的科技协同创新平台，通过获取政府、企业和社会的支持促进高校科技成果转化，为所有学生营

[①] Ericsson, K. A. (Ed.), *The Road to Excellence: The Acquisition of Expert Performance in the Arts and Sciences, Sports, and Games*, Psychology Press, 2014.

[②] Meulman, N., Wieling, M., Sprenger, S. A., Stowe, L. A., & Schmid, M. S., "Age Effects in L2 Gram-marProcessing as Revealed by ERPs and How (not) to Study Them", *Plos One*, 2015, 10 (12), e0143328.

造高度开放、自由、有保障的创新环境。而无论是理论还是实践发展,新兴的数字化技术必定会为创新创业教育注入新的活力,大数据、云计算、物联网、区块链、人工智能、5G 通信等新兴技术将广泛应用于创新创业教育领域,形成数字化的学习生态系统,教学内容、教学方法及教学模式等都将与数字化结合,为社会提供契合时代发展需求,符合学生发展规律,更加便利化、多样化、个性化的创新创业教育课程,如全息技术、虚拟教学法在一定程度上抵消了当下因疫情、时空距离等困扰带来的不便。[①]数字时代召唤具备高水平数字素养、数字能力的创新创业教育教师,未来的创新创业教育师资队伍建设也必然离不开数字化改革。学校应培养教师利用包括但不限于人工智能等资源,为学生构建一个良好的学习环境。值得注意的是,数字技术拥有人所不具有的许多优势,比如能够存储大量的信息,能够快速、不知疲惫、没有情绪地传递信息,但数字技术不具有人的复杂情感,不能完全取代教师。

未来,创新创业教育的各种边界将基本消失,性别边界、时空边界、文化边界、种类边界、虚拟与现实之间的边界都将消弭不见,取而代之的是大众创新、万众创业。每一个人都是独一无二的,所有人都接受独特的课程与教学方法,在个人兴趣及能力的差异前提下自主选择创业知识和实践训练,学会利用现有的资源解决问题,成为富有创造力的实践型综合人才。

---

① Ratten V., Usmanij P., "Entrepreneurship Education: Time for a Change in Research Direction?", *The International Journal of Management Education*, 2020, 19 (1).

参考文献

《5年来,全球妇女峰会倡议得到全面落实》(http://www.women.org.cn/art/2020/10/9/art_22_165097.html)。

C. J. 康纳尔:《元创业:成功创业新范式》,同济大学出版社2021年版。

陈才烈、陈涛、林鉴军、李为:《"双一流"建设背景下西部高校创业教育治理研究》,《重庆大学学报》(社会科学版)2021年第2期。

陈超美、陈悦、侯剑华等:《CiteSpace Ⅱ:科学文献中新趋势与新动态的识别与可视化》,《情报学报》2009年第3期。

陈国军:《新媒体时代高校大学生创业能力培养:要素整合的视角》,《现代教育管理》2018年第2期。

陈国政:《国外大学生就业扶持政策对我国的启示》,《上海经济研究》2011年第3期。

陈浩凯、徐平磊:《创业教育质量评价指标体系研究》,《大学:研究与评价》2007年第5期。

陈强:《"专创融合"人才培养模式构建及推进策略——以新商科专业群为视角》,《中国高校科技》2019年第11期。

陈廷柱:《警惕高等教育质量项目化》,《大学教育科学》2019年第5期。

陈霞玲:《高校创新创业教育模式与实践研究——以美国四所高校为例》,《国家教育行政学院学报》2019年第7期。

陈晓红、蔡莉、王重鸣、李新春、路江涌、杨俊、葛宝山、赵新元、吴刚:《创新驱动的重大创业理论与关键科学问题》,《中国科学基金》2020年第34卷第2期。

陈烨、贾文胜、郑永进:《高职院校创新创业教育:理性反思与模式构建》,《高等工程教育研究》2018年第2期。

程玮：《大学生创业能力结构模型的修正与测评指标体系建构》，《创新与创业教育》2020年第3期。

程啸：《论大数据时代的个人数据权利》，《中国社会科学》2018年第3期。

邓平安：《欧盟高校创业教育模式对我国创新创业人才培养的启示》，《黑龙江高教研究》2018年第5期。

樊丽明等：《新文科建设的内涵与发展路径（笔谈）》，《中国高教研究》2019年第10期。

范舜、谈在祥：《人工智能背景下"新医科"建设的挑战与变革》，《中国高校科技》2019年第7期。

付八军：《实现教师转型是建设创业型大学的关键》，《中国高等教育》2015年第22期。

江树革、费多丽：《市场化改革和性别视野下的中国女性创业》，《辽宁大学学报》（哲学社会科学版）2017年第2期。

江树革：《疫情防控常态化形势下如何推进女性创业》，《中国妇女报》2020年7月21日第5版。

高桂娟、苏洋：《大学生创业能力的构成：概念与实证》，《高教发展与评估》2013年第3期。

高树昱、邹晓东：《工程科技人才创业能力培养机制的实证研究》，《高等工程教育研究》2015年第1期。

高艳、乔志宏：《大学生就业能力结构及其内部关系：质的研究》，《中国青年研究》2016年第11期。

葛宝山、宁德鹏：《我国高校创业教育满意度对创业行为的影响研究——一个以创业激情为中介的大样本实证考察》，《华东师范大学学报》（教育科学版）2017年第3期。

辜胜阻、曹冬梅、杨嵋：《构建粤港澳大湾区创新生态系统的战略思考》，《中国软科学》2018年第4期。

辜胜阻、洪群联：《对大学生以创业带动就业的思考》，《教育研究》2010年第5期。

郭必裕：《对构建大学生创业评价体系的思考》，《黑龙江高教研究》2003年第4期。

郭洪芹、罗德明：《创业教育满意度及其提升策略研究——基于浙江省 10 所地方本科高校的实证分析》，《高等工程教育研究》2020 年第 5 期。

郭健、顾岩峰：《我国区域高等教育协同发展：结构矛盾、肇因分析及策略选择》，《中国高教研究》2020 年第 6 期。

国家信息中心：《中国共享经济发展报告（2021）》，2021 年 2 月 19 日。

韩庆祥、雷鸣：《能力建设与当代中国发展》，《中国社会科学》2005 年第 1 期。

何萍：《中国女性主义问题与中国社会的变革——为纪念恩格斯逝世 110 周年而作》，《武汉大学学报》（人文科学版）2005 年第 6 期。

洪柳：《我国高校创新创业教育短板分析及应对策略》，《继续教育研究》2018 年第 4 期。

胡博：《"新工科"下高校创新创业人才培养质量提升机制》，《山西大学学报》（哲学社会科学版）2020 年第 4 期。

胡怀敏：《我国女性创业及影响因素研究》，博士学位论文，华中科技大学，2007 年。

胡瑞、王伊凡、张军伟：《创业教育组织方式对大学生创业意向的作用机理——一个有中介的调节效应》，《教育发展研究》2018 年第 11 期。

胡桃、沈莉：《国外创新创业教育模式对我国高校的启示》，《中国大学教学》2013 年第 2 期。

黄瑞雪、王紫微、任国峰：《高等医学院校创新创业教育的困境与破解途径探索》，《创新与创业教育》2017 年第 3 期。

黄晓薇：《高举习近平新时代中国特色社会主义思想伟大旗帜　团结动员各族各界妇女为决胜全面建成小康社会实现中华民族伟大复兴的中国梦而不懈奋斗》，http://www.women.org.cn/art/2018/11/5/art_946_159086.html，2022 年 1 月 25 日。

黄扬杰：《高校教师胜任力与创业教育绩效研究》，《高等教育研究》2020 年第 1 期。

黄扬杰、黄蕾蕾、李立国：《高校创业教育教师的创业能力：内涵、特征与提升机制》，《教育研究》2017 年第 2 期。

黄扬杰、吕一军：《高校创业教育的问题与对策》，《教育研究》2018 年第 8 期。

黄扬杰:《新时代高校创业教育师资队伍建设实证研究》,中国社会科学出版社 2018 年版。

黄扬杰、邹晓东:《学科组织学术创业力与组织绩效关系研究》,《教育研究》2015 年第 11 期。

黄兆信、杜金宸:《"双一流"建设高校学生对创新创业课程质量满意度研究》,《华东师范大学学报》(教育科学版) 2020 年第 12 期。

黄兆信、黄扬杰:《创新创业教育质量评价探新:来自全国 1231 所高校的实证》,《教育研究》2019 年第 7 期。

黄兆信、黄扬杰:《社会创业教育:内涵、历史与发展》,《高等教育研究》2016 年第 8 期。

黄兆信、李炎炎:《社会创业教育的理念与行动》,《教育研究》2018 年第 7 期。

黄兆信、王志强:《高校创业教育生态系统构建路径研究》,《教育研究》2017 年第 4 期。

黄兆信、王志强:《论高校创业教育与专业教育的融合》,《教育研究》2013 年第 12 期。

黄兆信、赵国靖:《中美高校创业教育课程体系比较研究》,《中国高教研究》2015 年第 1 期。

黄志纯、刘必千:《关于构建高职生创新创业教育评价体系的思考》,《教育与职业》2007 年第 30 期。

吉文昌:《教育满意度测评方法与原则》,《教育研究》2015 年第 2 期。

蒋承、李宜泽、黄震:《大学生创业意愿影响因素研究——基于对北京大学学生的调查》,《高教探索》2018 年第 1 期。

蒋研川、朱莹、卢培煜:《西部欠发达地区高校学生创业调查及教育课程体系构建——以重庆为例》,《中国大学教学》2012 年第 6 期。

焦磊:《粤港澳大湾区高校战略联盟构建策略研究》,《高教探索》2018 年第 8 期。

金星彤、王祯:《移动应用程序(APP)使用对大学生就业创业能力培养的影响——基于全国 50 所高校的调查》,《中国大学生就业》2015 年第 17 期。

黎春燕、李伟铭、李翠:《我国高校大学生创业实践教育:模式、问题与对策研究》,《黑龙江高教研究》2017年第10期。

李红、李映松、明文钦:《构建西部地区师范类院校创新创业教育工作体系的思考》,《中国大学生就业》2018年第16期。

李华晶、朱萌、侯闪闪:《欧盟与OECD老年创业政策及其对我国的启示》,《中国人力资源开发》2019年第4期。

李景旺:《探讨高校创业教育课程体系的构建》,《教育与职业》2006年第18期。

李良成:《就业能力关键构成要素模型下的高校人才培养》,《江西社会科学》2015年第4期。

李琳璐:《斯坦福大学的创新创业教育:系统审视与经验启示》,《高教探索》2020年第3期。

李梦卿、邢晓:《"双高计划"背景下高等职业教育人才培养方案重构研究》,《现代教育管理》2020年第1期。

李敏辉、李铭、曾冰然、王超:《后疫情时代发展中国家高等教育数字化转型:内涵、困境与路径》,《北京工业大学学报》(社会科学版)2022年第1期。

李明章:《高校创业教育与大学生创业意向及创业胜任力的关系研究》,《创新与创业教育》2013年第3期。

李伟铭、黎春燕、杜晓华:《我国高校创业教育十年:演进、问题与体系建设》,《教育研究》2013年第6期。

李宪印等:《职业生涯早期员工的工作满意度、组织承诺与离职倾向关系研究》,《中国软科学》2018年第1期。

李远熙:《社会创业:大学生创业教育的新范式》,《高等教育研究》2015年第3期。

梁秋英、孙刚成:《孔子因材施教的理论基础及启示》,《教育研究》2009年第11期。

梁瑞华:《依托"两方法一平台"提升大学生就业竞争力》,《中国高等教育》2014年第8期。

林健、田远:《创业教育的就业质量效应实证研究:基于创业竞赛的视角》,《国家教育行政学院学报》2019年第10期。

林伟连、尹金荣、黄任群:《创业教育:大学的声音》,浙江大学出版社

2018年版。

刘畅:《大学生创业能力培养机制的实证研究》,《新疆师范大学学报》(哲学社会科学版)2017年第3期。

刘帆、陆跃祥:《中美两国高校创业教育发展比较研究——基于统一标准》,《中国青年研究》2008年第5期。

刘敢新、李华:《以创业带动大学生就业的策略分析》,《重庆大学学报》(社会科学版)2008年第3期。

刘华海:《高校创新创业教育:青年教师实践"短板"与应对》,《科研管理》2017年第S1期。

刘佳、许华伟:《"供给侧"改革视野下大学生就业创业能力培养》,《继续教育研究》2017年第1期。

刘振亚:《美国高校创业教育生态化对我国的启示》,《中国高教研究》2014年第2期。

刘志阳、赵陈芳、李斌:《数字社会创业:理论框架与研究展望》,《外国经济与管理》2020年第4期。

鲁钊阳:《本科创业创新教育实施问题及对策研究》,《教育评论》2016年第3期。

罗三桂:《大学生创业能力的培养现状及提升策略》,《中国高等教育》2013年第12期。

马骁、徐浪:《教育对经济增长的贡献:东西部之比较》,《经济学家》2001年第2期。

马志强、李钊、李国昊、金玉成:《高校创业服务价值对大学生创业能力的影响——基于大学生创业动机的调节作用》,《预测》2016年第4期。

梅伟惠:《高校创业教育评价的类型与影响因素》,《教育发展研究》2011年第3期。

梅伟惠:《我国创业学院模式:趋同成因与现实消解》,《教育发展研究》2016年第Z1期。

梅伟惠:《我国高校创业教育组织模式:趋同成因与现实消解》,《教育发展研究》2016年第Z1期。

孟小峰、慈祥:《大数据管理:概念、技术与挑战》,《计算机研究与发展》2013年第1期。

孟新、胡汉辉:《高校创业教育实践系统的构建及其实现评价》,《南京农业大学学报》(社会科学版) 2016 年第 2 期。

倪外:《香港建设全球科技创新中心:困境、机理与路径》,《上海经济研究》2018 年第 10 期。

聂小军、高英、史雪:《新农科人才创新创业教育改革探索》,《创新创业理论研究与实践》2019 年第 4 期。

牛翔宇:《上海高校创业教育体系建设初探》,《教育发展研究》2010 年第 5 期。

欧小军:《世界一流大湾区高水平大学集群发展研究——以纽约、旧金山、东京三大湾区为例》,《四川理工学院学报》(社会科学版) 2018 年第 3 期。

彭华涛、朱滔:《"双一流"建设背景下专创深度融合模式及路径研究》,《高等工程教育研究》2021 年第 1 期。

《平等 发展 共享:新中国 70 年妇女事业的发展与进步》 (http://www.gov.cn/zhengce/2019 – 09/19/content_5431327.htm)。

屈振辉:《我国高校创新创业学院的功能与结构论析》,《继续教育研究》2018 年第 6 期。

戎晓霞、万骁乐、孟庆春:《基于模糊综合评价的大学生创业教育满意度研究》,《黑龙江高教研究》2019 年第 4 期。

沈成君、杜锐:《基于文献计量的创新创业教育研究热点与趋势可视化分析》,《中国大学教学》2020 年第 1 期。

沈健:《高校教师创新创业教育能力建设——江苏的理解、实践与构想》,《中国高等教育》2015 年第 17 期。

沈姣:《志愿服务视角下大学生就业创业能力提升策略》,《继续教育研究》2015 年第 8 期。

施炜:《普通高校本科毕业生就业能力提升对策的研究》,博士学位论文,中国矿业大学,2012 年。

施永川:《全球化背景下英国高校创新创业教育的发展现状及未来走向——访英国创新创业教育者学会国际研究员张静女士》,《世界教育信息》2020 年第 4 期。

史秋衡、王芳:《我国大学生就业能力的结构问题及要素调适》,《教育研究》2018 年第 4 期。

史秋衡、文静：《中国大学生的就业能力——基于学情调查的自我评价分析》，《北京大学教育评论》2012 年第 1 期。

孙瑜晨：《互联网共享经济监管模式的转型：迈向竞争导向型监管》，《河北法学》2018 年第 10 期。

汤丹丹、温忠麟：《共同方法偏差检验：问题与建议》，《心理科学》2020 年第 1 期。

唐娅辉：《中国妇女百年妇女奋斗史》，湖南师范大学出版社 1999 年版。

陶丹、陈德慧：《中国高校创业教育质量评价指标体系研究》，《科技管理研究》2010 年第 5 期。

田贤鹏：《高校创新创业教育政策实施满意度调查研究——基于在校学生的立场》，《高教探索》2016 年第 12 期。

王光明等：《教师核心能力的内涵、构成要素及其培养》，《教育科学》2018 年第 4 期。

王桂云、祁艳霞、高强：《基于医教研融合培养人才的探索与实践》，《中国高校科技》2019 年第 11 期。

王国敏：《20 世纪的中国妇女》，四川大学出版社 2000 年版。

王海涵：《第七届中国国际"互联网+"大学生双创大赛"青年红色筑梦之旅"启动》，https://s.cyol.com/articles/2021-06/11/content_DW6Olec3.html，2022 年 1 月 25 日。

王洪才、王务均、陈迎红、郑飞中、王健、刘丽梅：《"双万计划"专题笔谈》，《重庆高教研究》2020 年第 4 期。

王辉、张辉华：《大学生创业能力的内涵与结构——案例与实证研究》，《国家教育行政学院学报》2012 年第 2 期。

王佳桐、胡敏、朱甜甜、施永川：《国际社会创业研究现状、热点及趋势——基于 VOSviewer 的科学知识图谱分析》，《安徽行政学院学报》2019 年第 6 期。

王嘉毅、麦艳航：《西部地区高等教育发展：机遇、挑战与对策》，《中国高教研究》2019 年第 12 期。

王青青：《西部地区创新创业教育课程建构途径——以贵州省花溪大学城高校为例》，《科教导刊（中旬刊）》2019 年第 2 期。

王心焕、薄赋谣、雷家骕：《基于大样本调查的本科学生与高职学生创业认知差异分析》，《技术经济》2016年第3期。

王新俊、孙百才：《近30年来国外大学生就业能力研究现状及进展》，《教育与经济》2018年第5期。

王艳：《案例教学视角下的大学生创业能力培养》，《江苏高教》2018年第4期。

王一凡、沙爱红、周立云、刘涛、郭行健、宋少杰：《农科生"广谱式"创新创业教育实训模式探索——大田实践训练计划》，《科教文汇（下旬刊）》2019年第6期。

王占仁、常飒飒：《欧盟"创业型教师"教育研究》，《比较教育研究》2017年第6期。

王占仁：《中国创业教育的演进历程与发展趋势研究》，《华东师范大学学报》（教育科学版）2016年第2期。

王志梅、田启明：《高职院校基于新技术应用的创新创业教育：理念、内涵与实践》，《高等工程教育研究》2018年第5期。

王志强、杨庆梅：《我国创业教育研究的知识图谱——2000—2016年教育学CSSCI期刊的文献计量学分析》，《教育研究》2017年第6期。

温忠麟、叶宝娟：《中介效应分析：方法和模型发展》，《心理科学进展》2014年第5期。

巫蓉：《"双创"背景下大学生创业能力的培养》，《黑龙江高教研究》2017年第8期。

吴炳德、陈士慧、陈凌：《制度变迁与女性创业者崛起——来自LN家族的案例》，《南方经济》2017年第3期。

吴华、周谷平、陈健：《西部地区民办教育发展及其对策建议》，《教育发展研究》2010年第Z2期。

吴能全、李芬香：《创业者心理资本、人力资本与社会资本对其创业能力的影响研究——基于结构方程模型的分析》，《湖南大学学报》（社会科学版）2020年第4期。

武学超、罗志敏：《四重螺旋：芬兰阿尔托大学地域性创新创业生态系统模式及成功经验》，《高教探索》2020年第1期。

夏仕武、毛亚庆：美国创业教育体系化建设：历程及启示》，《江苏高教》

2020年第8期。

《现代大学要为创新3.0时代育才》（http://www.sohu.com/a/142258115_260616）。

向辉、雷家骕：《大学生创业教育对其创业意愿的影响研究》，《清华大学教育研究》2014年第2期。

项国鹏、曾传圣：《国外创业生态系统研究最新进展及未来展望》，《科技进步与对策》2020年第37卷第14期。

谢晋宇、宋国学：《论离校学生的可雇佣性和可雇佣性技能》，《南开学报》（哲学社会科学版）2005年第2期。

谢雅萍、黄美娇：《社会网络、创业学习与创业能力——基于小微企业创业者的实证研究》，《科学学研究》2014年第3期。

徐虹、张妍、翟燕霞：《社会创业研究回顾与展望》，《经济管理》2020年第11期。

徐小洲：《创新创业教育评价的VPR结构模型》，《教育研究》2019年第7期。

徐小洲等：《两岸三地高校创业教育比较研究》，《中国高教研究》2018年第9期。

徐小洲，梅伟惠著：《高校创业教育体系建设战略研究》，浙江教育出版社2015年版，第86页。

徐小洲、张敏：《创业教育的观念变革与战略选择》，《教育研究》2012年第5期。

徐秀红、黄登良、肖红新：《"双创"教育视域下大学生就业满意度探析》，《教育与职业》2020年第17期。

徐旭英、邹晓东、张炜：《斯坦福大学创业教育实施的特点与启示》，《高等工程教育研究》2018年第2期。

许长青、黄玉梅：《制度变迁视域中粤港澳大湾区高等教育融合发展研究》，《中国高教研究》2019年第7期。

宣勇：《大学能力建设：新时代中国高等教育面临的重大课题》，《高等教育研究》2018年第5期。

薛永斌：《大学生创业能力培养与提升策略研究——基于创业教育生态系统构建》，《学术论坛》2016年第7期。

阳镇、刘畅、季与点、陈劲：《平台治理视角下高校科技成果转化治理创新》，《科学学与科学技术管理》2021年第12期。

杨道建、赵喜仓、陈文娟、朱永跃：《大学生创业培养环境、创业品质和创业能力关系的实证研究》，《科技管理研究》2014年第20期。

杨建新：《变革创新：引领推动新时代高职教育高质量发展的第一动力》，《江苏高教》2021年第1期。

杨延朋：《基于互联网+的大学生创新创业能力培养策略研究》，《山东社会科学》2016年第S1期。

姚小玲、张雅婷：《美国斯坦福大学创新创业教育生态系统探究》，《山西大学学报》（哲学社会科学版）2018年第5期。

叶雨婷：《2022届高校毕业生首破千万》，《中国青年报》2021年11月22日第4版。

尹苗苗、蔡莉：《创业能力研究现状探析与未来展望》，《外国经济与管理》2012年第12期。

尹向毅、刘巍伟、施祺方：《美国高校创业教育与专业教育整合实践体系及其启示》，《高等工程教育研究》2021年第1期。

余昶、王志军：《高校创新创业教育模式研究》，《学术论坛》2013年第12期。

原田纪久子、徐玲玲、温蓓蕾：《如何促进青少年参与社会创业？——基于日本创业发展中心的创业教育实践案例》，《世界教育信息》2020年第4期。

张加驰：《综合性大学开展创新创业教育改革的探索与实践——以兰州大学物理学院为例》，《大学教育》2019年第4期。

张立平：《大学生创业基本能力形成与创业环境关系研究》，硕士学位论文，东北师范大学，2011年。

张男星、黄海军、孙继红、王春春：《大学师生双重视角下的本科教育多维评价——基于全国高等教育满意度调查的实证分析》，《中国高教研究》2019年第7期。

张务农：《我国学校创业教育发展：形态、问题及路径》，《教育发展研究》2014年第3期。

张学文：《"更高水平的人才培养体系"需要怎样的质量评价观？——基于

排行性评价视角的哲学省思》,《华东师范大学学报》(教育科学版)2019 年第 4 期。

张玉利、王晓文:《先前经验、学习风格与创业能力的实证研究》,《管理科学》2011 年第 3 期。

郑娟、孔钢城:《利益相关者视角下的 MIT 创业生态系统研究》,《高等工程教育研究》2017 年第 5 期。

郑庆华:《高校创新创业生态体系的构建与实践探索》,《高等工程教育研究》2020 年第 4 期。

郑庆华:《以创新创业教育为引领 创建"新工科"教育模式》,《中国大学教学》2017 年第 12 期。

郑晓明:《"就业能力"论》,《中国青年政治学院学报》2002 年第 3 期。

《〈中国女性创业报告(2018)〉发布》(https://politics.gmw.cn/2018-04/16/content_28351988.htm)。

《中国信通院解读:"十四五"规划里的大数据发展》(http://dsj.guizhou.gov.cn/zwgk/xxgkml/zcwj/zcfg/202103/t20210315_67195878.html)。

中华全国妇女联合会妇女运动历史研究室编:《中国妇女运动历史资料》(1921—1927),人民出版社 1986 年版。

钟志华、周斌、蔡三发、许涛:《高校创新创业教育组织机构类型与内涵发展》,《中国高等教育》2018 年第 22 期。

周谷平、吴华等:《西部地区教育均衡发展的资源统筹和制度创新研究》,浙江大学出版社 2012 年版。

周巍:《青年创业教育"学院型培养模式"探索——基于湖北青年创业学院的创新实践》,《中国青年研究》2012 年 12 期。

周文辉、黄欢、牛晶晶、刘俊起:《2020 年我国研究生满意度调查》,《学位与研究生教育》2020 年第 8 期。

朱家德、王佑镁:《高校创业学院的发生学研究》,《高等工程教育研究》2017 年第 6 期。

朱闻亚:《高校创业学院教学质量监控体系的构建》,《高等工程教育研究》2016 年第 4 期。

朱秀梅、林晓玥、王天东:《数字创业生态系统动态演进机理——基于杭州云栖小镇的案例研究》,《管理学报》2020 年第 4 期。

祝成林、和震：《基于"过程—结果"的高职院校创新创业教育质量评价研究》，《南京师大学报》（社会科学版）2020年第3期。

卓泽林、黄兆信、庄兴忠：《美国高校创新创业型人才培养的机制与路径研究——以威斯康辛大学麦迪逊分校为例》，《浙江社会科学》2018年第11期。

卓泽林、罗萍：《我国高校创业教育组织运作困境及其对策——基于美国12所创业中心的经验与启示》，《教育发展研究》2018年第19期。

卓泽林、任钰欣、李梦花、俞林伟：《创新创业教育绩效评价体系建构——基于全国596所高校的实证研究》，《中国电化教育》2020年第8期。

卓泽林：《粤港澳大湾区高校学生创新创业教育质量满意度提升研究》，《华东师范大学学报》（教育科学版）2020年第12期。

邹春霞：《创新创业能力培养视角下大学生就业指导探析》，《教育与职业》2018年第14期。

［法］狄尔泰：《人文科学导论》，赵稀方译，华夏出版社2004年版。

［美］亨利·埃兹科维茨：《麻省理工学院与创业科学的兴起》，王孙禺、袁本涛等译，清华大学出版社2007年版。

［美］霍尔登·索普、巴克·戈尔茨坦：《创新引擎21世纪的创业型大学》，赵中建、卓泽林、李谦、张燕南译，上海科技教育出版社2018版。

［美］杰弗里·蒂蒙斯：《创业者》，周伟民译，华夏出版社2001年版。

Chen C., Ibekwe-Sanjuan F., Hou J., "The Structure and Dynamics of Cocitation Clusters: A Multiple-perspective Cocitation Analysis", *Journal of the American Society for Information Science & Technology*, 2014, 61 (7): 1386-1409.

2018 annual report (https://en.calameo.com/read/0050567209bcbf12a7930).

2020 Search Fund Study: Selected Observations (https://www.gsb.stanford.edu/faculty-research/case-studies/2020-search-fund-study-selected-observations).

2021 Annual Report (https://en.calameo.com/read/0050567205eaa747a64f8).

2022 Impact Report: 10 years, 10 mantras (https://impact.edx.org/2022).

A. Acquier, T. Daudigeos, J. Pinkse. "Promises and Paradoxes of the Sharing

Economy: An Organizing Framework". *Technological Forecasting and Social Change*, 2017 (125): 1 - 10.

About Us: Transformation through Education (https://www.edx.org/about-us).

Academic Departments (https://www.stanford.edu/list/academic/).

Affiliated Faculty (https://www.gsb.stanford.edu/faculty-research/centers-initiatives/ces/faculty-staff/affiliated-faculty).

Agbim K C, Ayatse F A, Oriarewo G O, "Entrepreneurial Learning: A Social and Experiential Method of Entrepreneurship Development among Indigenous Female Entrepreneurs in Anambra State, Nigeria", *International Journal of Scientific and Research Publications*, 2013, 6 (3): 50 - 53.

Agustina, T., Budiasih, Y., Ariawan, E. K., & Gorovoy, S. A., "Role of Social Entrepreneurship in Business Management", *Journal of Critical Reviews*, 2020 (7): 257 - 262.

Akhmetshin, E. M., Romanov, P. Y., Zakieva, R. R., Zhminko, A. E., Aleshko, R. A., & Makarov, A. L., "Modern Approaches to Innovative Project Management in Entrepreneurship Education: A Review of Methods and Applications in Education", *Journal of Entrepreneurship Education*, 2019 (22): 1 - 15.

Akinci, Z., Yurcu, G., & Kasalak, M., "The Mediating Role of Perception in the Relationship between Expectation and Satisfaction in Terms of Sustainability in Tourism Education", *Sustainability*, 2018, 10 (7).

Albarraq, A. A., Makeen, H. A., & Banji, D., "Preconception of Pharmacy Students for the Inclusion of Entrepreneurship Curriculum in the PharmD Program", *Indian Journal of Pharmaceutical Education and Research*, 2020, 54 (1): 22 - 30.

Aleksandra Klanja-Milievi, M. Ivanovi, and Z. Budim Ac, "Data Science in Education: Big Data and Learning Analytics", *Computer Applications in Engineering Education*, 2017 (25): 1066 - 1078.

Alumni (https://alumni.stanford.edu/get/page/home).

Alvarez S. A., Busenitz L. W., "The Entrepreneurship of Resource-based Theory", *Springer Berlin Heidelberg*, 2007: 207-227.

Alvarez, S. A. and Busenitz, L. W., "The Entrepreneurship of Resource-based Theory", *Journal of Management*, 2001, 27 (6): 755-775.

Annual Report 2021 (https://en.calameo.com/read/0050567205eaa747a64f8).

Astebro, T., Bazzazian, N., & Braguinsky, S., "Startups by Recent University Graduates and Their Faculty: Implications for University Entrepreneurship Policy", *Research Policy*, 2012 (41), 663-677.

Austin J, Stevenson H H, Weiskillern J, "Social Enterprise Series No. 28 - - Social Entrepreneurship and Commercial Entrepreneurship: Same, Different, or Both?", *Harvard Business School Working Paper*, 2003.

Austin J, "Social and Commercial Entrepreneurship: Same, Different, or Both?", *Entrepreneurship Theory and Practice*, 2006, 30 (1): 1-22.

Ávila, L. V., Leal Filho, W., Brandli, L., Macgregor, C. J., Molthan-Hill, P., Özuyar, P. G. and Moreira, R. M., "Barriers to Innovation and Sustainability at Universities around the World", *Journal of Cleaner Production*, 2017 (164): 1268-1278.

Babson Rentreprenurship Program (http://www.bason.edu/enterprise-education-programs/entrepreneurship-program/Pages/custom-programs.aspx).

Bacigalupo, M., Kampylis, P., Punie, Y., and Van den Brande, G., *Entre Comp: The Entrepreneurship Competence Framework*, Luxembourg: Publication Office of the European Union, 2016.

Bagiatis, C., Saiti, A., Chletsos, M., "Entrepreneurship, Economic Crisis, and the Role of Higher Education: Evidence from Greece", *Industry and Higher Education*, 2019, 34 (3): 177-189.

Barba-Sánchez V, Atienza-Sahuquillo C., "Entrepreneurial Intention among Engineering Students: The Role of Entrepreneurship Education", *European Research on Management and Business Economics*, 2018 (24): 53-61.

Baron, R. A., "The Cognitive Perspective: A Valuable Tool for Answering Entrepreneurship's Basic 'Why' Questions", *Journal of Business Venturing*, 2004 (19): 221-239.

BASES (http://bases.stanford.edu).

Bathmaker, A. -M. , Graf, L. , Orr, K. , et al. "Higher Level Vocational Education: The Route to High Skills and Productivity as Well as Greater Equity? An International Comparative Analysis. In C. Nägele & B. E. Stalder (Eds.), Trends in Vocational Education and Training Research", *Proceedings of the European Conference on Educational Research (ECER), Vocational Education and Training Network (VETNET)*, 2018: 53 – 60.

Baum, J. R. , "The Relationship of Traits, Competencies, Motivation, Strategy and Structure to Venture Growth", PhD dissertation, University of Maryland, 1994.

Bauman, A. , & Lucy, C. , "Enhancing Entrepreneurial Education: Developing Competencies for Success", *The International Journal of Management Education*, 2021 (19), 100293.

Bechard, J. P. , & Toulouse, J. M. , "Validation of A Didactic Model for the Analysis of Training Objectives in Entrepreneurship", *Journal of Business Venturing*, 1998, 13 (4): 317 – 332.

Belk R. , "You are What You Can Access: Sharing and Collaborative Consumption Online", *Journal of Business Research*, 2014 (8): 1595 – 1600.

Bergevoet, R. H. M. , and C. Van Woerkum, "Improving the Entrepreneurial Competencies of Dutch Dairy Farmers through the Use of Study Groups", *Journal of Agricultural Education and Extension*, 2006, 12 (1): 25 – 39.

Berggren, C. , "Entrepreneurship Education for Women—European Policy Examples of Neoliberal Feminism?", *European Education*, 2020, 52 (4): 312 – 323.

Berufsbildung 4. 0-den Digitalen Wandel Gestalten (https://www.bmbf.de/upload_filestore/pub/Berufsbildung_4.0.pdf).

Bhatt, B. , Qureshi, I. , & Riaz, S. , "Social Entrepreneurship in Non-munificent Institutional Environments and Implications for Institutional work", *Insights from China. Journal of Business Ethics*, 2019 (154): 605 – 630.

Bird, B. , "Toward a Theory of Entrepreneurial Competency", in Advances in Entrepreneurship Firm Emergence & Growth. Ed. J. Katz. Greenwich, CT: JAI Press, 1995, 52 – 72.

Boldureanu, G. , Ionescu, A. M. , Bercu, A. -M. , et al. , "Entrepreneurship Education through Successful Entrepreneurial Models in Higher Education Institutions", *Sustainability*, 2020, 12 (3).

Borges, Afs, et al, "The Strategic Use of Artificial Intelligence in the Digital Era: Systematic Literature Review and Future Research Directions", *International Journal of Information Management*, 2020 (17): 102225.

Botha, M., Nieman, G., & van Vuuren, J., "Enhancing Female Entrepreneurship by Enabling Access to Skills", *The International Entrepreneurship and Management Journal*, 2006 (2): 479-493.

Boudreaux, C. J., Nikolaev, B. N., & Klein, P., "Socio-cognitive Traits and Entrepreneurship: The Moderating Role of Economic Institutions", *Journal of Business Venturing*, 2019 (34): 178-196.

Brieger, S. A., et al., "Prosociality in Business: A Human Empowerment Framework", *Journal of Business Ethics*, 2019, 159 (2): 361-380.

Brixiova, Z., et al., "Training, Human Capital, and Gender Gaps in Entrepreneurial Performance", *Economic Modelling*, 2020, 85: 367-380.

Brush, C. G., "Pioneering Strategies for Entrepreneurial Success", *Business Horizons*, 2008, 51: 21-27.

Brush, C. G., A. D. Bruin, and F Welter. "A Gender-aware Framework for Women's Entrepreneurship", *International Journal of Gender & Entrepreneurship*, 2009 (1): 8-24.

Brush, C., Edelman, L., Manolova, T., & Welter, F., "A Gendered Look at Entrepreneurship Ecosystems", *Small Business Economics*, 2018, 53 (2): 393-408.

Brush, C. G., Duhaime, I. M., Gartner, W. B., Stewart, A., Katz, J. A., Hitt, M. A., Alvarez, S. A., Meyer, G. D., and Venkataraman, S., "Doctoral Education in the Field of Entrepreneurship", *Journal of Management*, 2003 (29): 309-331.

Butt, B. Z., & Rehman, K. u., "A Study Examining the Students Satisfaction in Higher Education", *Procedia-Social and Behavioral Sciences*, 2010, 2 (2): 5446-5450.

Buttler, D., and Sierminska, E., "Career or Flexible Work Arrangements?

Gender Differences in Self-employment in a Young Market Economy", *J. Fam. Econ. Iss*, 2020, 41: 70 – 95.

Caggiano, V., et al., "Entrepreneurship Education: A Global Evaluation of Entrepreneurial Attitudes and Values (a Transcultural Study)", *Journal of Educational, Cultural and Psychological Studies*, 2016, 14: 57 – 81.

Cant, C. C., "Entrants and Winners of a Business Plan Competition: Does Marketing Media Play a Role in Success?", *Journal of Entrepreneurship Education*, 2016 (19): 98.

Cao, Y. and H. Jiang, "An Empirical Study on the Quality of Entrepreneurship Education Based on Performance Excellence Management", *EURASIA Journal of Mathematics, Science and Technology Education*, 2017, 13 (8).

Carnevale, A. P., Gainer, L. J., Meltzer, "Workplace Basics: The Essential Skills Employers Want", *San Francisco: JosseyBass*, 1990.

Carter, S., & Rosa, P., "The Financing of Male-and Female-owned Businesses", *Entrepreneurship & Regional Development*, 1998 (10): 225 – 242.

Center for Teaching and Learning (https: //vptl. stanford. edu/center-for-teaching-and-learning) .

Chalmers, D., MacKenzie, N. G., & Carter, S., "Artificial Intelligence and Entrepreneurship: Implications for Venture Creation in the Fourth Industrial Revolution", *Entrepreneurship Theory and Practice*, 2020, 19 (1), 104225872093458.

Chan, C. H., Chui, C. H. K., Chan, K. S. T., & Yip, P. S. F., "The Role of the Social Innovation and Entrepreneurship Development Fund in Fostering Social Entrepreneurship in Hong Kong: A Study on Public Policy Innovation", *Social Policy & Administration*, 2019 (53): 903 – 919.

Chandeler, G. N. and Jansen, E. J., "Founder's Self-assessed Competence and Venture Performance", *Journal of Business Venturing*, 1992, 7 (3): 223 – 236.

Charles E. Eesley, William F. Mille, "Impact: Stanford University's Economic Impact via Innovation and Entrepreneurship", *California: Stanford University*, 2012: 16

Chaston, I., & Sadler-Smith, E., "Entrepreneurial Cognition, Entrepreneurial Orientation and Firm Capability in the Creative Industries", *British Journal of Management*, 2012 (23): 415-432.

Cheah, J., A. Amran, and S. Yahya, "External Oriented Resources and Social Enterprises' Performance: The Dominant Mediating Role of Formal Business Planning", *Journal of Cleaner Production*, 2019, 236.

Chen, C. C., Greene, P. G., & Crick, A., "Does Entrepreneurial Self-efficacy Distinguish Entrepreneurs from Managers?", *Journal of Business Venturing*, 1998 (13): 295-316.

Chen, C., Hu, Z., Liu, S., & Tseng, H., "Emerging Trends in Regenerative Medicine: A Scientometric Analysis in Cite Space", *Expert Opinion on Biological Therapy*, 2012, 12 (5): 593-608.

Chen C., Ibekwe-Sanjuan F., Hou J., "The Structure and Dynamics of Cocitation Clusters: A Multiple-perspective Cocitation analysis", *Journal of the American Society for Information Science & Technology*, 2014, 61 (7): 1386-1409.

Chen, X., Chen, Y., & Guo, S., "Relationship between Organizational Legitimacy and Customer Citizenship Behavior: A Social Network Perspective", *Social Behavior and Personality: An International Journal*, 2019, 47 (1): 1-12.

Chien Wen Yu, "Understanding the Ecosystems of Chinese and American Entrepreneurship Education", *In Management Faculty Publications*, 2018: 42.

Choi, N., Majumdar, S., "Social Entrepreneurship as an Essentially Contested Concept: Opening a New Avenue for Systematic Future Research", *Journal of Business Venturing*, 2014, 29: 363-376.

Chrisman, J. J., Bauerschmidt, A., Hover, C. W., "The Determinants of New Venture Performance: An Extended Model", *Entrepreneurship Theory and Practice*, 1998, 23 (1): 5-29.

CIHE: Talent Fishing: What Businesses Want from Postgraduates (www.cihe.co.uk).

Civera, J. N., Bó, M. P., & López-Muñoz, J. F., "Do Contextual Factors Influence Entrepreneurship? Spain's Regional Evidences", *International Entrepreneurship and Management Journal*, 2021 (17): 105-129.

Clark Muntean, S., Ozkazanc-Pan, B., "Feminist Perspectives on Social Entrepreneurship: Critique and New Directions", *International Journal of Gender and Entrepreneurship*, 2016 (8): 221 – 241.

Claudia, Smith, J, et al., "Embracing Digital Networks: Entrepreneurs' Social Capital Online", *Journal of Business Venturing*, 2017.

Clubs & Activities (https://www.gsb.stanford.edu/programs/mba/student-life/clubs-activities).

Cohen, Matthew Jared, "Entrepreneurship in the Digital Age", *Syracuse University Honors Program Capstone Projects*, 2010, 368.

Cruz-Amaran, D., M. Guerrero, and A. Delia Hernandez-Ruiz, "Changing Times at Cuban Universities: Looking into the Transition towards a Social, Entrepreneurial and Innovative Organization", *Sustainability*, 2020, 12 (6).

Cui, J., Sun, J., & Bell, R., "The Impact of Entrepreneurship Education on the Entrepreneurial Mindset of College Students in China: The Mediating Role of Inspiration and the Role of Educational Attributes", *The International Journal of Management Education*, 2021 (19): 100296.

Dacin, P. A., "Social Entrepreneurship: A Crtique and Future Directions", *Organization Science*, 2011, 22 (5): 1203 – 1213.

Dacin, P. A., Matear, "Social Entrepreneurship: Why We don't Need a New Theory and How We Move Forward from Here", *Academy of Management Perspectives*, 2010, 24 (3): 37 – 57.

Dai, S., Li, Y., & Zhang, W., "Personality Traits of Entrepreneurial Top Management Team Members and New Venture Performance", *Social Behavior and Personality: An International Journal*, 2019, 47 (7): 1 – 15.

David Holford W, "The Future of Human Creative Knowledge Work within the Digital Economy", *Futures*, 2019 (105): 143 – 154.

Davidsson, P., & Honig, B., "The Role of Socialand Human Capital among Nascent Entrepreneurs", *Journal of Business Venturing*, 2003, 18 (3): 301 – 31.

Deakins D, Freel M., "Entrepreneurial Learning and the Growth Process in SMEs", *Learning Organization an International Journal*, 1998, 5 (3): 144 – 155.

Dees, J. G., "The Meaning of 'Social Entrepreneurship'", *Retrieved February*, 2012, 24.

Diana, M., & Steven, A., "Practice rather than Preach: Cultural Practices and Female Social Entrepreneurship", *Small Business Economics*, 2020: 1 - 21.

Dickel, P., & Eckardt, G., "Who Wants to be a Social Entrepreneur? The Role of Gender and Sustainability Orientation", *Journal of Small Business Management*, 2021 (59): 196 - 218.

Din, B. H., Anuar, A. R., & Usman, M., "The Effectiveness of the Entrepreneurship Education Program in Upgrading Entrepreneurial Skills among Public University Students", *Procedia-Social and Behavioral Sciences*, 2016 (224): 117 - 123.

Ding Y Y., "The Constraints of Innovation and Entrepreneurship Education for Eniversity Students", *Journal of Interdisciplinary Mathematics*, 2017 (20): 1431 - 1434.

Dou, X., Zhu, X., Zhang, J. Q., & Wang, J., "Outcomes of Entrepreneurship Education in China: A Customer Experience Management Perspective", *Journal of Business Research*, 2019 (103): 338 - 347.

Drucker, P. F., "Innovation and Entrepreneurship: Practice and Principles", *Heinemann, London*, 1985.

Ecorner (https://ecorner.stanford.edu/).

Eddleston, K., Veiga, J., & Powell, G., "Explaining Sex Differences in Managerial Career Satisfier Preferences: The Role of Gender Self-schema", *Journal of Applied Psychology*, 2006, 91 (3): 437 - 56.

Edelman, L. F., Manolova, T. S., & Brush, C. G., "Entrepreneurship Education: Correspondence between Practices of Nascent Entrepreneurs and Textbook Prescriptions for Success", *Academy of Management Learning & Education*, 2008, 7 (1): 56 - 70.

Education 2030 Framework for Action to be Formally Adopted and Launched (https://en.unesco.org/news/education-2030-framework-action-be-formally-adopted-and-launched).

Edwards, M., "Disentangling Competences: Inter-relationships on Creativity, Innovacation and entrepreneurship", *Thinking Skills and Creativity*, 2015 (16): 27-39.

ELIA G, MARGHERITA A, PASSIANTE G., "Digital Entrepreneurship Ecosystem: How Digital Technologies and Collective Intelligence are Reshaping the Entrepreneurial Process", *Technological Forecasting and Social Change*, 2020.

Ely, A. V., "Experiential Learning in 'Innovation for Sustainability' An Evaluation of Teaching and Learning Activities (TLAs) in an International Masters Course", *International Journal of Sustainability in Higher Education*, 2018 (19): 1204-1219.

Entrepreneurial Summer Program (https://www.gsb.stanford.edu/experience/learning/entrepreneurship/beyond-classroom/entrepreneurial-workshop-series).

Entrepreneurship and Innovation at MIT Continuing Global Growth and Impact (http://entrepreneurship.mit.edu/wp-content/uploads/MIT-Entrepreneurship-Innovation-Impact-Report-2015.pdf).

Entrepreneurship is a Craft That Can be Taught (https://entrepreneurship.mit.edu/).

Ericsson, K. A. (Ed.), *The road to excellence: The acquisition of expert performance in the arts and sciences, sports, and games*, Psychology Press, 2014.

Etzkowitz, H., de Mello, J. M. C., & Almeida, M., "Towards 'Meta-innovation' in Brazil: The Evolution of the Incubator and the Emergence of A Triple Helix", *Research Policy*, 2005, 34 (4): 411-424.

Faculty Advisors (https://www.gsb.stanford.edu/faculty-research/centers-initiatives/ces/faculty-staff/advisors).

Fall 2019 Entrepreneurship Classes (https://orbit.mit.edu/classes).

Fayolle, A., Gailly, B., & Lassas-Clerc, N., "Assessing the Impact of Entrepreneurship Education Programmes: A New Methodology", *Journal of European industrial Training*, 2006, 30 (9): 701-720.

Fetterolf, Janell, "In many Countries, at Least Four-in-ten in the Labor Force are Women", *Pew Research Center*, 2017.

Fetters, M. L., Greene, P. G., Paul, T., Rice, M. P., Butler, J. S., Marion, J., & Kelleher, H., "The Development of University-based Entrepreneurship Ecosystems: Global Practices", *Cheltenham*, 2010.

Fichter, K., & Tiemann, I., "Impacts of Promoting Sustainable Entrepreneurship in Generic Business Plan Competitions", *Journal of Cleaner Production*, 2020 (267): 122076.

Fiet, J. O., "The Pedagogical Side of Entrepreneurship Theory", *Journal of Business Venturing*, 2001, 16 (2): 101 – 117.

Fosfuri, A., Giarratana, M. S., & Roca, E., "Social Business Hybrids: Demand Externalities, Competitive Advantage, and Growth through Diversification", *Organization Science*, 2016 (27): 1275 – 1289.

Foss, N. J., Saebi, T., "FifteenYears of Research on Business Model Innovation: How Far have We Come, and Where should We Go?", *Journal of Management*, 2017, 43: 200 – 227.

Fosso Wamba S, et al, "Are we Preparing for a Good AI Society? A Bibliometric Review and Research Agenda", *Technological Forecasting and Social Change*, 2021 (164): 120482.

Francesca Calò, Simon Teasdale, Cam Donaldson, "Collaborator or Competitor: Assessing the Evidence Supporting the Role of Social Enterprise in Health and Social Care", *Public Management Review*, 2018, 20 (12): 1790 – 1814.

Friedson-Ridenour, S. and R. S. Pierotti, "Competing Priorities: Women's Microenterprises and Household Relationships", *World Development*, 2019, 121: 53 – 62.

Galvão A., Ferreira J. J., Marques C., "Entrepreneurship Education and Training as Facilitators of Regional Development: A Systematic Literature Review", *Journal of Small Business & Enterprise Development*, 2017 (2): 17 – 35.

García-González, A., & Ramírez-Montoya, M. S., "Social Entrepreneurship Competency in Higher Education: An Analysis Using Mixed Methods", *Journal of Social Entrepreneurship*, 2020: 1 – 19.

Garg, S., & Agarwal, P., "Problems and Prospects of Woman Entrepreneurship-a Review of Literature", *Journal of Business and Management*, 2017 (19): 55 - 60.

Genc, S. Y., Sesen, H., Alexandre Castanho, R., et al., "Transforming Turkish Universities to Entrepreneurial Universities for Sustainability: From Strategy to Practice", *Sustainability*, 2020, 12 (4).

Ghauri, P., Rose, E. L., Tasavori M, "Internatonlisation of Service Firms through Corporate Social Entrepreneurship and Networking", *International Marketing Review*, 2016, 31 (6): 576 - 600.

Ghouse, S., McElwee, G., Meaton, J., & Durrah, O., "Barriers to Rural Women Entrepreneurs in Oman", *International Journal of Entrepreneurial Behavior & Research*, 2017 (23): 998 - 1016.

Gibb, A. A., "In Pursuit of a New Enterprise and Entrepreneurship Paradigm for Learning: Creative Destruction, New Values, New Ways of Doing Things and New Combinations of Knowledge", *International Journal of Management Reviews*, 2002, 4 (3): 233 - 69.

Ginanjar, A., "Entrepreneurship Education and Entrepreneurial Intention on Entrepreneurship Behavior: A Case Study, the 1st Global Conference on Business", *Management and Entreupreuneurship*, 2016.

Global Entrepreneurship Monitor (http: //www. gemconsortium. org/research-papers).

Gorman G, Hanlon D, King W, "Some Research Perspectives on Entrepreneurship Education, Enterprise Education and Education for Small Business Management: A Ten-Year Literature Review", *International Small Business Journal*, 1997, 15 (3): 56 - 77.

Greene, P., & Brush, C., *A Research Agenda for Women and Entrepreneurship: Identity through Aspirations, Behaviors and Confidence*, Northampton, MA: Edward Elgar Publishing, 2018.

Gupta P, Chauhan S, Paul J, et al., "Social Entrepreneurship Research: A Review and Future Research Agenda", *Journal of Business Research*, 2020 (113): 209 - 229.

Hahn, D., "The Psychological Well-being of Student Entrepreneurs: A Social

Identity Perspective", *International Entrepreneurship and Management Journal*, 2020 (16): 467-499.

Hahn, D., Minola, T., Bosio, G., & Cassia, L., "The Impact of Entrepreneurship Education on University Students' Entrepreneurial Skills: A Family Embeddedness Perspective", *Small Business Economics*, 2020 (55): 257-282.

Handayati, P., et al., "Does Entrepreneurship Education Promote Vocational Students' Entrepreneurial Mindset?" *Heliyon*, 2020, 6 (11): e05426.

Hao Jiao, dt ogilvie, Yu Cui, "An Empirical Study of Mechanisms to Enhance Entrepreneurs' Capabilities through Entrepreneurial Learning in an Emerging Market", *Journal of Chinese Entrepreneurship*, 2010, 2 (2): 196-217.

Harvey, Lee, "Defining and Measuring Employability", *Quality in Higher Education*, 2001, 7 (2): 97-109.

Hechavarría, D. M., Terjesen, S. A., Ingram, A. E., Renko, M., Justo, R., & Elam, A., "Taking Care of Business: the Impact of Culture and Gender on Entrepreneurs' Blended Value Creation Goals", *Small Business Economics*, 2017 (48): 225-257.

Hechavarria, Diana M., et al., "*Are Women More Likely to Pursue Social and Environmental Entrepreneurship?*" *Global Women's Entrepreneurship Research*, Edward Elgar Publishing, 2012.

Heinrichs, K., "Design and Evaluation of an Entrepreneurship Education Course: Dealing with Critical Incidents in the Post-formation Phase", *Vocations & Learning*, 2016: 1-17.

Hellmann, T., Thiele, V., "Fostering Entrepreneurship: Promoting Founding or Funding?", *Management Science*, 2019, 65 (6): 2502-2521.

Henry, C., Hill, F., & Leitch, C. "Developing a Coherent Enterprise Support Policy: A New Challenge for Governments". *Environment and Planning C: Government and Policy*, 2003, 21 (1): 3-19.

Higgins, L. M., Schroeter, C., & Wright, C., "Lighting the Flame of Entrepreneurship among Agribusiness Students", *International Food and Agribusiness Management Review*, 2018, 21 (1): 121-132.

Hillage J, Pollard E, "Employability: Developing a Framework for Policy Analysis", *DfEE Research Report*, 2005, 85.

Histrich, R. D. and Peters, M. D., "Entrepreneurship: Starting, Developing and Managing a New Enterprise", 1998.

Hmieleski, K. M., "The Yin and Yang of Entrepreneurship: Gender Differences in the Importance of Communal and Agentic Characteristics for Entrepreneurs' Subjective Well-being and Performance", *Journal of Business Venturing*, 2019, 34 (4): 709 – 730.

Ho, M. -H. R., et al., "Impact of Entrepreneurship Training on Entrepreneurial Efficacy and Alertness among Adolescent Youth", *Frontiers in Education*, 2018, 3.

Huang, Y., et al., "How to Improve Entrepreneurship Education in 'Double High-Level Plan' Higher Vocational Colleges in China", *Front Psychol*, 2021, 12.

Huang, Y., Liu, L., & An, L., "Are the Teachers and Students Satisfied: Sustainable Development Mode of Entrepreneurship Education in Chinese Universities?" *Front Psychol*, 2020, 11: 1738.

Hussler, C., Picard, F., & Tang, M. F., "Taking the Ivory from the Tower to Coat the Economic World: Regional Strategies to Make Science Useful", *Technovation*, 2010, 30 (9 – 10): 508 – 518.

In what Order should I Take Entrepreneurship Classes at MIT? (https://miteship.zendesk.com/hc/en-us/articles/204891476-In-what-order-should-I-take-entrepreneurship-classes-at-MIT-).

Interdisciplinary Programs (https://www.stanford.edu/list/interdisc/).

Isenberg, D., "How to Start an Entrepreneurial Revolution", *Harvard Business Review*, 2010, 88 (6): 40 – 50.

Isenberg, D., "The Entrepreneurship Ecosystem Strategy as a New Paradigm for Economic Policy: Principles for Cultivating Entrepreneurship". *Presentation at the Institute of International and European Affairs*, 2011.

Vanova, V.; Poltarykhin, A.; Szromnik, A.; Anichkina, O., "Economic Policy for Country's Digitalization: A Case Study", *Entrepreneurship and Sus-*

tainability Issues, 2019 (7): 649-661.

Iwu, C. G., Opute, P. A., Nchu, R., Eresia-Eke, C., Tengeh, R. K., Jaiyeoba, O., & Aliyu, O. A., "Entrepreneurship Education, Curriculum and Lecturer-competency as Antecedents of Student Entrepreneurial Intention", *The International Journal of Management Education*, 2019 (19): 100295.

J. Dees, J. Emerson, P. Economy, "Enterprising Nonprofits: A Toolkit for Social Entrepreneurs", *Academy of Management Learning & Education*, 2001.

Jena, R. K., "Measuring the Impact of Business Management Student's Attitude towards Entrepreneurship Education on Entrepreneurial Intention: A Case Study", *Computers in Human Behavior*, 2020, 107: 10627.

Jiang, H., Xiong, W., & Cao, Y., "Research on the Mechanism of Entrepreneurial Education Quality, Entrepreneurial Self-efficacy and Entrepreneurial Intention in Social Sciences, Engineering and Science Education", *Eurasia Journal of Mathematics, Science and Technology Education*, 2017 (13): 3709-3721.

Jin, W., "The Study on the Career Reasons Affecting on the Desire of Entrepreneurship Education: Focus on Science and Engineering College Student", *Asia-Pacific Journal of Business Venturing and Entrepreneurship*, 2015, 10 (1): 119-128.

Jones, B., & Iredale, N., "Developing an Entrepreneurial Life Skills Summer School", *Innovations in Education and Teaching International*, 2006, 43 (3): 233-244.

Jones, C. and Matlay, H., "Understanding the Heterogeneity of Entrepreneurship Education: Going beyond Gartner", *Education + Training*, 2011, 53 (8/9): 692-703.

Jones, C., & English, J., "A Contemporary Approach to Entrepreneurship Education", *Education + Training*, 2004, 46 (8/9): 416-423.

Joshua, K., "An Institutional Perspective on the Social Outcome of Entrepreneurship: Commercial Microfinance and Inclusive Markets", *Journal of International Business Studies*, 2016, 47: 951-967.

Kailer, N., "Evaluation of Entrepreneurship Education at Universities", *Ibw-Mitteilungen*, 2005, 3: 1-11.

Kaplan A, Haenlein M,"Rulers of the World, Unite! The Challenges and Opportunities of Artificial Intelligence", *Business Horizons*, 2020 (1): 37-50.

Karimi, S., Biemans, H. J., Lans, T., Aazami, M., & Mulder, M.,"Fostering Students' Competence in Identifying Business Opportunities in Entrepreneurship Education", *Innovations in Education and Teaching International*, 2016 (53): 215-229.

Kibler, E., et al.,"Can Prosocial Motivation Harm Entrepreneurs' Subjective Well-being?", *Journal of Business Venturing*, 2019, 34 (4): 608-624.

Krueger, N. F. and Dickson, P. R.,"How Believing in Ourselves Increases Risk Taking: Perceived Self-effificacy and Opportunity Recognition", *Decision Sciences*, 1994, 25 (3): 385-400.

Kuckertz, A.,"Entrepreneurship Education-Status Quo and Prospective Developments", *Journal of Entrepreneurship Education*, 2013, 16: 59-71.

Kumar, T. V., *E-governance for smart cities. In E-governance for smart cities*, Singapore: Springer, 2015, pp. 1-43.

Kuratko, D. F.,"The Emergence of Entrepreneurship Education: Development, Trends, and Challenge", *Entrepreneurship theory and practice*, 2005 (29): 577-597.

Landeta, J., & Barrutia, J.,"People Consultation to Construct the Future: A Delphi Application", *International Journal of Forecasting*, 2011, 27 (1): 134-151.

LANDSTRÖM, Hans, BENNER, Mats,"Entrepreneurship Research: A History of Scholarly Migration", *Historical Foundations of Entrepreneurship Research*, 2010: 15-45.

Learning for Jobs (https://read.oecd-ilibrary.org/education/learning-for-jobs_9789264087460-en).

Leiba-O'sullivan, S.,"The Distinction between Stable and Dynamic Cross-Cultural Competencies: Implications for Expatriate Trainability", *Journal of International Business Studies*, 1999, 39 (4): 709-725.

Li Y., Shen W, Lv Y.,"Quality Evaluation of Entrepreneurship Education in Chinese Medical Colleges: From the Perspective of Student Cognition", *Fron-

tiers in Psychology, 2020 (11): 1093.

Li, P. S. and Ding, D. H., "The Match between Entrepreneur Capabilities and Their Function", *Economic Management*, 2006, 23 (1): 13 – 18.

Libraries (https://library.stanford.edu/libraries).

Luke Belinda & Vien Chu., "Social Enterprise Versus Social Entrepreneurship: An Examination of the 'Why' and 'How' in Pursuing Social Change", *International Small Business Journal*, 2013, 31 (7): 764 – 784.

Ma H., Lang C., Liu Y, et al, "Constructing a Hierarchical Framework for Assessing the Application of Big Data Technology in Entrepreneurship Education", *Frontiers in Psychology*, 2020 (11): 55 – 68.

Macke, J., "Where do We Go from Now? Research Framework for Social Entrepreneurship", *Journal of Cleaner Production*, 2018, 183: 677 – 685.

Mahmood, T. M. A. T., et al., "Predicting Entrepreneurial Intentions and Pre-Start-Up Behaviour among Asnaf Millennials", *Sustainability*, 2019, 11 (18).

Mair J, "Social Entrepreneurship Research: A Source of Explanation, Prediction, and Delight", *Journal of World Business*, 2006, 41 (1): 36 – 44.

Man, T. W. Y. and Lau, T., "The Context of Entrepreneurship in Hong Kong", *Journal of Small Business and Enterprise Development*, 2005, 12 (4): 464 – 81.

Mandrup M, Jensen T L, "Educational Action Research and Triple Helix principles in Entrepreneurship Education: Introducing the EARTH Design to Explore Individuals in Triple Helix Collaboration", *Triple Helix*, 2017, 4 (1): 5.

Martin Trust Center Staff (http://entrepreneurship.mit.edu/team/).

Matlay, H., & Solomon, G., "The Impact of Entrepreneurship Education on Entrepreneurial Outcomes", *Journal of Small Business and Enterprise Development*, 2008, 15 (2): 382 – 396.

Matlay, H., Pittaway, L., & Edwards, C., "Assessment: Examining Practice in Entrepreneurship Education", *Social ence Electronic Publishing*, 2012, 54 (8/9): 778 – 800.

Mccallume, Weichtr, Mmcmullanl, et al., "Entre Comp into Action-get Inspired, Make it Happen: Auserguide to the European Entrepreneurship Competence Framework", *Luxebourg*: *Publications Office of the European Union*, 2018.

McGee, J. E., Peterson, M., Mueller, S. L., & Sequeira, J. M., "Entrepreneurial Self-efficacy: Refining the Measure", *Entrepreneurship Theory and Practice*, 2009 (33): 965 – 988.

Membership for Organizations (http://entrepreneurship.mit.edu/membership/).

Meulman, N., Wieling, M., Sprenger, S. A., Stowe, L. A., & Schmid, M. S., "Age Effects in L2 Grammar Processing as Revealed by ERPs and How (not) to Study Them", *Plos One*, 2015, 10 (12), e0143328.

Milkie, M. A., & Peltola, P., "Playing all the Roles: Gender and the Work-family Balancing Act", *Journal of Marriage and the Family*, 1999: 476 – 490.

Miller, D. J. and Z. J. Acs, "The Campus as Entrepreneurial Ecosystem: the University of Chicago", *Small Business Economics*, 2017, 49 (1): 75 – 95.

Minniti, Maria, "Female Entrepreneurship and Economic Activity", *European Journal of Development Research*, 2010, 22 (3): 294 – 312.

Mitchell, R. K., Busenitz, L., Lant, T., McDougall, P. P., Morse, E. A., & Smith, J. B., "Toward a Theory of Entrepreneurial Cognition: Rethinking the People Side of Entrepreneurship Research", *Entrepreneurship Theory & Practice*, 2002 (27): 93 – 104.

Mitchelmore S, Rowley J., "Entrepreneurial Competencies: A Literature Review and Development Agenda", *International Journal of Entrepreneurial Behaviour & Research*, 2010, 16 (2): 92 – 111.

Mmakgabo Justice Malebana, "Knowledge of Entrepreneurial Support and Entrepreneurial Intention in the Rural Provinces of South Africa", *Development Southern Africa*, 2017 (34): 74 – 89.

Monroe-White, T. and S. Zook, "Social Enterprise Innovation: A Quantitative Analysis of Global Patterns", *Voluntas*, 2018, 29 (3): 496 – 510.

Morris M H, Webb J W, Fu J, et al., "A Competency-based Perspective on Entrepreneurship Education: Conceptual and Empirical Insights", *Journal of Small Business Management*, 2013.

Muller, D., Judd, C. D., Yzerbyt, V. Y., "When Moderation Is Mediated and Mediation Is Moderated", *Journal of Personality and Social Psychology*, 2005, 89 (6): 852 - 863.

Muñoz, P., & Cohen, B.. Mapping out the Sharing Economy: A Configurational Approach to Sharing Business Modeling. *Technological Forecasting and Social Change*, 2017 (125): 21 - 37.

Muralidharan, E. and S. Pathak, "Sustainability, Transformational Leadership, and Social Entrepreneurship", *Sustainability*, 2018, 10 (2).

Nair, K. R. and Pandey, A., "Characteristics of Entrepreneurs: An Empirical Analysis", *The Journal of Entrepreneurship*, 2006, 15: 48 - 57.

Nakao, K., & Nishide, Y., "The Development of Social Entrepreneurship Education in Japan", *Entrepreneurship Education*, 2020, 3 (1): 95 - 117.

Nambisan, S., Lyytinen, K., Majchrzak, A., & Song, M., "Digital Innovation Management: Reinventing Innovation Management Research in a Digital World", *MIS Quarterly*, 2017, 41 (1), 223 - 238.

Ndou V., "Social Entrepreneurship Education: A Combination of Knowledge Exploitation and Exploration Processes", *Administrative Sciences*, 2021 (11): 112.

Neneh, B. N., "From Entrepreneurial Alertness to Entrepreneurial Behavior: The Role of Trait Competitiveness and Proactive Personality", *Personality and Individual Differences*, 2019 (138): 273 - 279.

Newman, A., "Entrepreneurial Self-efficacy: A Systematic Review of the Literature on Its Theoretical Foundations, Measurement, Antecedents, and Outcomes, and an Agenda for Future Research", *Journal of Vocational Behavior*, 2019, 110: 403 - 419.

Nguyen Anh, T., et al., "Factors Affecting Entrepreneurial Intentions among Youths in Vietnam", *Children and Youth Services Review*, 2019, 99: 186 - 193.

Nicos Nicolaou et al., "Is the Tendency to Engage in Entrepreneurship Genetic?", *Management Science*, 2008, 54 (1): 167 - 179.

Nieves Arranz, Francisco Ubierna, Marta. F. Arroyabe, et al., "The Effect of Curricular and Extracurricular Activities on University Students' Entrepreneurial

Intention and Competences", *Studies in Higher Education*, 2017, 42 (11): 1979 – 2008.

OECD, "Evaluation of Programmes Concerning Education for Entrepreneurship", *Report by the OECD Working Party on SMEs and Entrepreneurship*, OECD, 2009.

OGUNLEYE B O., *Science Teachers' Knowledge, Attitudes and Skills as Determinants of Classroom Practices in Entrepreneurship Education in Senior Secondary Schools in Lagos*, Nigeria, 2019.

OIT 333: Design for Extreme Affordability (https://explorecourses.stanford.edu/search? view = catalog&filter-coursestatus-Active = on&page = 0&catalog = &academicYear = &q = OIT + 333% 3A + Design + for + Extreme + Affordability&collapse =).

Okolie, U. C., Igwe, P. A., Ayoola, A. A., Nwosu, H. E., Kanu, C., & Mong, I. K., "Entrepreneurial Competencies of Undergraduate Students: The Case of Universities in Nigeria", *The International Journal of Management Education*, 2021 (19): 100452.

Pappas M A, Drigas A S, Papagerasimou Y, et al., "Female Entrepreneurship and Employability in the Digital Era: The Case of Greece", *Journal of Open Innovation: Technology, Market, and Complexity*, 2018.

Pardo-Garcia C, Barac M, "Promoting Employability in Higher Education: A Case Study on Boosting Entrepreneurship Skills", *Sustainability*, 2020 (12): 4004.

Perrini, F., Russo, A., "CSR Strategies of SMEs and Large Firms: Evidence from Italy", *Journal of Business Ethics*, 2007, 74: 285 – 300.

Petra Dickel & Gordon Eckardt, "Who Wants to be a Social Entrepreneur? The Role of Gender and Sustainability Orientation", *Journal of Small Business Management*, 2021 (59): 196 – 218.

Plumly L. W., Marshall L. L., Eastman J, et al., "Developing Entrepreneurial Competencies: A Student Business", *Journal of Entrepreneurship Education*, 2008 (11): 17 – 28.

Pouratashi, S. M. H. A., "Entrepreneurial Competencies of Agricultural Students:

The Influence of Entrepreneurship Courses", *African Journal of Business Management*, 2011, 5 (6): 2159-2163.

Raab G, etc., "Entrepreneur Potential: An Exploration Study on Business Students in the U. S. and Germany", *Journal of Business and Management*, 2005, 11 (2): 71-88.

Radianto, W. E. D. and Santoso, E. B. "Start-Up Business: Process and Challenges in Entrepreneurship Education", *Mediterranean Journal of Social Sciences*, 2017, 8 (4): 97-110.

Rae, D. and Carswell, M., "Towards a Conceptual Understanding of Entrepreneurial Learning", *Journal of Small Business and Enterprise Development*, 2001, 8 (2): 150-8.

Rajani Kumari, "Fuzzified Expert System for Employability Assessment", *Procedia Computer Science*, 2015, 62 (8): 99-106.

Raposo, M., do Paco, A., "Entrepreneurship Education: Relationship between Education and Entrepreneurial Activity", *Psicothema*. 2011, 23 (3): 453-457.

Rasmussen E, Borch O J, "University Capabilities in Facilitating Entrepreneurship: A Longitudinal Study of Spin-off Ventures at Mid-range Universities", *Research Policy*, 2010 (39): 602-612.

Rasmussen, E. A., & Sorheim, R., "Action-based Entrepreneurship Education", *Technovation*, 2006, 26 (2): 185-194.

Ratten V, Usmanij P., "Entrepreneurship Education: Time for a Change in Research Direction?", *The International Journal of Management Education*, 2020, 19 (1).

Reid, S. W., et al., "Blazing New Trails or Opportunity Lost? Evaluating Research at the Intersection of Leadership and Entrepreneurship", *Leadership Quarterly*, 2018, 29 (1): 150-164.

Reynolds, P. D., Hay, M., & Camp, S. M., *Global Entrepreneurship Monitor: Executive Report*, Kaufman Centre for Entrepreneurial Leadership, 1999.

Ribes-Giner, G., "Domestic Economic and Social Conditions Empowering Female Entrepreneurship", *Journal of Business Research*, 2018, 89: 182-189.

Rinne M B, Miilunpalo S I, Heinonen A O., "Evaluation of Required Motor Abilities in Commonly Practiced Exercise Modes and Potential Training Effects among Adults", *Journal of Physical Activity & Health*, 2007 (2): 203 - 14.

Rippa, P. and G. Secundo., "Digital Academic Entrepreneurship: The Potential of Digital Technologies on Academic Entrepreneurship", *Technological Forecasting and Social Change*, 2019, 146: 900 - 911.

Robinson, S., Neergaard, H., Tanggaard, L., & Krueger, N., "New Horizons in Entrepreneurship: From Teacher-led to Student-centered Learning", *Education + Training*, 2016, 58 (7/8): 661 - 683.

Rodrigues, M., & Franco, M., "Digital Entrepreneurshipin Local Government: Case Study in Municipality of FUNDÃO, Portugal", *Sustainable Cities and Society*, 2021: 103115.

Rosca, E., Agarwal, N., & Brem, A., "Women Entrepreneurs as Agents of Change: A Comparative Analysis of Social Entrepreneurship Processes in Emerging Markets", *Technological Forecasting and Social Change*, 2020 (157): 120067.

Rothaermel F. T., Agung S. D., Jiang L., "University Entrepreneurship: A Taxonomy of the Literature", *Industrial & Corporate Change*, 2006, 16 (4): 691 - 791.

Rowe, G., & Wright, G., "The Delphi Technique as a Forecasting Tool: Issues and Analysis", *International Journal of Forecasting*, 1999, 15 (4), 353 - 375.

Rui Ma, Kai Wang, "The Effectiveness Research of Innovation and Entrepreneurship Education of College Students Based on the 'Internet Plus' Era", *Advances in Social Science, Education and Humanities Research*, 2016, 85.

Sader, N., R. Kleinhans, and M. Van Ham, "Entrepreneurial Citizenship in Urban Regeneration in the Netherlands", *Citizenship Studies*, 2019, 23 (5): 442 - 459.

Sánchez, J. C., "The Impact of an Entrepreneurship Education Program on Entrepreneurial Competencies and Intention", *Journal of Small Business Management*, 2013 (51): 447 - 465.

Sandra Waddock, Erica Steckler., "Visionaries and Way finders: Deliberate and Emergent Pathways to Vision in Social Entrepreneurship", *Journal of Business Ethics*, 2016, 133: 719–734.

San-Martín, P., Fernandez-Laviada, A., Perez, A., & Palazuelos, E., "The Teacher of Entrepreneurship as a Role Model: Students' and Teachers' Perceptions", *The International Journal of Management Education*, 2021 (19): 100358.

Santos, F. M., "A Positive Theory of Social Entrepreneurship", *Journal of Business Ethics*, 2012, 111 (3): 335–351.

Sarango Lalangui, P., J. Alvarez-Garcia, "Sustainable Practices in Small and Medium-sized Enterprises in Ecuador", *Sustainability*, 2018, 10 (6).

Sarason, Y., Dean, T., & Dillard, J. F., "Entrepreneurship as the Nexus of Individual and Opportunity: A Structuration View", *Journal of Business Venturing*, 2006 (21): 286–305.

Sascha, Olinsson, "Social Entrepreneurship-Committing Theory to Practice", *Journal of Social Entrepreneurship*, 2017, 8 (2): 225–247.

Schelfhout W, Bruggeman K, Maeyer S D, "Evaluation of Entrepreneurial Competence through Scaled Behavioural Indicators: Validation of an Instrument", *Studies in Educational Evaluation*, 2016, 51: 29–41.

Sewell P, Pool L D, "Moving from Conceptual Ambiguity to Operational Clarity: Employability, Enterprise and Entrepreneurship in Higher Education", *Education + Training*, 2010, 52 (1): 89–94.

Shahverdi, M., Ismail, K., & Qureshi, M. I., "The Effect of Perceived Barriers on Social Entrepreneurship Intention in Malaysian Universities: The Moderating Role of Education", *Management Science Letters*, 2018 (8): 341–352.

Shamim, S., et al, "Role of Big Data Management in Enhancing Big Data Decision-making Capability and Quality among Chinese Firms: A Dynamic Capabilities View", *Information & Management*, 2019 (6): 1–12.

Shin, C., "How Social Entrepreneurs Affect Performance of Social Enterprises in Korea: The Mediating Effect of Innovativeness", *Sustainability*, 2018, 10 (8).

Shinnar, R. S., et al., "Entrepreneurial Intentions and Start-ups: Are Women or Men More Likely to Enact Their Intentions?", *International Small Business Journal-Researching Entrepreneurship*, 2018, 36 (1): 60 – 80.

Shir, N., et al., "Entrepreneurship and Well-being: The Role of Psychological Autonomy, Competence, and Relatedness", *Journal of Business Venturing*, 2019, 34 (5): 58 – 75.

Siegel, D. S., Veugelers, R., & Wright, M., "Technology Transfer Offices and Commercialization of University Intellectual Property: Performance and Policy Implications", *Oxford Review of Economic Policy*, 2007, 23 (4): 640 – 660.

Silverstein, M. J., & Sayre, K., "The Female Economy". *Harvard Business Review*, 2009. https://hbr.org/2009/09/the-female-economy (accessed November 11, 2019).

Smith, B. R., "Different Types of Social Entrepreneurship: The Role of Geography and Embeddedness on the Measurement and Scaling of Social Value", *Entrepreneurship and Regional Development*, 2010, 22 (6): 575 – 598.

Spigel, B., "The Relational Organization of Entrepreneurial Ecosystems", *Entrepreneurship Theory and Practice*, 2017, 41 (1): 49 – 72.

Research Centers (https://www.stanford.edu/list/research/).

Stanford Entrepreneurship Courses (https://www.gsb.stanford.edu/experience/learning/entrepreneurship/courses#experiential).

Stanford Facts 2019 (https://facts.stanford.edu/wp-content/uploads/sites/20/2019/02/stanford-facts-2019.pdf).

Stanford Research Park (https://stanfordresearchpark.com/).

Stanford Venture Studio (https://www.gsb.stanford.edu/stanford-community/entrepreneurship/venture-studio).

Stanford's Globally Focused Student Entrepreneurship Society (http://ases.stanford.edu/#landing).

Startup Garage Course Details (https://www.gsb.stanford.edu/stanford-community/entrepreneurship/startup-garage).

Stenholm, P., Acs, Z. J., & Wuebker, R., "Exploring Country-level Institutional Arrangements on the Rate and Type of Entrepreneurial Activity",

Journal of Business Venturing, 2013 (28): 176 – 193.

Stevens, R., Moray, N., & Bruneel, J., "The Social and Economic Mission of Social Enterprises: Dimensions, Measurement, Validation, and Relation", *Entrepreneurship Theory and Practice*, 2015 (39): 1051 – 1082.

Strengthening Career and Technical Education for the 21st Century Act (https://www.cbo.gov/system/files/2018 – 08/s3217.pdf).

Stuetzer, M., Obschonka, M., Brixy, U., Sternberg, R., & Cantner, U., "Regional Characteristics, Opportunity Perception and Entrepreneurial Activities", *Small Business Economics*, 2014 (42): 221 – 244.

Support for the Implementation of the Entrepreneurship Competence Framework (http://ec.europa.eu/easme/en/section/cosme/cos-entrecomp-2018-3-01-support-implementation-entrepreneurship-competence-framework).

Susan Mueller, Jennifer Walske, Jeffrey, A, "What's Holding Back Social Entrepreneurship Removing the Impediments to Theoretical Advancement", 2015, 6 (3): 245 – 256.

Sussan F, Acs Z J, "The Digital Entrepreneurial Ecosystem", *Small Business Economics*, 2017, 49 (5): 1 – 19.

Tannenbaum, S. I., and G. Yukl, "Training and Development in Work Organizations", *Annual Review of Psychology*, 1992, 43: 399 – 441.

Teaching Advancement Grants (https://vptl.stanford.edu/teaching-advancement-grants).

Tecnológico de Monterrey., *Competencias Transversales. Una Visión Desde El Modelo Educativo Tec*21, México: Monterrey, Nuevo León, 2019.

The Economist, "Economic Contribution of Women", 2012, https://www.economist.com/news/economic-and-financialindicators/21564857 (accessed November 8, 2019).

Thomsen, B., Muurlink, O., & Best, T., "Backpack Bootstrapping: Social Entrepreneurship Education through Experiential Learning", *Journal of Social Entrepreneurship*, 2019 (1): 1 – 27.

Tina Saebi, "Social Entrepreneurship Research: Past Achievements and Future Promises", *Journal of Management*, 2019, 45 (1): 70 – 79.

Torres, P., Augusto, M., "Digitalisation, Social Entrepreneurship and National Well-being", *Technological Forecasting and Social Change*, 2020, 161, 120279.

Turner, T. and Gianiodis, P., "Entrepreneurship Unleashed: Understanding Entrepreneurial Education outside of the Business School", *Journal of Small Business Management*, 2017, 5 (1): 131 – 149.

V Saunders, K Zuzel, "Evaluating Employability Skills: Employer and Student Perceptions", *Bioscience Education*, 2010, 15 (1): 1 – 15.

Van Gelderen, M., et al., "Entrepreneurship in the Future: A Delphi Study of ETP and JBV Editorial Board Members", *Entrepreneurship Theory and Practice*, 2021, 45 (5): 1239 – 1275.

Vázquez-Burgete, José Luis, Ana Lanero, Agota Giedre Raisiene, and María Purificación García., "Entrepreneurship Education in Humanities and Social Sciences: Are Students Qualified to Start a Business?", *Business: Theory and Practice*, 2012 (13): 27 – 35.

Vodă, A. and N. Florea, "Impact of Personality Traits and Entrepreneurship Education on Entrepreneurial Intentions of Business and Engineering Students", *Sustainability (Basel, Switzerland)*, 2019, 11 (4): 1192.

Walsh, J. P., "Social Issues and Management: Our Lost Cause Found", *Journal of Management*, 2003, 29 (6): 859 – 881.

Wang, C., Mundorf, N., & Salzarulo-McGuigan, A., "Entrepreneurship Education Enhances Entrepreneurial Creativity: The Mediating Role of Entrepreneurial Inspiration", *The International Journal of Management Education*, 2021: 100570.

Wang, P. and Huang, Y, "Give Me What I Want: Identifying the Support Needs of College Student Entrepreneurs", *Frontiers in Psychology*, 2020, 11: 1428.

Wang, S.-M., Yueh, H.-P., & Wen, P.-C., "How the New Type of Entrepreneurship Education Complements the Traditional One in Developing Entrepreneurial Competencies and Intention". *Frontiers in Psychology*, 2019, 10: 2048 – 2048.

Wang, W. , "Can Sense of Opportunity Identification Efficacy Play a Mediating Role? Relationship Between Network Embeddedness and Social Entrepreneurial Intention of University Students", *Frontiers in Psychology*, 2019, 10.

Wang, X. , "Research on Enhancing the Effectiveness of Entrepreneurship Education with Entrepreneurship Practice as a Carrier", *Creative Education*, 2020, 11 (03): 275 – 284.

Wang, X. , "Research on the Path of College Students' Innovation and Entrepreneurship Education", *Open Journal of Social Sciences*, 2020, 08 (03): 298 – 305.

Wardana, L. W. , Handayati, P. , Narmaditya, B. S. , Wibowo, A. , & Suprajan, S. E. , "Determinant Factors of Young People in Preparing for Entrepreneurship: Lesson from Indonesia", *The Journal of Asian Finance, Economics, and Business*, 2020 (7): 555 – 565.

Wee, K. N. L. , "A Problem-based Learning Approach in Entrepreneurship Education: Promoting Authentic Entrepreneurial Learning", *International Journal of Technology Management*, 2004, 28 (7 – 8): 685 – 701.

Weiming, L. , L. Chunyan and D. Xiaohua, "Ten Years of Entrepreneurship Education at Chinese Universities: Evolution, Problems, and System Building", *Chinese Education and Society*, 2016, 49 (3): 198 – 216.

Who we are and what we do (https://tll.mit.edu/about/who-we-are-and-what-we-do).

Wiktor, R. , Laguna, M. , "Dimensions of Entrepreneurial Success: A Multilevel Study on Stakeholders of Micro-enterprises", *Frontiers in Psychology*, 2018, 9: 791 – 802.

Wood, S. , "Prone to Progress: Using Personality to Identify Supporters of Innovative Social Entrepreneurship", *Journal of Public Policy & Marketing*, 2012, 31 (1): 129 – 141.

Wu, H. -T. , & Chen, M. -Y. , "Course Design for College Entrepreneurship Education-From Personal Trait Analysis to Operation in Practice", *Frontiers in Psychology*, 2019, 10: 1016 – 1016.

Wu, J. , Li, Y. , & Zhang, D. , "Identifying Women's Entrepreneurial Barriers and Empowering Female Entrepreneurship Worldwide: A Fuzzy-set QCA Approach", *International Entrepreneurship and Management Journal*, 2019 (15): 905 – 928.

Wu, W. -H., Kao, H. -Y., Wu, S. -H., et al., "Development and Evaluation of Affective Domain Using Student's Feedback in Entrepreneurial Massive Open Online Courses". *Frontiers in Psychology*, 2019, 10: 1109 – 1109.

Xie, X., "Female Technology Entrepreneurs: Resource Shortages and Reputation Challenges - a View of Institutional Support", *International Entrepreneurship and Management Journal*, 2018, 14 (2): 379 – 403.

Y. Heo. "Sharing Economy and Prospects in Tourism Research", *Annals of Tourism Research*, 2016 (58): 166 – 170.

Yinjun, M. I., Zehao, X. U., & Jiawen, L., "Innovation and Entrepreneurship Practice Education Assimilating with Hole-process Multi-dimension in University Exploration and Reform", *Research and Exploration in Laboratory*, 2018.

Yu, C. W., "Understanding the Ecosystems of Chinese and American Entrepreneurship Education", *Journal of Entrepreneurship Education*, 2018, 21 (2).

Yu, T. -L. and J. -H. Wang, "Factors Affecting Social Entrepreneurship Intentions among Agricultural University Students in Taiwan", *International Food and Agribusiness Management Review*, 2019, 22 (1): 107 – 118.

Zaefarian, R., "A Corporate Social Entrepreneurship Approach to Market-Based Poverty Reduction", *Emerging Markets Finance and Trade*, 2015, 51 (2): 320 – 334.

Zhu, Y., Rooney, D., & Phillips, N., "Practice-based Wisdom Theory for Integrating Institutional Logics: A New Model for Social Entrepreneurship Learning and Education", *Academy of Management Learning and Education*, 2016, 15 (3): 607 – 625.

Zizile, T., & Tendai, C., "The Importance of Entrepreneurial Competencies on the Performance of Women Entrepreneurs in South Africa", *Journal of Applied Business Research*, 2018 (34): 223 – 236.

Zou, B., "Who am I? The Influence of Social Identification on Academic

Entrepreneurs's Role Conflict", *International Entrepreneurship and Management Journal*, 2019, 15 (2): 363 – 384.

오희화, 조인석., "The Effects of Entrepreneurship and Education Satisfaction of Entrepreneurial Education Participants on Entrepreneurial Intention: Family Support Adjustment Effect", *Korean International Accounting Review*, 2019, 87.

이석준, 박우영, 이병관., "The Influence of Entrepreneurial Mentoring on the Entrepreneurial Educational Satisfaction and Entrepreneurial Intentions in Physical Education University Students", *Journal of Tourism and Leisure Research*, 2019, 31 (12).